长白山学术文库

The Academic Library of Changbai Mountain

第一辑

中国东北汉文化史述

田子馥 著

吉林人民出版社

出 品 人：常　宏
选题策划：吴文阁　赵　岩
统　　筹：李相梅　孟广霞
责任编辑：韩春娇
助理编辑：高铁军
装帧设计：尤　蕾

图书在版编目（CIP）数据

中国东北汉文化史述 / 田子馥著. -- 长春 : 吉林人民出版社, 2022.8
（长白山学术文库. 第一辑）
ISBN 978-7-206-18167-2

Ⅰ. ①中… Ⅱ. ①田… Ⅲ. ①汉族—民族文化—文化史—研究—东北地区 Ⅳ. ①K281.1

中国版本图书馆CIP数据核字(2021)第265573号

中国东北汉文化史述

ZHONGGUO DONGBEI HAN WENHUA SHI SHU

著　　者：田子馥
出版发行：吉林人民出版社
（长春市人民大街7548号 邮政编码：130022）
咨询电话：0431-85378007
印　　刷：长春第二新华印刷有限责任公司
开　　本：710mm × 1000mm　1/16
印　　张：23.5
字　　数：350千字
标准书号：ISBN 978-7-206-18167-2
版　　次：2022年8月第1版
印　　次：2022年8月第1次印刷
定　　价：90.80元

与大师们学海重逢

2020年7月，雨后天凉、清风送爽的一天，我与其他专家学者应邀出席吉林人民出版社组织的座谈会，讨论编辑出版《长白山学术文库》事宜。短短一年后，《长白山学术文库》首批的书稿清样摆在案前：《哲学与主体自我意识》《中国奴隶社会史》《中国文学》等。这套书的作者包括高清海、金景芳、杨公骥等。承蒙错爱，吉林人民出版社总编辑吴文阁先生盛情邀请我，为《长白山学术文库》作序。寅夜秉笔，阅卷思人，心潮澎湃，思绪万千！

《长白山学术文库》的作者都是新中国成立70多年来吉林省人文社会科学研究的学术代表人物。他们在国内久负盛名，影响深远。高清海先生是国内首批博士生导师，首届国务院学位委员会学科评议组成员，我国著名哲学家，优秀的教育家。金景芳先生是吉林大学教授，国内首批博士生导师，国务院古籍整理出版规划小组顾问、著名历史学家、文献学家、易学大师、国学大师。杨公骥先生是东北师范大学教授，国内首批博士生导师，首届国务院学位委员会学科评议组成员。此外，其他作者也都是国内各领域知名学者、专家、大家。

首批书稿的作者分属新中国成立前后两代学人。金景芳、林志纯、杨公骥等先生出生于清末民初，在民国时代完成教育并开始学术研究，新中国成立后即成为吉林省中国古代思想史、世界史和文学研究的开拓者与代表性学者。邹化政、高清海等先生均生于民国，新中国成立后完成教育，改革开放后在全国产生学术影响，成为西方哲学史、马克思主义哲学等领域的开拓者或代表性专家学者。他们的学术轨迹，集中体现了吉林省人文社会科学从开拓开创、历经坎坷到繁荣发展的辉煌历程。

首批出版的这些著作，都是他们学术思想的代表作，研究领域涉及马克思主义理论、哲学、文学、历史学、经济学、地理学和民族学，研究视域从世界、中国到东北地方，研究对象从思想、历史到田野，充分展示了吉林学人博大的学术视野、精深的学术素养和脚踏实地的治学态度。高清海先生的《哲学与主体自我意识》，根据改革开放的时代变革，运用马克思主义哲学的精神，对哲学与人的主体自我意识的关系、内在逻辑与发展趋势、时代精神与思维方式变革进行了系统阐述，是国内研究哲学变革的开拓性与代表性著作。邹化政先生的《黑格尔哲学统观》，首次以人的存在和意识还原了绝对理念和绝对精神在黑格尔哲学中的本来含义，提出绝对理念作为黑格尔哲学的本体，是有关世界本质和规律的辩证法，是一个共相和精神活动性，其逻辑先在性就是黑格尔说明世界的原则，充分肯定了黑格尔的辩证法思想的深刻性。杨公骥先生的《中国文学》，运用马克思主义历史唯物主义和马克思主义文艺理论，研究了从中国原始社会到春秋战国时期的文学发展进程，探索了中国文学发生发展的规律和特点。

这些学者，或是我的授业恩师，或曾对我耳提面命，或曾学坛相会共同切磋，或久仰盛名与其传人为友。高清海先生是我的硕士生导师和博士生导师，我追随他求学治学凡26年。作为身边弟子，几近朝夕相处，情同父子。先生教诲，于今犹记："治学为人，其道一也！"从本科到研究生，一直聆听邹化政先生教授德国古典哲学。邹先生是山东海阳人，身材高大，头发蓬乱，不修边幅。他嗓音洪亮，一口浓浓的胶东话，把"人"读成"印"，把"黑格尔"读成"赫哥儿"。他讲课总是富有激情，讲到激动时，常常伴有板书，且十分用力，粉笔经常被折断。因其激动，难免字迹潦草，以至于难以分辨。放下粉笔，他又因激动，手臂不停地挥舞，以至于头上、襟前，挂满粉笔尘末，弄得灰头土脸。他是我所遇到的老师中，讲课最投入、最富激情的人。做学生时，曾听过金景芳先生的报告，金老治学严谨，记忆力超强，诸多古籍，如数家珍，信手拈来，一字不差。1997年金老九五寿辰时，我代表学校出席致贺。金老嗓音洪亮，高声宣布："我还要看到21世纪！"他真的看到了21世纪的来临。作为东北人，我对东北史感兴趣，拜读过张博泉先生的著作，并登门求教过。张博泉先生一口浓重的辽宁口音，"嫩江在通古斯语族读音就是青噻儿（色）的河"。受他的中华一体论启发，我从文化社会学的角度提出了文化复合论的理论。

我曾长期担任吉林省社会科学院院长和吉林省社会科学联合会党组书记，与田子馥、林志纯、孙中田、陈才、富育光诸先生多有交往。1987年，吉林省召开专家咨询会议，时任省长王忠禹出席，我作为青年学者代表亦出席。就在那次会上，陈才先生建议，根据有关边界条约，中国拥有图们江通海航行权，应以此为契机，推动图们江流域及东北亚国际合作开发。他的建议引起吉林省委、省政府和国务院的高度重视。这些学者中，只有杨公骥先生无缘谋面。大三暑假，我因发表过短篇小说，参加了长春市作家协会组织的青年作家创作班，在班上结识了东北师大中文系78级的青年女作家杨若木，还是我的中学师姐。从此，我们成为常有联系的好朋友。她是杨公骥先生的女儿，所以，我与杨公骥先生也算间接有缘吧！

星光璀璨，往事如烟。斯人虽去，雁过留声。这些学者的音容笑貌，历历在目。彼此交往，恍如昨日。为作此序，重温名著，如晤其人，百感交集！感谢吉林人民出版社在庆祝中国共产党成立100周年的喜庆之际，支持学术，承传经典，编辑出版《长白山学术文库》，延续吉林文脉，弘扬学术精神。吉林人文荟萃，还有更多的学术著作有待汇集，期待第二批、第三批，乃至更多的著作入库出版。希望把吉林当今在世的学者，在哲学和社会科学领域更年轻、更有建树的专家作品出版面世，更体现时代意义和特征。

吉人有文，鸿著成林。

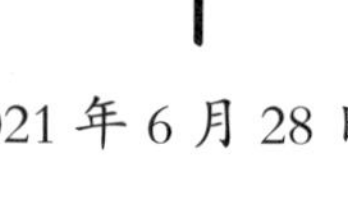

2021年6月28日晨

田子馥

曾就读于东北师范大学中文系和中央戏剧学院戏剧文学系。曾任《新文化报》总编辑，中国作家协会会员。多年来致力于东北史学研究，出版专著：《东北民间文化人类学》《图腾诗的人类学阐释》《东北汉文化史论》等。主持完成吉林省社会科学规划重点项目，多次荣获吉林省长白山文艺奖、吉林省社会科学优秀成果奖、长白山优秀图书奖、中国少数民族文学研究优秀成果奖等。2011 年 11 月获吉林省长白山文艺奖终身成就奖。

目　录

第一章　导论：东北乃中华文化祖源之一

一　史前“东北文化区”的历史觉醒

清朝有位御用文人曾经说过：“我站在山海关城门楼上向东方一看，东三省白气冲天，没有一点文气。”他是说，北大荒荒凉一片，被称作“东陲无文”“东夷无文”。

这恐怕是被误读东北的惯性所遮蔽：

遮蔽之一：东北是多民族集聚的地区，只见民族不见文化；

遮蔽之二：东北只有辽、金、元、清的民族政权，不见汉文化的支撑力量；

遮蔽之三：只见山海关以外的东北；

遮蔽之四：只见历史文献，不见考古新发现；

遮蔽之五：日本人称“满洲乃化外之地”，导出东北汉人非土著，汉文化乃“移民文化”之论，等等。

又是白周到西汉形成的“一点四方”的惯性思维。

中国以黄河流域为中心，谓之“一点”，以“东夷、西戎、南蛮、北狄”为“四方”。一些历史学家，从起点上就忽略对“四方”的考察，在史书上不做翔实描写，即或写了也是道听途说，人云亦云，甚至全凭想象，语焉不详，随意割舍，张冠李戴，不了了之。又由于当时交通不畅，信息不灵，又少交流，这也是在所难免的。但毕竟是“文献的历史”，按照中国人“唯上、唯书、唯君子言”的惯性，传流3000多年。所以难怪清代文人站在山海关城头上看不见东北文化。就是居于东北大地的文人，也同样如是说，缺乏自信，视而不见，缺乏实事求是的勇气，所见只是一派荒凉。

研究东北历史至少有四个领域：文献的东北、考古的东北、民族的东北、文化的东北。文献的东北，那是古人的现实，古人的东北也有模棱两可之处，全靠考古的新发现给予厘正和补充。民族的东北，那是近代受西方“欧洲文化中心论”误导之后产生的观念，过分地看重民族血缘的区分，而忽略文化融合。最后，决定一切的不是军事的、政治的，而是文化的作用。而文化的东北，涵古盖今，是涵盖前三项历史的东北。而东北近200年又屡遭磨难，侵略者的蹂躏，兵匪患的践踏，几经天灾。到了20世纪50年代才算见了晴天。翻身后的东北人民以惊人智慧奋不顾身地投入东北老工业基地建设前沿，却没有多少人顾及东北的历史地位。

直到20世纪80年代，考古学家的铁铲声声，震撼了东北大地，唤醒了大东北的历史。苏秉琦、郭大顺、田广林、林沄、金毓黻等一大批著名考古学家和历史学家通过考古遗存，反复研究，才发出“史前东北文化区”的概念。

何谓“史前东北文化区”？

郭大顺先生概括称：“东北文化区是与中原文化区和东南沿海文化区并立的史前三大考古文化区系之一，其地域范围包括中国的东北地区、朝鲜半岛、日本列岛和俄罗斯远东地区在内的广大东北亚地区。这一区域既属于广义上的以燕山南北长城地带为重心的北方文化区的一部分，但又与整个北方文化区有所区别。古代物候学和环境考古学资料表明，历史上不同时期的气候环境往往出现不同的波动变化，这种波动和变化，影响着古代文化的发展面貌。近万年以来，西辽河地区历史文化的兴衰更替，与西辽河地区气候环境的变化密切相关。本题所要考察的西辽河地区文明起源情况，时限范围是在距今3000—8000年前本区的早期农耕时代，此间正值中国全新世大暖期，本区的原始农业在这一时段内经历了从发生到发展的全过程。以发达的原始农业为特征的晚期红山文化，代表了当时中国北方地区早期农耕文明的最高水平。到了红山文化晚期，西辽河地区的社会发展走到了文明社会的边缘，进步到了'古国'阶段，从而为中华国家的创建，做出了重要的贡献。"[①]郭大顺又说，查海玉器依据查海遗址出土玉器（提出了"万年文明起步"的观点）的发现使学界认识到玉器在东北地区出现甚早，是东北史前文化的一个重要区域特点，确立了与中原、东南沿海并立的东北文化区，大大提升了东北地区在中华大地史前时期的地位。

苏秉琦先生在1981年12月25日谈到考古学文化区系类型理论时，以西辽河流域于20世纪60年代发现的两种新石器文化（红山文化与富河文化）与两种青铜文化（夏家店下层文化与夏家店上层文化）和20世纪70年代大南沟和大甸子这两处墓地的系统材料为依据，把"以燕山南北长城地带为重心的北方"放在六大区系之首，其原因除了这里古文化的发展水平同中原地区大致同步和这一地区是"最复杂、最具典型性的民族大熔炉"的地域特点以外，他已敏锐地感觉到：从北纬40°—42°的这几个地区，是中华民族脊梁骨，多少历史事件、重要人物都由这里产生，这个地区问题的解决远远超出本地区，长白山恰在这一地区之间。长白山是祖国东北部的最高峰，长白山主峰位于北纬41°55′—42°05′，这绝不是偶然的。这是地质形成的、历史形成的。长白山包括辽河流域作为古代文化的生长点与交汇带，首先是与这里的自然地理环境密不可分的。辽河流域的西部是处于蒙古高原向华北平原过渡的丘陵地带，东部则是长白山及其以北松辽大平原的中心地带，有东北至西南走向的山川和漫长的海岸线。至少在距今万年到四五千年前，这一带是暖湿性阔叶林和针叶林混交的森林草原带。白山、长春、扶余、九台、哈尔滨等地都不断发现猛犸象化石和披毛犀化

① 郭大顺：《为庆祝杨伯达先生八十诞辰而作》。

石，1973年在肇源县松花江边上发现完整的猛犸象化石，被定名为“松花江猛犸象”[①]，这就是力证。这种自然地理环境，既适于文化的成长，又是南北之间与东西之间交流的天然通道。双辽的后太平遗址出土1500多件陶器，其中的亚腰素面壶和壶形鼎，有别于红山文化和白金宝文化，衔接了这之间的缺环，很有可能成为沟通红山文化与长白山文化的中间环节。鸭绿江流域高漫滩上的墓地，与扶余文化、汉书文化墓地在选址上有较大的相似性。

这里考古学家确切地提出“放在六大区系之首”的“史前东北文化区”概念，这个概念的提出是有根据的。

1. 东北是人类起源地之一

东北地区人类活动的遗址相当多，旧石器早期遗址遍布辽河、松花江流域，遗址文化类型与北京猿人、山顶洞人的基本特质完全一致。到了周代，东北各地的原始部族经过融和、迁徙，逐渐形成了很多分支。从原始社会一些部族的共同生活到现在；东北文明起源100万年前吉林前郭尔罗斯王府遗址，而后40万—50万年前的庙后山文化、20万—30万年前的金牛山、鸽子洞文化，1万—5万年前的青头山人、榆树人、安图人、哈尔滨人、前阳人等古人类，9000年前的海拉尔扎拉诺尔人，7000年前的沈阳新乐下层文化，6000—7000年前的吉林大安县长新南山遗址、辽东半岛小珠山文化，6000年前的海拉尔西沙岗文化、昂昂溪文化、密山新开流文化、饶河小南山文化，5000—6000年前的长春氏族部落、奈曼旗大沁他拉遗址、霍林河下游新石器时代遗址、凌源八间房、建平南地乡、榆树周家油房、安图明月沟、呼玛十八站、满洲里札赉诺尔、哈尔滨阎家岗等遗址。[②]西辽河红山文化，即东北文化薪火相传。

---

① 石岩：《20世纪黑龙江地区史前考古简论》，《东北史地》2013年第4期。

② 王承礼、张忠培、林沄、方启东：《东北考古的主要收获》，《东北考古与历史》1982年第1期。

2012年本溪庙后山古人类遗址再次发掘发现火塘。中国科学院古脊椎动物与古人类研究所的高级工程师罗志刚先生说，这个火塘遗址是和前次发掘处于同一年代地层的，距今30万—50万年。火塘的出现，代表着当时的人已经会用火把肉烤熟了吃；碎骨则说明当时食物匮乏，吃肉后他们还要砸骨吸髓。中国科学院古脊椎动物与人类研究所博士关莹说，西方学者的观点认为中国北方过去气候环境恶劣，现代人是六七万年前从欧洲、非洲迁移过来的。而现在的庙后山人最保守地估计也在30多万年前，有可能就是现代东北人的祖先。如果发掘能够发现化石或其他证据把这一年代再提前，东北地区就可能也是人类的起源地之一，至少可以说明东北人不是从别的大陆迁移过来的。①

2. 中国第一尊女神雕塑发现在东北

1983年在辽西牛河梁发现了技术水平极高的彩塑女神雕像，还有大型祭坛和积石冢。这样的女神雕像，这样的大型祭坛，堪称全国第一。专家们鉴定为5500年前的遗物。称之为中华“共祖”。这就极大地丰富和延展了红山文化的历史内涵。这也是中国第一尊始祖女神以视角形态面世。红山女神庙，当然是中国第一座宗祖庙。大型祭坛，当是颛顼抑或其先人祭天之坛。

3. 中华第一龙发现在东北

在西辽河流域牛河梁等地发现女神雕塑的同时，发现了玉龙、玉熊龙、玉猪龙，这是其他地区不曾出现的“中华第一龙”。郭大顺称“龙起辽河源”。龙，成为中华民族最早崇拜的图腾。神话有夏后氏“人借助于龙而升天，获得神意、神赐或天命、永生，这是天人合一神话的真正底蕴所在”②。中国第一个王朝夏朝的第一位国君夏后启，他在先民的神话中

① 见2012年10月10日《辽沈晚报》，记者金松。

② 叶舒宪：《龙—璜—虹——天人合一神话与中华认同之根》，《中华读书报》2012年3月21日。

具有乘龙升天的特异功能并携带玉礼器（璜），与神沟通，又从天上带回礼乐歌舞。多次行动可以归纳出天人合一神话观的基本范式：升天者—乘龙—佩玉璜。

4. 中华第一礼出现在东北

东北地区又是“玉礼”的先祖。牛河梁、东山嘴、四家子等遗址以“坛、庙、冢”为代表的大型礼仪建筑群体的发现，证明我国源远流长的郊天祭地和宗庙祭祖的传统礼制因素早在红山文化时期，玉礼①就已经出现于中国的东北地区，而礼制的发生，正是文明社会区别于原始社会的根本标志。从西辽河地区史前文化发展到中华礼制文明发生的过程中所观察到的情况是：中国国家文明的产生和形成的最初情形，从社会管理层面上说，是由巫到王；从观念形态上说，是由祭祀到礼制；从居住形态上说，是由村落到城邑；从社会组织形态上说，是由部落到国家。

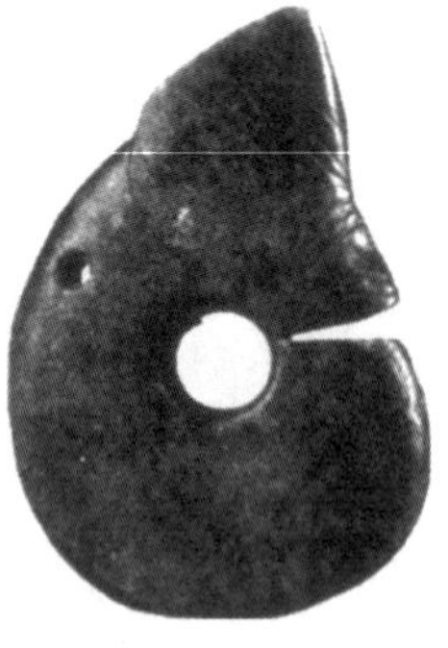

红山玉龙

5. 中国第一个以礼相贺的民族在东北

有文献记载，周武王克殷，曾有“肃慎氏之贡矢”②，东北肃慎人以所用“楛矢石砮”之礼来贺。这说明：（1）肃慎人早于周人生活在东北；

① 玉礼的标志。见本书第二章第二节。

② 周（文丁）十五年（公元前1043年）。文见《国语》卷五《鲁语下》。

（2）肃慎人社会文明进入礼仪交际的程度；（3）肃慎人的智慧达到能制造强弓强砮的能力。这是史前文献第一次记载东北人的礼贡行为。

6. 中华远古第一村落在东北

中国社会科学院考古工作者在内蒙古敖汉旗发掘出8000年前的村落，有地穴式房址170余座、窑穴400余座、居室墓葬30余座，并发现了大量的陶器、石器、玉器、骨器、蚌器等，此事轰动海内外。国内外一些报刊曾以较大篇幅报道了这一重大发现。

苏秉琦先生指出：这是“上万年的文明发端”。早在距今七八千年以前的兴隆洼文化时期，西辽河地区已经开始了氏族向国家的转变，距今5000年前，红山文化率先跨入古国阶段。苏秉琦先生断定，红山文化的时间要比仰韶文化早得多，这样说，红山文化是接受仰韶文化的“影响说”是站不住脚的。反过来倒是红山文化有向中原文化辐射的可能[①]。

7. 中国原始的第一古国在东北

苏秉琦先生根据辽西区古文化考古成果，中国国家的起源和发展，经历了三部曲，把中国文明起源的过程概括为古文化—古城—古国。苏秉琦先生认为，古国—方国—帝国，具有三种模式，即原生型、次生型和续生型。他认为，红山文化晚期的社会组织是原生型的古国形态，夏家店下层文化的社会组织形式是原生型的方国形态，这种原生形态的早期国家，对于后来的“三代”国家具有重要的影响意义。秦始皇创立的秦朝，是原生型的帝国形态，它奠定了后世中国2000年的专制独裁统治的基础。秦朝以后，鲜卑人建立的北朝、契丹人建立的辽朝、蒙古人建立的元朝和满族人建立的清朝，属于续生型的帝国形态。据此，苏秉琦先生通过将红山文化与仰韶文化对比，得出辽河流域的红山文化在中国文明起源过程中“先行

---

① 参见苏秉琦《华人·龙的传人·中国人——考古寻根记》，辽宁大学出版社1994年版。

一步”[①]的前导地位的结论，是有科学根据的[②]。

8. 中华古代炎黄始祖先期活动在东北

有关炎黄史迹和先商、先燕史迹的考察在东北。牛河梁出土的文物，为夏朝以前的三皇五帝传说找到了实物依据。《史记》称黄帝为“有熊氏”。专家们断定，红山文化这个区域正是黄帝、炎帝以及颛顼活动的区域。炎帝就是红山文化的主角。近年来，红山文化考古玉雕熊龙的发现，为古史中包括黄帝祖籍在内的有关传说提供了重要实证。东北文化区的经济生活是以渔猎为主，熊崇拜本是渔猎民族所特有的习俗。红山文化以熊为主要崇拜对象，正反映其东北渔猎文化的地域特性。而这种熊崇拜恰好与古史记载中黄帝为有熊的传说相吻合。所以著名考古学家苏秉琦先生曾提出，黄帝时代的活动中心，只有红山文化的时空框架与之对应。而且可以推断，炎黄始祖是由东北而走向黄河流域的。黄帝号轩辕，郭沫若考证轩辕即天鼋，《国语·周语下》说：“我姬氏出自天鼋。”由此，学界认为黄帝族的图腾为天鼋，即神龟。关于甲骨文的“黄”字，有人认为，是“龟”人腰间佩带玉环之形。2011年，考古学家在红山的积石冢第五地点中心大墓中发现一位头枕玉璧、手握玉龟的老人遗骸，人们认为这就是黄帝遗体。[③]

9. 殷人起源在东北

专家们都说，红山地区也是殷人的发源地，从辽西地区出土大量的殷商时代的青铜器，以及二里头文化特征的商代文化遗存，可以断定。金景芳先生认为殷起源于赤峰一带。历史学家徐中舒提出：“余疑古代环渤

---

① 参见苏秉琦《华人·龙的传人·中国人——考古寻根记》，辽宁大学出版社1994年版。

② 郭大顺：《龙起辽河源》，百花文艺出版社2001年版，第152页。

③ 锦州市博物馆原副馆长常春林在他撰写的《试论红山文化的族属问题》一文中提出：红山文化，正是黄帝族的时代遗存。（2011年7月25日《光明日报》 记者 毕玉才 通讯员 张松）

海而居之民族，即为中国文化之创造者，而商民族即起源于此，史称商都之地，前八后五，就迁徙之迹观之，似有由东西渐之势……”[①]商人当时还是游牧社会，向北活动至长白山地域以至朝鲜半岛，然后顺渤海之滨南下，至山东，由山东而河南，汤灭夏而商。

10. 燕北长城先期建在东北

先燕的史迹，燕山就是活标本，燕以山命名，幽燕之地，燕都蓟（今北京）。郭沫若、傅斯年等几位历史学家都认为燕早于周而存在，燕人很可能是商人南下留在幽燕的一支。燕人早在西周之前就发展到了辽西一带。《周礼·职方氏》云：“东北曰幽州，其镇山曰医巫闾。”《吕氏春秋·有始览》：“北方曰幽州，燕也。”燕也是第一个筑长城以“御胡”的强大国家，现今东辽河二龙湖燕长城遗迹可以做证，而且早于秦长城200多年。

幽燕之地，乃古大东北的心脏，以幽燕之地为圆心，以千里为半径画一个圆，1万年前，或者以后的几千年，所发生的重大事件都和这个“圆心”有直接关联，这是人类社会的一个谜，更是东北文化区的一个谜。（详见本书第二章）

11. 中国古代先期文字最早出现在东北

（1）辽西小河沿古墓随葬陶器有绘制原始图画、记事符号，是原始汉字的雏形，说明汉字在东北早期出现，与半坡村的仰韶文化的彩陶刻字是同步的，或者还早。几乎遍及东北大地的青铜器的历史遗迹可以佐证。商代和周代文字在东北的传播，从南到北都可以发现遗迹。贝加尔湖地区米奴辛斯克盆地2号墓里的残破陶罐上发现一组符号，与商代的文字很相似。宁城南山根102号石棺墓中刻文骨片上，车马图像几乎与商代甲骨

① 见徐中舒《殷人服象及象之南迁》，刊《中央研究院历史语言研究所集刊》1930年5月。

文、金文的字体一模一样，与东夷的刻骨很相像了，可证商代文字确实通行于东北地区。中国的文字发明和应用早在新石器时代半坡村彩陶刻字起，郭沫若说：“彩陶上的那些刻画符号，可以肯定地说就是中国文字的起源，或者说是中国原始文字的孑遗。”说明辽河流域，也是生发汉字文化的源头之一。

寿光骨刻1号（骨臼）

（2）比甲骨文还早上千年的夷人骨刻文，在山东昌乐、寿光、桓台、章丘、邹平、淄博、青州和诸城等地以及内蒙古赤峰、陕西关中等多地发现骨刻文。山东大学刘凤君教授根据他发现雕刻图文符号的兽骨研究认为这是距今3300—4600年的中国早期文字，应是龙山文化时期产生和流行的文字，而其晚期与甲骨文形成的早期是交叉使用的。[①]丁再献先生经过研究认为：东夷骨刻文是汉字的源头。考古学家金景芳认为殷起源于赤峰一带，那么，可以推断赤峰的骨刻文应当是殷商早期文字。

隶书　篆书　金文　甲骨文　骨刻文　骨刻原图

蚩字，从骨刻文到隶书的变化过程

① 《大众日报》2011年2月22日《守望东夷——记东夷文化研究者丁再献》。

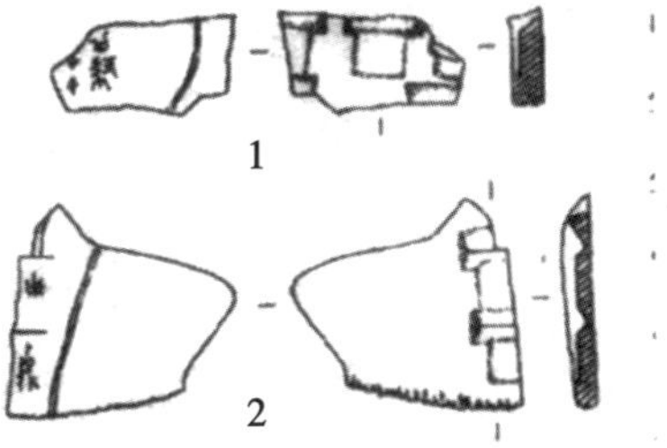

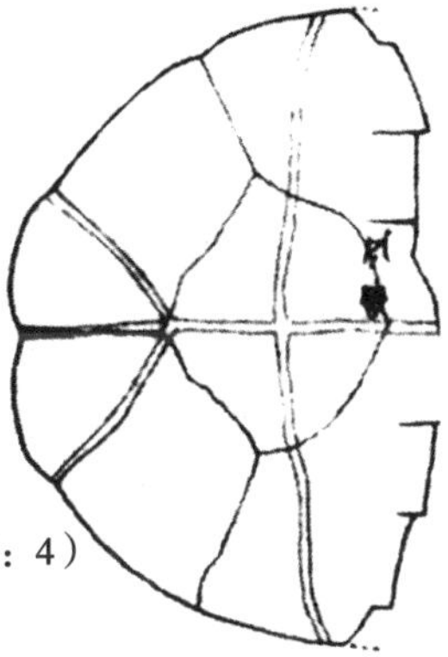

卜甲
（GHH108①：4）
（2/3）

北京琉璃河遗址出土的卜甲

（3）历来认为凡甲骨文就是殷商时代的文字物证。1975年，在原燕境内的现北京昌平县白浮村发现三座墓葬，其中二号墓和三号墓中均发现有破碎的卜甲残片，计有100多片，有腹甲也有背甲，其中刻有文字的卜甲共5片，一片刻有“貞”字，一片刻有“不止”二字，一片刻有“其祀”二字，一片刻有“上下韦驭”，还有一片刻有“史告”二字①。1996年在对北京琉璃河遗址进行发掘时，出土了数十片卜甲，在这些卜甲中发现三片卜甲刻有文字，其中一片刻有“其欹□□”四字，另一片刻有“用貞”二字，还有一片刻有“成周”二字②。傅斯年认为“郾”（燕）与殷同在“幽燕之地”。说明燕与殷同时在使用甲骨文。北燕甲骨文和青铜铭文，这是古文字在古东北地区通行的最早记录。

① 参见王宇信《西周甲骨探论》，中国社会科学出版社 1984 年版的相关论述。

② 转引自王彩梅《燕国简史》，紫禁城出版社 2001 年版，第 265—267 页。

12. 上古农业最发达的地区在东北

2003年，辽宁兴隆沟遗址第一地点堆积层中出土的少量碳化谷物，发现1500余粒碳化谷物标本，这是目前世界范围发现年代最早粟类谷物颗粒实物遗存，表明西辽河流域则可能是穄（俗称糜子）的原生产地。所以，辽西地区，是我国上古时代农业最发达的地区。无独有偶，沈阳新乐文化遗址，也曾发现有年代稍晚的人工栽培黍类作物遗存。因此有理由认为，辽海地区是世界上最早栽培黍、粟类农作物的中心区域之一。[①]

13. 中国第一个实践《洪范九畴》之地在东北

有史以来中华民族文化第一部著作是箕子的《洪范九畴》，它是夏商文化的集大成者，是中华民族最早的历史文献，由箕子及其箕氏后人在东北及朝鲜半岛实施，育民“八条之教”，又是在全国第一个将《洪范九畴》付之社会实践，从而建成“东方第一君子国”地区。

专家们认为，这十三个“中华第一”或称考古界先期的研究成果，对于重新架构中国远古和上古历史的时空框架，重新认识中华国家、中华文明和中华民族的形成，特别重新确认中国东北的历史地位，不是接受中原文化影响，而东北是中华文明的祖源之一，和仰韶文化、良渚文化相比，辽西红山文化是三大文化祖源地，既然红山文化处于“先行一步”的位置，东北就是中华文化第一祖源。用考古确切地求证中华文化之根，那么，东北的辽河流域当然是中华文化源头，不叫“第一祖源”，称之为“源头之一”总还可以吧。自古以来，有个根深蒂固的观念，认为黄河中下游一带中原地区，是中国文化的摇篮，仅凭上述十三个第一，足可以认定东北乃中华文化第一祖源，那简直是振聋发聩、震惊世界的大事情了。

考古学家上述这些关于“史前东北文化区”的结论，简直是大声呼

① 参见中国社会科学院考古所内蒙古第一工作队《内蒙古赤峰市兴隆洼聚落遗址2002至2003年发掘》，《考古》2004年第7期。

唤，这是史前东北文化的历史觉醒。当然由史前东北文化，演变成殷商文化、华夏文化，再演变成汉文化要有个漫长的历史过程。

中国东北与中国一直有个极神秘的关系，从地理位置、政治位置、军事位置、经济位置，乃至民族发展的位置，一直处于前沿地位，领跑地位。如果把中国现代地图比作一只雄鸡，那么东北就是鸡首，引颈高歌。从公元前19世纪殷起于西辽河流域，南下越过燕山，与易水流域的有易部落发生冲突，殷商首领王亥被杀。继任首领上甲微杀有易之君绵臣，灭掉有易，进入华北平原。六代以后，殷商首领成汤灭夏，建立商朝，控制了中原500余年。中国进入了奴隶社会的强盛时期。此后曾先后有五次，如鲜卑、契丹、女真、蒙古、满等民族一拨接一拨地从白山黑水走出入主中原及半入主中原，建立起恢宏繁盛的“中华一体”政权。东北这块风水宝地，不仅出金、出银、出人参、貂皮、鹿茸角，也出雄才大略的帝王君主，更出智慧强悍的创造雄厚物质精神的东北硬汉子。这种奇特历史地理格局，有人看着眼红，日本人编造说“满洲乃化外之地”，韩国学者也说“事实上中国人占据满洲还不到一个世纪”①的谬论，颠倒历史，别有用心，欲吞为己有。这也说明，在长达5000多年中华民族历史，东北一直是唱主角，中国汉人在东北一直是主体；北殷、北燕是东北的土著，东北（满洲）不仅不是“化外之地”，而且是“第一源头”之地。这不仅唤醒与恢复东北人的大东北史学观，而且也唤醒和转变了历史学家们的“一点四方”的古老观念。“史前汉文化区”的现实意义。它可以厘清人们由于历史模糊所造成的惯性思维，重新确认东北汉文化的历史地位。

① 见［韩］金得榥《白头山与北方疆界》，刘永智译，孙启林校，韩国思想社会研究所出版。

二　“中国”与“东北”的历史内涵

“中国”一语，从远古到现代，完全是不同的概念。

侯外庐先生认为“殷周之际”，“卜辞殷代文字，有‘封’字、‘邑’字、‘鄙’字。古封邦一字，国、城一义，野、鄙则为农村，在殷代，国家已有萌芽，在周人东下之时，也有所谓‘封邑’。”①《国语》：“国有班事，县有序民。”韦昭注：“国，城邑也。”国家：“古代诸侯封地称国，大夫封地称家。”《孟子·离娄上》：“人有恒言，皆曰天下国家，天下之本在国，国之本在家，家之本在身。”赵岐注：“国谓诸侯之国，家谓卿大夫之家。”柳宗元《封建论》：“今国家尽制郡邑，连职守宰，其不可变也固矣。”古代国家也称“公家”，犹言“官家”，指皇帝。“诸侯卿大夫所受封地上的城邑。”郑玄注：“国家，国之所居，谓地方也。”诸侯建立的叫“国”，士大夫建立的叫“家”。郭沫若说：“古时候所谓‘国’本是等于部落的意思，所谓‘封建藩卫’也不过是建置大小不等的各种殖民部落而已。异姓之国大抵是原有的部落，同姓之国则多系重新建社的。”②中国的“中”，最早是指中部，而“国”，本义是城邑。所谓中国就是居于中部的城邑。在春秋时代这样的“国”极多，数不胜数，所以成为“万国”。最早的中国人是指华夏人。《说文》：“夏，中国之人也。”1963年出土的西周青铜器何尊铭文：“余其宅兹中国，自之辟民。”这是“中国”一词最早的出处。居于西部地区的周人在建立西周之前，称商人所居之地为中国。《尚书·梓材》：“皇天既付中国民，越厥疆土于先王。”西周之后，随着疆土扩大，西周版图之外称为四方，或称四国，《诗经·大雅·民劳》：“惠此中国，以绥四方。”意思是说中国受惠，四方也就安定了。又曰：“惠此京师，以绥四国。”这里的“中国”，指西周及其臣民；“四方”和“四国”，指

① 侯外庐等：《中国思想通史》第一卷，人民出版社1961年版，第12页。

② 郭沫若：《十批判书》，群益出版社1950年版，第13—14页。

周边各族政权及民众。“中国”一词，与“四方”“四国”对举，只是地望上的文化概念。[①]

“国”，繁体字写作“國”，一横代表一片国土，这个“口”原来是椭圆形的，表示一只眼睛，就注视着这片土地，旁边一个“戈”，表示那个人拿着武器守卫着这片土地。这还不够，周围还要围上一圈墙，这就是“國”的本义。所以，国开始就是一个人守卫、有用防卫的围墙，居民点或聚落，一座城，一个邦或者一个邑。国的外面是郊，再远的地方是野。住在国里的称为“国人”，住在外面的就是“郊人”，再远一点地方的人称为“野人”。

中国的“中”，原来是一面大旗，篆写的“中”那上边靠顶端还有两小横，表示旗上飘起的流苏。但这种旗帜不是随便能用的，在商代是专门用来召集部众的，需要时把这种旗往空地中间一插，部众知道有事，就聚集在旗的四周。由于这种旗总是处于人群的中间，时间久了，变成中间的“中”的意思了。[②]

“中国”一词的本义，又是一座中央之城[③]，《说文》解“城以盛民也”，中国的城使用以保护人民的。而这座中央之城的“中国”在文人地理上，向四方延展和衍化，正使“城”遍被华野，最终使“中国”成为一座与天地相应和的时空广大之“城”，以此视之，长城正是其后一种“大中国”之城或中国城池化理念的绝佳体现和实践。[④]《孟子·离娄下》有一条常为人们所忽略了的记载：“舜生于诸冯，迁于负夏，卒于鸣条，东夷之人也；文王生于岐周，卒于毕郢，西夷之人也。地之相去也，千有余里；世之相后也，千有余岁。得志行乎中国，若合符节。先圣后圣，其揆一也。”

---

① 参见田广林主编《中国传统文化概论》，高等教育出版社 2011 年版，第 9 页。

② 葛剑雄：《中国疆域的变迁》，上海文艺出版社 2007 年版，第 28—29 页。

③ 参见于省吾《释中国》，《中华学术论文集》，中华书局 1981 年版。

④ 参见张未民《东北论》，《作家》2004 年第 7 期。

这段话中提到的诸冯、负夏、鸣条三个地名之所在，其“中国”仍是中央之城的理念。孟子认为舜为东夷之人，舜行孝悌之道，行仁政，以仁、孝、善来化解社会矛盾，增加社会的和谐与凝聚力，为中华几千年来和谐精神的发展奠定了基础。至于唐代魏征献策：“中国既安，四夷自服”，这个“中国”仍然是中央之城的意思。

虞舜文化是中华传统文化的祖源之一，特别是对形成中华五千年和谐文化起了主要的作用。“中华”一词，其源可溯自舜名“重华”。《春秋公羊传·僖公四年》亦云：“南夷与北狄交，中国不绝若线。”其时，齐桓晋文的霸业，就是联合华夏文明各诸侯国，尊王攘夷。北方诸侯自称中国，视楚、吴、越为蛮夷；后者亦视北方国为中国或上国。视为中心之国，或者上上之国，即天朝大国。

晚明西方传教士称明清帝国为“中华帝国”，简称为“中国”；康熙二十八年（1689）清廷与沙俄政府签订《尼布楚条约》，中方首席代表索额图的全称为：“中国大圣皇帝钦差大臣分界大臣议政大臣领侍卫大臣”，这是以“中国”作为主权国家专称用于处理国际事务之滥觞。

“中国”一语具有国家理念，那是近现代的事情。但“中国城主要是行政与文化的象征”，“这和欧洲及日本等处的城堡大不相同，欧洲中古的城堡主要因商业和军事而产生”[①]。

而“东北”，不是孤立的“东北”，也不是“化外”的“东北”，不仅是“中国”大一统血脉的“东北”，而是中华第一祖源的东北。地相连、人相雍、文相通。“东北”又有古之东北与今之东北之分：古东北为大东北，今东北为行政之东北。古东北，乃古幽燕之地，没有确切的疆域，今东北，则只是山海关以外，划界清晰。

大约从黄帝时代开始，就把中国划分为九个区域，定下了九州之制。尧时以东北的南部划为九州中的青州，舜时以东北医巫闾之地划为幽州。

---

① 陈正祥：《中国的城》，生活·读书·新知三联书店 1987 年版。

又分青州东北辽东之地为营州[①]，这时为十二州[②]。《辽东志》引申说："舜分冀州东北为幽州，即今广宁以西之地；青州东北为营州，即今广宁以东之地。"夏朝建立后无幽州[③]，而属青、冀二州，恢复九州之制。以辽水为二州的分界线，西周冀州，东属青州，殷商之世，无大变更。《诗经》称"九有"，是指商朝承袭前代的"九州"之制。殷人发祥地是在易水流域和渤海湾，他们活动的范围很广，《诗经·长发篇》说："相土烈烈，海外有截。"相土是商始祖契的孙子，其声势赫赫，已达"海外"。近人研究认为此所谓"海外"实指"渤海湾一带"[④]。这是可能的，《史记·伯夷传》所记："伯夷、叔齐，孤竹君之二子也。"周灭商，殷之二遗臣伯夷、叔齐，死于孤竹国。《汉书·地理志》说：孤竹国在"辽西郡令支县"，汉代令支县为今河北省迁安县西。由此可见，商王国在灭亡之前，渤海湾及其西北之地，仍然是其势力范围。也正因为辽东半岛渤海湾一带，是殷人的活动范围，所以后来箕子跨入朝鲜半岛而建立起箕氏朝鲜，不是无缘故，而是有其基础的。

"东北"一词，如果把目光放到4000年以前，《周礼·职方氏》称："东北曰幽州，其镇山曰医巫闾。"郑玄注："医巫闾在辽东。"贾疏注："医巫闾在辽东，目验知之。汉光武十三年，以辽东属青州，二十四年还属幽州。"这里的辽东，也不是现在意义上的辽东，应是泛指辽河以东的广大地区，这里的东北，既不是行政含义，也不是地理含义，而是一个方位的概念。《尔雅·释地》："燕曰幽州。"郭璞注："自沂水至北狄。"这在现代地理位置上大致南至滹沱河，北至漠北草原。古称"幽燕

① 《史记·夏本纪》正义注："舜分青州为营州、辽西及辽东。"又《通典·州郡典》青州项说："舜分青州为营州，其辽东之地，宜禹贡青州之域也。"又说："舜分青州为营州，置牧，宜辽水之东是也。"

② 《尚书·舜典》，中华书局 2012 年版。

③ 《尚书·禹贡》，中华书局 2012 年版。

④ 李亚农：《殷代的社会生活》。转引自宁梦辰：《东北地方史》，辽宁大学出版社 1999 年版，第 2 页。

之地”，将幽州与燕地并称为东北是古东北内涵，而今东北则是山海关以东地区。《尧典》“幽州”起源的历史背景是辽西古文化区自距今5000年至8000年前一脉承传的红山系列文化的长足发展。从龙山时代早期的小河沿文化开始，由于红山时代各大文化区域平行发展趋势的消失，中国历史发展出现了以中原为中心的趋势，辽西地区从此失去了以往的文明中心区域之一的重要地位而渐次沦为文化边缘地带。这应是《尧典》“幽州”并入《禹贡》九州之中的深刻历史文化原因。

东北的疆域又是动态的疆域，隋唐时期，东北的室韦的北疆已经到达外兴安岭，东部靺鞨已经到达库页岛、黑水（混同江）入海口庙街。宋辽金时代的上京路，仍然北到外兴安岭和库页岛以及混同江入海口的庙街，南到燕之所属北京、张家口地区。这就是中国血脉的东北，东北既然是主源，汉文化自然也是中华文化主源之一了。

三　由“人”到“族”史观的形成

现在人们有个惯性思维：一提东北人就先区分他的民族属性，我是汉族，他是满族，你是朝鲜族，而不思考“人”的内在联系，忽略他们的文化性。这种思维方式来自近百年来学习西方，受西方的影响，就连我们的衣食住行，我们的文学艺术，甚至风俗习惯，无不打上西方的印记。用多民族的现象，掩盖了文化交融的本质。

（一）“族”的来历与衍变

受西方文化的影响，使得东北人文史观在几个方面发生误读。

中国传统文化中本没有“民族”的理念，只是“人”的区分。中国在鸦片战争之前，中国在史籍中不称“族”而称“人”，中国的《六经》以及《二十五史》直到《清史稿》上都只有肃慎人、女真人、高句丽人、蒙古人，蒙古人将汉人称色目人，等等。“古者，分同姓以珍王，展亲也；分异姓以远方职贡，使无忘服也。”[①]“人”也只有同性与异性之分。又《国语》载：“黄帝之子二十五宗，其得姓者十四人为十二姓，姬、酉、祁、已、滕、葴、任、荀、僖、姞、儇、依是也。唯青阳与苍林氏同于黄帝，故皆为姬姓。”[②]从所谓黄帝嫡系后裔姬姓中，我们也可以看出一些端倪。如史籍记载的骊戎，亦称为“草中之戎”与“丽土之狄”[③]，其君却为姬姓，晋公子重耳之母大戎狐氏，也是北狄，但亦姓姬。[④]足见戎狄胡夷之间没有严格民族区分，只有氏族，只有姓氏之别，统称黄帝为“共祖”。再看1885年之前马克思、恩格斯的著作也没有“族”的概念，只有希腊人、罗马人、桑塔尔人、潘扎人、科塔尔人，只有“人”没有“族”，或有“氏族”没有“民族”。

历史上中国各民族都在“争认炎黄为始祖”，认祖归宗，没有“族”概念。

有历史文献记载，匈奴、高句丽、鲜卑、女真都在争认炎黄为共同的始祖，统与殷商为一个统一的民族，而无种族血缘之分，这就是东北四大古民族华夏、肃慎、东胡、秽貊，原本是一个民族，只有氏族之别。[⑤]

---

① 《国语》卷五《鲁语下》，《四库备要》据士礼居黄氏重雕本第二册，《长白丛书》吉林文史出版社 1999 年版《渤海诗文辑校》第 4 页。

② 《国语·晋语》，《国语译注》，吉林文史出版社 1968 年版。

③ 《左传》庄公二十八年记“晋伐骊戎，骧戎男，女以骊姬”。杜注：“寐戎在京兆新丰县，其君姬姓，共爵男也。”《国语·晋语一》谓“献公卜住骊戎”。韦解：骊戎“在骊山”一带，“其君男爵，姬姓”。

④ 鲜虞姬姓，出自《世本》。《春秋穀梁传·昭公十二年》有“晋伐鲜虞”，范宁集解：“鲜虞，姬姓，白狄也。”杜预《春秋释义》亦说：“鲜虞，中山白狄，姬姓。”

⑤ 详见本书第六章第一节“各民族普遍追认炎黄为始祖”。

西方人把人群划分为“族”“族群”，使人和人之间有差异而发生对立和歧视。

1840年鸦片战争之后，民族与种族血统论才从西方传入中国。欧洲的种族血统论，自认为白种人是世界上最聪明睿智的民族，而亚非的黄种人、黑种人，则是世界上“劣等民族”，是落后、野蛮的民族；所谓中国人是“东方的野蛮”民族，这就是西方列强瓜分中国的理由。西方列强在中国瓜分势力范围，华夏面临着精神上的“亡国灭种”危机。1860年10月13日英法联军焚烧圆明园时侵略者还欢呼：“我们欧洲人是文明人，我们认为中国人是野蛮人，这就是文明对野蛮的所作所为。”①其后我们看到两次世界大战死伤几千万人，看到西方所谓优质民族像屠宰羔羊一样屠杀非洲人和中国人，看清了西方文明的残暴和阴险。直到现在还用种族论挑起中东地区民族战争，大收渔利。百年之后，这种欧洲种族主义中心论，在中国如同鸦片烟一样，盘踞在大批知识界的思想意识之上，在心理上确实承认中国人不如西方人，这就培养了某种奴隶主义思想精神，张口西方，闭口西方，张口民族，闭口民族，形成某种依赖意识。另一种，则是种族主义泛滥，和西方种族血统论相呼应，企图在中华民族之间划开几道鸿沟。

200多年过去了，现如今，西方人对中华民族的蔑视、歧视、不公平程度一点也没有改变。

（二）历史学家的觉醒

早在20世纪30年代，中国学者就有先觉者看到“欧洲文化中心论”的阴险圈套。西南联大教授傅斯年、顾颉刚等学者就据理力争，努力摆脱“洋文化”的羁绊，猛力批驳“民族自决”的谬论。1939年顾颉刚著文指出：

日本人假借了“民族自决”的名义夺取了我们的东三省而

① 佩雷菲特：《停留的帝国——两个世界的撞击》。

> 硬造一个伪“满洲国”。继此以往，他们还想造出伪“大元国”和伪“回回国”，自“九一八”以来，他们不曾放松过一步，甚至想用掸族作号召以捣乱我们的西南。此外也有别的野心国家想在我国边境上造出什么国来，现在不便讲。倘使我们自己再不觉悟，还踏着民国初年人们的覆辙，中了帝国主义者的圈套，来谈我们国内有什么民族，眼见中华民国真要崩溃了，自从战国、秦、汉以来无形中造成的中华民族也就解体了。从前人的口中不谈民族而能使全国团结为一个民族，我们现在整天谈民族而反使团结已久的许多人民开始分崩离析，那么我们岂不成了万世的罪人，有什么颜面立在这个世界之上？①

在这之前，顾颉刚曾经写过一篇文章《中国本部一名亟应废弃》，认为“中国本部”这个名词是敌人用来分化我们的，篇末说，还有一个“五大民族”的名词需要再谈。《中华民族是一个》这篇文章谈的便是这个问题。他认为：“‘五大民族’这个名词却非敌人所造，而是中国人自己作茧自缚。”“自古以来的中国人本只有文化的观念而没有种族的观念。”辽史称“华夷同风”；金史称“蒙安人汉户本一家”，金世宗强调女真与汉以及其他民族“天下一家”；温庭筠称渤海人与唐人“车书本一家”；高适称“汉家烟尘在东北”，我们看史学家、诗人、辽金帝王都称汉人与其他民族是“一家”，所以《二十五史》没有“民族”之论，只是近代学者为了迎合西方文化观念，才硬把不同文化“一家人”分开，强行加上一个“族”，什么商族、周族，就连箕子后面也加个“箕族”，倒好像不加族，就是没有学问似的，连蒋介石也在《中国之命运》一书中不指名地批评某些学者趋炎附势：

> 因为学西洋的文化而在不知不觉中做了外国文学的奴隶，中国国民对于西洋的文化由拒绝而屈服，对于固有文化，由自大而自

① 见王炳根《吴文藻与民国时期“民族问题”论战》，《中华读书报》2013年5月1日第7版。

卑，屈服转为笃信，信其所至，自认为某一外国学说的忠实信徒；自卑转为自艾，极其所至，忍心侮蔑我们中国的固有文化遗产。①

蒋介石的语言与傅斯年、顾颉刚的极为相仿，这种批评还是十分严厉和恳切的，痛其文化人还不觉醒。到了近代，中国人更自觉地意识到：

> 中华之名词，不仅非一地域之国名，亦非一血统之种名，乃为一文化族名。故《春秋》之义，无论同姓之鲁卫，异姓之齐宋，非种之楚越，中国可以退为夷狄，夷狄可以退为中国，专以礼教为标准，而无有亲疏之别。其后数千年，混杂千百人种，而称中华如故。以此推之，华之所以为华，以文化言之可决也。②

这分明在说中国传统文化不以“民族血统”论亲疏，而以文化来决定分晓。

然而，东北史学界可能是接受“欧洲文化中心论”影响的重灾区，按照西方强大经济优势、军事优势和文化压力，东北的史学家也不可能拒绝接受民族论而执意“人论”。

因而，按中国人“唯上、唯书”的传统观念，不仅中原人看东北文化是一片荒芜，就连东北的文化人自己也心虚，缺乏自信，仍然是踮起脚尖眺望中原，总想拿自己的东西与中原相比，说这个受中原影响，那个受中原影响，就连辽西出土的汉魏墓葬壁画，这铁证如山的东北汉文化，也说是受中原影响。在20世纪80年代考古新发现没有披露于全社会之前，总想在中原那里排上座次，甚至索性背起行囊到黄河长江去寻找文化之根。在一些文化人的历史积淀里，只知有肃慎、东胡、契丹、女真，不知有殷燕、秦汉、唐宋。对此，一切有社会责任感和历史使命感的史学家无不感到痛心。

如今中国人已经习惯了张口族，闭口族，倒好像得了什么“真传”一

---

① 转引自《中华读书报》《吴文藻与民国时期“民族问题”论战》2013年5月1日蒋介石《中国之命运》，正中书局1943年3月版。

② 《中华民国解》，《民报》第15期，1907年7月。

样聊以自慰，对于不善于讲“族”的人们反倒歧视起来。

美籍华裔历史学家余英时则在《中国史学思想反思》一文中庄重地写道：

> 20世纪的中国史学家已经基本上是西方宏大理论的俘虏。让我们从这长达一个世纪的被俘中解放出来的时机已真正到来。[①]

是时候了，东北人彻底割断欧洲文化中心论的羁绊，毫不犹豫地摆脱“俘虏”的被动局面，回到原来的大民族史观的立场上来，还原东北人的话语权。

但中国现代文化史，就是一部对西方文明的接受史。西学东渐，堪称两个世纪以来中华大地上最为壮观的文化现象。关于“族”的划分，按照西方的准则，直到现在也绝不是平等的“族”，只有文明与野蛮之分，高贵与低劣之分，而且将“族”的概念引申为“国”，在操纵者手里，“国”也不是平等的“国”。按百年惯性思维，难以改变以西方“族”来划分人群，只是总还可以求得改变“族”的对立的一面，只期盼“族”的和谐与融合的一面。

四　东北战略地位，得辽东则得全国

古今中外，当人们以战略眼光去具体考察某地具有战略地位时，其中一个重要的因素就是地理位置。英国哲学家罗素说：“人是环境的产物。”

① 余英时：《中国史学思想反思》，《历史与当下》第2辑，陈恒主编，上海三联书店2005年版，第54页。

（一）从地理位置看东北

苏秉琦先生在1994年关于东北“环渤海—环日本海考古”的谈话中，又将这种具有开拓精神的古文化范围扩大到“白山黑水”和两个海（指从环渤海到环日本海）、三个半岛（辽东半岛、山东半岛和朝鲜半岛）、四方（中国、朝鲜、日本和俄罗斯）的时代，从清开国上溯到商周时期的“肃慎燕亳”，这已是从更为广阔的东北亚地区古文化的发展来考虑东北地区的考古工作了。①

东北地区居于中国的东北角，与西北、西南相比东北一个独特的地理位置就是三面临海，南面临渤海，白浪淘淘，千帆竞渡；沿其海岸东北行，一直到达辽东半岛，最南端绕过旅顺口，进入黄海；顺着鸭绿江、图们江东行，则临日本海；唐代黑水都督府外则是鞑靼海峡，明代在黑龙江入海口150千米处，库页岛以内庙街，设奴尔干司，越过库页岛就是太平洋。海洋为沿海居民提供了取之不尽的生活资源，海上通道，就是生命通道，海洋视野，就是生命视野。近代史说明，谁掌握了海洋，谁就会变得无比强大。

东北还有四大水系：北有黑龙江与乌苏里江水系、松花江、嫩江水系，南有辽河、浑河水系，还有鸭绿江、图们江水系。在四大水系之间还有三大山系，一横是茫茫的大兴安岭，一纵是巍巍长白山，与长白山相衔接的张广才岭、老爷岭、完达山，辽西还有医巫闾山、千山山脉。在山水之间，有土质肥沃的三江平原、松辽大平原和松嫩平原，那里孕育着富饶的黄金玉米带和东北粮仓。

在东北西部与内蒙古大草原相衔接。自古以来就是农耕民族、渔猎民族与草原游牧民族，众多民族在此辽阔的空间中并驾齐驱，无间隔，无障碍，文化互为影响，互为补充，相生相济，共同生存与发展；尤其渔猎民

① 苏秉琦：《与日本富士山电视台内藤真作社长谈话》，《华人·龙的传人·中国人——考古寻根记》。

族、游牧民族受到汉文化的熏陶，其民族素质远远超过西北西南地区少数民族。

辽东，自古就被认为是塞外苦寒之地——西接蒙古草原，东连朝鲜半岛，北望白山黑水，南眺辽海登莱，西南经由辽西走廊与燕赵大地相通，山海环抱。独特而复杂的地理环境使得辽东地区具有极为重要的战略价值。对中原汉人政权来说，辽东并不属于传统意义上的“德化之地”，换句话说，在古代，辽东相当于汉人生发之地——炎黄，颛顼不用说，殷人考古确证发育于此地——肥沃的土壤和充足的水源也为汉人和其他胡人提供了良好的生存条件。

为了避免北方胡人直接骚扰中原腹地，自秦汉起，中原政权就开始了对辽东地区的开发与控制；而崛起于东北的胡人也需要通过辽东来争取生存空间，一场控制与反控制的角力就此拉开，并延续千年，辽东，也就成了古来兵家必争之地。

隋唐以后，中国的政治经济重心从关中一路东移、北移，最终选择了北京。北京地处燕山腹地，东临渤海，南接华北大平原，西北望蒙古草原，东北通关山辽海之地，长城环抱、襟山带河，既保留了定都北方的“雄健”之气，又兼顾水陆交通之便，更重要的是，它与大海更近，与辽东更近，也就是说，定都北京的各个政权与辽东，与东北亚的关系更加密切了。

然而，辽东，或者辽海，并不仅仅是一个区域地理概念，也不仅仅局限于辽河流域一隅，它的内涵包括了政治、经济、文化、民族、军事等各个方面，它的外延则辐射到了整个东北亚地区。鲜卑、靺鞨、契丹、女真等强盛一时的少数民族莫不是在白山黑水之间发展壮大，以辽东为踏板，一步步与中原王朝争夺霸权。

（二）从经济与文化环境看东北

东北的东部和东北部有号称白山黑水的长白山区、三江平原和广阔的黑龙江流域，这一区域有茂密的原始森林，历代保持了渔猎为主的经济形态，代表着东北地区固有的文化传统；南部属燕山南北长城地带为重心的北方区系的东端和环渤海地区的北翼，又可称燕辽文化区，这里的丘陵山谷属蒙古草原向华北平原的过渡地带，是东北文化区内最先与农业区接触，而较早出现的优越的农耕地区，也是东北文化区与中原文化接触交流的前沿地带；东北地区的西部和西北部以大片草原通往蒙古草原，从而与北方草原的游牧部落接触较多，较早发展了牧业；中部为著名的东北大平原，有诸多大山脉作屏障，有辽河、松花江等大小河川贯穿其间，是诸经济形态过渡地区和古文化发展和消长的舞台。

东北有这样的山区，大兴安岭有上千年的原始森林，富饶美丽；四大水系，适于渔猎民族生产发展；大草原适合游牧民族放牧游弋；大平原适于农耕民族精耕细作。这样的大平原、大草原、大森林、大江大河，使生活在东北的各民族都有爽利的生存空间，任意创造和生产发展。特产丰富，人参、貂皮、鹿茸角；造成了“棒打獐子瓢舀鱼，野鸡落在饭锅里”的富裕局面。论气候，北有高寒地带，南有低温带，适于人类生存发展。据集安县、扶余县、九台县、哈尔滨附近考古曾发现猛犸象、披毛犀等的古动物化石，说明这里在1万年前，曾经是大象和犀牛生存繁衍之所，如今大象、猛犸象、披毛犀等赖以生存的大型森林、热带动物，已经成为遥远的梦幻。

人际关系是自然文化环境的重要组成部分，东北地域广阔，为各民族或同居，或交往，敞开方便之门，而以汉人为多数的东北民族的主体，以汉文化为主体文化，从来不是封闭的，而是宽松的、开放的文化，对于东北各民族都是巨大的吸引力和凝聚力，对于促进各民族的经济发展、人的素质的提高，都会起着巨大的积极作用。这种经济环境和文化环境，远比西南西北少数民族优越得多。西南的少数民族，往往大山阻隔，山南与山北“民至老死，不相往来”，没有亲情感。

东北有这样的经济环境与文化环境，极大地推动了各民族的繁衍生息，为生存与发展，不仅提供了生存空间，也提供了发展机遇。

（三）从历史的民族兴亡来看东北的战略地位

“在中国漫长的历史进程中，诸如历代王朝的兴亡，政权更迭，改朝换代，农民起义与农民战争，国家分裂，群雄割据，民族间和平交往与民族矛盾斗争，等等，都显示了这一进程中的历史变革，由此推动中国历史不断向前发展。每当中国历史发生变革时，东北地区总是置于其中，不仅参与变革，而且常常首当其冲，成为社会矛盾、民族矛盾斗争的策源地与兵家必争之地。故东北之得失，常系中原王朝之命运，关系国家政权之兴亡。”①

从殷商开始，殷起源于辽西赤峰一带，殷也是先占有辽东，而后进入中原，然后汤灭夏，建立起商统一政权的。燕（匽）本是商朝一古国，起于幽燕，而后占领辽东，并是第一个在辽东设郡的部落，而又向东扩展，沿五郡边缘修筑长城，直至松花江对岸，二龙湖畔，留下最北一个长城遗迹，然后向南进入朝鲜半岛大同江入海口，燕在辽东与朝鲜半岛经略了800多年后被秦所灭。魏晋时期，东胡的一支鲜卑人从大兴安岭嘎仙洞起身，开始民族自觉的百年大迁徙，先占有辽东，而后南下到黄河岸边，建第一个少数民族在中原腹地建起辉煌的北魏政权。箕子于殷末周初东迁，由孤竹南迁至辽东，在辽东发展了一定时期，打下了坚实的基础，受燕的驱赶，越江达朝鲜半岛，建立箕子朝鲜，维绪四十世，800多年，被燕人卫满所灭。

魏晋南北朝期间，中原汉政权渐行薄弱，东北的少数民族开始活跃起来，公元前1世纪，高句丽从扶余分化出来，南下占领辽东，因向西发展受公孙氏之阻，转向南攻占丸都城，又越江到朝鲜半岛。高句丽曾雄霸一方，有咄咄进逼中原之势，维系800多年后为唐所灭。唐在灭高句丽之前，唐太宗就意识到了巩固辽东的重要意义，他说：“尽天下安定，惟辽

① 李治亭：《论东北地区的战略地位》，《东北史地（学问）》2006年第1期。

东未宾，……朕故自取之，不遗后世忧也。”[①]唐也是先巩固了辽东，才进一步安定了东北，出现贞观盛世。天宝期间，由于松懈了辽东治理，才爆发了安史之乱，唐行藩镇割据之弊，以致出现了五胡十六国天下纷争56年。

自商周以来，称雄“三北”草原2000年来的匈奴，四五个世纪后由盛而衰，趋于灭亡。代之而起的东北地区的游牧民族、渔猎民族逐渐强大起来，开始走向主宰中国历史的大舞台。中国的格局发生巨变，战略东移，那就是辽、金、元、清主宰中国历史进程。

高句丽灭亡200年后，东北有一个强大的民族即契丹崛起。契丹发于辽西，统一东北后挥师进入中原，在与北宋经年争夺，占据北方大部，取得辉煌的半壁河山。在大辽统治下的女真人在同辽争斗中，攻占辽东，创建大金，先灭辽，统一东北，挥师南下，直取中原，抢占开封，灭了北宋，与淮河以南的南宋对垒，有国120年，开创了比辽更辉煌的时代。其后生活在东北地区斡难河流域的蒙古人强大起来，由铁木真统领东北地区之后被尊为成吉思汗，建立了蒙古统一政权，剽悍骁勇的骑兵，驰骋欧亚大陆，无往而不胜。它回身灭西夏，再灭金，最后渡江灭了南宋，统一天下。成为第二次统一中国的大元王朝。辽、金、元三朝，都是以辽东为发祥地，先领有东北，然后走向中原，或取半壁江山或统一天下，都显示出东北地区巨大的历史活力，也显示出东北民族的历史主动性与开拓精神。这种民族开拓精神为什么偏偏都出现在东北大地，一个重要原因是，这些民族就像得到东北人参精灵一样，得到汉文化的滋养。

明灭元之后，建立明朝，首重东北，洪武四年（1371）在辽东设置辽东卫指挥使司，而且以辽东司统辖东北。明万历十一年（1583）努尔哈赤起兵，先统一女真各部，然后与明反复交战，夺取辽东，皇太极即位后，先统一东北，而后入关，明亡。苏秉琦先生在他最后一部著作《中国文明起源新探》一书中谈道：“满族开国史有特殊意义，不可小看起源于白山

---

① 《新唐书》卷二二〇，《高丽传》；《二十五史》，上海书店、上海古籍出版社1975年版。

黑水间的满族，是渔猎民族，从黑龙江新开流文化到沈阳新乐文化都以渔猎为特色，两者不能说没有关系。渔猎民族天生没有国界概念，却能同赖以生存的自然界保持协调一致，这是渔猎民族优于农牧民族的地方。满族一开始就有一种一往无前的开拓精神，在处理民族关系方面善于总结历代经验，敢于说长城内外是一家。”①

清入关前，攻破明军最后一个东北重镇——宁远。宁远丢弃之时，也是辽东完全丧失之日，即明亡之际。早在崇德七年（1642）清太宗写给明崇祯皇帝的信中说：“予缵承皇考太祖皇帝之业，嗣位以来，蒙天眷佑，自东北海滨，迄西北海滨，其间使犬、使鹿之邦，及产黑狐、黑貂之地，不事耕种，渔猎为生之俗，厄鲁特部，以至斡难河源，远迩诸国，在在臣服。”②足证清入关之前，已经辖有黑龙江以北，乌苏里江以东的广大地区。辽、金、明、清，其覆亡的最大外因无不是“辽事”。关外苦寒，却是龙兴之地，这片山水相间、烽火不断的黑土地，又恰好处在中国与朝鲜半岛和日本之间，于是，中国的辽东和渤海，就成了各方势力争夺东北亚霸权的要冲。所以有论者称：“明亡始于辽亡，辽亡影响明亡。”

“故欲得天下者，先霸辽东。得辽东者得天下，失辽东者失天下。”这里，辽东乃全东北的概称。

历史的经验：明失辽东，终致亡国。清得辽东则得东北，得东北则得全中国。辽、金、元无不如此。

这里一茬接一茬的本属于落后的少数民族，为什么能入主中原或半入主中原，取得建成“中华一体”的国家，以东北为政治活动中心，演出威武雄壮的人间活剧来？

总体原因有三：

·是农耕文化与渔猎文化、游牧文化交叉活动，激发了少数民族生发一种不可遏制的创造激情与活力来；二是雄厚的物质基础，养育了骁勇剽

① 苏秉琦：《中国文明起源新探》，商务印书馆（香港）有限公司1997年版，第136页。

② 《清太宗文皇帝实系》卷六一，第3页。

悍的骑兵，进军风驰电掣，势如破竹；三是以汉字汉文化为底蕴，接受了汉文化滋养，使得原本聪明睿智的上层人物，如虎添翼，特别是儒家国家学说，使得这些部落从原始奴隶制社会迅速转变为初级的封建社会，利用汉体制、官制、礼仪、典籍，成为大有作为的中国皇帝。汉文化在各民族之间如灵魂、如筋骨、如韧带，俗语说“打断骨头连着筋”，不论如何争斗兴亡，都是高举“中国”一个旗号，绝不分裂。

最终说明，东北作为“雄鸡翘首”的战略地位，成为兵家必争之地。狡猾奸诈的日本人也是抢占东北，建立伪满洲国，然后大造舆论“满洲[①]乃化外之地”，企图一举吞噬全中国。中国近代史，在解放战争中，中共中央英明决策，始于东北，首次决战决胜在东北，然后有京津战役、淮海战役、渡江战役的胜利，解放全中国。如今巩固和发展东北老工业基地，就尤显此特殊战略地位的重要性了。

---

① 满洲，原为部族名，而不是地名，这一点非常明确，见《钦定满洲源流考》卷一部族条：“按本部族名，……满洲满珠，……我朝光启东土，每岁西藏献丹书，皆称曼殊师利大皇帝，翻译名义曰：曼殊，华言妙吉祥也。……今汉字作满洲，盖因洲字义近地名，假借用之。”此处，亦用于地名。

第二章　中华共祖乃东北文化之根

东北是中华文化第一祖源，比起中原仰韶文化、良渚文化“先行一步”，历史文献中还没来得及记载，但考古新发现，地下的文物可以做证。

一　红山女神为中华“共祖”

在东方，在东北大地上，在4000年前，出现了两位备受人们敬仰的神，即红山女神和箕子神，这两位尊神的出现，其文化辐射立即波及东北大地，乃至全中国，其神威至今未减。现在我将以红山女神的产生来探讨东北汉文化之源。

世间历史大致分三个层面：文献中的历史；地下有待开发的历史；人们心里存在的历史。人们心里存在的历史，是历代流传的历史，往往容易产生一种惯性思维，所谓多数的思维。但又受制于文献历史，这是中国人唯上、唯书的惯性。但文献的历史，恰是古人现实的历史，由于受已知的现实的局限，对某些历史事物的认定往往模糊不清；地下埋藏的历史是真实的、准确的历史，但又轻易不被人们发现，一旦发现了，完全可以厘正文献中的谬曲与缺憾之处。

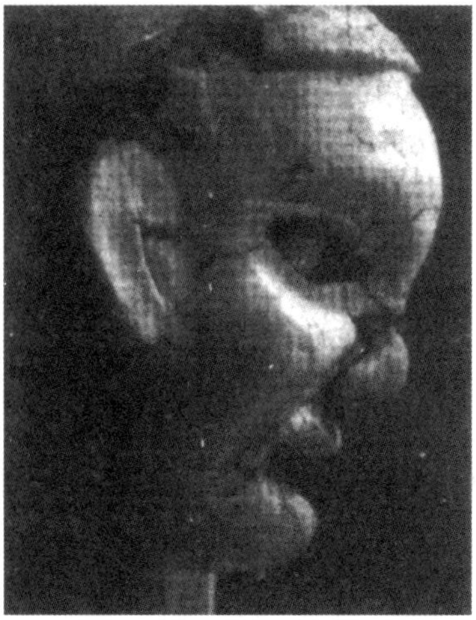

红山文化大型女神像侧视图（牛河梁遗址出土）

世界上万类万物，都是偶然发现、偶然所得的结果，但偶然总出自必然。在东北西辽河流域这片宁静的土地上，谁能想到它会藏龙卧虎，出现人间奇迹。历史绝不是偶然的，它依托历史时空的必然性。我们应该感谢考古队的铁铲，它敲醒了东北大地，也敲醒了东北人的心灵。原来历史就在自己的脚下，就在脚下的土石里。

1983年10月，辽宁省考古队员偶然发现了红山牛河梁女神，辽宁考古学家张星德详细记录了这次偶然发现的过程：在牛河梁主梁北山上，“一天清晨，考古队员沿着山坡往后山林区散步，当来到凌源至建平旧路南侧的凌源大杖子林区时，一位同志偶然发现在一个水冲沟里，有块直径20厘米左右的馒头形焙烧过的红色土块，他拾起来问考古专家孙守道：‘这是什么器物？’大家争相传看着，孙守道经过仔细审视后说：‘像女人乳房。这是一个重要的发现。’饭后，考古队员找到林区的工人们了解情况。据工人们介绍，自解放初起人们在山上植树时就经常会刨出一些烧制过的泥人胳膊、大腿等，当时人们认为没什么用，又挺结实，就将这些泥块垒到坝界子里了。根据工人们反映的情况，考古队员从坝界子里取了一部分人像残块，又细心地将这些大大小小、形状各异的残块集中起，经过仔细辨认、摆放，一个包括颈部以下各个部位的陶塑女神像显现出来了。而她的头又在哪里呢？”

牛河梁女神庙遗址出土泥塑女神头像

“1983年10月31日，清晨。树林丛中万籁俱静，只听到小铲挖土的叮咚声，原来是考古队员一清早就来到了这里，他们正在聚精会神地对前一天发现的一堆红烧土遗迹进行解剖。小铲与泥土接触发出的每一声响动都扣动着考古队员的心弦。终于在下午四点，剥开上面的红烧土后，一个活生生的女神头像出现在人们面前。女神额部宽而隆起，两颊丰满，高颧，圆鼻头，眼眶里被深深地嵌以圆形玉片为睛，显得格外有神，嘴角上，唇肌似掀动，仿佛微笑欲语，和善中带着威严，使每一个面对着她的人不由得肃然起敬。女神仰面而卧，神态安详又富于表情，似乎早在这里等待着后人来找到她，倒是发现者们被这艺术水平极高的史前女神的突然降临所震惊。”[①]

① 张星德：《红山文化研究》，中国社会科学出版社2005年版，第4页。

牛河梁遗址考古工作站站长朱达介绍说：和女神头像同时出土的还有六个大小不同的残体泥塑女性裸体群像，有因年龄差异而发育不同的乳房，有圆润的肩膀，还有完整的手臂，最小的泥塑与真人大体相近，主室中心出土的大鼻、大耳竟等于真人的3倍。

如果说，秦始皇的兵马俑是我国封建社会的第一个艺术高峰，那么，牛河梁“女神庙”群像则是我国文明黎明时期的艺术高峰。这尊形神兼备的女神头像，是研究古代中华人种学和民族史的典型标本，它使亿万中华儿女第一次看到用黄土烧制、塑造的5000年前祖先形象，可以说，泥塑“黄土之神”就是民族之神。这女神庙也说明，中国第一座祭祀宗祖殿堂出现在东北，出现在牛河梁红山文化区。

于是，沉睡了5000余年的中华女神在民族开放的年代，在中国的东方，在东北辽西大凌河一带面世了，这是震惊中国考古界，也是震惊世界的大信息。女神历来被视为生育的象征，被作为一个群体或民族生命力的体现，从而受到人们广泛的崇拜。人类历来有女神崇拜的习俗，中国人崇拜女娲，崇拜西王母，谁也没有把眼前的可摸可触的牛河梁女神，与遥远天际的想象空间的虚无缥缈的神州女娲、西王母联系起来。

这是偶然之中的必然。这是中国5000年文化的神力，它用史实突破了笼罩着中国一个世纪的“欧洲文化中心论”；突破了所谓中华文明不过4000年历史的惯性说法，大大提前到5000年；突破了中华文化起源于黄河流域的惯性思维，考古界的泰斗苏秉琦先生，认为中华文化起源于辽河流域。苏秉琦先生断定，红山文化的时间要比仰韶文化早得多，如果再说红山文化是接受仰韶文化的影响，是站不住脚的。反过来倒是红山文化有向中原文化辐射的可能；突破了那种认为东北只有少数民族的文化历史，没有汉文化的历史的说解。中国人都承认自己是炎黄子孙，可是炎黄在哪里？苏秉琦先生指出：“黄帝时代的活动中心，只有红山文化的时空框架与之相应。”[①]红山文化的主要发祥地，正是燕山山脉以北，七老图

① 《华人·龙的传人·中国人——考古寻根记》，辽宁大学出版社1994年版。

山脉和努鲁儿虎山脉之间的赤峰市和红山一带，这里的山脉岩石（以花岗岩为主）由于富含红色矿物质（氧化铁），因此具有明显的红色调。由此可见，炎帝又名赤帝，并不是平白无故的，而是有着充分理由的。有鉴于此，我们有理由进一步认为，炎帝就是创造红山文化的主角。

女神庙的研究，联系到原始女神崇拜，女娲、西王母等，历史学家王曾先生认为红山女神即古书上所说的“女魃”，黄帝与蚩尤战，有女魃从天而降，战胜蚩尤。蔺辛建先生则由此可以断定红山文化应当是帝颛顼或帝喾的遗存，因为其二帝主要活动在北方地区，而且帝颛顼在宗教改革方面有巨大的贡献。《大戴礼·五帝德》记载：颛顼“履时以象天，以鬼神制义，沉气以教民，法诚以祭祀”，《国语》《大戴礼记》都记载了颛顼之前人人祭神，家家为巫史，而颛顼实行了改革，“命重黎绝地天通”。这些都可以与红山文化大规模的祭祀遗址的存在相对应。①均说颛顼乘龙而至四海：“北至于幽陵，南至于交趾，西至于流沙，东至于蟠木。”根据王曾对辽西区域文化的研究，发现颛顼“北至于幽陵”的最东北点在于医巫闾山。是炎帝首开祭祀医巫闾山的先河，是他将自己与九嫔的最终归宿安排在医巫闾山，是他确定了医巫闾山相对于中原的“幽方”“鬼门”地位。这也是医巫闾山之所以被后世尊崇为“北方镇山”的根本原因。

二　中华第一龙，起于辽河源

与女神庙等大型祭坛、积石冢发现的同时还出土了大量的玉器，其中有最珍贵的玉龙、玉猪龙、玉熊龙。从玉龙的全部外形可以清晰地看出：

---

① 蔺辛建：《红山文化与古史传说》，《北方文物》1987 年第 3 期。

它们的平面形状都呈“C”字形，蜷曲的龙体截面为椭圆形，通体光素无纹，背上有一长鬣卷起，边缘锐利；龙的头部用简单的棱线雕出眼角上挑的“丹凤眼”双目，唇部向上撅起，正面有两个对称的圆洞鼻孔，嘴下颚底及额头细刻网纹状；龙体正中有一极精密的小孔，以丝线悬挂，龙的首尾呈水平态。精巧的设计，耐心的琢制，令人折服的原始的艺术魅力，专家郭大顺惊呼“龙起辽河源”[①]。

玉龙的出现

“龙是中国传统文化的结晶，也是历代帝王权力的象征。历史记载中的五帝时代那些代表人物更多与龙有关，而以黄帝较早尤甚。”郭大顺举了几个例子。《山海经·大荒·北经》记载：蚩尤作兵伐黄帝，黄帝乃令应龙攻之冀州之野。应龙蓄水，蚩尤请风伯雨师纵大风雨。黄帝乃下天女曰魃，雨止，遂杀蚩尤。《史记·封禅书》记载：黄帝采首山铜，铸鼎于荆山下。鼎既成，有龙垂胡髯下迎黄帝。[②]《史记·天官书》也记载：轩辕，黄龙体。

郭大顺认为，从追溯龙的起源着手，不仅可以有效地揭示中国文明起源问题，而且对了解五帝时代的历史文化同样意义重大。不过，考古发

① 郭大顺：《龙起辽河源》，百花文艺出版社 2001 年版。

② 《四库全书荟要》卷二十八，第 121 页。

现的龙此前只在商朝的青铜器上看到过，但那已经是被高度神化了的多种动物的结合体。直到20世纪80年代初，红山文化遗址中出土的玉雕龙被确认，才把龙的起源提早到5000年前的五帝时代。

2003年10月21日，在兴隆洼文化遗址的一处现场，考古队发掘一个面积为4平方米的灰坑。在灰坑里，他们清理出了六个存放食物的窖穴，考古人员清理完六个小坑之后，发现中间还有一个大的灰坑，被六个小坑紧紧环绕。当考古人员小心翼翼地将大坑中的灰土清理干净，一个意想不到的东西出现了：由许多石块和陶片组成的S形动物静静地躺在那里，那是一条距今8000年以前“龙”的形象。更让人吃惊的是，在这条龙的头部，竟然摆放着一个野猪的头骨。有的学者认为，用野猪的头颅作为龙的头，充分说明了先民们对野猪的崇拜。①

考古学家依据近年来红山文化考古发现认为，黄帝的祖籍在辽河边。他们说，多少年来，包括黄帝祖籍在内的有关传说只见于古史记载，然均无考古实证。近年来，红山文化考古玉雕熊龙的发现，为古史中包括黄帝祖籍在内的有关传说提供了重要实证。中国考古学会常务理事、考古专家郭大顺说：在中国的编年史中，中华民族5000年文明史只能从距今4000年前的夏代算起，而夏以前的五帝时代因无地下史料，所以只能凭借传说。在这些传说中，尤以黄帝的传说最为引人关注。

在中国古史五帝②传说的记载中，五帝时代可分为两大阶段，五帝前期以黄帝为代表，其主要活动地域多在北方。作者从《史记·五帝本纪》等史籍中看到，黄帝时代是龙战于野的时代，黄帝战蚩尤于涿鹿之野，地在今河北省北部桑干河流域，黄帝迁徙往来无常处，黄帝率兵与炎帝作战的熊、罴、貔、貅、虎，一般以为是黄帝部族内以野兽为图腾的诸部落的名称，故有黄帝号曰有熊氏、黄帝为有熊等记载。这些记载，都颇具北方

① 考古中国　详细文章参考：http：//www. kgzg. cn/thread-2293-1-1. html.

② 对于三皇五帝有多种说法。其中之一的说法是，三皇：天皇伏羲、地皇神农、人皇女娲。五帝为：黄帝、颛顼、帝喾、唐尧、虞舜。

游牧和狩猎民族色彩。

神话有云：禹之父“鲧被戮于羽渊化为黄龙”。“龙”成为汉民族的图腾。红山文化出土的玉龙，通高26厘米，周身光洁呈墨绿色，造型独特，躯体卷曲若勾，头部长吻修目，呼之欲出，给人以升腾神秘之感，钢鬃飘立，安适中透着威猛，让人望而生畏。1984年，被誉为“中华第一龙”。其后不久在红山文化遗址又出土了一件猪首蛇身、桃形环状玉雕，也是采用优质墨绿软玉雕成，它的头部像猪，故称为猪龙，它的质地、制作工艺，同玉龙一脉相承。以后，又发现了十余种猪龙。一系列的考古发现表明，生活在五六千年以前的红山文化的先民，普遍流行着一种崇龙的风尚，波及范围之广，年代之久远，目前在我国没有一个地方可与之相比。红山文化玉龙的发现，将龙的起源上溯到5000年前。[①]这样，说黄帝起于西辽河流域，然后游动到黄河流域的说法，是十分可信的。

考古学家认为，中国古文化有两个重要区系：一个是源于渭河流域的仰韶文化；一个是源于大凌河（西辽河上游）流域的红山文化，它们都有自己的根（祖先）和标志。

仰韶文化的一个重要标志是玫瑰花，而红山文化的一个重要标志是龙。玫瑰花和玉雕龙的标志分别出现在华山脚下和燕山之北。被中国考古界专家苏秉琦先生概括为“华山玫瑰燕山龙”，从距今5000余年，红山文化牛河梁文化遗存看，在祭坛、女神庙和积石冢中的玉雕上，有玉龙、熊龙和猪龙；在彩陶筒座、彩陶盆上，有玫瑰图案。两种文化形态经过碰撞、交流、融合在一起的证据是在大凌河上游的凌源、建平、喀左（西辽河支流老哈河上游）一带，对中国上古时代社会发展史、思想史、建筑史和艺术史的研究将产生重要影响。以龙与华（花）为象征的不同文化传统结合到了大凌河上游，使中华民族文明史提前了1000多年，为夏朝以前的三皇五帝传说找到了实物依据。苏秉琦先生断定，红山文化的时间要比仰韶文化早得多，常说红山文化是接受仰韶文化的“影响说”，是站不住脚

① 孙守道、郭大顺：《论辽河流域的原始文明与龙的起源》，《文物》1983年第6期。

的。反过来倒是红山文化有向中原文化辐射的可能。[①]两个区系文化形成的时间距今六七千年，都从自己祖先那里衍生或裂变出来。自20世纪80年代以来，红山文化的考古有诸多新发现，说明西辽河地区史前古文化十分发达，是中华文明起源的重要区域。与我国其他各大区系的同期古文化发展相比，具有文明起步较早，发展序列相对完整的特点。

正如苏秉琦先生对这两种文化接触时的主要角色、路线和对接点、后果的论述："源于关中盆地的仰韶文化的一个支系，即以成熟型玫瑰花图案彩陶盆为主要特征的庙底沟类型，与源于辽西走廊遍及燕山以北西辽河和大凌河流域的红山文化的一个支系，即以龙形（包括鳞纹）图案彩陶和刻画纹陶的翁罐为主要特征的红山后类型，这两个出自母体文化而比其他支系有更强生命力的优生支系，一南一北各自向外延伸到更广、更远的扩散面。它们终于在河北省的西北部相遇，然后在辽西大凌河上游重合，产生了以龙纹和花结合的图案彩陶为主要特征的新的文化群体。"他还进一步推断了这一南北文化交流对中华文明起源、传统文化起源的特殊意义："这是两种经济类型和两种文化组合而成的文化群体。这个群体的活动中心范围既不在北方草原的牧区，又远离农业占绝对优势的关中盆地，而是燕山以北，大凌河与老哈河上游宜农宜牧的交错地带。这里自然条件的优势，大概正如古文献关于九州第一州冀州记载的所谓'赋上上错，田中中错'，就是说，重要的不是土质肥沃，而是多种经济补充造成的繁荣昌盛，才得以发出照亮中华大地的第一道文明曙光。坛的平面图前部像北京天坛的圆丘，后部像北京天坛的祈年殿方基；庙的彩塑神像眼球使用玉石质镶填与我国传统彩塑技法一致，冢的结构与后世帝王陵墓相似；龙与花的结合会使人自然联想到我们今天的自称'华人'和'龙的传人'，发生在距今5000年前或5000—6000年间的历史转折，它们光芒所披之广，延续时间之长是个奇迹。"[②]

① 参见苏秉琦《华人·龙的传人·中国人——考古寻根记》，辽宁大学出版社1994年版。

② 苏秉琦：《华人·龙的传人·中国人——考古寻根记》，第91页。

中国是龙的国度，龙是中华民族的象征。龙的精神渗透在中华民族的骨髓和血液之中，被誉为“民族之魂”。

（一）玉礼的标志

考古学家认为玉龙是“礼器”标示，这就由龙引出“礼”和“祭礼”的概念。

联系到近年来在内蒙古敖汉旗兴隆洼、阜新查海等地发现的多处崇龙遗迹和林西县白音长汗、西门外、敖汉兴隆洼等地发现的崇祖遗迹，可以认为，崇龙、尚玉和祖先崇拜，是当时东北西辽河地区社会宗教观念的核心内容。兴隆洼文化玉器群的出现，标志着中国传统的礼制文明已经初步萌芽。

继兴隆洼文化之后，此间无论就器物造型种类的齐全还是就史前用玉制度的发展来说，都达到了空前的水平。从民族文化传统的角度看，如果说，青铜礼器是夏商周三代礼乐文明社会的物化标志的话，由兴隆洼文化发源的史前古玉，则是新石器时代中期至铜石并用时代中华古礼发生、扩展和承传的基本载体。

再从牛河梁文化遗址看，坛、庙、冢布局范围约有50平方千米，祭坛遗址内有象征“天圆地方”的圆形和方形，祭坛建筑布局按南北轴线分布，注重对称，有中心和两翼主次之分；女神庙有主室和侧室，泥塑残块证明有体魄硕大的主神和众星捧月的诸神；积石冢群都在山顶上或小山包上，具有山陵性质，冢群中心是大墓，周围有许多陪葬小墓……从中可以看出氏族成员等级分化相当严格，已具“礼”的雏形。考古学家在对牛河梁文明遗址进行整体观察时，发现了一个奇怪的现象：在距牛河梁遗址约百里之外的喀左县东山嘴乡亦发现了一座二层三阶的古人祭祀坛，东山嘴方型祭坛与牛河梁文明存在一定关系，同是祭天之坛。以此证明牛河梁文明在当时的影响力远远超出百里之外。考古专家们在对上述考古遗存进行研究时发现，东山嘴、牛河梁红山文化遗址坛、庙、冢布局类似北京的天坛、太庙和明十三陵。

据辽宁省文物考古研究所朱达介绍，这里多次发现雕琢精细的玉器，每一次发掘都引起巨大轰动。特别是2002—2003年，这里先后出土了包括玉人、玉凤、玉龙在内的20多件玉器。其中玉人、玉凤为红山文化玉器中新发现的器类，此前在红山文化考古中从未发现过，而玉龙则为第二次发现。玉人为裸体，通高18.5厘米，由淡青色软玉制成，人像高度写实，雕琢精细，是5000年中华老祖的再现，对研究当时人的体态、形体特征意义重大。玉凤通长19.5厘米，表面已钙化，但体态线条优美流畅，形象与流传后世的“凤”形象基本相似。玉龙高9.8厘米，最宽处7.5厘米，为淡绿色软玉磨制而成，呈钩曲形，形体酷似甲骨文中象形的龙字。

辽宁师范大学文博系教授田广林认为，红山文化证明龙在辽河流域至少已经有5000年的历史；兴隆洼文化的发现，则把中国人崇龙的历史上推到8000年以前。中国人崇龙礼俗有一个逐步成熟的过程。近年来，河南省濮阳县发现过有六七千年历史的蚌塑的龙，黄河中上游仰韶文化遗址中也发现过距今5000年前的鲵形龙，但这些都是龙的初级形态。红山碧玉龙是中国崇龙的最标准形态，它的出现，标志着中国崇龙礼俗的最终形成。从崇拜各种动物到统一到玉龙，体现了中华龙文化起源的一个基本过程。红山文化是中华龙文化、玉文化的一个直接根系。中国是礼仪之邦，也是尚玉之邦。红山碧玉龙的发现，不仅让中国人找到了龙的源头，也充分印证了中国玉文化的源远流长。田广林教授认为，牛河梁、东山嘴、四家子等遗址以“坛、庙、冢”为代表的大型礼仪建筑群体的发现，证明我国源远流长的郊天祭地和宗庙祭祖的传统礼制因素早在红山文化时期就已经出现于中国的东北地区，而礼制的发生，正是文明社会区别于原始社会的根本标志。

2012年末，辽宁省文物考古研究所编著的《查海：新石器时代聚落遗址发掘报告》出版。玉器是查海遗址考古发掘的重要发现之一。在1987年查海遗址正式发掘刚刚开始时就已发现了玉器，且其造型和组合具有规律性——以玦为主，有环状玦和柱状玦、玦与匕两种组合，玉料都为透闪石软玉。香港中文大学中国考古艺术研究中心教授邓聪向记者介绍，查海遗址聚落外有围沟，内部已揭露房基55座，南北成行，排列有序。从整体布局看，早晚期建筑布局变化不大。引人注目的是，聚落靠北的两排五座房址中，皆出土了玉器。该地区另一座儿童居室墓内，在颈部和腹部位置，出土了大、中、小三对六件玉匕形器，生动反映了社会阶级分化的一个侧面。不过这些玉饰是否有世代相传的可能性，有待今后深入研究。郭大顺说，查海玉器的发现使学界认识到玉器在东北地区出现最早，是东北史前文化的一个重要区域特点，确立了与中原、东南沿海并立的东北文化区，大大提升了东北地区在中华大地史前时期的地位。被专家苏秉琦说成："万年文明的起步"。

（二）古国——商人居住之地

5000年前，红山文化这里就存在一个具有国家雏形的原始文明社会，即"古国"的特征。红山文化很可能是黄帝—古商人的遗迹，汉人先祖最北的发源地。而且红山文化在汉人起源上绝不是配角地位，而是处于苏秉琦先生说的"先走一步"的前导地位，并先后入主中原，参与到夏商文明的形成和发展之中。说明辽西自古就是黄帝—夏商人的活动空间。这个古国正是5500多年前殷人开发东北的证明。

牛河梁坛、庙、冢遗址的布局足以说明在这里活动的原始先民已进入高一级阶段的文明社会了。[①]说明5000年前，这里就存在一个具有国家雏形的原始文明社会，即"古国"的特征。苏秉琦认为，中国国家的起源和发展，经历了三部曲，即古国—方国—帝国，具有三种模式，即原生型、次生型和续生型。他认为，红山文化晚期的社会组织是原生型的古国形态，夏家店下层文化的社会组织形式是原生型的方国形态，这种原生形态的早期国家，对于后来的"三代"国家，具有重要的影响意义。苏秉琦指

① 《辽西发现五千年前祭坛女神庙积石冢群址》，《光明日报》1986年7月25日。

出：古文化指原始文化；古城址是城乡最初分化意义上的城和镇；古国址是高于部落以上的、稳定的、独立的政治实体。

早在距今七八千年以前，东北的西辽河地区已经开始了氏族向国家的转变，距今5000年前，红山文化率先跨入古国阶段。坛、庙、冢等出土文物几乎是上古祖先的生命和意识形态的全部，若破解其中的奥秘，远比破解文字要难得多。根据观念形态本身具有特殊稳定性的原理，西辽河地区早期社会所创造的一些重要文明成果，应该间接地保留在后世的一些传世文献之中，只是由于经过历次文化整合，其原初面貌不易看出而已。所以，人们尽量搜求利用先秦典籍与考古发现的材料互相印证，尽量搜寻其原生形态，从中窥得本区早期历史发展在中华文明初创过程中的地位和作用。

中国新石器时代晚期的三大文化区系、以距今5000年为界的两大发展阶段和各区各段先后形成文化中心，以及在文化频繁交汇中，文化重心由北而南、由东而西的转移趋势，反映出中国文明起源从古国逐步向方国过渡的一些主要轨迹。饶有趣味的是，这一轨迹恰与古史传说以黄帝为代表的五帝时代前期，北方、中原、东方和南方接触频繁，以尧、舜为代表的五帝时代后期由四邻向中原汇聚的记载相吻合。由此可知，中国文明起源和早期国家阶段，就是五帝时代。这是跨进文明、走向一统与传统初现三者并行发展的一个时期。不同文化传统和不同经济类型的三个大区在各自发展个性的同时，不是分道扬镳，而是在频繁的文化交流中向一起汇聚，在逐步取得文化认同的过程中实现共识的中国，从而为夏、商、周三朝文明的出现以至整个中华文化、中华文明和中华国家的形成奠定了基础。

三　辽西是殷人的龙兴之地

事实说明，中华民族古代文化的摇篮是多元的。黄河流域是华夏的起源和发祥之地，长江中下游是楚、越的起源和发祥之地，而辽河流域则是夷、狄、商先人起源和发祥之地。这些学者的探索都有若干不容忽视的依据。

司马迁曾经说过："昔唐人都河东，殷人都河内，周人都河南。夫三河在天下之中，若鼎足，王者所更居也，建国各数百千岁。"夏、商、周三代就其进入中原占据统治地位来说，是前仆后继的，但是在进入中原以前，都已有了一段较长时期的发展，在被取代以后，又都还保留有若干地方性诸侯国的延续，所以夏商周三代的文化发展实际上是平行和交叉的。殷商在先前曾经是夏朝的列国之一，西周在先前曾经是商朝的列国之一。夏朝灭亡以后，杞国继承夏祀，是商朝和周朝的列国之一。商朝灭亡以后，宋国继承商祀，是周朝的列国之一。由此而论，殷商民族进入中原，确实仅限于其全部发展中的一个阶段。尤其殷人是一个频繁迁徙都城的部落，自契至汤八迁，自汤至盘庚五迁，在殷人迁到一个新都以前，它的文化实际上已经在另外一些地方有过较长时间的发展了。

《诗・商颂・玄鸟》："天命玄鸟，降而生商（指契），宅殷土茫茫。"郑玄注："天使鳦下而生商者，谓鳦遗卵，娀氏之女简狄吞之而生契。"契是传说中殷人始祖，其母简狄，为有娀氏之长女，为帝喾次妃。史传简狄之夫为帝喾高辛氏，高辛父为颛顼高阳氏，均都于亳，实际是追溯到母系社会最后一个女性人物身上。

《吕氏春秋・有始览》："北方曰幽州，燕也。"历史学家童书业解释："燕为幽州乃字之声转。"幽与燕为字声之转，而殷与燕也是同音异字，齐人谓玄鸟为鳦，读殷为鳦，幽州即燕州，亦即殷土。《淮南子・坠形训》："东北薄州曰隐土。"隐与殷音义同，隐土即殷土，证明殷土或隐土俱在东北。许多学者认为先商文化起源于东方。傅斯年《夷夏东西说》提出先商期的商国是夏朝东夷诸国之一，徐中舒《再论小屯与仰韶》提出殷商民族起源于环渤海湾一带今山东省境内，张光直《殷商文明起源研究上的一个关键问题》提出早商文化与东海岸大汶口或青莲岗文化晚期的花厅遗址有很多共同因素，并进而论断虽然二里头文化确实为夏文化，但早商文化实在也是夏文化，“夏世即商世”，“中国古代夏、商、周三代实在是一气呵成的历史发展”。红山文化古国，是我国文明社会即将到来之际较早地出现在东北地区的一个社会实体，红山文化很可能是黄帝—古商人的遗迹，汉人先祖最北的发源地。在牛河梁发现大型祭坛，《礼记·表记》称：“殷人尊神，率民以事神。”那么这个大型祭坛很可能是殷人，或者是炎帝祭天祭神的场所。说明辽西自古就是黄帝—夏商人的活动空间。而后正是商汤封孤竹、周武王封召公夷于北燕的地方。这些说明燕与殷又是同祖的。

由于殷商人的先祖是帝俊，而帝俊的事迹在《山海经》里往往与帝舜的事迹相互重合，因此红山文化有可能与舜文化相关，而舜的族源亦可能出自炎帝。考古界已经认定：殷商妇好墓出土的玉器与牛河梁玉器极为一致；它是我们断定殷商人祖先来自东北的重要依据。

根据上述考证，历史学家傅斯年、金景芳、张博泉、干志耿等人则又进一步提出殷商文化起源于东北的辽宁、吉林两省。傅斯年《东北史纲》（1932）说：“商之兴也，自东北来，商之亡也，向东北去。商为中国信史之第一章，亦即为东北史之第一叶。”“商之先祖已据东北为大国矣。”金景芳在《商文化起源于我国北方说》（1978）早就认为殷文化起源于昭乌达盟，在今赤峰一带，正是发现红山文化古国遗址的地方。在此之后才有夏朝设幽、营二州。金毓黻说：“吾谓东北疆域建置，始于虞夏。”郭沫若在《中国古代社会研究》中认为燕在周灭商以前就已经生存在这个地方。傅斯年说：“殷代之祖先起自东北方矣！”[①]而后正是商汤封孤竹、周武王封召公于北燕、封箕子于朝鲜的地方。在周武分封之前，

① 傅斯年：《民族与古代中国史》，河北教育出版社 2002 年版。

这里是商民族的居住地。认为“昭明居砥石”的砥石为辽水发源处，即今辽宁省昭乌达盟克什克腾旗的白岔山，并且提出“在汤未灭夏以前，商人的势力并没有到达今河南中部。因此，在今河南中部，不可能有‘商代先公时代的文化’或‘商代早期以前的商文化’。如果真的发现与此年代相当的文化，那就是夏文化，不要再说没有发现夏文化了”。干志耿、李殿福、陈连开合著《商先起源于幽燕说》（1985）认为今长城两侧、燕山南北的幽燕之域是商先活动地区；红山文化和后红山文化（东山嘴类型、牛河梁类型）是商先史事遗迹，距今6000至5000年前后；“契居番”的番当与今辽河上源的老哈河及大凌河与滦河上游地区相关，或者说应在此范围内求之。说明辽西自古就是黄帝—夏商人的活动空间。4200年前正是殷商时代，考古学家金景芳、金毓黻、张博泉几位老先生都认定殷人的先祖就发源于东北，就在西辽河以及朝阳、赤峰一代，而傅斯年先生则认为殷人发源自朝鲜半岛。这就为中华民族的先祖追溯向前1000余年。

《竹书纪年》载，“夏帝泄十六年，殷上价位灭有易。”据此张博泉先生认为，夏桀二十一年，殷人曾征服有洛、荆等。有洛当即潞，荆即刑，其地均在河北。可知殷于夏末进入黄河以北地区。“殷人起源于东北，后进入中原，因此，它的文化发展要随着迁徙而异，有其不同的发展阶段。随着殷人先世的南迁，他最后兴起的根据地，已距其祖先原住地很远了。一个民族的迁徙，往往是把原有的地名、山名、水名以及祖先的传说，一起带入新住地的。因此，不能将后来的地名作为其先祖原住地考察。”“殷人在中国古代历史的发展中，做出了卓越的贡献，是后来华夏人的重要来源之一和组成部分。殷人文化在东北古代各族中也曾产生过极为深远的影响。殷人之所以在历史上能做出卓越的贡献，就在于它没有停止在原地文化发展的水平上，而是进入中原后在中原固有的文化基础上又有更高的创造和发展了。”①

综合上述史料研究，历史学家张博泉说：“殷先人起源于东北地区

① 张博泉：《箕子与朝鲜论集》，吉林文史出版社1994年版，第18页。

的东南部和河北的东北部，殷先人在这里发展起来的文化还不能视为殷文化，先殷的夏家店层文化主要是与戎人融合而成的文化，而商文化是进入中原后而形成的文化。殷朝初年把殷人子姓一支封在这里的孤竹国，标志着代表殷文化势力进入到这里，它的发展受殷文化发展的制约和规定，但孤竹文化在这里有个由旧到新的转化过程，而真正在这里发展殷文化当在殷中晚期，成为殷文化在地方的发展和组成部分，但殷早期的文化也随着发展到这里，在史书记载的孤竹国的范围内，都出现各时代的青铜器，既有殷代早期的也有中期的铜器，特别是商代早晚期青铜器出土地和附近，多数都有与孤竹国同时的早商文化遗址，属于燕山以北的华夏文化类型，其文化面貌和商文化接近。”著名历史学家顾颉刚考证了很多史书，综合了很多学者论述，他在《古史辨》第一册的自序中，力排殷商起于陕西山西说，河南山东说，江浙说，据此，“殷商民族起源于燕地，时间约当虞夏之际”，殷商南迁之后，入主中原，灭夏兴商。殷商亡后，纣王之子武庚又逃回燕地，燕人作为殷人的一支长留幽燕。从殷起源于东北，又回到东北，历时960多年。

“东北辽西从历史发展过程看，辽西是我国原始文明曙光辐射的源地之一，辽西在秦汉以前不仅是文明兴起和开发的地区，也是中原人迁来东北第一个落脚点，随着燕对东北的统一，辽西、辽东被纳为郡县地区，乐浪才成为中原人通过辽西、辽东和渤海而迁往的地区。”①

终于找到了：殷商的生发地、华夏人的祖源地，就在东北，就在辽西，这就是汉文化的根。无论历史时间，还是传播跨度，汉文化自然是东北文化的主体。

① 张博泉：《箕子与朝鲜论集》，吉林文史出版社1994年版，第50—52页。

四 华夷融合于华夏

东夷，是在中国学术上指代的名词，远古东方部落称为夷，而东夷作为一个名词则来自周，因为周室相对于东方诸夷部落来自西部，但是后来这个词被史学界统一用来借指史前中国生活于今山东、淮河地区，活动在今泰山周围的被称为夷的众多部落、方国的一个名词范畴，词义性质从地理名词转变成对中国文化起源领域意义上的文化渊源性质的名词。

“夷”字，持弓的强人，是一个好战斗狠的族群，历史上与殷人、周人两朝兵戎相见斗了800多年。边打边融合，终于打出了一个广阔的华夏空间。古所谓“春秋无义战”，说不清孰是孰非，都是为争夺生存空间。

东夷人是中华民族先民的主干部分。东夷文化推动了中国历史文化的发展，源远流长。

张发颖在《凤图腾东夷人及其文化贡献》[①]一文中认为东夷文化范围的遗存遍布燕山南北，包括辽宁阜新查海文化、沈阳新乐文化、山东大汶口文化、河姆渡文化以及其后的赵宝沟、兴隆洼、牛河梁即殷商文化。东夷文化以凤为图腾，不是统一的文化体系，而是对有记载以来生活在这地区先民的泛称。以凤为图腾，繁衍为以各种鸟为子图腾的北方凤图腾的东夷先民，都是在燕山山脉东夷文化圈中发展起来的。从伏羲到夏商二代，起主导作用的也是东夷文化。东夷人发明了带羽毛弓箭，创造了文字，制作青铜器与冶铁，制造舟、车，发展农业与治水，为中华民族文化的发展和推进，起到了关键性和决定性作用。华夏文明是龙凤后裔融合而后共同创造的。

在夏代，还有一支从东夷中分化出来加入了华夏雏形形成行列的，就是商人。他们从燕山地区南下，兴起于河济之间，终于造成了代夏而建立中国第二个王朝的基础。

先秦时的东北夷，则在中国东北继续发展，秦汉以后的东夷主要指先

① 见《社会科学辑刊》2001 年第 2 期。

秦东北夷的苗裔，其中肃慎发展成在古代有挹娄、勿吉、靺鞨、女真等族称，当今有满族、赫哲、鄂伦春、鄂温克、锡伯等民族的大族系。夫余的苗裔则有高句丽继续在东北境内发展，并且在公元5世纪中心移至朝鲜半岛，曾在朝鲜半岛建立箕子朝鲜和高丽王朝。

肃慎的分布，学术界长期有过多种推论。然而古人早已指明肃慎在不咸山（今长白山）之北。《山海经·大荒北经》："大荒之中，有山，名曰不咸[①]，有肃慎氏之国。"郭璞注："今肃慎去辽东三千余里。"郭璞晋人，晋辽东城即今辽宁省辽阳市老城区，晋尺约相当于今六寸，当时三千里合今华里一千八百里左右，明显已在长白山以北。《三国志·东夷传》："挹娄在夫余东北千余里，滨大海。"又说："其弓长四尺，力如弩，矢用楛，长尺八寸，青石为镞，古肃慎之国也。"三国时夫余王城大概还在今吉林市境，其东北晋时千余里，合今华里六百里左右。两书所记肃慎地理，都相当于今黑龙江省宁安县附近。《新唐书·渤海传》说：渤海"以肃慎故地为上京，曰龙泉府"。贾耽《入四夷道城纪》说：渤海上京"临忽汗海，其西南三十里，有肃慎城"，渤海上京遗址，即今宁安县东京城。按文献记载，肃慎分布在以今牡丹江中游为中心的地区。在考古学发现的楛矢石砮及对肃慎人文化遗址得出的判断，可以肯定肃慎是起源于今牡丹江流域的东北古民族，又是东北与中原王朝发生政治交往最早的古代民族。

东夷与商人也曾兵戎相见，而且有记录说明商对东夷的征伐时间延续较长，规模也较大，远涉淮河流域。"商人服象，为虐东夷"，"商纣为黎之蒐，东夷叛之"，甚至认为商纣与东夷大规模的战争是商朝灭亡的主要原因之一，"纣克东夷而殒其身"。然而从西周初叶，东夷与商遗裔联合起来反对周王的情况看，商与东夷的关系还是比较亲近的。

两周与东夷的关系，大致分为三个阶段，即周初叶武王至康王时期；

---

① 张璇如注：《山海经》称长白山为"不咸山"。不，古汉语为"丕"，丕者大地也。《周易》谓"山上有泽，谓'咸'。"不咸山为山上有大泽（湖）之山。

周中叶穆王至孝王时期；周末叶夷王至平王东迁以前。

大约在公元前11世纪初叶，周武王联合八百诸侯及西土各族，经牧野一仗，商纣灭亡。仍封纣子武庚为诸侯，又以周武王之弟管、蔡、霍三叔为“三监”，各据商中心地区的一部以监视武庚。即使是做了如此周密的布置，周武王回到镐京，仍“自夜不寐”，因为商遗裔和东夷的势力仍很强大。武王灭商以后两年即去世，其弟周公辅其子成王，而“三监”心怀不满，武庚乘机与东夷之大国奄、薄姑等联合起兵反周。周公于是大举东征。关于这次东征的对象除商遗裔之外，成王时铸造的雪鼎，盟鼎铭文都记载的是征伐“东尸”（夷）、“东或”（国）。奄在今山东曲阜县旧城东，这是少昊集团的中心所在；薄姑在今山东博兴县东南。两国都渊源于少昊集团，是商代方国，西周初是东夷势力最大的两国。据《史记》记载，周武王曾封太公望于营丘，国号齐，正是薄姑的中心地区；封周公于奄，国号鲁，正是奄的中心地区。当薄姑与奄起兵反周时，追随者还有许多其他东夷方国与部落。《孟子·滕文公》说：“周公相武王，诛纣、伐奄，三年讨其君，灭国者五十。”这五十国大多当在今山东境，此外还有淮夷，分布在淮水地区。根据各种古籍的记载，周公伐奄在成王即位之初，经过三年战争才杀了武庚，放逐蔡叔，占领了奄而放逐其君。即使在周公东征取得了决定性胜利以后，齐太公在营丘立国之初，“莱侯来伐，与之争营丘。营丘边莱夷也”。经过激烈的战斗，齐才得以立国，而且直到春秋，有时莱夷也与齐发生战争。周公之子伯禽就封于鲁，“淮夷，徐戎并兴”，使得鲁“东郊不开”。《尚书·费誓》说：“公曰：‘人无哗，听命，徂兹淮夷，徐戎并兴’”，孔《传》说，这是宣告“今往征此淮浦之夷，徐州之戎”。伯禽命令他的士众准备好武器，粮草，振作士气，勇往直前，不然“汝则有常刑”。经过战争，鲁虽然得以立国，成王亲政以后，“淮夷、徐夷及奄又叛，王乃大蒐于岐阳，东伐淮夷”。如此大规模征集军队，在取得胜利以后，又是大规模赏赐，熔金铸器为铭庆功，又是作《多方》等多篇文告，可见成王此次征伐东夷，影响之大。经过了这样几次反复，今山东境内的东夷不再成为周的劲敌，周的统治巩固了，东夷地区已经安定，出现了成康时40余年不用兵刑的局面。

到周穆王（约为公元前976—公元前922年）时，东夷势力的中心转移到了淮河流域，以淮夷概称东夷，而徐最为强大，徐，嬴姓，渊源于少昊以鸟为图腾的集团，分布在淮水中下游以今泗洪县附近为中心的地区。《逸周书·作雒解》说：“周公立，相天子，三叔及殷东徐、奄及熊、盈以叛。”这里“熊”为“嬴”之讹，而“盈”与“嬴”是通假字。可见成王东征之徐戎为东夷。到穆王时，徐已自称王：“徐偃号，乃率九夷以伐宗周，西至河上。穆王畏其方炽，乃分东方诸侯命徐偃王主之。偃王处潢池东，地方五百里，行仁义，陆地而朝者三十六国。”后来穆王与楚国夹击徐，徐偃王被杀。《都城记》说：“穆王末年，徐君偃好仁义，东夷归之者四十余国。穆王西巡，闻徐君威德日远，遣楚袭其不备，大破之，杀偃王。其子遂北徙彭城，百姓从之者数万。”徐偃王的故事，古籍记述颇多歧义，大约西周中叶淮夷以徐为最强，经周穆王与楚夹击而受到严重打击近于历史事实。直到春秋时，徐仍不失为淮夷群舒当中的茕茕大国。徐偃王“行仁义”，深得东夷之众，可见其文明水准较高，至今传世的（徐）玉器及国器的青铜铸造技术与铭文都比较成熟，接近中原诸侯水平，虽为春秋时器，也说明徐的文明发达渊源有本，且传之久远。

据张懋镕《西周金文所见东夷、淮夷、南夷、南淮夷比较表》统计，西周早期仅见有“东夷”，周公、成王东征的对象金文中记载都概称为东夷，而《史记·周本纪》说：“召公为保，周公为师，东伐淮夷，残奄，迁其君薄姑。”《鲁周公世家》说：“管、蔡、武庚等率淮夷而反。周公乃奉成王命，兴师东伐……宁淮夷东土。”周公，成王东征虽涉及淮夷，而主要是在山东省境，此为东夷起源的地区，也是夏、商时东方诸夷的核心地区。金文为当时实录，西周早叶以东夷概称东方诸夷部落与方国，而淮夷即包括在其中。

先秦的东北夷，包括肃慎，息慎同音异译。《史记·五帝本纪》叙述舜时“方五千里，至于荒服”。在来贡的诸民族中有息慎。《集解》引郑玄的注解说：“息慎，或谓之肃慎，东北夷。”《国语·鲁语下》，记述孔子在陈，有隼死于陈侯之庭而身上留着射来的楛矢石砮，于是问孔子。孔子说：“隼之来远矣，此肃慎民之矢也。”并且讲述其中出典，是周武王克商，命四方各族进贡方物，于是肃慎氏贡楛矢石砮，其长度有一尺多。周武王为了以其能招来远方的美好政绩垂法后世，在箭杆上刻了“肃慎氏之贡矢”，分给舜的后裔而封于陈。孔子说：“分异姓以远方之贡，使无忘服也。故分陈以肃慎之贡。”韦昭注：“肃慎，东北夷之国，故隼之来远矣。”研究扬雄《方言》的著名语言学家李恕豪认为，春秋时九夷并没有完全被华夏所同化。秦统一中国后，九夷完全同化于华夏。[1]

秦以后的东夷的概念发生了变化，专来指向非华夏的域外文明，夷本为商代方国名，秦汉以后的东夷，主要是指先秦的东北夷，又将倭人列于其中，是泛指东方的民族和方国，与先秦东夷在地区与民族等方面，都有明显的区别。随着东夷与华夏的融合，汉朝之后，东夷后来变成对日本等东方国家的泛称。所以《史记》以外的史书都有《东夷传》。

多种夷，成为“华夷”，华夷之间自殷周以来发生了800余年的战争，在战争中兼并，在战争中掠夺，在兼并与掠夺中融合，在融合中通婚，通婚后更进一步地融合。最后华夷统统融合到华夏之中。最终成为“华夏一体”了。

---

① 李恕豪：《扬雄〈方言〉与方言地理学研究》，巴蜀书社2003年版，第142页。

第三章　箕子，东北汉文化第一圣君

以中国人的自尊心，素以本地有文化名人为荣，齐鲁有孔子，楚地有屈原，商丘有庄子，东北则有箕子。在辽东，在朝鲜半岛，实施《洪范九畴》，成为开拓东北汉文化的第一圣君，这就是流传千古的文化名人，东北人引以为荣耀。

一　箕子学说的广泛影响

（一）箕子的身世

箕子（约公元前1173—公元前1080年），乃殷商重臣，商是禹之后夏后氏建立的上古历史“夏”之后第二个王朝。《三字经》称：“夏传子，家天下。”

史书上关于箕子记载多有歧义，多数史书上说“箕”为“国”，“子”为姓，西汉马融却说“子”为爵，箕，又称“箕侯”。

箕子名胥余，为殷纣王的叔父，位居太师。箕子博学多识，有很高的文化修养，品格高尚，精通天文，卜筮，有《洪范九畴》学说传世，是为殷商晚期的政治家、思想家、哲学家。

遭逢衰世，多有磨难。《史记·微子世家》有云："纣为淫泆，箕子谏，不听。人或曰：'可以去矣。'箕子曰：'为人臣谏不听而去，是彰君之恶而自悦於民，吾不忍为也。'乃被发佯狂而为奴。遂隐而鼓琴以自悲，故传之曰箕子操。"箕子是说，君王有过错，人臣应该劝谏他，劝谏不听就逃离，那是宣扬君主的错误而计取个人的好名声，我不忍心干这样的事情。于是箕子便披发佯狂为奴，遂隐而鼓琴以自悲。操着一把古琴，在朝歌大街上弹奏时而悲愤时而激昂的曲子。纣见此，以为箕子真疯而囚禁之。也正是这种智慧，使他既坚持了原则又保全了自己的生命，其政治生命延长了43年，从而为后来实现自己的治国理想提供了可能，在历史上留下了一片辉煌。鉴于比干谏而不听，而被剖心，箕子佯狂未必不是躲避现实灾难的一种良策。所以"被发佯狂"不是苟活，乃是开辟一道生命空间，文王囚羑里以修八卦，箕子囚则以绪《洪范九畴》，汉刘安赞之为"各其所乐"。

（二）箕子在中国文化史上的崇高地位

箕子在中国典籍中享有很高的地位与推崇，成为在中国5000年文明史上第一位以"著作"传世的思想家。《逸周书》《楚辞》《论语》《孟子》《左传》《韩非》《吕氏春秋》等先秦典籍都用惋惜的笔调赞叹和惋惜这位殷商贤人、仁人。但都不过是"为奴""佯狂""被囚"三部曲，而对其深远的预知，深刻的哲理，以及完整的论著却少有提及。

《周易》与《尚书》是中国文化的元典，它们都给箕子突出的地位。《周易》的卦爻辞，指名道姓提到的真实历史人物，只有殷高宗、帝乙、箕子和康侯四人。《周易·明夷·六五》云："箕子之明夷，利贞。[1]四人中只有箕子以思想家的面目出现，并有著作《洪范九畴》思想体系传世。《尚书》有《微子》《武成》《洪范》三个篇章都提到箕子。其中《洪范》全面体现了箕子的哲学政治思想和文化精神。中国儒家的开山祖孔子和战国时代的思想家们都十分赞扬这位文化先师，孔子在《论语》中，把箕子与微子、比干称为殷商的“三仁矣”。汉班固作《汉书·古今人表》，把古代著名人物分为九等，箕子被列入上等。《古今人表》的第一等人物是上上圣人，都是儒家作为道统推崇的人物，大部分是开创一个时代的“先王”。一共只有14人，即伏羲（太昊）、神农、黄帝、少昊、高阳、帝喾、帝尧、帝舜、夏禹、商汤、周文王、武王，以及周公、孔子。第二等人物是上中仁人，都是非常杰出的人物。如女娲、帝挚、夏启、盘庚、武丁、成王等著名古帝，伊尹、傅说、召公、姜尚等著名大臣，还有儒家极力推崇的伯夷、颜回、曾参、子思、孟子等。而箕子就被列入其中。

箕子享年93岁，但箕子一直活在后世人民的心中。他的《洪范》及其人格，被历代帝王所敬重：唐朝贞元年间，唐太宗下旨于淇县（纣王的都城朝歌）为箕子立庙，著名思想家与古文大家柳宗元撰写《箕子碑》，高度赞扬箕子。柳宗元认为伟大人物有三条标准，而箕子完全符合。这三条标准就是：“正蒙难，法授圣，化及民。”“正蒙难”的意思就是说，处在像纣王那样的黑暗时代，自身蒙受危难，却能够坚持正道，垂范后世；“法授圣”的意思就是说，在王朝更迭、时代发生巨变后，能够把古代的历史经验加以总结提高，把《洪范》传给周武王那样的圣明帝王，为后世留下宝贵的精神遗产；“化及民”的意思就是说，箕子到了朝鲜，能够教化百姓，形成良好的社会风气，促进了社会的进步。柳宗元的“圣人”的三条标准概括了箕子的三种生命空间。

① 对“箕子之明夷”解释十分混乱：有的解释为“晦气”，有的解释为“到朝鲜”，只有杭州大学张大芝解释“之明夷”为：“见微遗以知萌，见端以知末，怖始而知祸。”是说箕子见微知著的明智。前两者都是揣测，而张大芝先生的解释比较靠题。

（三）《洪范九畴》历代传承与影响

清吴乘权等辑《纲鉴易知录》云："王访道于箕子，箕子陈《洪范》"，其注云："《汉志》曰：'禹治洪水，锡洛书，法而陈之，洪范是也。'史谓武王克殷，访问箕子以天道，箕子以洪范陈之。盖洪范发之于禹，箕子推衍增益以成篇欤？"[①]曰"于是武王乃封箕子于朝鲜，而不臣也。后箕子朝周。"[②]箕子所陈《洪范九畴》[③]从内容看，它涵盖了对自然世界、人身、行为、治国安民、政纲、天文、历数、根本大则、做人德性、气候征象、祸福种类等人生实践的全部内容，但它绝不是西方认识论意义上的知识，而是完全出于实用目的的一种经验积累。《洪范九畴》其实就是社会政治秩序，对君王说话行为的经验总结。历史学家陈来在《儒家思想的起源》一文中说，"中国上古的天启文献竟然全部集中于社会事务，这不能不说华夏族特有的一种文化态度和文化精神。"后世帝王与学者都非常重视传承和发展箕子的《洪范九畴》的主体文化精神。

范晔《后汉书》将天象观测和阴阳卜筮称作"箕子之术"，归于箕子之神。《宋史·礼志》追封箕子为"辽东公"，元顺帝时代追封箕子为"仁献公"。明朝正德年间，于淇县修建"三仁祠"。历代帝王都将《洪范》视为治国大法，北宋仁宗皇帝亲撰《洪范政鉴》；宋英宗治平三年改清居殿为钦明殿，并命人在屏风上书写《洪范》经文全篇，以资借鉴，问以"先儒论《洪范》之得失"。王安石变法的成功与失败都拿王安石的一部《洪范传》来说事。明太祖朱元璋经常请儒臣共议《洪范》九畴，并亲撰《御注洪范》一卷，"上尝命儒臣书《洪范》揭于御座之右，朝夕观览，因自为注。"其后明宣宗朱瞻基撰《序洪范》一篇；明世宗朱厚熜也有《洪范序》一篇。元代著名画家赵孟頫还画过《洪范图》一卷，上画箕

---

① 《纲鉴易知录》卷一，中华书局 1960 年版，第 55 页。

② 《四库全书荟要》第 27 卷，吉林人民出版社 2002 年版，第 236—237 页。

③ 《纲鉴易知录》注称："盖《洪范》发之于禹，箕子推衍增益以成篇欤？"中华书局 1960 年版，第 55 页。

子与周武王授受《洪范·九畴》的场面，图上题写《洪范》经文。赵孟頫书画此图的用意在于表白赤诚之心，以箕子自比。这些帝王与学者坚持认为《洪范》是箕子依据禹王的传授“九畴”而作。

箕子的“五行”是自然的“五行”。但从两汉到清末，注释《洪范》之书，至少百余部，继承和发展了箕子文化，但这些注释有的忠实地发展箕子文化，有的试图改写，也有的在注释中添加了自己的私货，甚至歪曲五行说为“五行灾异”说，这是“阴阳五行”的变种。所以，清代大诗人龚自珍撰写《非五行传》尖锐地批驳了“五行灾异论”，坚持为《洪范五行》正名。他写道：“今以五事还五事，以皇极还皇极，以五福六级还五福六级，而《洪范》可徐徐理矣。微但此，《易》自《易》，《范》自《范》，《春秋》自《春秋》。《易》言阴阳，《洪范》言五行，《春秋》言灾异。以《易》还《易》，《范》还《范》，《春秋》还《春秋》。姑正其名，而《易》《书》《春秋》可徐徐理矣。”[①]龚自珍认为只有这样《洪范》的本来面貌才能渐渐还原。坚持了历史唯物论与辩证唯物论的基本精神。

对此，我们有理由说，箕子以《洪范》与《易》并存称为中华文化始祖，第一文化圣君。“天锡洪范，彝伦叙矣”纵然是传说，但虞夏之书未见，又隔了千余年，若不是武王垂问，若不是箕子侃侃述说，若不是史官精心回忆与记录，后人怎么知道世界上还有《洪范九畴》呢？所以后人铭记箕子之德，不可得而赞也。中华儿女由此认定箕子为中华文化始祖，拜箕子为神。

几千年来为什么箕子没有得到适当的宣传和学习？这是由于逢秦人之火、汉儒的“独尊儒术”的遮蔽，在汉儒那里只见孔子不见箕子。其实孔子的“圣”“仁”与“天命”三个核心命题都是来自箕子的《洪范》。

伴随着新的思想解放运动，近几年有的学者研究箕子学说的人渐渐多了起来，有的说箕子是儒学先导。这也不确切，箕子早于孔子600来年，

① 《龚自珍全集》，上海人民出版社 1975 年版，第 130 页。

孔子被称为儒家先师，那是箕子后1000多年西汉年间的事。汉儒为了扩大声势，才在《尚书大传》里边加上“儒”字。对此请看耿直的龚自珍的言论：“武王、箕子周初之史氏，不知后世有儒者。”箕子《洪范》之后600年才有孔子，1000年后才有“儒”，在箕子年代历史上哪知道后世还有“儒”呢？应该说，箕子是箕子，儒是儒，它们之间没有必然联系。但箕子文化毕竟已经成为中华民族文化具有支配性的传统，被后来儒家添加了自己的东西也是不可避免的。

箕子文化在东北、在朝鲜半岛乐浪朝鲜成功地进行了广泛有效的实践。

二　箕子何以东归

箕子为什么要东归故里？几时归来的？

因武王伐纣，迁至春秋时代，历史荒疏，有将近500年文史断档，人们只是“听说”或者“传说”，历史典籍自然也说法不一。《汉书·地理志》记为：“殷道衰，箕子去之朝鲜。”《后汉书·东夷列传》记为：“昔箕子违衰殷之运，避地朝鲜。”《三国志·魏书·东夷传》记为：“箕子既适朝鲜，作八条之教以教之。”《汉书》与《三国志》中都写成“殷道衰，箕子走之朝鲜”，那就是走在周武王克殷之前。稍晚些的《太平寰宇记·东夷·朝鲜》记载：“朝鲜，昔武王释箕子之囚，箕子不忍周之释，走之朝鲜。”《前汉书·五行志》也说早在武王克殷之前，箕子已经回到东北，有云：“周既克殷，以箕子归，武王亲虚已而问焉。故经曰：惟十有三祀王访于箕子。”

至于说箕子为什么弃周而东归呢？

孔子曰：“道不同，不相与谋。”周武拜访箕子之后不久就驾崩了，于是周部落之内马上爆发了武庚与“三监之乱”，战争，战争，还是战争！根据箕子思想品格和对各种史书综合分析，箕子东归，既不是“殷道衰”，也不是“武王封箕子于朝鲜”，而是为了自行其“道”，箕子与周武以及周公不是同道，即使武庚战胜了，他与武庚也不是同道。箕子只好选择乘其战乱，与几个志同道合的同道，离开周而东归了。历史学家傅斯年说：“纣殁后，殷人以亡国之余，犹得凭箕子以保朝鲜，朝鲜如不早在统治之内，甚难以亡国之余烬，远建海邦。然则箕子之东，只是退保辽水之外，‘从先王居’而已。”[①]这就是说，如果朝鲜不是早就在“殷”的统辖之内，箕子是不会回归朝鲜的。箕子东归的目的地也不是朝鲜，而是殷先祖所居之地，那里自然环境、语言环境、社会环境都是熟悉的，辽西自然是首选。箕子“适”朝鲜的“适”，有到达的意思，主要是适应。即箕子适应辽东之地。箕子之东归是回归祖居地。

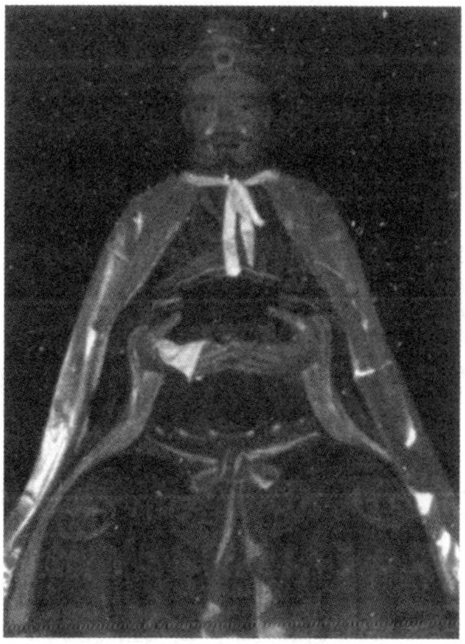

此图取自河南淇县“三仁祠”“箕子馆”——老圃摄

① 傅斯年：《民族与古代中国史》，河北教育出版社 2002 年版，第 14 页。

三　箕子东归三步走

（一）三步战略

箕子，成为开辟东北汉文化之第一贤圣。

箕子开辟东北，仅晚于殷人与北燕约百年，与西周是同步的。

由于受当时的地理环境和交通条件限制，箕子东归，并不是一站就到了朝鲜乐浪，而是分三步走。而且“三步走”也不是箕子的主观愿望，是被形势所逼。

第一站到孤竹，即燕地，今河北蓟县与辽西一带。《汉书·地理志》称辽西郡令支县境“有孤竹城”，颜师古注引应劭曰：“故伯夷国，今有孤竹城。”关于孤竹国国都所在地的问题，学术界有三种说法，其一，今大凌河畔的朝阳市就是孤竹国的中心。据唐朝杜佑的《通典》记载：“营州柳城县，古孤竹国也。”以后的《锦州府志》《大清一统志》等书，均从此说。其二，根据吕调阳的《〈汉书·地理志〉详释》，“喀左东北二十五里，有元利州城，盖所谓孤竹国也。”其三，孤竹国的国都在今河北省的迁安县附近。我认为，孤竹国作为商朝的诸侯国，从商朝初年到春秋时期一直存在了近1000多年，其国都的位置不可能不随着历史的变迁而有所迁移。但是其迁徙的大致方位应该是由南向北。因此，从这个意义上说，上述三种关于孤竹国的国都所在位置的观点都有一定道理。当然，最终孤竹国的国都被确定在今大凌河流域的朝阳城附近。据张博泉考证，孤竹地带也有“朝鲜县”，说不定《史记》所云“箕子走之朝鲜”就是走到“朝鲜县”。根据《史记》和《吕氏春秋》的记载，“其传云孤竹君，是殷汤三月丙寅日所封”。孤竹为商朝的诸侯国的国名，而其族属则属于“嵎夷”，见《尚书·尧典》。《史记·五帝本纪》则写作“郁夷”。孤竹国的国君姓墨胎氏，就是商王朝分封的以国为姓的“目夷氏”之国，而“目夷”就是“明夷”或称“嵎夷”和“于夷”，其地望就在今辽西的大、小凌河流域。由此《易》卦云：“箕子之明夷”，而非朝鲜，乃孤竹也。

第二站是辽东。许多史书都证实辽东乃箕子所经营之地。《新唐书·东夷传》：“臣裴矩、温彦博谏曰：‘辽东本箕子国，魏晋时故封内不可不臣，中国与夷狄犹太阳于列星，不可以降乃止。’”①《旧唐书·温大雅传》载：“彦博进曰：‘辽东之地周为箕子之国，汉家之玄菟郡耳。魏晋已前近在提封之内，不可许以不臣，若与高丽抗礼，则四夷可以瞻仰，且中国之于夷狄犹太阳之比列星，理无降尊俯同夷貊高丽乃止。”②箕子在辽东“蛮荒”之地建立“朝鲜侯国”，“教以礼义、田蚕、织作，制八条之教”，而据朝鲜古籍《朝鲜史略》和《海东绎史》等书记载：“周武王克商，箕子率中国人五千入朝鲜，其诗书礼乐，医药筮，皆从而往，教以诗学，使知中国礼乐之制，衙门官制衣服，悉随中国。”《旧唐书》明确指出，就在辽东的“玄菟郡”，宋朝罗泌《路史·国名记》中写道：唐高祖武德年间，“以辽为箕州”，在今辽宁集安西有淇水县，辽宁新民一带有淇州。在锦州附近，境内曾置乐浪郡（移置而来），治所朝鲜县（今义县境）。在朝鲜半岛上也有乐浪与朝鲜之地名，这是为什么？古人的迁徙往往都带地名同迁，与殷人所到之处都留下一个“亳”是一个道理。如今河南也有淇县，这说明“淇”是殷人南下时从锦州、新民一带“带去”的地名。

1973年，辽宁喀左北洞村出土了西周早期青铜器，腹内底壁铭文为“箕（己其，上下结构字）侯亚矣”。这段铭文说明箕子确实曾生活在辽东一带。

第三站才越过鸭绿江到达乐浪朝鲜。《魏略》则说：“秦开攻其（朝鲜）西方，取地二千余里，至满潘汗为界。朝鲜遂弱”，这东至“满潘汗

① 《二十五史》卷六，《新唐书》，上海书店、上海古籍出版社1975年版，第666页。

② 《二十五史》卷五，《旧唐书·温大雅传》，上海书店、上海古籍出版社1975年版，第283—284页。

为界”的“二千里”，就是乐浪“箕子朝鲜”。

燕国与箕氏朝鲜的冲突，是战国时期诸侯兼并战争在辽东的表现，同属华夏人建立的诸侯国。就战国时期的各诸侯来说，由于其内部原因，政治好坏，人心向背，以及军事力量强弱等，强者可以战胜吞并弱小者。从历史角度看，燕国之所以能取胜，是努力经营辽东，进行政治改革的结果；相反的箕氏朝鲜统治者箕侯腐化骄恣，走向没落，因而与燕国的争战失败也是必然的。势力强大的燕国为了开发经营辽东，除了在西部与东胡有冲突之外，又与东部的箕氏朝鲜接触。箕氏朝鲜在孤竹受到北燕的排挤，进入辽东。箕氏朝鲜也乘中原王权衰微之际，在辽东发展势力，以致强大到“自称为王”，这就必然和燕国发生冲突。“燕乃遣将秦开，攻其西方，取地二千余里，至满潘汗为界，朝鲜遂弱。”

“燕取朝鲜地，至满潘汗为界。”这个满潘汗地点在何处，研究者说法不一。金毓黻先生在《东北通史》中引丁镑著《大韩疆域考》说：“《汉书》辽东郡属县，有汶县，番汗县。《后汉书》辽东郡属城，有汶县，番汗县。汗者，汶潘汗也，汶潘相近。”金先生据此断定说：“满潘汗为朝鲜故地，在今鸭绿江下游之地。燕人得其地后，以讫前汉，于其地置汶、潘汗二县。潘汗县废，而汶县内徙，亦未可知。要之潘汗即后来之潘汗县，而满汶之声音又极近，颇为近理。”又《汉书·地理志》说：“潘汗沨水，出塞外，西南入海。”沨水即鸭绿江，西南入海处，满潘汗当在鸭绿江下游之地。也有人从“秦开袭取朝鲜西部满潘汗，袤延二千里之地，立堡以守之”的形势看，当时燕国已成为宗主国，不仅箕氏朝鲜岁致贡物，即朝鲜东方与南方的临屯与真番，也皆受燕之羁縻。此说虽然没有把满潘汗的地点所在指出，可是他们认为全燕时的势力范围所达到的是清川江。[①]历史上燕将秦开南击朝鲜二千里，迫使朝鲜退到乐浪郡之地。至于“宗主国”与“番属”的关系，如两唐书所云：“犹太阳与列星”的关系，这种关系，随着历史的发展进程，也在发生着变化。

① 参见宁梦辰《东北地方史》，辽宁大学出版社 1999 年版，第 21—22 页。

从武王克殷的公元前11世纪，到燕昭王执政实行改革已经是公元前311年，已经过去了789年，所以燕使秦开攻朝鲜，已经是箕子死后749年的事情了。至乐浪郡建立箕子朝鲜，或箕子侯，这一过程当是50年后，所说周封箕子并非武王，而是箕子死后，成王或者成王后人所封。箕子后世延续四十世，被燕人卫氏朝鲜所取代，历经800多年，与周的年历相当。

在辽东及朝鲜半岛上燕国与箕氏朝鲜之间，作为同祖同宗两个华夏人的较大诸侯国，也和当时其他诸侯相似，他们之间有界限划分其势力范围。成为开拓辽东郡、辽西郡，乃至大东北，当属文化先驱。

（二）几个疑点

这里有两点需要说明：一是“箕子率五千人”，似乎不太可能，5000人的偌大队伍从镐城到孤竹有5000余里，以当时的交通条件，要徒步跋涉半年之久，他的队伍也是“滚雪球式”的一路叠加的；二是所带礼乐、医药卜筮之“书”似亦不可能。因为当时除了甲骨之类，甚至连竹简也没有，还没有形成“书籍”可带，只能各种人才“农桑”“医药”“礼乐”“天文”“卜筮”等带一个记忆力万能的大脑。箕子所陈述的《洪范九畴》以及天文、历法知识也只凭记忆。

《史记·周本纪》云“武王克殷后二年问箕子殷所以亡”，集解曰：“武王克殷二年天下未宁而崩”[①]。就是说“武王问箕子”当年而崩，箕子尚未走之朝鲜。周初，没有“燕”与“朝鲜”地望，就是周武与箕子均不知有“朝鲜”之地，再说，即使已知此地名，还没来得及“封”就已经辞世了。

至于“周封朝鲜”，许多史书都发出了疑问：疑问之一，武王没有“封”的时间与可能，因“惟十有三祀王访于箕子”，十三祀武王就驾崩了；疑问之二，殷末周初，历史上本没有“燕”和“朝鲜”地名。傅斯年说：“六经中未见朝鲜之名。”最早见有“朝鲜”地名的是《山海经》，

---

① 《四库全书荟要》卷二六，《史记》，吉林人民出版社 2002 年版，第 93 页。

这是距武王克殷700年之后的战国中期的书籍，经汉刘歆所钦定。可见“周封朝鲜”全是汉儒为凸显周武王而虚构的，猜想既然周封天下，哪能不封圣人箕子呢。实际周封天下，是在平定“三监之乱”之后的周公与成王的事。

箕子在武王克殷之年已经53岁，东渡40年之后即93岁去世，真到乐浪郡建立箕子朝鲜，恐怕已经不是箕子，而是箕子后人了。史称周武王灭殷封箕子于朝鲜，箕子朝鲜侯国何时正式成立？其都城之地即今之平壤。箕子朝鲜乃殷商遗裔在朝鲜半岛上所建地方政权，臣于周，后又臣于秦。箕子朝鲜为卫氏朝鲜所取代，卫氏朝鲜为汉之“臣”属。

至于说箕子只带五千人怎么建“国”？所谓“国”，不过是一个“部落”。按现在国际环境去分析，一定与当地土著人即殷的先民结合方能建得“国”。可是这里的“土著人”是朝鲜人还是殷人的遗民？历史文献上都没有明确记载。史书上只是说“箕子朝鲜”或“箕氏朝鲜”或“箕侯国”或“朝鲜侯国”，哪个最确切？只是到了乐浪才建“箕氏朝鲜”，还是在孤竹或者辽东就建立了“箕氏朝鲜”？如果按照傅斯年先生所论在周初本没有“朝鲜”地名，这就有两个问题：一是周武不可能“封箕子于朝鲜”；二是既然辽东已有“乐浪”“朝鲜”地名，那么很可能“箕氏朝鲜”在辽东就已存在。那么《新唐书》《旧唐书》的记载可能很有根据。要知道，古人迁徙有个习惯，总是带着地名走。古之地域、地名、族名，经常以“国”为“姓”。史书上所记也大都是约略，或者模糊的。

为什么汉武帝伐朝鲜，裂其地为四郡？四郡之前燕秦为殷地，汉承燕秦之地，即在本土上建立郡县，为汉的东方辖区。那就是历史学家所说朝鲜半岛早就是殷商时代开发的地区，是有根据的。有了箕子朝鲜，方有卫氏朝鲜，方有汉之四郡，方有高句丽史、渤海史，从而构成了东北古史、东北民族与疆域史的基本系列，而箕子朝鲜是为中国东北史之开端。

根据朝鲜人的历史书《三国遗事》所载，箕子来到朝鲜之后，带着人民南迁，这些人后来成了三韩的始祖。箕子朝鲜在朝鲜半岛开拓了近1000

年。根据《太原鲜于氏世谱》，朝鲜的鲜于氏源自箕子朝鲜的后人。而他们从箕子开始，一共经历了四十一代君主，直到公元前1世纪才被灭。箕子回到朝鲜，按傅斯年的考证也算回到祖居地，根本不是什么“去海外”，不在自家的土地上他将怎样施展自己的抱负，实践其“道”呢？陈家梦认为，朝鲜本来就是商民族的发源地。可见辽河流域、长白山地区、朝鲜半岛早就是殷商先民开发与活动地区。因此，《汉书·地理志》：“殷道衰，箕子去之朝鲜”，授八条之教，建“君子国”，“武王闻之，因以朝鲜封之”，并不是箕子逃到朝鲜另谋建国，而是回到祖籍地，承继殷先祖的“侯国”。张碧波说：“箕子朝鲜又成为中国东北文明史的开端。”[①]箕子可谓大东北第一文化圣人。

四　扬雄“北燕朝鲜方言”的历史价值

汉语在不同区域形成不同的方言，发音不同，语言关系不同，语言情趣不同。然而毕竟有相同之处，方言，不过是一种“地方”语言。

西汉扬雄研究方言，曾著《方言》一书。扬雄经过27年的艰苦调查，写出世界上第一部方言专著，如实而准确地反映了汉语方言的实际情况。扬雄的《方言》中单列“北燕朝鲜方言区”。燕国是一个相当古老的部落国，虽然受封于西周初年，但其历史远在周之前。王国维先生认为燕之旧地为“古之邶国”，郭沫若、侯仁之认为燕在周灭商之前就已经存在，大概就是卜辞中的“土方”。远在夏代，这一带可能为商民族所占有。《诗·商颂·长发》：“相土烈烈，海外有截”，傅斯年认为“海外”不是“国

① 张碧波：《箕子“八条之教”的研究》，《史学集刊》1995年第1期。

外”，就是渤海之东，辽东朝鲜一带。金景芳也提出商民族起源于我国北方，即《方言》中的北燕地区。这样周初箕子来此地建国，并不与现代意义的什么“海外”相关，既然同属于一个方言区域，又是祖居地，有理由东归于此，并不是到“国外”占领与开拓。箕子从内地东归必然携带许多人，史书上说他带领五千人之多。所以古老的北燕朝鲜方言，一方面与商代王畿一带的语言相近，另一方面可能包含有某些原住这里的民族语言中的词语。又因为汉初大乱，燕、齐、赵者数万人避此，也可以认为，北燕朝鲜方言，是由内地尤其燕、齐一带的方言经过长期的发展形成新的汉语方言。因此，北燕朝鲜方言，是汉语方言。劳干研究指出，后汉人王仲“一去就到乐浪山中，可见当时确有中国人居民留此止，不然绝不会孤立在一个异民族社会，八世而不改华风”①。高句丽相继28代王，都不创造自己的民族文字文化，而用汉语汉字文化，就因为语言相通。据历史学家徐德源先生考证：“汉唐时期的高句丽王国，不仅使用汉字、汉文记事，而且还使用汉字语音标记高句丽民族语言的语音。……由此可见，汉语词汇在高句丽王国的语汇中居于明显的主导地位。由此推测，当年高句丽王国的高句丽人居民大约既讲本族语言，也会讲、能讲汉语。”②

“北燕朝鲜方言”的价值就体现在：

1. 正因为语言相通，箕子回归祖籍之地，并不是到一个无根无俗的陌生之地开拓建国，箕子不带一兵卒，更构不成“侵略”，强占异国地盘。也是周武封箕子于朝鲜的地理根据。

2. “北燕朝鲜方言”的记载，说明历史上的东北，均属于一个汉语方言区，那些燕、赵、齐人为避战乱而归于朝鲜半岛是没有障碍的。那种一见箕氏朝鲜、夫余、高句丽、渤海就有民族隔阂，甚至就排之于“海外”，（认为箕子是开辟朝鲜外交的第一人，把朝鲜半岛推为海外）是毫无根据的，也只是按照今天的历史见解，去硬套给古代历史的做法，是缺

---

① 劳干:《两汉户籍与地理之关系》,《历史语言研究所集刊》第五本第二分,第204页。

② 徐德源：《耿铁华〈中国高句丽史〉序》，吉林人民出版社2002年版，第8页。

乏历史知识的。

3. 西汉在这里设四郡，也是一个方言区域，一个国土之上，并无占领他方土地。西汉扬雄的《方言》中论述从北燕、辽东到朝鲜半岛北部，自古是一个方言区域。方言研究专家李恕豪称："北燕朝鲜方言是汉语的一种方言，而不同于流行于这一带的土著民族的语言。"所以汉武帝在朝鲜设立四郡，绝非偶然。

4. "北燕朝鲜方言区"，说明上古时代汉字汉文化是这个地区沟通交际的"共同工具"，汉字文化把这个广大地域内的居民拉近，从而增强了中华民族的凝聚力。

至于人种方面，根据各地古墓发掘出来的人骨研究，不但朝鲜北部，连朝鲜南部亦有中国人血液的渗合。①所以周武王封燕、封箕子于朝鲜是顺理成章的。

朝鲜半岛与北燕原本一个方言区，西汉扬雄《方言》论为"北燕朝鲜方言区"，朝鲜半岛上的各民族自周秦汉魏以来都用汉字汉文化，这是历史的史实。

《史记·朝鲜列传》云："真番旁众国欲上书见天子，又拥阏不通。"《汉书·朝鲜传》将"真番旁众国"记为"真番、辰国"。所谓"辰国"，应指三韩中的辰韩，亦即新罗的前身。辰国欲上之"书"乃是用汉字、汉语写成是不容置疑的。由此可见，在汉武帝灭朝鲜、置四郡之前，新罗的发祥地辰韩一带就有人可以用汉语进行书面表达了。至于辰韩的民族结构，史籍亦有明确记载。《三国志·东夷传》云："辰韩在马韩之东，其耆老传世，自言古之亡人避秦役来适韩国，马韩割东界地与之。有城栅。其言语不与马韩同，名国为邦，弓为弧，贼为寇，行酒为行觞。相呼皆为徒，有似秦人，非但燕、齐之名物也。名乐浪人为'阿残'；东方人名'我'为'阿'，谓乐浪人本其残余人。今有名之为'秦韩'

① 李恕豪：《扬雄〈方言〉与方言地理学研究》，巴蜀书社 2003 年版，第 162 页，转引自《日人在东北的考古》，《燕京学报》第 19 期，第 180 页。

者”[1]。从这条史料中可知，远在秦代，就有大批不堪苦役的秦人逃往箕氏朝鲜（后来的乐浪郡）之地，然后又由箕氏朝鲜继续向南迁徙，由马韩人将其集中于韩地的东部，因此，辰韩之中秦人的后裔还是不在少数的。从史书的记载看，中国内地到朝鲜半岛的移民在历史上是接连不断的。在秦朝的末年以及汉朝初年，燕、齐、赵地的居民曾大批迁往朝鲜半岛，卫氏朝鲜的建立意味着汉人在朝鲜半岛已居统治地位。及汉武帝灭朝鲜，又掀起一个新的移民潮，一方面，大批汉人迁往朝鲜半岛，另一方面原居朝鲜半岛西北部的卫氏朝鲜的居民又被排挤而南下，史书关于辰韩六部为“朝鲜移民”的分布区的记载就反映了这种历史真实。要知道，卫氏朝鲜中的许多人乃是汉人及其后裔，他们是有颇高的汉文化水平的人。至于后来高句丽南下后将乐浪、带方两郡的汉人排挤而继续向南迁移，更是不言而喻的事情。因此，新罗在建国初期就已经具备了一定的汉文化基础完全是可以理解的。我们只要翻阅一下《罗纪》就不难得知，在新罗早期之时，新罗、百济国王相互“移书”的事情是经常发生的，新罗“汉方祇部人夫道”因“工书算著名于时”，可见所移之“书”与所工之“书”皆为汉字、汉文是毫无疑问的。

五　实践《洪范九畴》，建东方君子之国

唐代于河北汲（淇）州建箕子庙，庙内设有碑石。碑文由唐代著名散文大家柳宗元撰。柳宗元尊箕子为圣人，其中写道：“凡大人之道有三：一曰正蒙难，二曰法授圣，三曰化及民。”“化及民”使人民受到教化。

---

① 《三国志·东夷传》，中华书局1975年版，第852页。

在周武王会见箕子之后，封于朝鲜，箕子把《洪范·九畴》带到东北，并根据他自己的学说，把箕子朝鲜建成东方君子国。“昔箕子既适朝鲜，作八条之教以教之，无门户之闭而民不为盗”（《三国志·魏书·东夷传》），教民耕作建立“箕田”、教民礼仪。[①]

箕子的辉煌著作就是精心整理和记录的《洪范九畴》，箕子东来乐浪朝鲜之最伟大的文献记载地实践就是“八条之教”。

（一）以“八条之教”实践《洪范九畴》

从箕子行“八条之教”内容和范围上看，箕子与北燕均带有“易”、八卦、天文、历法，特别是《诗》《书》《礼》，创立“君子之国”，推行仁、义、礼、忠、孝、善、信等，《洪范九畴》成为立国兴邦之大法。

《三国志·魏书·东夷传》记为：“箕子既适朝鲜，作八条之教以教之。”《后汉书·东夷传》也称：“昔武王封箕子于朝鲜，箕子教以礼义天下，又制八条之教。其人终不相盗，无门户之闭，妇人贞信，饮食以笾豆。其后四十余世，至朝鲜侯準自称王。”[②]

位于平壤西郊牡丹峰下的“箕子陵”，20世纪50年代被毁

① 见《汉书·地理志》，《四库全书荟要》，吉林人民出版社 2002 年版。

② 见《二十五史》，《后汉书》，上海书店、上海古籍出版社 1975 年版，第 288 页。

箕子适八条之教是否在孤竹、辽东已经施行了，还是只在朝鲜施行之？史书语焉不详，不过箕子及其后世，忠诚传承箕子学说，实践《洪范九畴》大法，在史书上只留下“八条之教”，国泰民安，民居富裕，民风淳朴，无盗无淫，安居乐业，呈现为东方第一君子之国。箕子朝鲜的历史延续千余年，直到西汉被燕人卫满所灭，建立了卫满朝鲜。箕子朝鲜可以说是朝鲜半岛文明开化之始，据说今之朝鲜喜爱白色之民俗即商代尚白之遗风。箕子及其后世进入朝鲜半岛，不仅传去了先进的文化，先进的农耕、养蚕、织作技术，还带入了大量青铜器。大量中国古代典籍和朝鲜史书记载与在朝鲜出土的青铜器、陶器以及朝鲜的地面古迹三方面相互印证，都证实了箕子朝鲜的存在，所出土青铜器，并非自西周带入朝鲜，而是开发了本地青铜冶炼技术。

在朝鲜有自己的历史记载以来，或者说直到20世纪60年代前，朝鲜、韩国的史书、教科书都沿袭了这一历史学说。另外还制定了“犯禁八条”这样的法律条文，以至于箕子朝鲜彰显礼仪，被史学界誉为“君子之国”。

关于“八条之教”的记载，最早见于《汉书·地理》：“殷道衰，箕子去之朝鲜，教其民以礼义、田蚕、织作。乐浪朝鲜民犯禁八条：相杀，以当时偿杀；相伤，以谷偿；相盗者，男没入为其家奴，女子为婢，欲自赎者人五十万。虽免为民，俗犹羞之，嫁娶无所雠。是以其民终不相盗，无门户之闭。妇人贞信不淫辟。……可贵哉，仁贤之化也！然东夷天性柔顺，异于三方之外，故孔子悼道不行，设浮于海，欲居九夷，有以也夫！”《后汉书·东夷》的记载，较《汉志》所议尤详：“昔武王封箕子于朝鲜，箕子教之以礼义、田蚕，又制八条之教。其人终不相盗，无门户之闭，妇人贞信。……昔箕子违衰殷之运，避地朝鲜。始其国俗未有闻也，及施八条之约，使人知禁，遂乃邑无淫、盗，门不夜扃，回顽薄之俗，就宽略之法，行数百千年，故东夷通以柔谨为风，异乎三方者也。苟政之所畅，则道义存焉。仲尼怀愤，以为九夷可居。或疑其陋，子曰：

‘君子居之，何陋之有！亦徒有以焉耳。……若箕子之省略文条而用信义，其得圣贤作法之原矣！’”[①]

箕氏集团把先进的政治制度、思想观念、生产方式、道德标准都在朝鲜半岛培植起来，这就是箕子所行其“道”，建一个理想的“彝伦序范”“君子之邦”，汉文化在这里产生了巨大影响。

孔子都十分羡慕东方“君子之国”。周游列国之后的孔子感到为了挽救“礼崩乐坏”的“道”没有谁买账，就想到君子之国去，也许能找回共同语言。《论语·公冶长》：“子曰：‘道不行，乘桴于海，其从我者也与？’”《子罕》：“子欲居九夷，或曰：‘陋，如之何？’子曰：‘君子居之，何陋之有！’”《正义》：“子欲居东夷，与乘桴浮海，皆谓朝鲜。”这个君子之国，文化融合，民族和谐，经济繁荣，箕子文化造福一方，《洪范九畴》精神得到延续。

（二）怀念箕子先师，营建“箕圣陵”

箕子及其后世子孙1000余年开发朝鲜半岛，丰富了物质，丰富了文化，也丰富了精神。龚自珍说：“中国自禹、箕子以来，食货并重。”重物质也重精神。但人们怀念箕子，可是箕子坟墓又在哪里？《史记》集解杜预云“梁国蒙县有箕子冢”。[②]

北宋徽宗崇宁元年（1102）十月壬子朔那一天，朝鲜李氏王朝的礼部大臣向国王肃宗上了一个奏本，说：“我们国家发展文明，讲究礼仪，是从箕子东来时开始的，可直到现在，还没有一个国家和民众用于祭祀箕子的场所。我们应该找一找箕子的坟茔，如能找到，修建个祠堂，以

① 《二十五史》，《后汉书·东夷传》，上海古籍出版社，第 488 页。

② 《汉书·地理志》所说的梁国，领蒙县，治睢阳。应是以今河南省商丘市南之睢阳区为中心，东起今河南省永城市北，南到今河南省柘城县南，西到今河南省民权县东北部，北到今山东省曹县南。正位于今豫东和鲁西南的交界处。

便于祭祀。”[①]

肃宗准了礼部的奏折。经过寻访，认定位于平壤牡丹峰下建一个箕子大墓，并在箕子墓四周再建一座箕子祠，世人称之为“箕圣陵”。

箕圣陵修好后，凭吊参观者络绎不绝，一直受到很好的保护，经风雨侵蚀露破败之相时，又有重新修缮。“泰定二年（1325）今平壤府立箕子祠以祭。”“至王十六年（1356）六月，令平壤府修营箕子祠，以时致祭。”

李氏朝鲜的太宗李芳远也下令重修过箕子祠，这次修建，到他儿子世宗王之时才完成。卞季良的《箕子庙碑铭并序》，记录的是公元1428年（宣德三年）朝鲜世宗大王重修箕子庙的事实。序中写道：

> 宣德三年岁在戊申夏四月甲子，国王殿下传旨若曰：“昔周武王克殷，封殷太师于我邦，遂其不臣之志也。吾东方文物礼乐，侔拟中华，迨今二千余祀。惟箕子之教是赖。顾其祀宇隘陋，不称瞻式。我父王尝命重营。予承厥志而督之。今告成矣。宜刻诸石，以示永久。史臣其文也。”
>
> 季良承命祗栗，不敢辞。臣窃惟孔子以文王、箕子并列于易象。又称为三仁。则箕子之德，不可得而赞也。思昔禹之平水土也，天锡洪范，彝伦叙矣。然其说未尝一见于虞夏之书。历千余年，至箕子而始发。向非箕子为武王面陈之，则洛书天人之学，后之人何从而知之？箕子有功于斯道也，岂偶然哉！箕子者，武王之师也。武王不以封于他方，而于我朝鲜。朝鲜之人，朝夕亲炙。君子得大道之要，小人得蒙至治之泽。其化至于道不拾遗，此岂非天厚东方，畀之仁贤，以惠斯民，而非人之所能及也耶？井田之制，八条之法，炳如日星。吾邦之人世服其教。后人千祀，如生其时，愀然对越，处有不能已者矣。
>
> 洪惟我恭定大王，聪明稽古，乐观经史。而我殿下以天纵睿

① 转引自黄斌、刘厚生《箕氏朝鲜史话》，远方出版社2007年版，第190—194页。

哲之资，缉熙圣学。其于洪范九畴之学，盖有神会而心融矣。所以作之述之，以致其崇德报功之典者。出于至诚，实非前代君王所可得而俪也。卿士若民，相率而起，是训是行，以近天子之耿光。而得与于敷锡之福也无疑矣。于戏，盛哉！凡为屋若干，置田以供粢盛，复户以应洒扫。命府尹以谨享祀。庙宫之事，盖无憾矣。臣季良不胜感激，谨拜手稽首而献铭。①

箕子墓具体位置在平壤中心的牡丹峰脚下的风景区内，该墓与乙密台、七星门、浮碧楼等名胜毗邻。宣祖王时，在箕子祠前立有下马碑。《旧唐书·高丽传》载：高句丽“其俗多淫祠，祀灵星神，五神，可汗神，箕子神”。

20世纪30年代，黄炎培访问朝鲜时曾目睹过箕子墓，他的访问记《朝鲜》中刊有箕子祠照片。他记述道：

十一月四日游平壤，特访箕子墓。墓在玄武门外，规模殊狭，墓前有碑，真书“箕子陵”三字。其阴光绪十五年记旧碣既毁重新事。满山松柏苍郁左为乙密台，右为牡丹台，前临大同江，江岸有浮碧楼，江心有岛曰绫罗岛。青翠幽深，景物绝胜。

这简短的记录，深刻体现了黄炎培老先生对箕子的瞻仰之情。

当年平壤除箕子墓、箕子祠外，还有过箕子墓斋室碑，箕林、箕井、邑石城等遗存。特别是箕田，给后人印象更为深刻。箕子墓、箕子祠堂、箕田、箕林、箕井……光这些名字就足可以引起人们无尽的遐想了。由于此，平壤在14世纪时，还被朝鲜称过“箕城”。平壤大同门前立有《大同門重修纪绩碑》，碑文是汉字，开篇写道：“箕城东門曰大同”。

中国历代王朝使节出使朝鲜半岛到箕子墓处祭拜，追寻中原先人到此的遗迹遗风。当地人也以拥有这些遗存而自豪。文人们争先歌颂箕子为这块土地带来的福祉。

所以箕子及其后人在朝鲜半岛上建立的政权，实际乃华夏人在东北、

① 以上转引自黄斌、刘厚生《箕氏朝鲜史话》，远方出版社2007年版，第190—191页。

朝鲜半岛建立的第一政权。历史与文献记载，周武克殷之后的东北幽燕与辽东的800年，当属于北燕与箕子朝鲜在开拓与经略，播撒汉文化的种子。有人欲想将古朝鲜与今朝鲜分离开去，或者试图用今朝鲜来诠释古朝鲜，却在《东北通史》面前撞个回头。金毓黻先生在《东北通史》中写道："箕氏朝鲜为汉族所建之蕃国，实占汉族开拓东北史上的重要之地位，不得以其国都，远在鸭绿江东，而存歧视之见也。"[①]

张福有先1999年7月17日作为团长率白山市友好代表团访问朝鲜时，曾拍摄此碑

① 金毓黻：《东北通史》上编六卷，第59页。

第四章　东北汉政权与东北汉文化

历史文献证明，燕经略东北，要比箕子早上百年。

一　燕是最早在东北设郡的华夏政权

（一）燕（郾）是商的同宗方国

在考古发掘董家林古燕国城址时发现，古城址城墙内侧的护坡被商末周初墓葬，以及属于西周时期的灰坑和房基所打破，说明这座古城的建筑年代是在商末或商末以前。在琉璃河村居住遗址中，也发现了属于商末至西周时期的堆积层。黄土坡村的墓葬，年代有的要早到商末。由此可知，周初的燕国与商代背景有着十分密切的关系。实际上早在西周燕国之前，此地已有一个商代燕国存在了。西周燕国为姬姓燕国（字写作匽），商代燕国为子姓燕（字写作㞼）国，甚至在西周初年，子姓燕国的名义仍在，在当时的青铜器铭文上，可以看到二者联合签署的形式。古代所说燕山山脉自今河北蓟县东南蜿蜒而东，经玉田、丰润，直至海滨，延绵数百里。今青龙河古称玄水，为古濡水（今滦河）支流，在玄鸟生商的传说中，各书记载都提到这一条河水。《史记·殷本纪》说简狄等“三人行浴”，《史记·三代世表》褚少孙补说“契母与姊妹浴于玄丘水”，《太平御览》引《尚书·中侯》说：“玄鸟翔水，遗卵于流。”所说的玄丘水大概即是玄水。玄水和濡水是自燕山山脉中段横穿而过的唯一一条大河，沿玄水、濡水出卢龙塞，正是古代沟通燕山南北而使用频繁的一条要道，是燕山南北的中枢，《水经注》濡水说：“玄水又西南经孤竹城北西入濡水。”由燕山、玄水之名来看，这里大约就是殷商民最初的发祥地，而枕藉燕山之下的燕国也就是商代子姓宗族居住的中心，同时也是商人最早建立的一个方国。从时间上说，它应该是与商人的起源同时的。后来商朝的都城南迁，而燕国也成为众多方国之一，这时燕国与商王朝的关系大概就像是后世的所谓“留守”。

《左传》昭公九年，周王使大夫詹桓伯辞于晋曰：“及武王克商……肃慎、燕亳，吾北土也。”西周初期和春秋时期仍然偶尔使用的“燕亳”的名称，原即商代燕国的名称。“亳”的称谓是商人所特有的，其意为京都之京，在字形上亳与京、高（郭）也都相似，商汤时有三亳、四亳之说，亳均指都城。丁山先生曾经解释说：“凡是殷商民族居留过的地方，总要留下一个亳名，可见亳字最初含义应是共名，非别名也。”“《春秋左传》所见的薄、博或蒲的地名，所在皆是，虽不尽是成汤故居，我认为至少是成汤子孙殷商民族所留下来‘亳社’的遗迹。”[①]这个解释是符合历史真实的。燕亳为一地，在考古资料中也已得到明确印证。《青铜器集录》著录传世《陈璋壶》铭文，据陈梦家释读为“隹王五年……陈璋内伐匽亳邦之获”，考订为齐宣王五年（前315）齐田章伐燕所获的燕器，铭文为后来所加。其中“匽亳邦”亦即燕亳[②]。邹衡又指出在《录遗》

① 丁山：《商周史料考证》，中华书局1988年版。

② 陈梦家：《西周铜器断代》，1955年《考古学报》第9—10卷。

六十五母癸组器中，有“亚㠱亳作母癸”的铭文，说：“铭中有一字，与甲骨文[illegible]字很相似，后者释亳，前者亦当为亳之繁体。”“此字不是人名，应属上读，这样便成为‘燕亳’二字，或者竟是国（都）名了。”[①]陈梦家并且列举了九条史料，说明燕地与殷商的关系颇为密切，以印证燕亳为商人在燕地之亳。

甲骨金文及难检字编码表

黄帝的后代中有个叫伯倏的，《史记·周本纪》有周武封“黄帝之后于蓟”之说，商朝时被封于燕（今河南省延津县东北），历史上为与蓟地燕国相区别，称作南燕。在周武王封召公奭于燕之前，燕已在燕山南北以及东北经营多年。自召公之后传袭四十三代。召公，系周武王的兄长，燕与周武同姓，可见当时人没有民族的界限与隔阂。

周初，没有“燕”之地望。当时燕称作“匽”。战国初期，燕并不强大。山戎为当时北狄的强大部落，其活动范围，跨有燕山山脉的南北部分。燕国是取代山戎而兴起的，则其势力可达今之辽宁省西部和内蒙古东部昭盟一带地方。考古发掘北票出土有“匽王职戈”，可见春秋末年和进

① 邹衡：《夏商周考古学论文集·第陆篇·关于夏商时期北方地区诸邻境文化的初步探讨》，《华夏考古》2006年第2期。

入战国以后，燕国已经强盛，疆域广大，北向达到北票，在辽东地区已经建立起雄厚基地，史称“武王定殷，封召公于燕”，其后四十三世，与六国俱称王。

（二）召公的传说

召公奭姬姓，在武王克殷之前即辅佐武王左右，成为“辅周灭商”的功臣，也是“保周伐夷”的宿将，所以世为三公，周公、太公、召公。武王灭殷之后召公的第一项使命是“释箕子之囚”。虽然武王“封召公奭于燕”，但武王驾崩，适逢武庚三监之乱，成王年幼，周公辅政，召公为太保，参与谋划平息三监之乱。《史记·周本纪》：

召公为保，周公为帅，东伐淮夷残奄。[①]

在平定武庚之乱中，召公是和周公共同出兵的，当初管、蔡、武庚的叛乱开始，西周统治集团内部震动很大，一度思想混乱。召公又协助整顿思想，团结王室。史载“周公、召公内弭父兄，外抚诸侯”，在平息武庚之乱的过程中，起着很大的推动作用。

召公如何辅佐，史无详记。只是召公第二项功劳就是营建都邑。选择在什么地方做京都，对于巩固西周政权关系重大。为建都邑之事，武王曾寝食难安。《尚书·召诰》记载，召公到洛地之后，首先占卜，得到吉卜之后，勘察地势，经营洛邑，在洛水旁边建起一座与镐京遥相呼应的都邑，世为“东都”。

东北南部燕山之野的华夏人，最早由燕国统辖，燕在西周时金文作匽，战国金文作郾，至汉改写成燕。《史记正义》引徐才《宗国都成记》云：“周武王封召公奭于燕，地在燕山之野，故国取名焉。”燕有南燕、北燕、易燕、全燕，地分上郡、中郡、下郡、燕北、燕东北。东北属于燕东北地区。

封召公于燕，不仅给召公一块封地，应当说主要用意在于镇守东北，“东北曰幽州”。幽燕地区是多民族聚居之地，东北的山戎与东胡时有骚扰。

① 《史记·周本纪》，《四库全书荟要》第26卷，吉林人民出版社2002年版，第94页。

司马迁对召公有极高的评价，《史记・燕召公世家》中称：

> 太史公曰：召公奭可谓仁矣，甘棠且思之，况其人乎？燕（北）［外］迫蛮貉，内措齐、晋，崎岖强国之间，最为弱小，几灭者数矣。然社稷血食者八九百岁矣，于姬姓独亡后，岂非召公之烈邪！

在司马迁看来，燕国的历史能延续八九百年，这与召公创基业的功绩有密切关系。

召公奭之“召”字，原是地名。《诗・召南・甘棠》毛传云：“召伯姬姓，名奭，食采于召。”此召伯即指召公奭。文中“食采于召”的“采”字，指“采邑”“采地”。古代天子赐给贵族一块土地作为他的衣食之源，这块土地就称为采邑。文王赐召公奭之采地在召，所以说他“食采于召”，这也是召公奭被称为召公的原因。《史记・燕召公世家》索隐说：“召者，畿内菜（采）地。奭始食于召，故曰召公。”可见召地是召公最早占据的地方。了解了“召”在何处，就了解了召公早期活动的地理方位。召邑在今陕西渭水流域的岐山之下，这里应该是召公奭早期活动的主要地区。据文献载，在文王时期，如《周南召南谱》：“文王受命，作邑于丰，乃分岐邦周昭之地为周公旦、召公奭之采地。”“召”原属岐地，是经周文王“分”给召公作采邑的。因此，大体上找到了召的地理位置。《诗・周南召南谱》记述召的地理位置：“今属右扶风美阳县”，就是文献中所记载的岐的所在地。现存《诗・召南・甘棠》诗，这是古代流传下来的歌颂召公的诗篇：

> 蔽芾甘棠，勿翦勿伐，召伯所茇。
> 蔽芾甘棠，勿翦勿败，召伯所憩。
> 蔽芾甘棠，勿翦勿拜，召伯所说。[①]

---

① （1）蔽芾（ⅰ）小的样子。毛传：“蔽芾，小貌。”（ⅱ）茂盛的样子。《诗集传》：“蔽芾，盛貌。”依诗意来看，《诗集传》的解释比较适宜。（2）甘棠：树名。（3）翦：剪去。（4）伐：砍伐。（5）茇：住宿在草野中。（6）憩：休息。（7）说（shì税）：毛传：“说，舍也。”高亨《诗经今注》云：“停马解车而休息。”

诗中的“召伯”即召公奭，这诗是借“甘棠”来颂扬召公。此事的写作背景及其主体思想有以下叙述：

> 召公之治西方，甚得兆民和。召公巡行乡邑，有棠树，决狱政事其下，自侯伯至庶人各得其所，无失职者。召公卒，而民人思召公之政，怀棠树不敢伐，歌咏之，作《甘棠》之诗。①

从以上叙述可见，作为燕国的开国者召公奭，在西周不仅占有重要的地位，而且对后世也有一定的影响。

但这史实说明召公始终辅佐周成王，成王死后又辅佐康王，召公死在康王后期任上，时年已100多岁了。所以召公始终没有到燕建国。有史家认为召公奭不是燕第一任国君，应是他的儿子元子。元子，是召公的长子。②元子为谁？史无所考。

至于召公如何治理燕国，史书缺乏详细叙述。只是论及西周倒有几位高寿之人。文王年九十七而薨，武王九十三而崩，周公九十九而卒，召公则寿百九十余乃卒，箕子年九十三岁卒。③

（三）燕昭王第一个设郡开发东北

历史上幽燕之地也是多民族聚居的地区。燕初，羸弱，常被山戎侵扰，击败山戎之后，方可立足，至燕昭王时才有中兴。

燕昭王在东北设郡，建城郭，这要比渤海建城郭早1000多年。城郭是国家社会在一定发展阶段出现的产物，而城郭又是人类社会从野蛮时代进入文明时代的重要标志。

据史料证实，北燕作为华夏血统早于西周之前就生活在东北大地，是这里的土著之民。公元前334年（燕文公二十八年）“苏秦始来见说文公”，指出燕国联合六国抗秦是有有利条件的。“燕东有朝鲜、辽东；北

---

① 王彩梅：《燕国简史》，紫禁城出版社2001年版，第36页。

② 王彩梅：《燕国简史》，紫禁城出版社2001年版，第36页。

③ 见王充《论衡·气寿篇》，上海人民出版社1974年版，第12—13页。

有林胡、楼烦；西有云中、九原；南有呼沱、易水。地方二千余里，雁门之饶；北有枣粟之利，民虽不田作，枣粟之实，足食于民，此所谓天府也。”[①]燕文公给苏秦车马金帛以至赵国，用物资力量支持苏秦去倡导合纵政策，以抗秦。

燕文公死，太子易王立。易王初立，齐宣王乘燕国有丧而出兵伐之，取其十城。苏秦说服齐使其复归还燕十城。在古代所谓乘邻国之丧而出兵伐者为不义，齐宣王伐燕在当时各国间舆论不利，于是交归十城，但还是看重燕国当时很有实力。易王在位十年卒，其子燕王哙立。

燕王哙之子燕昭王，是很有作为的君主，确实做了许多重大的改革，他能“与百姓同甘苦”，筑黄金台招揽贤士，卑礼厚币，一时名士猛将云集，“乐毅自魏往，邹衍自齐往，剧辛自赵往，士争趋燕”。[②]

昭王即位后，面临着燕国破败的局面，他没有却步不前，而是励精图治，力挽危局，“卑身厚币，以招贤者”。筑了一台，上置千金，以招揽天下贤士，故取名“黄金台”。燕昭王为郭隗筑台之说，东汉三国时期。如三国时孔融在致曹操《论盛孝章书》中云：

昭王筑台，以尊郭隗，隗虽小才，而逢大遇，竟能发明主之至心，故乐毅自魏往，剧辛自赵往，邹衍自齐往。

后来郭隗、乐毅、剧辛、邹衍等人物果然发挥了巨大的作用，经过了20多年的精心治理，燕国果然逐渐强大起来。

而且燕昭王在东北第一个设郡，早于秦200年，构建地方政权，成为战国“七雄”之一的强国。疆域达到东北的大半部，北至东辽河流域，松花江畔，西至河北东北部，南至朝鲜半岛的北部。燕昭王在战国时期是一位很有作为的君主。

强大的表现之一就是设郡县。“东有渔阳、右北平、辽西、辽东；西有上谷、代郡、雁门；南得涿郡之易容城，范阳；北新城、故安、涿县、

---

① 《战国策·燕策》。

② 《史记·燕召公世家》，《四库全书荟要》，吉林人民出版社2002年版。

良乡、新昌及渤海之安次，皆燕分也。乐浪、玄菟亦宜属焉。”燕国在战国时期，是有其强大实力的。

燕国在燕昭王时，已设有上谷郡，曾任命赵奢为上谷郡守。上谷郡共辖36县。公元前273年（燕惠王六年），燕攻取东胡后，设置渔阳郡（在渔水之阳，今北京密云县）、右北平郡（今河北北部到山海关一带）、辽东郡（今辽宁省辽河以东之地）、辽西郡（今辽宁省辽河以西及河北省东北部）。燕郡的设置，说明燕已经由奴隶制向封建制过渡。

燕设辽东郡，郡首在襄平（今辽阳附近）。辽东郡北界已达松花江畔、南界达朝鲜半岛北部。1955年发现的辽阳北郊三道壕汉代农家村落遗址和此前发现的汉魏壁画墓群，用实物和画面展现了这里已经是东北地区先进生产力和先进文化最发达的地区，文化中心的历史地位已经形成。这个文化中心的功能，一是向区域内广为传播和辐射汉民族的先进文化，不断促使各兄弟民族的文化进步与改革；二是不断吸收各民族的优秀文化，实行文化交融，逐渐形成具有自己特色的东北文化。

燕强大的表现之二，就是扩大疆域。昭王时“燕将秦开，为质于胡，胡甚信之，归而袭破东胡，东胡却千里”，改变了东北的政治格局。此事成为东北史上最大的一个事件。

燕昭王为了报复齐国干预燕国内政，便发动了战国时期著名的“乐毅伐齐”大战，攻入齐都，夺取宝器财物，使齐国庶几乎败亡，仅剩下山东半岛东端的莒与即墨二城。乐毅报燕惠王书中说到燕昭王死后，其“余教未衰，执政任事之臣修法令，慎庶孽，施及萌隶，皆可以教后世”。究竟燕昭王实施了哪些“法令”，有什么“余教”还在起作用，都不得而知。历史已缺失，仅据史书所记，燕昭王时代有许多事迹可寻。

燕之强大第三个表现就是修筑长城。“燕亦筑长城，自造阳至襄平，置上谷、渔阳、右北平、辽西、辽东郡，以拒胡。”燕昭王变法图强，任用秦开，扩大国威，大败东胡，驱逐于西喇木伦河以北。北票发掘出土有燕国大量文物，可有力证明燕国的势力所达。燕国文物昌盛，地方郡县制确立，并筑有燕长城。辽西郡、辽东郡成为秦汉以后的定制；燕北长城东到东辽河的二龙湖畔，也为秦东北万里长城的基础。

燕昭王死，其子惠王立，因与乐毅有隙见疑，“使骑劫代将乐毅”，战事有了转机。齐将田单奋起反击，退燕军收复齐地。这个过程说明战国时期，燕国治下的辽东各方面都有所发展，有能力支持一个政权兴兵出战黄河流域，且获得大胜。在短时期内，能把一个较为强大的齐国战败，几乎到灭亡的程度，“这样的成就，在政治上必然也曾有过一些重要的措施才能办到”[①]。据考古资料来看，在今辽宁省的沈阳、辽阳、抚顺、鞍山、本溪、营口、大连等地发现的许多战国晚期的燕国货币中，有些货币铸有“襄平”的币纹，这说明当时的襄平（今辽阳市）已成为燕国的政治、经济、文化、军事中心。

强秦在公元前228年遣将大破赵军，在东阳俘赵王迁，赵公子嘉逃到代，自立为代王。燕国深感“秦且灭六国，秦兵临易水，祸且至燕”。于是燕太子丹暗养壮士二十人，“使荆轲献督亢地图于秦”[②]。太子丹请荆轲趁献图之机，刺杀秦王，结果“图穷匕首见”，刺秦王未遂而被杀，[③]秦国因此于公元前227年遣大将军王翦、辛胜率大军伐燕。燕、代两国发兵联合抵抗，在易水西被秦军击破。公元前226年秦攻下燕都蓟，燕王喜迁都辽东，这时代王建议燕王杀太子丹以谢罪。结果，燕王喜杀了太子丹，献上人头于秦。然而终未能免秦之攻，公元前222年秦大将王贲攻燕辽东，俘虏燕王喜，终于灭亡了北燕。

燕人在东北留下大片遗迹。

燕秦长城一带发现战国铁器和货币，主要地点：

---

① 参见宁梦辰《东北地方史》，辽宁大学出版社 1999 年版，第 20—21 页。

② 《史记·燕世家》索隐：徐广曰：涿有督亢亭，地理志属广阳。然督亢之田在燕东，甚良沃欲献秦，故画其图而献焉。《四库全书荟要》，吉林人民出版社 2002 年版。

③ 《史记·秦始皇本纪》《史记·燕世家》《史记·刺客列传》，《四库全书荟要》，吉林人民出版社 2002 年版。

铁岭市新石子和懿路乡墩台址，出土有战国和汉代陶器和燕刀币等；

沈阳市东陵区五三乡营城子遗址和苏家屯区白青塞、关台沟等出土的战国燕币；

抚顺市东郊莲花堡和小甲邦“东洲”古城一带出土大量战国铁器和燕国货币；

抚顺县海浪乡南沟遗址，出土有战国燕刀币；

本溪市怪石洞、碱厂堡、水洞等遗址，均发现有战国陶器、刀币和少量铁器；

宽甸县双山乡黎明村河亚后房山，曾发现燕代的窖藏，出土有战国铁镬、铁刀和“刀币”多种，200余枚；

桓仁县四道河乡大甸子和三道河村，均出土有战国陶壶铜器和燕国货币；

集安县在好太王陵西北出土一些偃刀币；

东辽河二龙湖畔也发现燕国刀币和青铜器。

1980年，在九台兴隆乡发现铜长矛、铁矛，属于战国燕的兵器。在吉林一带还发现了大量燕铁兵器，[①]说明燕最北辖区已达松花江流域。

古朝鲜与宁边郡细竹里类似的兹江道渭原郡龙渊里遗址。这遗址中，“与铁匕首一起出土的有变形的明刀钱。而人所共知，变形的明刀钱，是公元3世纪后半期的东西”。这一遗址正处于鸭绿江左岸与右岸浑江口相邻的战国时燕秦古长城线在朝鲜半岛段的北缘。其“明刀钱”的发现，显然与燕秦古长城有关。[②]

至于燕秦辽东长城内外的辽东“襄平”（今辽阳新城）、鞍山羊草庄、海城南台、抚顺李石塞、沈阳上伯官屯等地，历年发现的战国铁器、陶器、货币，不胜枚举。它们均一致证明了，开始于公元前3世纪前后燕秦铁器和早期货币经济，在长白山南系辽东的传布及发展，在中国长白山

---

① 吉林省文物志编委会编印：《九台县文物志》，1986年9月，第140—145页。

② 王绵厚：《关于辽东及鸭绿江两岸古长城的考古学观察》（未刊）。

区域文化中，特别在早期铁器的开发中具有划时代的意义。[①]这些文物的出土进一步说明，燕人辖制东北，南至燕山南北，北京、张家口一带，北至东辽河、松花江流域，西至朝鲜半岛。

北燕，自召公奭开疆始，在东北地区演绎几多轰轰烈烈的重大事件，昭王中兴，秦开拓疆，“躬身厚币”，设“黄金台”，“乐毅伐齐”，修筑燕北长城，太子丹使“荆轲刺秦王”以拒强秦，太子丹遭献首，也未免强秦灭燕。这些生动的故事，充斥春秋战国600年历史。

燕起于幽燕之地，经营辽东（今东北）历经43代，达北半个中国，600余年，成为东北第一个华夏政权，拓荒了东北大地。所以，东汉以来，据守辽东之地的公孙氏、鲜卑慕容氏等都以自称“燕王”为荣。

（四）东北燕赵文化的考古确证

燕赵地域毗邻，历史有燕赵联姻之论。《战国策》中有《触讋说赵太后》：“对曰：‘老臣窃以为媪之爱燕后贤于长安君。’”这个“燕后”就是赵国太后的女儿嫁给燕王，可能是燕武成王的王后，赵太后是赵孝成王的母亲，这是公元前265年之前发生的事。

1977年，吉林省集安阳岔乡高台村农民郭洪云挖菜窖时挖出一柄青铜短剑，上有“十年相邦阳安君邦右库工师吏”等字的铭文，被考古学家鉴定为赵国阳安君监制，据张福有考证，赵国阳安君是李跻，赵惠文王时宰相李兑之子。1981年，长白县八道沟镇葫芦套村出土的蔺相如的青铜戈，上有“相邦”“廿年丞閔（蔺）相如”等铭文，可以确定为赵国拜相的蔺相如的兵器。“廿年”当为赵惠文王即位20年，即为公元前279年。1970年在大连庄河市桂云花公社岭西大队九小队出土的青铜短剑，上有“四年，相邦春平侯”等字样的铭文，被专家确定为“四年”即赵悼襄王四年（前241），此剑于近年被定名为“春平侯铍”，但“铍”不是“短

① 王绵厚：《辽东地区燕秦长城遗迹的调查与思考》，《辽宁长城》2000年第3期。

剑”，同属兵器。[①]上述兵器并不出土于墓葬里。

为什么赵国兵器能流入东北各地？东北原属于燕国统辖领地，由于燕赵联姻，赵国与燕国来往密切。另也有战争的原因，历史上赵国上层侯王曾多次前往燕国避难。在《史记·廉颇蔺相如列传》中曾写道：“宦者令缪贤曰：‘臣舍人蔺相如可使。’王问：‘何以知之？’对曰：‘臣尝有罪，窃计欲亡走燕，臣舍人蔺相如止臣，曰：君何以知燕王？’臣语曰：‘臣尝从大王与燕王会境上，燕王私握臣手，曰，愿结友。’以此知之，故欲往。相如谓臣曰：‘夫赵强而燕弱，而君幸于赵王，故燕王欲结于君。今君乃亡赵走燕，燕畏赵，其势必不敢留君，而束君归赵矣。君不如肉袒伏斧质请罪，则幸得脱矣，’臣从其计。”[②]这段话，说明蔺相如的分析强弱与燕赵走动关系，说明他们之间常有走动。燕北地区流入赵人携带赵国兵器是不难理解的，而况燕曾一度为战国“七雄”之一，为邻国景仰之。

如1983年，考古队在二龙湖北岸发现一座燕城，从出土的绳纹陶器，确认是燕城址。其中燕国刀币、饕餮纹铜带钩、琵琶形铜带钩、三翼銎孔镞、三棱铁铤铜镞、长方形銎孔铁镢、半戈上式铁链等，以及绳纹瓦当等实物。据二龙湖20华里的宫山头遗址也有大量的陶器碎片及保存完好的直銎条形铁镢出土，经验证都是燕国文物，对于研究战国晚期燕国北部疆域提供了新的依据。中国社会科学院考古研究所所长刘庆祝认为，二龙湖古城很可能是一座县城。2002年，对这一遗址做了进一步的挖掘，[③]经国家

① 据张福有考证，文见《考古与文物》2005年第6期、《东北史地》2006年第5期。

② 《四库全书荟要》卷28，第173页。

③ 2002年夏，经国家文物局批准，吉林省文物考古研究所和四平市文物管理委员会办公室，自7月20日至10月20日，历时三个月，对该城进行了大规模主动发掘。揭露面积3480平方米，出土石器、铜器、铁器、陶器、玉器、玻璃器等各类遗物800余件。使业内人瞩目的是，这次发掘不仅把燕国的北部疆域向北推进了一个纬度（约100千米），也把中原政权对东北腹地的开发，向前推到了公元前3世纪。2001年，经国务院批准，该古长城被列入第五批公布的全国重点文物保护单位。

文物部门权威专家认定这就是燕北长城最北端的遗址。这一发现，较之以往的研究，不仅把燕国北部疆域向北推进一个纬度（约100千米），也把华夏政权对东北腹地的开发，向前推到了公元前3世纪。[①]公元前3世纪，燕昭王崛起，成为战国七雄之一，沿着五郡边缘修筑“燕北长城”，西起阜新，向东北延伸，经彰武、法库进入吉林梨树二龙湖，再折向东南，至“满番汗”，至大同江入海口。说明燕国已经成为战国时期的一个强国。其实力从辽宁半岛扩展到朝鲜半岛，1980年在九台、吉林发现燕的青铜矛及铁矛，证明北部已经接近松花江流域，成为燕国控制地区。这个时期，赵国来避难的人数将大增。

马大正先生说：“秦灭六国而统一中国后，朝鲜半岛北部为辽东郡东南境‘属辽东外徼’，处在秦王朝有效的统治区域内。汉武帝灭卫氏朝鲜后，又在半岛置真蕃、临屯、乐浪、玄菟四郡，使半岛大部成为汉朝直接管辖的郡县地区。”汉代直到魏晋在辽河流域—长白山地区设辽东郡，汉初曾在长白山下的延吉市一带设置苍海郡。唐灭高丽后，在半岛设置安东都护府，下辖都护府、州、县。所辖东起日本海，西至辽河，北到松花江流域，南到朝鲜半岛汉江流域，后又改安东都督府。这样整个东北都置于汉文化的笼罩之中。

① 见《四平文化史略》，吉林人民出版社2004年版，第47—49页。

二　秦在东北建制与东北长城

战国时燕设置五郡，在东北有辽西、辽东两郡，“自造阳至襄平，置上谷、渔阳、右北平、辽西、辽东郡”。公元前221年，秦统一六国后，在全国范围内建立了三十六个郡，其中包括原来燕设五郡。秦帝国中央集权的国家建立后，又把辽东、辽西和上谷、渔阳、右北平郡，作为中央政府直属的东北地方郡县了，燕为强秦的统一奠定了基础。这是古东北的概念，“东北曰幽州”，幽燕之地，都是大东北之境。

（一）秦长城在东北部分

万里长城的千秋功罪如何？

在山海关区，贞女祠在东关外十三华里有望夫石之巅，祀孟姜女，在此立庙。宋代民族英雄文天祥为此庙题一联：“秦皇安在哉，万里长城筑怨；姜女未亡也，千秋片石铭贞。”这使秦始皇蒙受了冤枉，用高垒墙垣来隔断外民族骚扰，并非秦始皇发明，“筑怨”也并非始于秦始皇。战国时期，秦赵燕诸国，都在各自边境之地筑起长城，都是为了维持独自割据势力的存在，具有防御性质，长城就必然要修筑在当时与其他国家的边界沿线上。

燕国“北长城自造阳至襄平”的长城，包括燕国北部之地，早于秦长城百余年；南长城在易县，为燕南部边境之地。这样燕的都城蓟，就是在南北两条长城的保卫之中了。前227年秦将王翦、辛胜率兵攻燕，就是在易水取胜，突破燕南长城而入，才连下燕都蓟。

战国时代燕国的北长城遗址，辽西段至今犹存。“例如赤峰县红山北方沿西路戛河北岸，就有燕长城遗址向东延伸着，遗存的显著部分经过老爷庙、八家子、撒水波等村，全长约30里，长城壁有的地方用土建筑，有的地方用石块建筑。它跨山越谷，远望过去，气势雄伟。在这段长城上接筑有三个小城堡，当即所谓障。在这些城堡里出土有重线山形纹，半圆形瓦当、‘明刀’钱，‘一万’圆钱、铜镞、云纹瓦当、绳纹瓦，绳纹陶片等。由这些出土物看来，可知这段长城，确是燕长城的遗址。”①

燕筑长城，自造阳至襄平。置上谷、渔阳、右北平、辽西、辽东郡以拒胡。即今所见赤峰至奈曼旗的一段，在中国长城史上为最早的一段。

又过100年，即公元前214年，“秦始皇始筑长城，蒙恬斥逐匈奴，收河南河北，为四十四县。筑长城，起屿洮，至辽东，延袤万余里”②。这样规模巨大的长城，不是凭空而起，而有其原来的基础，“乃以燕赵及本国旧筑长城为基，而补缮添筑，联成一气，总其大成”③。战国时期，各国在本国的边界皆筑有长城，“燕亦筑长城，自造阳至襄平”④。这段长城只是站在辽宁的角度观察得出的结论，实际燕北长城已经扩大到东辽河。

又过1600年，至明洪武十四年，朱元璋派大将徐达，在秦皇岛以东修筑长城，建关设卫，因此“关”在山海之间，故名“山海关”。此关北依燕山，南临渤海，地势险要，是东北、华北间的咽喉要冲，为历史上兵家必争之地，“两京锁钥无双地，万里长城第一关”。山海关称“两京锁钥”，居庸关称“北门锁钥”，以“关”为“钥”，只是形容关山雄伟，实际“关”与“钥”并未能御胡于国门之外。长城与关锁，总有封闭的意味，从周秦至明清，历代帝王总有妄尊天朝的自我完善的封闭心理，“闭关锁国”就是这个意思。

但是，修筑这座高墙的当时，也不过是吓唬别人为自己壮胆的心理战术，像隔不断贝加尔的寒流一样，实际“拒胡”是办不到的。孟子就很懂这个道理，他说：“域民不以封疆之界，固国不以谷之险，威天下不以

---

① 杨宽：《战国史》，上海人民出版社1956年版，第142页。

② 《纲鉴易知录》（一），中华书局1960年版，第192页。

③ 王国良：《长城沿革考》。

④ 《史记·匈奴传》，造阳为今河北省怀来县，襄平为今辽宁省辽阳市。

兵革之利。”[①]但秦始皇终归不是孟子所理想的“君子”，他万万也没想到，修筑万里的长城，终究阻挡不了东胡剽悍铁骑，更改不了历史上民族与文化的流向。

秦统一后，为防御北边的少数民族，所谓“拒胡”，才修筑绵亘在北方的万里长城，西“起临洮，至辽东线，是联结原来战国时期秦、赵、燕北部的小长城旧址而成”。与此同时，凡在此一线以外的六国时代的小长城，都要拆除，才符合秦统一国家的要求。

秦始皇时代所筑的长城，东自独石口，至襄平，为沿燕国长城旧址，这一段长城直到唐代，尚有遗迹可寻。有两条例证：（一）据《魏书·长孙陈传》说：“长孙陈在北魏始祖（道武帝拓跋珪）时，奉命攻和龙，和龙（当时为慕容氏所据）出兵迎击，长孙陈纵兵击破之，追至长城之下。”和龙（今辽宁省朝阳市）之北，在北魏时尚有长城，当系秦代所筑。因为从秦直到北魏，未闻有该地筑长城的事情。再从中原地区与辽东的交通线看，也可以了解秦汉时期北部作为边境防御设施，秦代长城也应在今朝阳之北。秦汉时期去辽东，从当时的蓟（今北京市）地出发，向北出今喜峰口，经过平泉、建昌，而过朝阳再东走南折，经义县下北镇，由北镇向东南而抵海城（或由北镇东向经今之辽滨塔渡辽河、南向通襄平）以达襄平，此路线名曰辽西道。由今山海关北走傍海，经由锦州东向以达今沈阳和辽阳的通道，为唐朝以后开辟的通路。既然通道北经和龙，按防务常规，其防御线修筑的长城，理应在朝阳之北。据《通典》卷178记载，“范阳郡北235里，有长城之废迹”。唐代范阳即前蓟州。按今长城约在今北京（当即范阳）北70华里，与235里的长城废迹不为一处。据考察，认定其地相当于今承德的北方，这个地点与长孙陈所说和龙北的长城，恰成一线，必系秦长城由造阳向辽东走向的故迹。自秦以后，直到北魏，没有在这一带向北修筑过长城的记载。北魏史书对修葺长城事情有记载，其修筑范围是自赤城以西，即今河北省赤城县，起自独石口附近向西

① 《孟子·公孙丑下》。

偏直趋河套的长城。由此可见，在唐代尚能看到的承德、朝阳、一线的长城遗址，为秦朝时所修筑的西起造阳，东迄襄平一段长城无疑。

秦长城由造阳到襄平，但秦却沿燕、齐旧迹筑长城。燕长城东部所达应为东辽河流域，二龙湖畔。《史记·正义》引《括地志》："齐显宗天保六年，发民180万筑长城，之幽州夏口至恒州900余里。七年，自西河总秦戍筑长城，东至于海。"《史记·朝鲜列传》说："全燕时尝略属真番朝鲜，为置吏，筑障塞。秦灭燕，属辽东外徼。汉兴，为其远难守，复修辽东故塞，至浿水为界，属燕。"全燕被认为是指战国时期的燕国，其东部所达"真番朝鲜"，而且"为置吏，筑障塞"①。秦灭燕要取代燕国的势力范围，当然，秦也必然达到"真番朝鲜"。不仅如此，即到西汉时，还取秦燕之旧，又"修复故塞"至浿水为界。西汉初所修复的故塞，就是燕秦之旧，终点所达也应以浿水为界。由此可知秦帝国在辽东的长城，就不止于襄平，应该是襄平之东，到浿水还有一段"塞"要加上。

浿水有人说是大同江或清川江，也有人说是鸭绿江的。②无论指哪条水，故塞都在以鸭绿江为起点及其以东以南。

西汉初所修复的故址，称辽东故塞。金毓黻先生著《东北通史》中说："故塞与长城，实为二事，不得混为一谈。"他认为"所谓故塞，当即《史记·朝鲜列传》所谓障塞"，此"障塞如明代的边墙，其制小于长城"。这个障塞"盖由长城之东端，连绵逾今鸭绿江，而至大同江"。金先生把障塞释为边墙，与长城不同，是从其修筑的材料设制所得出的，但其性质是一致的。可贵之点，金先生说明了障塞所达即燕秦之旧。这个结论是以秦所筑长城，由造阳至襄平，而从襄平到大同江还有一段障塞，从建筑设制材料对比得出的结论，是合乎史书所说燕长城"至襄平"一段，

① 《汉书·地理志》乐浪郡下，注障云，《四库全书荟要》，吉林人民出版社2002年5月版。

② 《文献通考》说：浿水为鸭绿江。《通志·四裔高句骊》说："平壤城……南临浿水。"《满洲发达史》说：浿水为清川江。金毓黻：《东北通史》说：浿水为大同江。

为秦所筑的辽东长城，是沿燕之旧。

但是，汉初的“障塞”又越过鸭绿江而达到大同江，因其修筑材料不同，称其为障塞，实类似明代的边墙。

主张燕所筑的障塞东端，非止于襄平而达到大同江，不管把障塞与长城怎样区别为二事，在实际上都是说秦沿燕旧而筑长城东段，西汉又沿秦燕之旧修复为障塞，由造阳到襄平，再到大同江，是其东端之极。郦道元在《水经注》一书，其河水条说：“始皇令太子扶苏与蒙恬筑长城，起至（自）临洮，至于碣石。”这里提到的碣石在何处，也是说法不一。《通典·州郡典》有云：“碣石山在汉筑乐浪郡遂城县，长城起于此山。①长城东截辽水而入高丽，遗址犹存。”因为“长城东截辽水而入高丽”，就必然要越过襄平再越过鸭绿江，才能进入朝鲜半岛。

“长城东截辽水而入高丽”，或者说从今朝阳往东应该是有长城的。《三国志·魏志·扶余传》记载说：“夫余在长城北。”夫余在今长春市和农安县一带，其南有长城，当在今辽宁省北部，古襄平之北，可能沿着今辽宁省开原县一带向北，越过梨树，到达二龙湖畔，留下一座长城的遗迹，然后折向南，通化、丹东一线，经大同江入海。因为由此一线往东，考古工作者1986年在丹东市九连城发现了秦代长城遗址一处，可以证明是秦长城向东修筑的走向。

据考这条长城路线，与今自山海关往西，经过北京东北昌平到密云一带的长城位置，大略相同。所以研究者们断定，自造阳到山海关段的长城，为秦以后北齐时所修筑。

---

① 碣石山位于河北省昌黎城北1千米，面积28.8平方千米，形成历史久远，自然风光秀美，历史文化渊源，地理位置优越，是五岳之外的“神岳”，是古今中外有名的历史名山、仙山、观海胜地、佛教圣地和旅游胜地。据史书记载，封建时代具有雄才大略的秦始皇嬴政、汉武帝刘彻、魏武帝曹操、唐太宗李世民，以及北方少数民族驻中原的北魏文成帝、北齐文宣帝等帝王，先后登临碣石山，留下了《碣石门辞》《观沧海》《春日望海》等传世佳篇。

（二）秦汉长城最北端达通化县

据2011年6月3日《中国文物报》载，吉林省长城资源考察报告，汉长城主要分布在通化市通化县境内，52千米处，向西与辽宁境内的汉长城连为一体，是西汉中期修筑长城有机组成部分。通化县赤柏松古城，是新近发现的汉城，是长城防御体系的重点与核心，也是汉长城的终端。吉林省长城资源调查工作队队长赵海龙介绍：当时，工作队一边走访村民，一边对山林进行考察。在通化境内，发现类似或相近的山林等，都要进行考察，所发现的11处长城遗址，均分布在山内的河道两侧，视野开阔。“出土的文物与中原同时代的器物相对比，我们初步确定为秦汉长城。”赵海龙说：从目前的情况看，我省境内的长城遗址，包括辽宁境内的长城遗址，更确切地说，应该是烽燧性质的长城。依据记载，这种长城主要是围绕当地所设的郡或县城构成的一个总的军事防御体系，士兵依据的天险，可能就是一块孤立的石头，就近拢一堆火，放狼烟传递信息，并不像人们所常见的北京八达岭那样有城墙的长城，具有防御和界限的功能。我省烽燧性质的长城遗址，更多的是承担信息传递的功能，烽燧之间能够两两相望，平均距离在2.5—3千米，一个烽燧放狼烟，另一个烽燧就可以看到，把信息向更远的地方传递。这段长城的防御体系，由两座城址和12座烽火台构成。据吉林省考古研究所专家认定，赤柏松古汉城，是西汉时期玄菟郡下辖的县城。

三　汉制东北续燕五郡与朝鲜四郡

汉从秦制，秦在东北设置，汉也一样。按燕五郡设置，即上谷、渔阳、右北平、辽西、辽东，汉亦设此五郡。

公元前109年（汉武帝元封二年）汉遣使涉何，先谕卫氏[①]朝鲜王卫右渠，令其作为臣属，不要背约。可是，卫右渠不肯奉从诏令。涉何出使未获得成果，便在归途中，渡淡水时杀死陪送他的朝鲜官吏，“裨王长于淡水之上”。向汉武帝报告说“杀朝鲜将”，并以之请功。汉武帝未加详察，就任命他为辽东东部都尉。卫右渠闻之愤恨涉何杀害卫氏朝鲜官吏而报功升官，于是，便派兵进攻辽东，杀涉何。[②]

汉武帝以涉何被杀，是卫氏右渠背弃属国之约为由，于公元前109年（元封二年）发兵五万，分兵两路进攻朝鲜半岛，讨伐卫氏。一路由楼船将军杨仆率领，他从齐地（山东半岛）渡海前往；另一路由将军荀彘率领，从辽东出发。两支军队进入朝鲜半岛后，包围卫氏朝鲜都城王险城，一面攻城，一面劝降。由于两将军不相统属，意见不合，竟至围城数月，不能攻下，又加上海路联络中断，徒致延长攻战时间。后来济南太守公孙遂奉命前往案察，执杨仆并其军给荀彘统一指挥，攻城甚急。公元前108年（元封三年）夏天，卫氏统治集团内讧，大臣杀了卫右渠降汉。汉兵又乘胜一举将真番、临屯、沃沮一齐攻下。同时，将长白山东北一带沿海地方及鸭绿江上流地方的高句骊也攻下，并在高句骊地方设立高句骊县。

汉武帝在灭卫氏朝鲜后，“以其地为乐浪、临屯、玄菟、真番郡”。

---

① 秦统一六国后，箕氏朝鲜附属于秦。秦末汉兴，中原政权无暇东顾，燕人卫满乘势灭亡了箕氏朝鲜，并以卫氏朝鲜之称谓取而代之。武帝元封三年（前108），西汉王为统一东北计，以武力灭亡了卫氏朝鲜，并以其地置真番、临屯、乐浪、玄菟四郡。自此，古朝鲜即箕氏朝鲜和卫氏朝鲜先后退出历史舞台，但其居民即华夏东北人分支古朝鲜人仍以中华民族重要成员为东北开发建设发挥着历史作用。汉武帝征服卫氏朝鲜，实际是统一东北的一个重要举措。

② 见《史记·朝鲜列传》，《四库全书荟要》，吉林人民出版社2002年版。

其设置分布为：于汉水流域卫氏朝鲜根据地及大同江流域，置乐浪郡。“其乐浪郡在洛阳东北五千里，去长安约为六千里。”[①]据考卫满都王险城，在大同江南，而“乐浪郡治之朝鲜，亦在是地”。在大同江南岸考古发掘，有许多古墓葬，属乐浪遗物尤多，因而其地被认定为王险城遗址。但是，《水经注》及《括地志》等书，皆以今之平壤城当王险城及乐浪郡治之朝鲜。金毓黻先生经过实地勘察后，认为“王险城故地，与平壤城仅相去十余里，中隔一江，不啻城之与郭。王险城与乐浪郡治，不必同在一地，或王险城在江南（今有古城址），乐浪郡治在江北，未可知也。要之乐浪郡治在今平壤城，或其附近”。

乐浪郡之东，在江原道一带，置临屯郡，其郡治东暆（音移）县，去长安6138里[②]，可见临屯远于乐浪。

在乐浪郡之南，忠清道一带，置真番郡，其郡治霅（音喋）县，去长安7640里，则真番更远于临屯。从《史记》书中，每以朝鲜与真番并言，真番与临屯并言看，真番与临屯，当时皆为朝鲜附近的部落，两部皆各辖十五县。真番郡所辖十五县，地方蕃庶，殷富之地，交通便利，汉人前往贸易者获利甚厚。战国时燕人贸易者既已多往。乐浪郡之北有玄菟郡，在咸镜道及跨越鸭绿江上游一带。玄菟郡治初为沃沮城。

汉武帝出兵攻灭卫氏朝鲜，于其地设四郡，后来把四郡合并为两郡，接着又把玄菟郡撤到辽东地区。关于合并及撤退原因，由于史载欠详而又说法不一。

汉四郡的并撤，是汉帝国内部统治政策的改变，是有其历史背景的。汉武帝在位54年间，进行了近40年的大小战争，结果却带来“海内虚耗，人口减半”，流民起义遍地发生的恶果。立国于封建小农经济基础之上的

---

① 杨守敬：《晦明轩稿》说：“玄菟最北，乐浪在玄菟之南，临屯在乐浪之东，真番在乐浪之南。”

② 《汉书·武帝纪》颜师古注，臣赞所引茂陵书的话：“茂陵书，临屯郡东暆县，去长安六千一百三十八里，十五县。真番郡治霅县，去长安四千六百里，十五县。”

西汉国家政权，实在难以维持庞大开支。作为封建统治者汉武帝的英明之处，在于他不仅能察觉到社会危机的出现，而且，更能图谋设法解救危机，其办法是下诏“罢轮台屯田”，宣布停止对外用兵作战，采取收缩政策，以缓和内部矛盾。但汉武帝不久后死去，其后继承者汉昭帝，在霍光的辅佐之下，继汉武帝未竟之策，继续实行缓和政策。汉四郡就是在这种历史背景下，先行合并，接着有的就后撤。公元前82年，“至昭帝始元五年，罢临屯、真番以并乐浪、玄菟。玄菟复徙居高丽”[①]。又过4年，玄菟郡又徙于古高丽故地。四郡并为两郡，玄菟郡初置沃沮城（朝鲜咸镜道滨海之地），继移于今辽宁省新宾县之东，后又移于今辽阳东北二百里之地，据考其地当在今沈阳与抚顺之间。

从公元前108年（汉武帝元封三年）到公元前82年（汉昭帝始元五年）不过30年间，实行收缩政策。在汉帝国建立之初，由于“辽东外徼”之地，地太远难守，撤退至浿水为界之后，出现了“秦故空地上下障”，后来成为燕齐亡命者占据之地。

关于罢临屯、真番二郡，又并于乐浪、玄菟之后，汉帝国仍然采取新控制办法。据《后汉书·东夷列传》说：公元前82年汉“昭帝始元五年，罢临屯、真番以并乐浪、玄菟。玄菟复徙居句骊，自单单大领以东沃沮、涉貊，悉属乐浪后，以境土广远，复分领东七县，置乐浪东部都尉”。临屯、真番作为地方行政建制是撤销了，但不等于委弃其地而不管。尽管其地广大遥远，还是改用边郡，设分守边将都尉，以治其地。正如《三国志·魏志·东夷列传》所说的：“以土地广远，在单单大领之东，分治东部都尉，治不耐城，别主领东七县，时沃沮亦皆为县。”[②]终西汉之世，一直维持着这个局面。到公元30年，东汉“光武六年，省边郡都尉，由此罢”。

① 《后汉书·东夷列传》，《四库全书荟要》，吉林人民出版社2002年版。

② 《三国志·魏书·乌丸鲜卑东夷传》（三），中华书局1959年版，第846页。

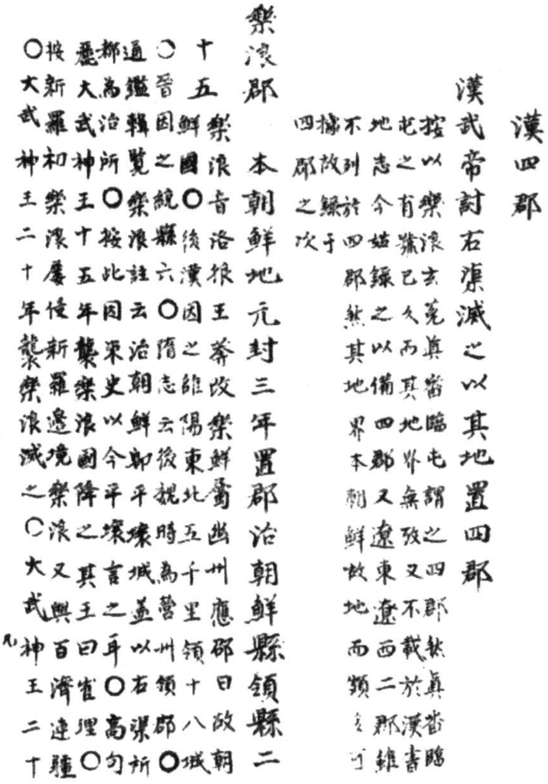

漢四郡

漢武帝討右渠滅之以其地置四郡

按以樂浪玄菟真番臨屯謂之四郡然真番臨屯之有號已久而其地亦無攷又不載於漢書地志今始錄之以備四郡又遼東遼西二郡雖不列於四郡然其地界本朝鮮故地而類之可揔故錄于四郡之次

樂浪郡

本朝鮮地元封三年置郡治朝鮮縣領縣二十五

樂浪音洛狼王莽改樂鮮屬幽州應邵曰故朝鮮國○後漢因之雒陽東北五千里領十八城○晉因之統縣六○隋志云後魏時為營州領郡○通鑑輯覽註云治朝鮮郡平壤城蓋以右渠所都為治所○按此因東史以今平壤言之耳○高句麗大武神王十五年襲樂浪國降之其王曰崔理○按新羅和樂浪屢侵新羅邊境樂浪又興百濟連麗○大武神王二十年襲樂浪滅之○大武神王二十

朝鲜史书中的一页

废除边郡分守边将都尉之后，其“地悉封其渠帅为县侯，皆岁朝贡”。由直属地方郡县，到分郡，又改为藩属，显然是因地制宜，管理方式改变了。

金毓黻先生认为《三国志》所说的辽东属国，为辽东郡之误，“属国”二字，当为衍文。理由是《后汉书》称，徙乌桓于上谷、渔阳、右北平、辽西、辽东五郡塞外，虽属武帝时事，然光武时，绝无遗辽东郡而仅称辽东属国之理。因为原文缺辽东郡与实际上五郡之数不合。同时，金先生又指出东汉从建武六年省诸郡都尉，讫永元十六年始复置辽东西部都尉，其后缘此而改设辽东属国都尉，在此以前，绝无辽东属国之称。

按照金先生的解释，《三国志》的那段原文应为：“使居塞内布列辽东郡（原文为辽东属国）、辽西、右北平、渔阳、广阳、上谷、代郡、雁门、太原、朔方诸郡界……”这样把“辽东属国”改成为“辽东郡”后，按照金先生的意思，与《后汉书·乌桓传》所说：“上谷、渔阳、右北平、辽西、辽东五郡塞外”相合。[①]

汉虽然设朝鲜四郡，辽东五郡，但辽东郡却管带东北北半部。

汉代在东北的郡治设置，说明东北为汉中央政权直属，而不称“藩属”之地。汉人开发其疆域之大，北至乌苏里江与黑龙江之间的三江平原，南至朝鲜半岛。其属汉文化也随之传播与延续。

四　考古确证：汉人遗迹遍布东北

2011年，在吉林省大安县后套木噶四期遗存，发现墓葬61座，都属于汉书二期文化，年代大体确定为战国——西汉时期。在黑龙江“三江地区”、齐齐哈尔、昂昂溪也发掘一批汉代墓葬。又集安禹山墓区3319号墓，出土卷云纹铭文瓦当，经张福有考察、斗合、识读：

太岁在丁巳五月廿日为中郎将大人造盖墓瓦又作民四千餟盦衩又用盈时兴诣得享万世

这枚瓦当，应当说是十分重要的历史实证。中郎，显然不是当时未得此封号的高句丽王，而是崔毖，晋平州牧。当东汉消亡后公孙度自称平州牧。集安曾经出土“汉军司马印”，“晋高句丽率善百长”“千长”“邑长”，共有7枚。这些瓦当和印章都是历史的见证。这一切都是汉朝中

① 参见宁梦辰《东北地方史》辽宁大学出版社1999年版，第36—42页。

央。政权经略东北的重要实证。[①]

在长白山脚下的汪清县百草沟遗址……出土典型的陶器外，上层出土了铁矛、铁环、铁刀（形似镰刀头）等铁器。其时代当在战国末至两汉时代。[②]最能说明汉人在这个领域开发与活动的是考古青铜短剑，环渤海地区目前已在200多处发现了这种短茎式曲刃剑。从老哈河的西岸到朝鲜半岛，从吉林省的怀德到河北的高碑店，都可以见到这种剑。发现最多的是大小凌河地区和辽东半岛。在“辽西地区、辽东地区、浑江流域、长白山西部及其邻近地区，都发现了不同类型的短茎式曲刃剑。这种短剑还波及河北的北部和朝鲜半岛”。最近又在长白山腹地桦甸县西荒屯青铜短剑墓出土的曲刃剑，与吉林、怀德、朝阳、锦西、沈阳和辽东半岛出土的曲刃剑大致相同，在旅大、集安出土的战国铜剑和大量的战国货币，“短茎式曲刃剑的年代，上限可到西周的中晚期，下限可到战国晚期至汉初”[③]。吉林附近发现的汉代村落和墓葬，地处松花江边的永吉县发现的四座汉代遗址，东北南部发现的20余座汉城遗址，这些都是汉民族先祖拓荒东北几千年的足迹。

从地名考的角度，当今朝鲜半岛还继承族风用汉城、汉江、大同江等，以及韩朝官方经典文献以及现在还在应用于社会、家庭的大量汉字，这是汉四郡留下的地名与文字。当然，这些都是汉民族先祖拓荒东北几千年的足迹。

以上略举的“长白山南系”，相当于公元前3世纪前后至西汉前期的早期铁器文化，一个突出的考古学特征是：以燕秦汉辽东长城地带和相关遗址、城址、墓葬代表的早期铁器文化，主要是辽东青铜时代“貊”系土著文化范围内，并在其土著遗存的基础上，融入了燕文化和汉文化为主的

---

① 参见吉林省考古研究所《考古年报》2010 年，《东北史地》2004 年第 1 期、《社会科学战线》2004 年第 3 期。

② 《汪清县文物志》，吉林省文物志编委会 1983 年编印。

③ 参见傅仁义等著《东北古代史》，春风文艺出版社 1992 年版。

文化。伴随着长城的修筑和铁器的广泛传布，这一时期在“五郡”腹地“汉文化圈”开始占据主导地位。①

吉林市东郊的东团山一带。早在20世纪30年代，零星发现有“西团山文化”晚期到汉代初期，包括“长乐未央”汉式瓦当在内的建筑饰件和两座汉墓出土的较晚期陶灶、陶耳杯等及西汉“五铢”、三棱铜镞、青铜镜等典型的汉代文物。②

九台县卡伦镇八里堡1982年出土一个铁锅，内盛铜钱160余斤。其中有西汉“四铢半两”四枚，西汉“五铢”七枚，新莽“货泉”三枚，东汉“五铢”十九枚，还有隋唐宋钱币多枚。

这些考古发掘的文物，可以确证在两汉加上箕子、燕秦，长达1200余年汉人汉文化在东北大地的开发与拓展，不仅使物质丰富，经济发展，社会进步，同时在意识形态文化领域，在人们的思想意识里，牢牢树立起汉人汉文化思想意识、观念、习俗、礼仪、教育等，形成以汉文化为主宰的汉化之风，在东北大地上深深扎根。而且对周边其他民族，以及陆续发展起来的民族，如肃慎、鲜卑、夫余、高句丽、沃沮、渤海、契丹、女真等都构成巨大的凝聚力和涵化力。

汉人遗迹说明，汉政权辖制区域在全东北。

---

① 王绵厚：《秦汉东北史》导言，辽宁人民出版社 1994 年版。

② 《吉林市文物志》，吉林省文物编委会 1983 年编印。

五　公孙氏延续东北汉祚五十年

（一）公孙氏执掌辽东，扩大疆域

东汉末年，群雄并起，争斗不已，所以对东北辖制松懈，东北地区，南有高句丽的兴起，西有乌桓、鲜卑的强盛，使东汉在东北的地方势力逐渐受到威胁。统一国家出现了不安宁的局面，幸有公孙氏支撑危局。

第一任辽东太守公孙度。

公孙度，字升济，辽东襄平人，属汉家子弟。父名延，曾为避吏，居玄菟郡，公孙度因此缘为郡吏。公元184年（汉灵帝中平元年），董卓拥立汉献帝，掌握京师大权，公孙度与同郡人徐荣做了董卓的中郎将，由于徐荣的推荐，公孙度做了辽东太守。

公元190年起，中原地区开始了董卓之乱，各地军阀兴兵讨董卓，无暇顾及东北。公孙度曾对部下说："汉祚将绝，当与诸卿图王耳。"公孙度便趁机自立为辽东侯，称平州牧，仍自兼领辽东太守，追封乃父公孙延为建义侯。又分置中辽、辽西二郡，各置太守。继则向外扩大势力范围，向南越海而登山东半岛，取东莱诸县（今山东半岛登州一带），设置营州刺史。向北领有玄菟之后，影响所及夫余来归，成为公孙氏藩属。东向抵朝鲜半岛，恢复了汉代乐浪的旧地。致使公孙度的平州领域，包括辽东、中辽、辽西、玄菟、乐浪五郡之地（后公孙康又设带方郡）。公孙度初"起玄菟小吏，为辽东郡轻"，大家都看不起他。但他强硬，郡中名豪大姓不服者，被他"皆以法诛，所夷灭百余家，郡中震慄。南伐高句丽，西击乌丸，威行海外"。[①]魏太祖（曹操）表公孙度为武威将军，封永宁乡侯。公孙度很不满意，说："我王辽东，何永宁也！"拒绝接受曹操的职授，这是由于客观上辽东一隅之地，有所凭借，加之中原混乱，可以僭号自尊。可是，一旦中原统一，辽东向为内属之域，不足以独立，这是有历

① 见《三国志·魏志》，中华书局1959年版，第252页。

史渊源的。

到公孙度的后继者公孙康、公孙恭执政时，形势有变。曹操统一北方，势力强大起来，因而公孙康便服从曹操，严表恭顺，实为顺时应势。公元207年曹操在官渡之战大胜袁绍，袁绍之子袁熙、袁尚投奔辽东，被公孙康杀之献给曹操，曹操以功封公孙康襄平侯，拜左将军。公孙康恢复了两汉时期在朝鲜半岛的郡县，而且新设置了带方郡，公孙康设置带方郡后，“夫余王尉仇台更属辽东”，康加以扶持，渐为强盛，成为东方的强国。

在朝鲜半岛南端，由于起初以百家济海，故称之为“百济”。带方郡与日本隔海相望，友好往来，魏明帝便命带方郡太守掌倭人朝献事宜。由此可见，魏晋之时，日本人贡献往来，实为公孙氏建立带方郡的功劳。不久，公孙康死，由其弟公孙恭接替。曹魏代汉，公孙恭首先来贺，遂拜公孙恭为车骑将军，封平郭侯。后来公孙渊夺得公孙恭之位时，曹魏又拜公孙渊为扬烈将军，加车骑将军，辽东太守。不久又进为大司马乐浪公，直到公孙渊称燕王以前，公孙氏本官一直为辽东太守。公孙渊对魏氏政权不宾服，总出恶言。景元初年，乃遣幽州刺史毋丘俭等征讨公孙渊，在辽隧一战，毋丘俭不利而还。于是公孙渊自立为燕王，置百官有司，扩大疆域，壮大了军事力量，成为一方霸主，不断发展经济，使百姓获得安适。

公孙度在任16年死，其长子康继立，在任17年死。公孙康弟恭继立7年，被康子渊所夺。公孙渊在位10年，公元238年（魏景初二年），司马懿出兵辽东，讨伐公孙渊，辽东归三国的曹魏管辖。公孙氏从公元189年据有辽东起到公元238年败亡止，共50年。司马懿以魏宣王的身份征讨公孙渊，辽东乃至东北，先归属曹魏，后归属两晋。

（二）公孙氏广招贤士，传播汉文化

公孙氏雄踞辽东半个世纪，客观上中原战乱，民不聊生，黄河流域大量逃亡者，纷纷来辽东避难。但主观是公孙氏确实采取了一些安定民心、

稳定秩序的举措，发展生产，造成安定的局面，给来投者以安息的条件。近年来，辽阳地区发现了公孙氏墓葬，从出土文物等情况判断，更能说明公孙氏治理辽东50年间，是社会经济繁荣昌盛时期。

中原贤人士大夫大多视辽东及其大东北为沃野、具有开发潜力的乐土。早在周初就有殷商遗民随箕子去者有5000余人。秦末齐赵地民，避地朝鲜者有数万口。汉初有燕人卫满等亡命众人，竟取代箕氏而建立起卫氏朝鲜，招诱逃避之人。汉初诸吕之乱，山东、河北等省又有逃难者到朝鲜、辽东各地，如山东琅琊有王仲浮海奔入乐浪山中。王莽之乱，有逄萌客于辽东，迨到东汉建立时始返还。东汉末军阀混战，黄河流域的人民，纷纷外逃避难。如管宁、邴原、王烈等人，皆为一时名士。还有当时豪杰之士多人，如国渊、刘政、太史慈等人，也都来到辽东。公孙度父子皆以礼相待。

公孙氏属下六郡，经济不断发展，人口不断增多，疆土不断扩大，他采取了一系列政治措施，才具备扩充经济实力。邴原“在辽东，一年中往归原居者数百家，游学之士，教授之声不绝”。王烈来到辽东，“夷人尊奉之”，公孙度不仅也接待之以昆弟之礼，还想要任用他为长史，“方酬政事”，让他筹划政治事务，是用贤选能改善政治之举。虽然王烈辞而未就，但由此可知，公孙氏是有要求改善政治，用贤为政之资。

贤人豪杰之士隐居辽东，虽未做官，公孙度则能“安其贤”，使百姓深受其德，改善了社会风尚，提高了文化素养，有利于巩固社会安宁。如管宁初到辽东，以山地为庐，凿土作室，使大批越海而来避难者，得而居之，不到十天，就成了小城市。管宁于是讲诗书，“陈俎豆，饰威仪，明礼让”。民众由此而深受德教，遂移风易俗，形成风尚。管宁在住地，见到群集井边汲水之人，“男女杂错，争井斗阋”，既不雅观，又易冲突。于是，管宁就买了许多汲水器具，放置井边，备作公用。当人们得知此事，就都各自进行了责备，从此以后，不再斗讼了。《三国志·魏志·管宁传》有云：管宁“乃因山为庐，凿壤为室，越海避难者，皆来就之而居，旬日而成邑。遂讲诗书，陈俎豆，饰威仪，明礼让，非学者无见也。由是度安其贤，民化其德。宁所居屯落，会井汲者，或男女杂错，或争井斗阋，宁患之。乃多买器，分置井旁以待之，又不使知，来者得而怪之，问知宁所为，乃各相责，不复斗讼。邻有牛暴宁田者，宁为牵牛着凉处，自为饮食，过于牛主。牛主得牛大惭，若犯严刑，是以左右无斗讼之声，礼让移于海表”。这里“海表”，即指渤海以东的统称。

魏太祖（曹操）诏以管宁为太中大夫，管宁屡召不至，《魏书·管宁传》称“耽怀道德，服膺六艺，清虚足以侔古，廉白可以当世”。正始二年，太仆、侍中、中书联名推荐管宁，其词曰：“臣闻龙凤隐耀，应德而臻，明哲潜遁，俟时而动。是以鸾鷟鸣岐，周道隆兴，四皓为佐，汉帝用康。伏见太中大夫管宁，应二仪之中和，总九德之纯懿，含章素质，冰洁渊清，玄虚淡泊，与道逍遥；娱心黄老，游志六艺，升堂入室，究其阃奥，韬古今于胸怀，包道德之机要。中平之际，黄巾陆梁，华夏倾荡，王纲弛顿。遂避时难，乘桴越海，羁旅辽东三十余年。”评价极高，却屡荐不就。而管宁“行年八十，志无衰倦。环堵筚门，偃息穷巷，饭粥糊口，并日而食，吟咏诗书，不改其乐。困而能通，遭难必济，经危蹈险，不易其节，金声玉色，久而弥彰。”[①]

① 见《三国志·魏书·管宁传》（二），中华书局1959年版，第359页。

六　汉化鲜卑人慕容氏掌控辽东

东北幽燕之地的形势是中央政权强弱的晴雨表，中央政府形势强大，则此地稳定，中央政府趋弱，则北方少数民族纷纷崛起，南下；幽、平两州，水草肥美，气候温和，经济基础雄厚，若拥兵自重，而幽、并二州，则成各种势力必争的生存空间。东汉末年，战事频仍，以及东晋末年，八王之乱，中原汉人，纷纷避难于东北各地，而北方民族也不断向南开进。幽、并二州也出现纷乱的局面。

东汉末年，乌丸、鲜卑崛起，其原因是这两个部族进入塞内后，吸收了汉人较为先进的生产文明，特别把汉人民居吸收到自己部落里，促进了社会生产迅速发展，壮大了军事力量，也就增强了战斗力。这两个部落都处于奴隶社会早期，部落间盛行掠夺战争之风。这种形势，恰如曹植在《谏伐辽东表》所分析的那样，认为辽东“负阻之国，势便形固，带以辽海”，“诚未易攻也”，即使攻占了，也得不偿失。但曹操还是听了郭嘉的谏议北征乌丸三郡，削弱和瓦解了鲜卑，巩固了东北形势，确保他在中央建立曹魏政权。

乌丸、鲜卑先后归附曹魏，对于安定北方，恢复生产，起了积极作用。

西晋后期，中原汉人大批北上，进入幽州、平州等地，与鲜卑人百年南下形成对流运动，促进了各民族的融合，使少数民族很快渡过半农半牧的生活，走上了封建化的道路。进入辽河西部的慕容鲜卑就是其中发展较快的一个。

鲜卑人南迁几起几落，但南迁潮流始终未断，晋初，这些内迁的鲜卑人已经遍布大半个北中国。其中居于幽并一带的有拓跋鲜卑，另居于平州西部的慕容氏、段氏、宇文氏等部。

鲜卑慕容部，原为大兴安岭南侧的游牧部落，南迁后首先进入西喇木伦河上游地区。

慕容廆父子，独占辽西，由于成功地推行了全面汉化、尊晋勤王的政策，经济发展，力量剧增，逐渐控制了东北大部。直到慕容儁进入中原，灭掉冉魏之后，才建燕称帝，不再附属于晋。

自古中国人之间，本没有“民族”之分，所以东晋时期同属“鲜卑”族系的段氏、宇文氏以及慕容氏之间，互相厮杀，争城夺地，战事频仍。咸和八年（333），慕容皝对段氏部进行摧毁性打击之后，随着力量日益强大，公元337年，慕容皝自称燕王。8年后，慕容皝将都邑自棘城迁至柳城，并改柳城为龙城，大兴土木，筑城池，建宫室，俨然以一方天子自居。晋封慕容皝北平将军、行平州刺史；咸和九年（334）再拜为镇军大将军、平州刺史、大单于、辽东公，持节、都督、承制。咸康三年（337），晋庭又承认慕容皝“燕王”名位，也就是承认慕容皝在东北地区的最高统治地位。

从大兴安岭走出的鲜卑人还处于奴隶社会的原始阶段，不通文字，“刻木记事”，特别向往汉字汉文化，经过百年南迁，为了靠近汉人居住区，在幽州、并州、平州地区与汉人杂居，认同汉人之礼，接受汉人民俗，特别接受汉儒文化，将汉儒国家学说作为鲜卑人立国学说，使得经济、文化互相影响，互相吸收，消除隔阂，逐渐达成民族融合。鲜卑氏曾先后在辽西、河北等地建立政权，如慕容皝、慕容儁建立前燕，慕容垂建立后燕，慕容泓建立西燕，拓跋珪建立著名的北魏政权，到了冯跋时代，已经完全成为汉化鲜卑人，他最后建立了北燕政权，建都昌黎（今辽宁义县）。冯跋是一个较有作为的统治者。长期生活在鲜卑人之间，迁于辽西后，“遂同夷俗”，不仅熟悉汉人文化，对鲜卑人的习俗文化也有深切理解，所以成为一个地道的鲜卑化汉人。冯跋发展教育，重视文治，力主“武以平乱，文以经务，宁国济俗，实所凭焉”。为了加速引进汉人封建文化，培养各族统治官员，“营建太学”，恢复“庠序之教”，任命刘轩、张炽、翟豪等为博士中郎将等措施。所以冯跋统治时代创造了一个社会安宁的局面。吏治清明，经济文化都有较大发展。

北燕从建制上看具有平州、幽州、冀州、并州、青州五州之地，实际仅控制平州、幽州大部、平州统辖昌黎、辽东、乐浪、带方、玄菟、冀阳等六郡；幽州统辽西、建德二郡。

公元436年，北魏灭掉北燕，统一了北方，结束了十六国时期，拉开南北朝的序幕。在北朝的140多年间，东北地区经历了北魏、东魏、北齐和北周四个地方割据政权的统治。他们居于燕地，自称“燕王”，实际也是东北汉政权的延续。

七　盛唐文化稳定了东北汉政权

唐朝建国后，继隋朝统一东北余威，在更广阔领域内施加更强大的政治军事影响，全面强化了东北各地的管辖，使统辖成为不可阻挡之势，并取得了前代诸朝所不曾有过的辉煌业绩。各民族频繁往来，互相融合，成为唐朝不可分割的一部分，真正成为统一的、多民族的大唐帝国。特别经过唐太宗、唐高宗父子两代的努力，终于灭亡了高句丽政权，统一了东北全境。

汉人在东北的建置分为两种：郡县建置与羁縻建置。燕秦汉属于郡县建置，中央政府直接派官员，掌管衙署。隋唐则在郡县制同时设羁縻建置，即少数民族臣属于中原王朝的地方政权。“羁縻”政权的构建，说明汉人最高统治者极端尊重少数民族的道德意志和风俗习惯，这也是汉文化“协和万邦”的理念力量。

两汉时期，在燕秦的基础上，东北地区疆土有所扩大。汉代东北的东南边界即卫氏朝鲜的东南部边界，公孙氏则把边界扩大到济州，从今朝鲜半岛的汉江入海口以南，再沿江经朝鲜的忠州、乌岭、小白山到大白山为乐浪郡南界。从大白山经朝鲜半岛的日福岭至三陟北志海为临屯郡南界。东部边界达秽貊、沃沮、挹娄三族分布的最东部，也就是从今朝鲜三陟北滨海地区起，经日本海，北至鄂霍次克海，包括库页岛。北部西自贝加尔湖、东至鄂霍次克海，都是中国境内民族分布地区。居住在北部的少数民族活动地域达今黑龙江以北、外兴安岭一带。西部是东胡部族联盟，冒顿单于击败东胡以后，东胡分别居住在大兴安岭的南、北麓，后来形成乌桓、鲜卑两个新的民族。东北西部的南方成为匈奴人的活动空间。汉武帝灭卫氏朝鲜后，郡县区向东扩展，东北南部都成为郡县统治区。其他各部的居住地未变。东汉以来郡县区逐渐内缩，朝鲜半岛上原有四郡只剩下乐浪一郡。

两汉的郡县建置，使东北汉人政权稳定了500多年。至于隋唐以来的羁縻建置，东北的疆域更大，社会更稳定。

自唐建国后，改郡为州，实行道府州县的行政区划，管理更为严密，各级职司更为明确。从此，唐朝对少数民族地区的统辖，全面实行同内地划一的行政管理体制。相继辟置府州856个，号称“羁縻州”。唐朝在东北先后设置94个府州。为加强对这些羁縻州的管辖，通过册封、朝贡手段，将各民族首领牢牢控制在中央政府的统辖之下，并通过各民族的首领来管辖本部民族。因此，这种羁縻州颇与现代的自治区相似。在设置府州的同时，册封其首领为都督或刺史，其大者加封各种王等，崇以荣爵。

自殷商以来，“协和万邦”的精神一直成为中国文化的核心理念，一代一代地传承下来，一路走来，又不断地丰富和发展。

这种精神传至唐代，就有发展。唐高祖李渊和唐太宗李世民父子下发的诏书就有所体现。先看李渊的诏书，就提出“静乱息民”化解矛盾的方略：

画野分疆，山川限其内外；遐荒绝域，刑政殊于函夏。是以昔王御世，怀柔远人，义在羁縻，无取臣属。渠搜即叙，表夏后之成功；越裳重译，美周邦之长等。有隋季世，黩武耀兵，万乘疲于河源，三年伐于辽外，构怨连祸，力屈货殚。朕祗膺宝图，抚临四极，悦近来远，追革前弊，要荒藩服，宜与和亲。其吐谷浑已修职贡，高句丽远送诚款，契丹、靺鞨咸求内附，因而镇抚，允合机宜。分命行人，就申好睦，静乱息民，于是乎在。布告天下，明知朕意。

再请看唐太宗李世民一则诏书：

靺鞨远来，盖突厥服之所致也。昔周宣之时，猃狁孔炽，出兵驱逐，比之蚊蚋，议者以为中策；汉武帝北事匈奴，中国虚竭，议者以为下策；秦始皇北筑长城，人神怨愤，议者以为无策。然则自古以来其无上策乎？朕承隋之弊而四夷归伏，无为而治，得非上策乎。①

这是贞观二年（628）六月，李世民发出求得安民抚慰四海“上策”的诏书。他是说周宣王、汉武帝、秦始皇对待少数民族（四夷）之政策是攻占，是预防，都是等而下之策，只有“羁縻”之策，尊重少数民族的风俗习惯，充分调动少数民族首领的创造性，才是协和万邦之策。不仅出现渤海那样的“海东盛国”，还有室韦、靺鞨等都督府的盛况，当时礼部侍郎李百药高度赞扬，称之为：

陛下以武功定四海，以文德绥万物，至道所感，格于天地。斯盖二仪降福，以祚圣人，岂与周汉失策校其短长哉！②

就是说“以武功定四海”，还不能达到协和万邦的目的，以“文德”才能深入人心，“至道所感，格于天地”，赞之为“上策”。事实上唐代以来的“羁縻”政策，尤其对东北的治理，导致300余年的疆域扩大，民族安定，经济发展，文化繁荣的局面。

① 《唐会要》卷九六，《丛书集成初编》第8册。见《长白丛书》，吉林文史出版社1999年版，第12页。

② 《唐会要》卷九六，《丛书集成初编》第8册。见《长白丛书》，吉林文史出版社1999年版，第13页。

唐朝的黑水都护府，东至库页岛以外，室韦都护府，北至大兴安岭及以外的广大地区，安东都护府南至朝鲜半岛大同江流域。唐代东北的东南部疆域在朝鲜半岛的大同江与龙兴江，与新罗为界。后高丽更名为朝鲜是明太祖二十五年，“请更国号，帝（朱元璋）命仍古号曰朝鲜”[①]，直到甲午战争失败后中国才失去对朝鲜的支配权。

唐王朝是中国封建社会的鼎盛时期，唐王朝在东北设置的羁縻政权，体现了汉人中央政府对少数民族的理解和尊重，鼓励少数民族参照汉政权模式建立各种地方政权，“册封”本民族的首领为郡县知府、都督、刺史，甚至“王”，管理本民族的具体政务。这一政策尽管有其局限性，但在中华民族大一统内稳定了东北疆域，极大地调动了少数民族的积极性，这对建设多民族统一国家起到了重要作用。羁縻设置，也叫“朝贡体制”，朝贡体制是在中国疆域内以中华帝国为核心的政治秩序。通过贡物和回赐，促成贸易，转让技术，促进少数民族的经济繁荣。最近日本学者中村哲却说：“所谓朝贡体制是以中华帝国为核心的东亚国际政治秩序”[②]，这是故意颠倒了“国内”与“国际”关系，这是对历史的歪曲。他们是把汉族以外的政权都称为“国外”，看成“国际”关系。中央政权的疆域，向来以郡县、都护府疆域、以羁縻政权疆域为疆域的。

从燕昭王设辽东郡辽西郡始，燕秦在东北开发与经略160年，汉代在东北开发与经略500多年，唐代在东北开发与经略300多年，形成巩固的汉民族政权，进而形成稳固的东北“汉文化圈”，强有力的汉文化辐射四周，这就对东北各民族的形成与发展产生深远的影响，而且其影响波及南亚和日本。那种以为“东北没有建立过汉族政权”的说法是站不住脚的，“满洲乃化外之地”更是荒谬至极。

并且形成以辽西辽东为中心以汉人农业为主体的经济区，经济文化高

---

① 《明史》卷三二〇，《外国传》《二十五史》，上海书店、上海古籍出版社1975年版。

② ［日］中村哲：《东亚近代史理论的再探讨》，商务印书馆2002年版，第15页。

度发展，几乎与中原地区汉人经济文化发展程度完全同步，逐步形成较稳定的汉人族群。

在漫长的历史岁月中，汉人则以辽东辽西为聚居中心，但从秦汉起历朝历代都有成千上万，甚至几十万人从南向北流动。流动原因很多：

第一，逃避中原战乱。第二，有被战争掳掠来的奴隶和发配到东北的刑徒。第三，垦荒开矿，开发辽阔而荒漠的空间。从两汉期间迁入东北的汉人，就达几十万。在慕容鲜卑时代辽西汉人遽增，“流人之旧土，十倍有余”[①]。隋唐及辽金元迁入东北者不绝于书，辽代大约有七八十万汉人流入东北，这样使辽西辽东的汉人人口比例不断增长，到了金代汉人占总人口总数的三分之二以上。到明末流入东北的人数更多，仅辽东人口约为300万。[②]尤其光绪年间出现了汉人移民东北的高潮，“闯关东”开发创业的汉人迁入东北，从辽东、辽西扩展到吉林、再扩展到黑龙江。才先后形成沈阳人、大连人、长春人和哈尔滨人等各有文化特征的汉人族群。而且，由于历史频发的战争兼并和民族重构，这些族群的流动性很大。

自隋唐以来，在东北地区扩大了疆域，加强了统辖，也推动了文化教育的发展。千差万别，各有特点，但都竞相与中原交往，特别在盛唐文化的影响、辐射下，对无文字的少数民族，汉字汉文化具有强烈的吸引力、向心力、凝聚力，使得民族间的文化交流与融合日益加深，汉文化在东北各地深深扎根，也使得本民族的风俗文化发生根本性的变化。为此唐代许多知名人士称东北各族为“洲（海）东之国”，盛赞同内地“车书本一家”的气象，这种经过长期的融合发展，形成统一的共性，是唐代东北各民族文化发展的突出特征。

---

① 《晋书》卷一〇九，《前燕·慕容皝载记》。《二十五史》，上海书店、上海古籍出版社1975年版。

② 参见徐杰舜主编《汉民族的人类学分析》，上海人民出版社1999年版，第727—728页。

这样算来，殷商早期1500余年，燕国800余年，燕秦设辽东郡160多年，两汉500多年，唐经300多年在东北开发与经略，计巩固了汉人政权3300余年，汉民族已经成为居于东北的主体民族。

八　“汉家烟尘在东北”

盛唐文化的精华莫过于“唐诗”了。唐代诗人都十分怀念东北，当时的名城就是“辽阳”，其次是“鸡林”和“龙城”。不仅是“车书本一家”，而且“汉家烟尘在东北”，视东北为家了，这是概括汉唐之前古人的认知，以东北为“家”之祖源。而且“辽东”“辽海”，也是古东北的总称。

“汉家烟尘在东北”，这是唐代大诗人高适的《燕歌行》中的开篇之句，“烟尘”，乃居家之灶，烟尘缭绕。这句诗深刻表明，自古汉人以东北为家，汉文化就一直滋润着东北大地。而且魏晋以及南北朝以来诗人们都密切地关照东北大地的生息繁衍。在他们的诗句中不断出现“碣石”“幽燕”“玄菟”“大荒”“辽东”“辽阳”“辽海”“鸡林”“龙城”等字样，这些都是代表东北不同时期的称谓。

所谓“以诗证史”，虽然诗不是历史，诗人也不是历史学家，可是诗人是在现实与想象空间中驰骋，在他们的诗中不断出现这些历史名城，至少说明，诗人或者他的亲人，或者身边的民众曾经到过，或者经营过这些地方，所以能在诗人的意识领域留存，并且发酵，成为长白山文化积淀的诗篇，融入中华民族的血液里。而文化的力量，足以证明宏伟的“中华一体”的历史篇章。

且不论《诗经》《楚辞》，仅从汉魏以来的诗中就充分展现东北的辉煌。如曹操的《观沧海》有“东临碣石，以观沧海”。碣石，山名，汉魏时地属幽州辽西郡，古地域广阔，幽州即东北。碣石，一说在河北昌黎北，秦始皇、汉武帝曾东巡至此，刻石观海。一说碣石山已沉入河北乐亭县境大海中。最近，考古发现碣石山位于辽宁省绥中县。李世民《辽城望月》中有，“澄辉照辽碣”。康熙《驻跸辽阳夜深对月用唐太宗辽城望月诗原韵》：“清光渡海碣。”乾隆《对月思唐太宗辽阳望月事即用其韵》：“征去尚存碣”；《辽城望月用唐文皇韵》：“见光先渤碣”；《辽城望月再用唐文皇韵》：“往复魏征碣”，均指“辽碣”，即东北碣[①]。曹植的《白马篇》中有“借问谁家子，幽并游侠儿”，也是赞颂驰骋“幽并”二州的为国效力的壮士。晋代以来诗人写了不少边塞诗、戍边诗。[②]

西晋诗人傅玄在《征辽东》“讨灭公孙渊而枭其首也”，诗中写道：

征辽东，敌失据，威灵迈日域。公孙既授首，群逆破胆咸震怖。

朔北响应，海表景附，武功赫赫德云布。

傅玄，字休奕，北地泥阳（今陕西耀县东南）人。西晋诗人，哲学家。辽东，当为燕之辽东郡，其首府在今辽阳，这里概括东北大地。

陶渊明有诗《箕子》：

去乡之感，犹有迟迟。
矧伊代谢，触物皆非。
哀哀箕子，云胡能夷！
狡童之歌，凄矣其悲。

箕子，殷末贵族，乃殷纣王的叔父，官居太师，封于箕，殷亡，走之

---

① 此用张福有《长白山诗词选》辑笺，时代文艺出版社 1998 年版。

② 东北碣石有两处：1. 碣石，昌黎县碣石山位于昌黎县城北，距避暑胜地北戴河约30千米。2. 西碣石，碣石位于绥中县城西 56 千米处的止锚湾海滨，距山海关 15 千米。

朝鲜。"迟迟"，眷念貌，是说箕子离开殷都有些留恋不舍，非常惋惜。过了几年又回到殷都，时过境迁，触物皆非，"哀哀箕子"，悲伤不已，作《麦秀歌》："麦秀渐渐兮，禾黍油油兮。彼狡童兮，不与我好兮。"殷民闻之，皆为流泪。但陶渊明也惋惜箕子，为什么不如伯夷叔齐那样不食周谷而死。晋代知识分子，十分崇敬伯夷叔齐的大义气节，而箕子是"去"殷另谋他就，所以历代文人中很少有人颂赞箕子。只有陶渊明在谈史时还想到箕子。但箕子著有《洪范九畴》，早于孔子500多年，世界文化史上第一个提出"五行"说的人，早于亚里士多德800多年，为中华第一贤圣，也是开发东北汉文化的第一圣君。被孔子赞之为"殷有三仁焉"。

南朝梁萧绎的《燕歌行》：

燕赵佳人本自多，辽东少妇学春歌。黄龙戍北花如锦，玄菟城南月似蛾。如何此时别夫婿，金羁翠眊往交河。还闻入汉去燕营，怨妾愁心百恨生。漫漫悠悠天未晓，遥遥夜夜听寒更。自从异县同心别，偏恨同时成异节。横波满脸万行啼，翠眉暂敛千重结。并海连天合不开，那堪春日上春台。乍见远舟如落叶，复看遥舸似行杯。沙汀夜鹤啸羁雌，妾心无趣坐伤离。翻嗟汉使音尘绝，空伤贱妾燕南垂。

萧绎，即梁元帝，在位仅两年，屡为西魏征讨。《燕歌行》，乐府之曲。魏晋之诗，常借描写女子，"辽东少妇学春歌"，来抒发情感，借他人酒杯，浇自己胸中块垒。然而他的《燕歌行》却有力地说明，即使在南北割据战乱频仍的情况下，偏处南方而无力控制东北地区的封建王朝，也一直认为汉置玄菟郡的辽东之地，始终是中华国土的一部分。

南朝梁的大诗人庾信有《咏怀诗》：

北临玄菟郡，南戍朱鸢城。共此无期别，俱知万里情。昔尝游令尹，今时事客卿。不特贫谢富，安知死羡生。怀秋独悲此，平生何谓平。

朱鸢城，在越南河内东南，汉代所置县城。诗人处于南北分裂的局面，但仍期望南北统一，像汉代疆域一样。还有一首《别张洗马枢》：

别席惨无言，离悲两相顾。

君登苏武桥，我见杨朱路。

关山负雪行，河水乘冰渡。

愿子著朱鸢，知余在玄菟。

这首诗最后两句，你在“朱鸢”，我在玄菟，仍期望南北统一。后一句，似乎庾信来过玄菟。只有身在玄菟，才能写出这样的诗句。

南朝陈后主陈叔宝也作诗《紫骝马》：

蹀躞紫骝马，照耀白银鞍。

直去黄龙外，斜趋玄菟端。

垂鞬还细柳，扬尘归上兰。

红脸桃花色，客别重羞看。

这是在炫耀他的宝马具有神速，一会儿去了东北的龙城和玄菟郡，一会儿又回到长安的细柳营和上兰宫，展现了一代帝王雄心勃勃一统中华的欲望。遗憾的是在位仅4年，就被隋所灭。由隋展现了魏晋南北朝以来所有帝王一统中华的欲望。

隋炀帝杨广，所留诗词极少，《纪辽东》开辟了词的先声。据《隋书》记载：“大业八年（612），炀帝伐高丽，渡辽水，大战于东岸，击贼破之，进围辽东。”作《纪辽东》二首：

辽东海北翦长鲸，风云万里清。方当销锋散马牛，旋师宴镐京。

前歌后舞振军威，饮至解戎衣。判去徒行万里去，空道五原归。

秉旄仗节定辽东，俘馘变夷风。清歌凯捷九都水，归宴洛阳宫。

策功行赏不淹留，全军籍智谋。讵似南宫复道上，先封雍齿侯。

辽东，今即辽阳，战国时期属于燕国辽东郡，秦汉、三国均属幽州辽东郡，三国时期公孙氏，在此鏖战200多年。辽阳乃古代中国在东北的文化中枢。辽东又是隋朝征战之地。

早在隋炀帝之前30年，隋文帝朝散大夫王胄曾写《纪辽东》两首，足见《纪辽东》乃隋初为征讨辽东所创的词牌：

辽东浿水事龚行，俯拾信神兵。欲知振旅旋归乐，为听凯歌声。

十乘元戎才渡辽，扶濩已冰消。讵似百万临江水，按辔空回镳。

天威电迈举朝鲜，信次即言旋。还笑魏家司马懿，迢迢用一年。

鸣銮诏跸发淆潼，合爵及畴庸。何必丰沛多相识，比屋降尧封。

浿水，即今朝鲜大同江。此"辽东浿水"为一处，说明自古以来辽东与朝鲜半岛为统一的整体。

唐太宗李世民作《辽城望月》：

玄菟月初明，澄辉照辽碣。映云光暂隐，隔树花如缀。魄满桂枝圆，轮亏镜彩缺。临城却影散，带晕重围结。驻跸俯九都，停观妖氛灭。

这首诗，是李世民到过长白山下之辽东的写照。贞观十六年（642），高句丽政权公开对抗李唐王朝。贞观十九年（645），李世民挥师水陆并进，四月，李勣所率之师已进至玄菟故地。五月，李世民车驾渡辽，破辽东古城（今辽阳附近）。当年初冬收兵回师。《辽城望月》就是在他亲到辽东古城大破高句丽兵之后所作，时为贞观十九年夏秋之交。[①]

唐初四杰的沈佺期，写过一首《古意呈补阙乔知之》：

卢家少妇郁金堂，海燕双栖玳瑁梁。

九月寒砧催木叶，十年征戍忆辽阳。

白狼河北音书断，丹凤城角秋夜长。

谁谓含愁独不见，更教明月照流黄。

① 见《长白山诗词选》，时代文艺出版社 1998 年版，第 42 页。

题为《古意》，是借“莫愁”发挥，梁朝萧衍诗：“河中之水向东流，洛阳女儿名莫愁。……十五嫁为卢家妇，十六生儿字阿侯。卢家兰室桂为梁，中有郁金苏合香。”另有寄托，其中关键有“十年征戍忆辽阳”一句。诗人以委婉缠绵的笔调，描述了女主人公在寒砧处处、落叶萧萧的秋夜，身居华屋之中，心驰万里之外，辗转反侧，久不能寐的孤独愁苦情状。白狼河，即今辽宁大凌河。

崔颢有诗《辽西作》：

燕郊芳岁晚，残雪冻边城。四月青草合，辽阳春水生。
胡人正牧马，汉将日征兵。露重宝刀湿，沙虚金鼓鸣。
寒衣著已尽，春服谁与成？寄语洛阳使，为传边塞情。

王昌龄有诗《塞下曲》：

边头何惨惨，已葬霍将军。
部曲皆才吊，燕南代北闻。
功勋多被黜，兵马亦寻分。
更遣黄龙戍，唯当哭塞云。

黄龙戍，唐代东北要塞，在今辽宁省朝阳。边塞诗气势雄浑，格调高昂。

高适，《燕歌行》并序：

开元二十六年，客有从元戎出塞而还者，作《燕歌行》以示适，感征戍之事，因而和焉。

汉家烟尘在东北，汉将辞家破残贼。男儿本自重横行，天子非常赐颜色。摐金伐鼓下榆关，旌旆逶迤碣石间。校尉羽书飞瀚海，单于猎火照狼山。山川萧条极边土，胡骑凭陵杂风雨。战士军前半死生，美人帐下犹歌舞！大漠穷秋塞草腓，孤城落日斗兵稀。身当恩遇常轻敌，力尽关山未解围。铁衣远戍辛勤久，玉箸应啼别离后。少妇城南欲断肠，征人蓟北空回首。边庭飘摇那可度，绝域苍茫何所有。杀气三时作阵云，寒声一夜传刁斗。相看白刃血纷纷，死节从来岂顾勋。君不见沙场征战苦，至今犹忆李将军。

还有大唐诗人贾志也写《燕歌行》：

镇惟幽都，东威九夷北制胡。五军精卒三十万，百战百胜擒单于。前临滹沱后易水，崇山沃野亘千里。昔时燕山重贤士，黄金筑台从隗始。倏忽兴王定蓟丘，汉家又以封王侯。萧条魏晋为横流，鲜卑窃据朝五州。我唐区夏余十纪，军容武备赫万祀。彤弓黄钺授元帅，垦耕大漠为内地。季秋胶折边草肥，治兵羽猎因出师。千营万队连旌旗，望之如火忽电驰。匈奴慑窜穷发北，大荒万坚无尘飞。君不见隋家昔为天下宰，穷兵黩武征辽海。南风不竞多死声，鼓卧旗折黄云横。六军将士皆死尽，战马空鞍归故营。时移道革天下平，白环入贡沧海清。自有农夫已高枕，无劳校尉重横行。

《燕歌行》是乐府曲，燕歌属于东北民歌之列。贾志这首《燕歌行》涉及九夷、东胡、鲜卑、匈奴等东北各民族，从燕、魏晋、隋、大唐等朝代，从幽都、燕山、滹沱、易水、蓟丘、大漠、大荒、辽海等纵横几千里，叙述几千年的历史故事、人物，纵马、杀伐，制帅、封侯，有叙述，有论评，有赞扬，有声有色，有浓重的感情色彩，难得的好诗。

张继有《长相思》：

辽阳望河县，白首无由见。

海上珊瑚枝，年年寄春燕。

二十个字，给予很深的感情。以地望写人，辽阳本辽水边上，结果“望”到白头了也不曾相见，人不见，只有寄托一年以往的“春燕”了。暗含东北大地战事频仍。

唐诗人郑锡有《出塞》：

关山落叶秋，掩泪望营州。

辽海云沙暮，幽燕旌旆愁。

战余能送阵，身老未封侯。

去国三千里，归心红粉楼。

郑锡《出塞》，与司空曙《塞下曲》、耿湋《入塞曲》、张籍《别离曲》，同属边塞曲。李商隐在《随师东》中写道："可惜前朝玄菟郡，积骸成莽阵云深"，均描写战争造成"积骸成莽"，别离情愫，哀婉动情，掩泪巴望，反映了人民大众期望和平和统一。营州，治所在龙城（隋改名柳城，在今辽宁省朝阳）。历为东北重镇。

唐戴叔伦诗《送耿十三湋复往辽海》：

仗剑万里去，孤城辽海东。

旌旗愁落日，鼓角壮悲风。

野迥边尘息，烽消戍垒空。

辕门正休暇，投策拜元戎。

类似这样的送别诗还有一些，这说明，东北地区人烟往来极为频繁，成为汉文化的传播中心、发展与繁荣中心。如李益的《送辽阳使还军》，有"征人歌且行，北上辽阳城。二月戎马息，悠悠边草生"等字句，战与和也是交替轮回的。

唐诗人金昌绪《春怨》：

打起黄莺儿，莫教枝上啼。

啼时惊妾梦，不得到辽西。

这首诗描写一位女子对远征辽西的丈夫的思念。全诗意蕴深刻，构思巧妙，独具特色。这首诗，章法严谨，意脉贯通，逻辑联系极为紧密。四句诗层层递进，句句相承，环环相扣，完全符合"起、承、转、合"的完整结构。意象生动，语言明快，情节波澜起伏，具有浓郁的民歌色彩。

白居易《闺妇》：

斜凭绣床愁不动，红销带缓绿鬟低。

辽阳春尽无消息，夜合花前日又西。

这是两首描写闺怨的诗，都是在意在辽阳，因"燕赵佳人奉管弦"。这首《闺妇》被胡应麟推为"中唐后第一篇"所言者无非亦是日夕足添闺思。司马相如《长门赋》："日黄昏而望绝兮，怅独托于空堂"；潘岳《寡妇赋》："时暖暖而向昏兮，日杳杳而西匿。雀群飞而赴楹兮，鸡登栖而敛翼。归空馆而自怜兮，抚衾裯以叹息。"盖死别生离，伤逝怀远，皆于黄昏时分，触绪纷来，所谓"最难消遣"耳。

而"辽阳春尽无消息"，辽阳，不是具体一个城，而是泛指东北大地，那些最美好的记忆。一些闺怨的诗，反映到最普通的民间大众的生活之间，人们思想意识里离不开辽阳，从历代帝王、文相将军、文人雅士、诗人才子，到最普通的民众，都热心关注着辽阳，辽阳成为他们的血液。再看韩偓的《联缀体》："院宇秋明日日长，社前一燕到辽阳"；于濆《辽阳行》："辽阳在何处，妾欲随君去"；鲍君徽《关山月》："高高秋月明，北照辽阳城"；张乔《游边感怀》："贫游缭绕困边沙，辽阳战士嗟"；陶翰《燕歌行》："家在辽水头，边风意气多"；王建《行征归》："万里发辽阳，处处问家乡"；张籍《别离曲》："忆昔君初纳彩时，不言身属辽阳戍"；李贺《摩多楼》："风吹沙作云，一时渡辽水"等，在众多诗人的心目中辽阳似乎是京都之外的另一个文化中心，令诗人感念得须臾难忘，诗词犹显汉文化的深刻性。

九　明代辽东控带东北各地[①]

经五代十国，再经辽、金、元三代，直到朱元璋的明朝再次统一中国，已经是460年的历史了。在辽阳地区经过反复清理元的残余势力，再

① 此标题始见佟冬主编、丛佩远著《中国东北史》第三卷，吉林文史出版社1998年版，第565页。

次统一了东北。明政府在东北设置辽东、大宁、奴儿干三个都司，下属400余卫。这些卫所，与内地一般军事卫所不同，这些卫所与州县或部落制的结合，因而具有鲜明的地方特点。

有明一代，辽东地区始终为山东行省的北部，两地隔海相望，共为一省。明代把辽东划为山东，客观上是两地间方便的海路交通，从辽东金州旅顺口，至山东登州新河水关，相距550里水程，一日可至。更重要的是辽东当时对山东存在着许多依赖关系。明初，故元的残余势力活跃在辽西一带，与中原陆路交通发生梗塞，因而海路成为明军入辽的重要通道。于是，一衣带水之距，政治、经济、军事联系非常密切的山东，成了辽东地区的赖以维系、发展的基地，这是明代把辽东划为山东行省的历史背景。

明政府最初在东北设置辽东、大宁、奴儿干三个都司，在永兴元年大宁都司内迁不返，弘治年间奴尔干司撤销，之后原大宁、奴儿干两地，实际处于辽东都司控带、总辖之下。在古代的辽东就是指东北大地。明代的辽东地区疆域浩大，“东逾鸭绿而控朝鲜，西接山海而抵大宁，南跨溟渤而连青冀，北越辽水而亘沙漠”①；“又东北至奴儿干，涉海有吉列迷诸种落，东邻建州、海西、野人女直并兀良哈三卫”②，号称“东北重镇”，“京师左臂”③，为九边重镇之首。自洪武四年（1371）至宣德五年（1430），明在辽东都司内计设二十五卫两州，“列军卫，置防守，屹然为巨镇矣”。辽东都司隶左军都督府。

这里要特别说明一下“奴儿干都司”。在永乐、宣德年间由辽东都司负责对奴儿干地区的开拓，由辽东都司派遣官员组建奴儿干都司的机构。永乐九年（1411），疆域东达库页岛，并在库页岛上设置了卫所，叫囊哈尔卫。1411年，在距阿穆尔河入海口100千米的库页岛对岸庙街附近的一

---

① 《辽东志》卷一“地理”。《辽东志》全书九卷，明任洛等纂修，明嘉靖十六年（1537）重修刻本。

② 《辽东志》卷一“地理”卷首。毕恭《辽东志书序》。

③ 《辽东志》卷首。龚用卿《辽东志书序》。

处山崖上修筑一座寺庙，叫永宁寺，寺旁竖起一通石碑，上面用汉字记述着亦失哈远征和建都司与寺庙的经过。1432年，亦失哈第十次巡查奴儿干都司时，发现石碑已被破坏，当他宣谕镇抚其地之后，又重立石碑。目前这两通石碑保存在俄罗斯远东中文名“海参崴博物馆”、俄文名“哈巴罗夫斯克”的博物馆中。宣德十年（1435）奴儿干都司撤销，但下属的卫所继续存在，东北对于库页岛以西，外兴安岭以南的统辖依然存在。

人是文化的载体，人之所至，则边疆所至，边疆所至则文化所至。有明一代，在东北采取了文化宽松政策，没有民族差异，只有文化的差异，各民族间采取宽松的文化交流，自由杂居、自由通婚，绝无限制。我们通过朱元璋对礼部的一篇训谕，足见提倡“立学”，大力发展文化教育，扩至边疆，尊夷风化，可见作为皇帝的胸怀和对少数民族深切的理解。朱元璋在1348年11月谕礼部曰：“近命辽东立学，或言边境不必建立。圣人之教犹天也，天有风雨霜露，无所不施，亦无往不行。昔箕子居朝鲜，施八条之教，故男遵礼仪，女尚贞信。管宁居辽东，讲诗书，陈俎豆，饰威仪，明礼让，而民化其德曾谓边境之民不可教乎？夫越与鲁相去甚远，使越人而居鲁，久则必鲁多，鲁人而居越，久则必越多。非人性有鲁越之异，风俗所异然也。况武臣子弟久局边境，鲜闻礼仪，恐渐移其性，今使之诵诗书、习礼仪，非但可以选就其才，他日亦可资用。”①

① 《续文献通考》，《文献通考》的续编。明代王圻撰。嘉靖四十四年（1565）进士，官至御史、陕西布政司参议，后辞官归里，专事著述。作者收集史乘和各家文集、往牒及奏疏等，据事节录，于万历十四年（1586）编次成书。共254卷。所记上起南宋嘉定年间，下至明万历初年。体例仿通考，又兼取《通志》之长，收及人物。全书分三十考，较《文献通考》增出节义、书院、氏族、六书、道统、方外六考，各考之下分卷标目，但田赋考中增加了黄河、太湖、三江和河渠四个子目；国用考中增加了海运；学校考中增加了书院、义学。明代以前部分，多取材于宋、辽、金、元四史；明代部分辑录史料甚多，不少史料为他书所不载。该书可与《大明会典》参用，但体例和内容失之杂乱，不够谨严。该书有万历刻本存世。1986年现代出版社又据以影印出版。

十　马上皇帝丢失大片海疆

历史经过了漫长的“轴心时代”，自两汉、魏晋以来，在东北各地，中原华夏传统文明，特别是农耕文化逐渐与这里的山林文化、海洋文化、狩猎文化融合起来，历史上各民族均以汉文化为主体，但又保持着民族文化的多元性。

自从秦始皇统一六国，开疆扩土，建立大秦帝国开始，经过近两千年，中国才终于形成一个北起萨彦岭、额尔古纳河、外兴安岭，南至南海诸岛，西起巴尔克什湖、帕米尔高原，东至库页岛，拥有一千多万平方千米国土的空前统一的国家。发展到明朝，帝王们才开始重视海洋。

明朝正是中国资本主义萌芽时期，比较重视海洋开发。1404年，朱棣王朝的永乐二年始，明成祖不惜重金，先后七次派郑和率领巨大的船队下南洋，初到爪哇，南巫里，经苏门答腊，到达锡兰山，进入印度洋。第四次下西洋，出爪哇、苏门答腊，穿过印度洋，进入大西洋，到今莫桑比克、马尔代夫、也门的亚丁。第六次到达阿曼等地。

七下西洋，历时28年，达到宣示中华帝国乃当代海洋大国，明朝皇帝乃“天朝大国”“御临万方”，扩大了明王朝的国际声威，达到睦邻和谐的愿望。而到清朝则海洋意识淡薄，丢失海疆，如失草芥。

清代全盛时期中国疆土最大，但也是有清一代，自称马上皇帝，没有海疆意识，丢失疆土与海疆，也是中国疆土最小时期。

特别是大清帝国两度封禁东北“圣山”，延缓了开发，却保留了“蒙荒之野”的纯净，也强化了封闭意识。在一定意义上这里的民族民间的文化远比中原传统文化要活跃得多，封闭之后，变得保守和凝滞，进而形成了自己“小文化传统”。20世纪的西洋之风没有从山海关吹进来，却经过两次世界大战，绕过太平洋，从日本海吹来。

17世纪，康熙大帝几乎与北方的彼得大帝同时兴起，但英勇的康熙大帝，没有彼得大帝那样强烈的扩张意识和海洋意识，在双方实力的角逐中，轻易地割让了日本海及其北岸的港口和疆土。

彼得大帝建国时正逢西方海盗疯狂于世界的时期，也激起彼得的扩张野心。彼得一世1721年称帝，他先是发动“北方战争”，占领芬兰湾，夺得波罗的海，打开黑海出海口，训练海军，制造船舰，组成有48艘战舰的海军。差不多百年之后，其子孙野心勃勃的尼古拉一世才开始不远万里，穿越欧洲，向西伯利亚以东扩张。

1689年的《中俄尼布楚条约》中将两国边界最东段乌第河以南一块列为“待议地区”，没有划定归属，但在俄国势力扩张到远东后，不经过任何谈判就占据了这一地区。咸丰八年（1858）第二次鸦片战争期间，俄国乘机迫使黑龙江将军奕山签订《中俄瑷珲条约》，强行割去黑龙江北岸大片中国领土，仅规定瑷珲（今黑龙江黑河市）对岸精奇里江以南“江东六十四屯”仍由原住中国人永远居住，归中国政府管理。乌苏里江以东至海则划为中俄共管。清朝政府当时拒绝批准，但在两年后的《中俄北京条约》中被迫确认此条约。中俄《北京条约》还进一步将乌苏里、松阿察二江直到兴凯湖至图们江口一线以东原中国领土划归俄国。第二年勘定边界，绘图立碑。光绪十二年（1886）重勘，增立、改立界碑多次，中国方面又做了不少让步。光绪二十六年（1900）八国联军侵华战争中，俄国占领东北，用烧杀手段驱赶中国居民，强占了江东六十四屯。

鞑靼海峡东岸的库页岛，本来是吉林二姓副都统辖境，但清朝只接受“纳贡”，从来不加经营，以至在俄国和日本都侵入该岛后还一无所知。道光三十年（1850），俄国单方面宣布库页岛是俄国领土。签订《中俄北京条约》时，清廷竟置此岛于不顾，还同意规定岛上“人”不能再过海向清朝纳贡，实际上承认了俄国对该岛的占领。光绪元年（1875），库页岛完全归俄国，1905年日俄战争后，以北纬50度以南划归日本。

1857年迫使清政府签订的《瑷珲条约》，彻底推翻了1689年签订的《中俄尼布楚条约》，夺得了中国60余万平方千米的土地，但这并未满足他们的野心，他们的目的是占有东方日本海的海疆。于是三年后，即1860

年又乘机签订了《北京条约》，无理吞并了我国乌苏里江以东40余万平方千米的领土和领海，堵塞了中国东方的出海口。

显然，康熙大帝与彼得大帝几乎是同一时间起步东西方的两大皇帝，只是康熙要比彼得早60多年，但各自所持的立国观念是大相径庭的。彼得大帝是对外扩张，康熙大帝是对内镇压，而且所多的是狭隘的民族意识，所单薄的是国家意识、疆土意识，特别缺乏的是海洋意识。封禁“龙兴之地”是极端愚蠢的决策，不但使俄国沙皇乘机夺去了上百万平方千米相当于德国和法国加在一起的国土，还丧失了万里珍贵的海疆，使得中国至今没有出海口岸。

康熙大帝以“马上皇帝”为荣耀，他一生没有坐船出过海，根本不知道海域要比马匹重要多少倍。他是一位十分自尊自信的帝王，他自信自己不仅是“真龙天子”，而且是真正的“老佛爷”，在承德修建外八庙，蒙古人称他是“老佛爷”，他还当真了。他试图像秦始皇泰山封禅那样去祭封长白山。他又非常迷信，他以为保住“龙兴之地”就能保住大清朝的万世江山。因此，他们把精力都花在对因惨遭剥削而失去土地又巴望出关垦荒的汉人农民的围追堵截上，甚至残酷地对他们进行镇压与杀戮，进而虚边拒垦。仅仅为了防止汉人边内采参采珠，不惜耗费巨额资金动用巨大工程修筑横贯东北大地的柳条边，而把北部千里边疆置之度外，任沙皇鲸吞而不理不睬。雅克萨战役的胜利，《尼布楚条约》的定边，但康熙爷却没有看重这个“边”，没有及时在黑龙江两岸及乌苏里江以东地区移民实边，足见康熙只是自尊自贵的“家天子”，并不是有远见的政治家。正当他为《尼布楚条约》的胜利而对百官加官晋爵的时候，竟然50年不查边，当发现俄罗斯人住进来时，人家已经生息三代了。而且他纵容“八旗子弟”腐化堕落，没到200年就大厦将倾。对内气势汹汹，对外胆小如鼠的“八旗子弟”黑龙江将军奕山，经不住沙皇的威逼恫吓，竟然在没得到清政府批准的《瑷珲条约》上签了字，无端地割给沙皇江东六十四屯60多万平方千米的国土。他们是用土地保红顶子，还轻巧地说：割让给他人的不过是“不毛之地”。封禁的结果，不仅保不住“龙兴之地”，反而损失惨重。

日本侵略者却从图们江口侵入长白山区域，赶走了企图独吞这块肥肉的彼得大帝的后代，把这里作为通向中国腹地的桥梁，然后又堵住图们江口，埋下13根木桩，割断了长白山人的海洋联络，企图把长白山永久地禁锢在“蒙荒之野”。直到20世纪80年代，世界性的商品经济大潮的习习文化之风，才奔涌而来。睡狮醒来，才觉得长白山的山更高，树更绿，海更蓝，它的战略地位更加显要了。

第五章　东北各民族在流动中发展

汉人与东北各民族杂居、互动，如同在东北偌大一个太极图上，两个生命活体，互相推动着、吸引着、撞击着、旋转着，各有生衰轨迹；两两相生、阴阳互补、美丑互托、刚柔相济、变覆相耦，象征着人类的生命意识，实行“圆转之圆”，便是一幅生命流动的、生生不息的太极图。

一　东北民族在流动中形成与发展

东北原始先民，民人居无定所，流动是民之常态。流动的原因大体是：一、为了谋生的需要，寻求适应的生存环境；二、为了躲避战乱；三、犯罪流放；四、战争抢掠。

流动带来荒地的开发，刺激生产发展；人是文化的载体，人口流动也带来文化交流与繁荣，也带动人类文明的进步。中国在远古时期，就是东西对流，南北对流，东北与中原是当时人口流动的重要支点。从凝聚到分化，由分化到凝聚，形成了不同的族群。自古华夏与戎狄互相渗透，华夏与胡夷也相互融合，华夏本不是从盘古开天地就有的，而是包括蛮夷戎狄在内的民族共同融合而成的。因此这种人口流动，根本不是移民。移民是包括各种族群在内的政府组织的人口大迁徙，谓之移民；这种自发的人口流动，谓之流民。

箕子带5000亲族回归东北故里，是一种人口流动方式，也是最早的东北人口流动的记载，此后人员的东西流动从未间断过。

一般民人流动的规律是有条件的：一是有亲戚或者熟人引领；二是语言相通而无障碍，如同汉语方言区；三是回归祖籍地。

东北是多民族共同开发的地区，又是农耕民族与游牧民族互融互惠的地区，也是各个民族发展变化最大的地区，因而各个民族并不是由始至终不变的，而是流动不居的。以肃慎人为例，在西周时期肃慎人还在长城之外，到春秋战国时期就流动到黑龙江、牡丹江流域；到魏晋时期更名为挹娄，游弋到乌苏里江一带；南北朝时期更名为勿吉，游弋到乌苏里江与牡丹江地区；至隋唐时期更名为靺鞨，疆域扩大，南至朝鲜半岛大同江，北至库页岛，西至今哈尔滨一带①，东临日本海；至辽时期，更名为女直，后改名女真，大致是靺鞨地界；至公元12世纪，建立金政权，以淮水为界与南宋对峙。只是元灭金后，女真人又退回牡丹江以东地区。由肃慎到女真，到满，一路走来，并不是简单地更名，而是在与东北汉文化融合的过程中发展与壮大。一个民族的兴衰史，就是写在“流动”二字上。

生活在大东北的人们，并不一定靠血缘关系彼此靠近，而是一种亲情、感情，实际是一种文化融通，才紧密地联系在一起。只要尊重各自的信仰、习俗，可以感受生产生活的差异，彼此的文化差异，便有吸引力，也就有认同，甚至操起筷子吃饭，就是汉人，就是亲人。

自从北燕在辽东设置郡制，襄平（今辽阳）向南连接幽燕之地，向北连接大兴安岭与库页岛的三江平原，成为农耕民族与游牧民族连接之地。汉人在经营幽燕、辽东的耕作，春种秋收，寒暖交替，四季有序，过着相

---

① 见谭其骧主编《中国历史地图集》第五册，中华地图学社1975年版。

对稳定的生活；游牧民族兄弟，马背上游弋，逐水草而居，过着流动性的生活。然而游牧民族向南流动，寻求开阔的水草资源，农耕民族向北流动，在开拓“垦殖”北边的荒地，这就形成东北各民族的运动规律，也是东北各民族的乡居东北大地的一个巨大的特征。南北对流，或亲和，或交战，就增加了彼此接触、彼此了解的机会；了解越多，认同才越多，认同越多，融合才越多。

汉文化的先进性、向心性、亲和性，也是吸引游牧民族南下的一个重要因素。许多民族南下，主动靠近汉人汉文化，主动选择汉文化，也是一种驱动力。这样一来，不排除汉文化对少数民族南下的内聚作用。

（一）辽河流域—长白山地区是多民族必争的生存空间

东北汉文化，仍是以辽河流域—长白山区域为中心的区域文化。历史上辽东重镇辽阳，汉魏晋前燕称襄平，辽、金及后金称东京辽阳府，元设辽阳省，均在今辽阳。辽阳，成为东北政治、文化、经济的中心，辽东郡成为历代各族政权必争之地。从汉魏末年鲜卑南下到唐初这近400年，是东北民族南北对流重大历史转折时期，经这400年铸成的东北古代史，是一部游牧民族与农耕民族争夺生存空间的历史，而辽河流域—长白山地区辽阔而文化物质丰腴的空间正是他们争夺的焦点；正是在这一地理空间，经过400余年历史沧桑裂变，经过了兼并与反兼并的战争，在战争中发生了民族政权的兴衰与更替，民族的强盛与消亡，使得东北少数民族由东胡、肃慎、沃沮、秽貊、夫余等演变为高句丽、渤海、契丹、女真，与汉人一道向着新的文明前进。

由于在这一地理空间，相对经济繁荣、人口密集、文化发达、积淀深厚，成为南北民族对流的集散地。从汉魏末年鲜卑人南下，靠近西辽河流域，吸收汉文化的滋养，得到迅速发展而建立北魏王朝，到曾经半部或全部入主中原的辽、金、元、清都是发轫于东北大地白山黑水之间。从公元10世纪开始，契丹人发轫于西拉木伦河以建辽；公元12世纪，女真人发轫于松花江流域以建金；公元13世纪，蒙古人发轫于额尔古纳河流域，后又活动于长城外的大草原和半沙漠地带以建元；公元17世纪初，满族发轫于浑河流域以建后金，入关后改为清，都在这里得到汉文化儒学国家学说的滋养。所以，考古学界的泰斗苏秉琦先生在强调辽河文化重要性时曾深刻地指出："从文化传统上看，我国统一的多民族国家形成的一连串问题之所以集中反映在这一北方地区；秦及秦以后，从'五胡乱华'到辽、金、元、清，许多历史的'重头戏'也都在这个舞台上演出，不能不说与北方古文化传统特点有关。"[①]这些重头戏，无不在辽东重镇上演，无不重蹈"得辽东则得全国"的历史规律。

（二）东北少数民族南下的必然性

造成北方少数民族南下的必然趋势有四点：1. 从地理因素上，从高寒带向亚温带，"逐水草而流动"；2. 从经济因素上，悠久先进的农业经济带来稳定的富庶及文明又强烈地吸引着落后野性的游牧民族，因此造成北方少数民族生存的地域中心不断南迁；3. 从文化因素上，拥有汉字汉文化的华夏人在东北最早进入文明社会，汉字汉文化对于没有文字的民族有巨大的吸引力，特别是汉儒几千年始终不变的礼治观念，具有成熟的内聚力；4. 从政治因素上，有由奴隶政治向封建政治（汉化）转化的必然性，而汉魏末年正是中原与东北汉人政权衰弱的时期，对于少数民族争相南下并且入主中原，他们入主中原的目的，是鞑鞨完成统一中华的大业，最终建立"中华一体"的政权。

在长达400多年的历史期间，如鲜卑慕容、契丹等少数民族靠近辽西主动接受汉文化的影响，接受汉民族互市、杂居、通婚三项民族融合政策，这就从根本上改变了少数民族的生产生活方式及文化行为方式，从民族游动逐渐转向从事农耕生产而生活定居，也使各族的风俗文化发生根本

① 魏亚南：《中华文明史的新曙光——就辽西考古新发现访考古学家苏秉琦》，1986年8月4日《人民日报》（海外版）。

性变化。接受“三项融合”政策，就是认同汉文化融合的内聚力，因为互市、杂居、和亲与通婚最终体现为文化交流，少数民族对于汉文化的认同，从而造成文化融合。各民族发展总的趋势，是更多的民族融合到“华夏”，从而使华夏族的内涵扩大，凡中原之民皆为华夏一族，“中国”与华夏族有巨大的内聚力，这就势必吸引原来被排斥在外的“四夷”以及后来不断出现在北方与东北的各少数民族争相入主中原的内因。但民间经济、政治、文化的影响，从来都是相互发生作用的，你中有我，我中有你，中华民族的血管中流淌着中国境内各个民族的血液，中华民族的灿烂文化是由各族人民共同熔铸而成的。

北魏孝文帝的社会改革促成鲜卑人很快消融在汉人之中，所以历史上也出现了汉化的少数民族政权，如汉化鲜卑人冯跋建立的北燕政权；汉化鲜卑人高欢建立的东魏政权；以及高欢的儿子高洋建立的北齐政权，等等。除了鲜卑人的汉化外，历史上曾经强盛过而后又在历史进程中消失了的民族，如山戎、鲜卑、夫余、高句丽、渤海、契丹、女真等大部分都融合到汉人族群里。早在契丹建国以前，契丹地区就已经有为数不少的汉人。辽灭后晋后，中原儒士和儒家经典大量流入东北，促进了儒学在东北的传播与发展；东北汉人也盛行官宦世族互为通婚的风俗，在契丹人中对汉文化有很深的认同，造成“华夷同风”的强劲势头。

东汉光武帝建武二十五年（49）“乌丸大人郝旦等九千人率众诣阙，封其渠帅为侯王者八十余人，使居塞内，布列辽东郡属、辽西、右北平、渔阳、代郡、广阳、上谷、雁门、太原、朔方诸郡界，找来人种，给其衣食。”①

金朝时期，金把北方的汉人、契丹人迁到东北，把女真人移到北方和中原地区。太祖天辅六年（1122）太祖阿骨打把山西诸州人民迁到上京路和浑河路（今辽宁）。次年将燕京路六州的农民、手工业者及一部分富人

① 《三国志·魏书》卷三〇《乌丸传》注引，中华书局1959年版。

迁到上京。[①]

金太宗“天会十一年（1133）秋起，女真国土人散居汉地。女真一部族耳；后既广汉地，恐人见其虚实，遂尽起本国之土人，棋布星列，散居四方，令下之日，比屋连村，屯结而起。”[②]

满人入关后，满人更是散布在全国各地，与汉人杂居在一起。至康熙末年，盛京地方已经出现因“旗民杂处，以致满洲人不能说满话”[③]的现象。满语几乎为汉语所代替，逐渐地消失了满人痕迹，连满人姓氏也不见了。

这都说明东北汉人汉文化对南下的民族有强大的凝聚力，当然，汉人也有一部分融合到少数民族里的。

二　汉人北上，成为东北人数最多

少数民族南下，汉人北上，南北对流，这是东北民族兴衰、发展变化的历史规律。汉人的农耕生活依赖土地而稳定，所以历朝历代，在东北地区，汉人始终是多数，就是辽、金、元、清少数民族做皇帝管控政权的时代，汉人在东北仍然是多数。

在秦朝统一中国的基础上，汉代华夏人正式成为汉人。在以前和以后的历史时期里，华夏人即汉人源源不断地进入东北地区。

东北的汉人人口大体由四部分组成：一、汉人土著人口；二、历代流入东北的汉人人口；三、战争强掠汉人人口；四、其他民族融化成汉

① 见《金史》卷四六《食货志》，《二十五史》，上海书店、上海古籍出版社1975年版。

② 宋宇文懋昭《大金国志》卷八《太宗纪》六。

③ 《康熙起居注》，康熙五十四年二月二十六日。

人人口。

这主要是由中华民族历史发展上的历次大迁徙积淀而形成的。距今5000年以前，颛顼在红山文化地区，从血缘关系上形成了东北夷人群、东胡人群、貉貊人群。夏末商初，留驻在辽西地区的颛顼后裔从锦州乃至辽西出发，进军中原，参与了商汤取代夏桀的斗争，成为商人的祖先。商末周初，箕子出走，回归祖地，建立箕氏朝鲜，又将中原人带入到辽西辽东地区。战国时期，“秦开却胡”，燕人又一次进入辽东地区，领有并控制了辽西、辽东地区。三国魏时，曹操东征乌桓，将居于辽西地区的乌桓人全部迁徙到今之河北、山东一带，组建了青州兵。自燕秦以来，汉人口不断从中原各地迁徙东北，其中为逃避战乱的居多。秦末，“陈胜等起义，天下叛秦，燕、齐、赵民避地朝鲜数万口”[①]。这数万口汉人与当地人杂居多年，融入一个方言区，汉人在此地的人口比例中占了相当的多数。由于中原地区的汉人在秦汉之际大量涌入辽东和朝鲜半岛北部，使其受汉人风俗影响较大，汉人风俗习惯受到扩散与传播。

规模较大的迁入，大约有如下几次：

第一次，殷末周初，战争不断，天下混乱。殷之兴矣，自东往西；殷即衰矣，由西往东。周武王克殷后，殷之遗民，纷纷东归。为逃避战乱而东归，史书上有记载的是箕子携五千亲族东归，初到辽西孤竹，次到辽东，最后受到北燕的排挤，退到朝鲜乐浪。五千人在当时是很庞大的队伍，这个队伍只是经济发展的队伍，文化传播的队伍，而不是武装打仗的队伍，携带着殷文化及箕子文化，一路传播。史书上记录了这次箕子东归的事件，史书上没有记录的还不知有多少次。被历史学家傅斯年赞之曰：“至于箕子，于亡国之后，尚以清淡归新朝。”[②]箕子在建设箕子朝鲜，执行八条之教，造福一方，建成东方文明的“君子之国”。这虽未必是箕子本人，但也是传四十世的箕子后人。与箕子东归同时还有伯夷叔齐的队伍。

① 《魏书·乌丸鲜卑东夷传》卷三，中华书局1959年版，第848页。

② 《大家国学傅斯年》，天津人民出版社2009年版，第34页。

第二次是燕秦汉之际。春秋战国之际，“七雄”之一的燕国在大将秦开攻破东胡后，有效地控制了今辽宁全境及朝鲜半岛北部地区。作为汉人先民之一，古朝鲜人和燕人与当时长白山地区其他族群一道，为开发和建设东北做出了重要贡献。

秦末，居住在河北、山东一带的汉人先民，为避中原战乱，纷纷逃往东北和朝鲜半岛，“齐、赵人往避者数万口”①。两汉时迁入东北的汉人，有被招募来垦荒开矿的，有来躲避战乱的，有发配到东北屯田和筑城的刑徒，也有在各种战争中被高句丽和乌桓掳掠来的奴隶。如史载，建安初年，“时幽、冀吏人奔乌桓者十万余户”②。又如北燕太平年间，北燕君主冯跋劝课农桑，苦于地广人稀，曾派人到中原招募汉人五千户，两万多口人辗转迁入东北。在慕容鲜卑时代，辽东汉人遽增，“流人之旧土，十倍有余”③，隋唐及宋元迁入东北者不绝于书，辽代有七八十万汉人流入东北。

秦汉至南北朝时期。秦末汉初，东北地区未受战争的影响，所以如《后汉书·东夷传》所言：“燕、齐、赵人往避者数万口。”据统计，西汉末东北地区汉人口总数有百万人④。东汉末年，黄巾起义爆发，为避战乱，山东、河北、河南、山西等地的汉人再次大规模迁入东北，《三国史记》记载：建安十二年（207）“秋八月，汉平州（今山东莱芜）人夏瑶以百姓一千余家来投，王纳之，安置栅城（今吉林珲春）”⑤。当时刘虞为幽州牧，管辖的地区为今辽宁大部和朝鲜大同江流域，“青、徐士庶避

---

① 《后汉书》卷八五，《东夷列传》，《二十五史》，上海书店、上海古籍出版社1975年版。

② 《后汉书》卷九〇，《乌桓鲜卑列传》，《二十五史》，上海书店、上海古籍出版社1975年版。

③ 《晋书》卷一九〇，《载记》第九，慕容皝，《二十五史》，上海书店、上海古籍出版社1975年版。

④ 孙进己：《东北民族源流》，黑龙江人民出版社1987年版，第262页。

⑤ 《三国史记》卷一六，《山上王纪》。

黄巾之难归虞者百万余口。”[①]由此可见，东汉末到三国初，迁入东北的汉人数量已超过西汉。三国魏后期，司马懿征伐辽东公孙渊，诛杀公孙渊后，将再次回迁到辽东的百姓重新强迁到河北、山东一带。西晋末年，中原大乱。据《资治通鉴八十九・晋纪十一》载：“建兴二年，段氏占据蓟城。会稽朱左车、鲁国孔纂、泰山胡母翼自蓟逃奔昌黎，依慕容廆。是时中国流民归廆者数万家，廆以冀州人为冀阳郡；豫州人为成周郡；青州人为营丘郡；并州人为唐国郡。”通过这一记载，我们可知，河北、山东的百姓又回到了辽西、辽东一带。北魏时期，太武帝拓跋焘灭亡北燕，又一次将营丘、成周、辽东、乐浪、带方、玄菟郡的三万户北燕居民，强迁至幽州等地。唐代，薛仁贵征东，灭掉高句丽，再一次将大部分高句丽人强迁至河北、山东一带。

西汉平帝元始二年的人口初步统计，长白山地区相关的三郡的户口数量是：辽东郡66 972户，272 539口，乐浪郡62 812户，406 748口，玄菟郡45 600户，221 845口，总计164 384户，901 132口[②]。足见汉代东北人口汉人占绝大多数。汉代一些地区户口数量不亚于内地，说明东北当时并非荒凉地带。东汉末年，中原人不堪战乱，大量难民迁往东北。建安十二年（207），曹操征乌桓蹋顿于柳城（今辽宁朝阳南），首掳20余万，移居内地。此时辽东地区实际人口可在60万以上，此外辽河上游地区仍有许多少数民族居住。西晋“八王之乱”期间，中原大量难民来归。“流人多归土，十倍有余”，汉人流民是当地民族人口的十倍有余。

那么，是不是在少数民族组建地方政权时期，汉人人口就占东北人口的少数了呢？实际不然。

我们以高句丽、渤海为例来说明这一问题。

兴起于汉孝元帝年间的高句丽王朝，民族成分是十分复杂的。

---

① 《后汉书》卷七三，《刘虞传》，《二十五史》，上海书店、上海古籍出版社1975年版。

② 《汉书・地理志》卷二十八下，《二十五史》，上海书店、上海古籍出版社1975年版。

（1）从高句丽族源说起，就含有一定的汉人的血统。《后汉书·东夷传》说高句丽一名貊，又说秽人，又有汉人，“耆旧自谓与句丽同种，言语法俗大抵相类”，证明高句丽主要是由迁来这里的夫余人与当地的貊系部族、秽系部族、汉人相互融合而形成的。

（2）战争中抢掠汉人并利用汉人。朱蒙时代在南迁过程中，为扩大势力，不断吸纳其他部族人等加入，其中汉人居多。何况，由于双方交战中，俘虏大量的汉人入内。东汉建安二十二年（217），“秋八月，汉平州人夏瑶以百姓一千余家投，（山上）王纳之，安置栅城”。据考，栅城在今珲春境内，这是带有自治性质的汉人居住区。西晋泰安元年（302）美川王“率兵三万侵玄菟郡，虏获八千人，移之平壤”。东晋太元十年（385），高句丽故国襄王“出兵四万袭辽东……陷辽东、玄菟，虏男女一万口而还”[①]。就这样有大约30万人融入。高句丽王对待所俘获的汉人的政策是十分宽松的。高句丽占领乐浪郡后，由乐浪的遗民和俘获的汉人构成集中的居住区，“由汉人充当乐浪领袖”，“保持一种自治性质的地方政权”[②]，使乐浪汉文化有足够的发展空间，这样，就极大地改变了民族结构和居民结构。金毓黻先生说：“王氏高丽李氏朝鲜诸民族，其中必含有多数汉族更可知矣。盖自全燕略属真番朝鲜，以讫汉之置郡，汉族之移于东北者日盛，遂逾鸭绿江，而至朝鲜半岛中部，乐浪之地，为旧日首都所在，移往之民，聚族之繁，尤非他郡可比，乐浪王氏，其尤者也。”[③]

（3）通婚。历代高句丽王都主张与汉人通婚，朱蒙之子琉璃王就娶汉人为王妃，其后故国原王的母亲即美川王王后周氏，也是汉人，足见在高句丽王族中流淌着诸多汉人的血液。高句丽还启用大量汉人为官，充其近臣。甚至可以说，高句丽政权是与汉人相融合的复合政权。

---

① 《三国史记》卷十八，《高句丽纪》。

② 见《中朝关系通史》，吉林人民出版社 1996 年版，第 66 页。

③ 金毓黻：《东北通史》，第 72 页。

（4）与汉文化高度融合。由于高句丽没有自己独立的文字，全依赖汉字汉文化，从民间到宫廷广泛应用，强盛的高句丽敞开胸怀比较全面地接受汉文化。为迅速从奴隶制转变为封建制统治，大力提倡儒学，在各地设有学馆，辽东志全书九卷，明任洛等纂修，明嘉靖十六年（1537）重修刻本扃堂，让自己的子弟在未婚之前，通览儒学经典。文化大融合的程度表现在最具土著色彩的文化恐怕要仅属高句丽的音乐舞蹈艺术了。

因此，到唐灭高句丽时，高句丽人口120万，而汉人口却是130万。

高句丽、渤海亡国后，又开始一场大移民。“高句丽灭亡后，遗人一部分被西迁到陇右、河南、江淮等地，以后加入了汉族；部分居住在朝鲜半岛的以后加入朝鲜族；部分散居突厥、靺鞨的分别加入突厥和渤海，部分弱屡者留居安东，以后也加入汉族中。”“渤海亡后，渤海人既有西迁到辽宁和东蒙加入汉族的；又有南迁的夫余人和东徙的汉人；又有南迁到朝鲜半岛以后加入朝鲜族的；也有留居故地以后加入女真族的。”①

隋唐时期，东北各州县内始终保持以汉人为主体的多民族杂居状况。

第三次迁徙是宋辽金时期。宋辽对峙，辽朝从中原等地掠获了大批汉人，并将其迁入东北。见于记载的如《辽史·太祖本纪》：唐末天复二年（902），“秋七月，以兵四十万伐河东、代北，攻下九郡，获生口九万五千”②；同书：天祐二年（905）“进兵击仁恭，拔数州，尽徙其民以归”；同书：神册六年（921），“十一月，……分兵略檀、顺、安远、三河、良乡、望都、潞、满城、遂城等十余城，俘其民徙内地（东北）”。诸如此类的掠获，一直到“澶渊之盟”后，辽宋间的战争减少，掠夺才逐步停止。根据《辽史·地理志》的记载，辽朝有40个州县居住的都是汉人，每个州县的人数从500户到数千户不等，总人口大约达到了20万。金朝建立后，掠夺汉人口仍是它进攻中原的主要日的之一，被掠获的汉人安置在上京、咸平、东京、北京四路。在女真人的202个猛安中，汉

① 孙进己：《东北各民族的源流》，黑龙江人民出版社1986年版。

② 《辽史》卷一，《太祖本纪》，《二十五史》，上海书店、上海古籍出版社1975年版。

人奴婢的数量就有数十万。据考证，有金一代东北地区汉人的人口数量大约达到了二百多万。[①]可以说，此时的东北全境都有汉人的足迹，分布得非常广泛。金代天合年间，金军“掠宋国男妇不下二十万”（佚名：《燕人尘》）。这样使辽西辽东的汉人的人口比例不断增长，汉人占总人口的三分之二以上。元代在东北建立了大宁路屯田所、浦峪路屯田万户府、金复州万户府和肇州蒙古屯田万户府，迁入一大批以汉人为主的新附军到东北屯田。及至明代，洪武年间，辽东军卫中约有军人13万人，合家属约有39万人。到明末光宗泰昌元年（1620），将流入东北的山东流人及其后裔和明末补充入辽的将士考虑在内，辽东人口约为300万。[②]直到明朝末年，“这种流转迁徙，又始终是以汉人聚居的辽东腹地为凝聚核心，互相靠拢，互相聚合，做向心运动。”[③]但此时的人口比例“华人十七，高丽土著、归附女贞野人十三”[④]。

第四次大迁徙是明清时期。明初于东北设置辽东都指挥司使，下设25卫、2州，足额应有汉人将士14万。根据《明会典》的记载，实际为九万五千人，与家属合计约有30万。[⑤]这仅仅是文献记载中的数字，实际数量要远远多于这些。这些新来的汉人，显然进一步充实和补给了白山黑水间汉人人口的数量，为汉人上升到人口第一的民族奠定了基础。满族兴起后，辽东等地的汉人数量一度减少。这样，自1636年至1642年，后金三次攻入关内明境，每次都掠回大批人口，累计超过一百万。清朝建立后，长白山一带成为“封禁区”。自咸丰年间开始，清朝实行“开禁放垦，移民实边”政策，大规模的汉人东北移民垦殖由此展开。据统计，到清朝末

---

① 孙进己：《东北民族源流》，春风文艺出版社 1992 年版，第 269 页。

② 参见除杰舜主编《汉民族的人类学分析》，上海人民出版社 1999 年版，第 727—728 页。

③ 佟冬主编：《中国东北史》第 3 卷，吉林文史出版社，第 655 页。

④ 佟冬主编：《中国东北史》第 4 卷，吉林文史出版社，第 1128 页。

⑤ 葛剑雄：《简明中国移民史》，福建人民出版社 1993 年版，第 385 页。

年，迁入东北三省及内蒙古东四盟的汉人（含后裔）人口达到1400万，占当地人口总数2100万的66.7%。自此，东北地区的汉人人口正式超过了这一地区其他民族的总和，成为本地区第一大民族，居于少数民族地区，汉人始终居多数，这对于推动汉儒文化在本地区普及与发展，会起到最大的开拓作用。

一般人都认为，东北既然是少数民族集聚的地区，自然是少数民族占人口多数，这是一种误解，实际汉人人口总是占东北人口的大多数。人是文化的载体，随着人口的增长，汉文化自然是主流文化了。

三　汉儒名仕流入东北及儒学轶事

中原自战国到秦汉、隋唐之际有一股东北流民潮，究竟有多少人流徙东北各地及朝鲜半岛，无法做出具体统计。但是，从秦末一次就流入东北达“数万口”，足见流民数量之大。随着人口的流入，必然携带着文化风俗的流入，其中有许多名人秀士、儒学大佬。

西汉末，特别是新莽时期，流寓东北南部的中原人中，有许多高明儒士，如大学士王景。王景“浮海东奔乐浪山中，因而家焉”。王景“少学《易》，遂广窥众书，又好天文术数之事，沈沉多技艺。”“众家术数文书，冢宅禁忌，堪舆日相之属”，撰《大衍玄基》。王景为官清正，是位较有政绩的循吏。[①]

北海都昌人逢萌，“通《春秋经》”，素“晓阴阳”，人称“大

① 《后汉书》卷七六《王景传》，《二十五史》，上海书店、上海古籍出版社1975年版。

贤”。新莽时“将家属浮海，客于辽东”[①]。是时，王景、逢萌可作为北到长白山地区的儒士之典型，使这里的儒学得到发展，儒家文化进一步传播。

唐朝政府激励宽厚、容纳外来文化与少数民族文化之风，（形成边疆的羁縻政权）形成博大渊深的盛唐文化；明朝政府甚至反对少数民族在某些方面完全改成汉俗。朱元璋曾指出：“天下蒙古诸色人等，皆吾赤子，果有材能，一体擢用。比闻入仕之后，或多更姓名，朕虑岁久，其子孙相传，昧其本源，诚非先王敬谨氏族之道。中书省其告谕之。如已更易者，听其改正。”[②]

北宋著《松漠纪闻》的洪皓，曾出使金国，金人让他做官，他不肯，被困于冷山15年，矢志不改抗金的立场。生活十分艰苦，穿着粗布衣裳，常用野菜充饥，还要自己动手上山砍柴。隆冬时节，大雪封山，无法上山砍柴，就只好四处奔波拾取牛粪和马粪来取暖炊饭。洪皓与当地女真人一样，过着含辛茹苦的生活，这就大大地缩短了他同当地劳动人民之间的距离，增进了他同女真人之间的思想感情。还竭尽全力在女真人中间传播汉文化，也播撒了他坚定的思想精神。在教授完颜希尹子弟读书的同时，他还主动教授普通群众的子弟读书。洪皓吸取女真人利用桦树皮的经验，将桦树皮晒干当纸用。凭记忆在桦树皮上默写下《论语》《孟子》《大学》《中庸》的全文，作为课本，教授村人子弟读书，这就是“桦皮四书”，成为千古相传的民间佳话。据记载，洪皓在冷山谪居，作诗千篇，“北人抄传诵习”，广泛流传于松漠草原、燕山南北、白山黑水之间。洪皓的四首词，“每一首有一个笑字，北人谓之‘四笑江梅引’，争为传写”。以诗词的形式点亮中华文明之光。

《松漠纪闻》是洪皓自金国返宋后，根据在金国15年的所见所闻而纂成的一部杂史。全书分正续二卷和补遗三部分。该书文字简练，一事一

① 《后汉书》卷七三《逢萌传》，《二十五史》，上海书店、上海古籍出版社1975年版。

② 《明太祖实录》卷一〇九，洪武九年闰九月丙午。

记，对于北国的山川地理、风土习俗、经济物产、礼仪制度及军国大事等多有涉及。《松漠纪闻》中记载着宋代“宁江州（今吉林扶余东）去冷山百七十里，地苦寒，多草木”。明清两代，这里的密林，或称“树海”，或记“丛林密箐，中陷淤泥”。直到今天，东北地区依然是我国森林的主要分布区。《松漠纪闻》是记叙东北故实传世较早的一部书，也是今人研究、考证金史、辽史、东北史、北方民族史必备的参考书。该书反映了较高的史料价值，故而后人编纂的《大金国志》《三朝北盟会编》《辽史》《金史》《金史详校》《金史纪事本末》等著作，对《松漠纪闻》中的史料多有引证。但因书中所含传闻成分较多，况又属追忆成书，这样就难免出现疏忽，甚至真赝相参。正如《四库全书》所指：“及据传述者笔之于书，不若目击之亲切……又不晓音译，往往讹异失真。”好在标注者均有注释厘误。

洪皓（1088—1155），饶州鄱阳人，字光弼。南宋高宗建炎三年（1129），宋高宗赵构为避金兵锋芒，欲由扬州移驻建康（今南京）。洪皓不顾职位卑微，上书谏阻，后因此受到召见，洪皓的才识和辩才深得赵构的赏识，于是拜为大金通问使，并连升五级，擢为徽猷阁待制，假礼部尚书。及至金地，羁留不遣。先在太原滞留几年，后来金军统帅粘罕胁迫使仕伪齐刘豫，洪皓严词以拒，险遭不测，后被流放冷山，为今黑龙江省五常县一带。直至宋高宗绍兴十年（1140）才被放归。洪皓身陷金国15年，始终不做金官，不仕伪齐。这在降将如毛、降官如麻的南宋初期是实在难得的。洪皓于绍兴十三年（1143）回到临安，理应得到升擢和隆遇，但由于性情刚正、仗义执言而忤怒秦桧，旋即被贬知饶州。9年后始奉准迁居袁州，于去袁州途中而卒，年仅68岁。洪皓在金国15年，写下大量忧国忧民的诗词，曾将所见所闻随笔纂录，及归，俱为金人搜获，有碍回宋，悉付诸火。后来在南岭被贬期间，趁饭罢闲暇，把在北国的见闻追述一二，其子洪适、洪遵则在旁操牍而记。因当时有私史之禁，故一直秘而未刊。直到洪皓去世后的第二年（绍兴二十六年即1156），才由洪适刊印。分正续二卷，正卷三十一事，续卷二十七事。以其所居冷山，在金属于上京会宁府，在唐为松漠都督府以北，故名《松漠纪闻》。乾道九年（1173），次子洪遵又刻版于建业，并增《补遗》十一事附后，总计六十九事，一万三千字。

辽东夫子“黄华山主”王庭筠，熊岳人，是辽东名士王烈的32代孙。王氏一门，自入辽东，世代为官，更以文章显称于世。王庭筠年少聪颖，才华横溢，并且自视清高，不屑于仕途倾轧，刻意林壑，在黄华山隐居了10年，自号“黄华山主”。王庭筠善诗文，“文采风流，照映一时”，以七言长诗造语奇险见称。元好问《中州集》称赞他“诗文有师法，高出时辈之右”，又在《黄华墓碑》中说他“暮年诗律深严，七言长篇尤以险韵为工”。况周颐云：“金源人词，伉爽清疏，自成格调。唯王黄华小令，间涉幽峭之笔，绵邈之音。”（《惠风词话》卷三）王庭筠诗虽然工于造语，风格清隽，但偏于模拟，较少艺术独创性。其内容大多以闲适为主，除少数篇章抒发了一些宦途波折的苦闷情绪外，极少接触现实题材。这较典型地代表了大定、明昌间金代诗坛脱离现实的风气。其存诗近30首，存词10多首，被元好问收入《中州集》及《中州乐府》中。其学问益深益博，志节甚高，名声益重，诗、文、书、画誉擅之绝深为时人赏识，连皇帝都对他赞叹不已。金末李纯甫赞谓：“东坡变而山谷，山谷变而黄华，人难及也。”东北的冰雪沃土滋养了黄华，黄华回报了他的出色才华给东北。

据金元之际著名诗人元好问所撰《王黄华墓碑》记载：庭筠的三十二代祖就是汉末由太原移居辽东的著名学者王烈。“其十七代孙文栋仕高丽”，“又八世曰乐德居渤海（国）”，后随东丹国迁辽阳，“其孙继远仕为翰林学士”；继远的后人由辽入金，多人入仕，其居住地也因宦迹而迁，由辽阳、熊岳而河北、河南，至庭筠则隐居于河南北部的黄华山。元好问在碑文中赞曰：

居前后十年，得悉力经史，务为无所不窥，旁及释、老家，尤所精诣。学益博，志节益高，而名益重。[①]

王氏祖孙数代为辽东文学世家。庭筠又是金代著名政治家、建筑家张浩的外孙；而庭筠的外孙则是金代另一著名诗人高宪。张氏、高氏都是渤海望族，迁入东丹国后成为辽阳仕族文学世家。[②]

明代东北流人中有许多儒家精英。卞士亨、朱善、黎贞、沈茂等，他们生活在这东北十几年，甚至后半生，有的在这里娶妻生子，安家落户，埋骨于斯。其中的一些流人办学校，招生徒，培养儒家人才。刘琦“戍沈阳卫十余年，讲学不辍”[③]。王时中在铁岭卫“日以教授生徒为事”。胡世宁在广宁“训诲生徒，学者宗之”。辛浩在辽郡讲学，生徒甚众，丘霁、周正、胡深、顾能、邵奎等在其培养下，“相继登进士第”。后卒于辽阳，儒士张生为其挽诗：

一朝乌府辞金豹，十载红尘叹白驹。
无复生还辽海鹤，岂期望归武昌鱼。
芳名空著金闺籍，事业深藏石室书。
痛杀故园慈母在，白头犹自依门闾。

有的流人留下充满儒家文化的典籍，如徐文华、刘琦、程启充参加嘉靖八年（1529）修订《辽东志》。流人张逵的《义乐集》，夏良胜的《东戍集》《东洲稿》《中庸演义》，朱善的《辽海集》《诗解颐》等都是应当提及的典籍[④]，具有一定的史料乃至学术价值。

清代，中原名士集中最多是宁古塔，自然也极大地改善和丰富了宁古塔的汉文化生活。

公元1663年，冰雪荒凉的宁古塔（凛冽冰雪，与狞厉的政治迫害连在一起的名字）迎来一批又一批流放之人。杨安城就是其一，他是浙江绍兴

① 元好问：《王黄华墓碑》，《长白山丛书》，吉林文史出版社1999年版，第390页。

② 见马清福《东北文学史》，第234—248页。

③ 吕耀曾等：《盛京通志》卷三九《流寓》，咸丰二年校补重印本。

④ 李兴盛：《东北流人史》，黑龙江人民出版社1980年版。

人，因朋友犯罪“连坐”被康熙皇权统治者流放到此。杨安城离家时，即准备了充足的衣裘、布帛、丝絮、斧凿、刀锥、釜鬲，立志到东北吞风餐雪，不惧怕过着非人的自食其力的流放生活，拥抱冰雪就是回归自然，反而一心改变宁古塔冰雪严寒的社会环境，来改变自己的人生处境。他的决心可以融化冰雪。他提倡农商，改变原来的粗放经营，甚至一些土人的渔猎习惯，提高种植产量，发挥本地人参、貂皮等特产的优势，与内地交换农业生产工具和生活用品，提高当地农业生产力和人们的生活水平。杨安城的提倡，在满汉人中都有影响，收到成效，宁古塔人民的生活有了较大的改观。

清朝前期，方拱乾、方登峰、方式济诸人受文字狱的株连谪戍黑龙江地区，对开发黑龙江地区的文化做出了重要贡献。流放者，以极大的热情焐化了厚厚的冰雪，在茫茫荒原之上点燃文化之火。除了洪皓的“桦皮四书”之外，还有张邵在流放地讲《大易》“听者毕集”；涵可讲授佛学；杨越传授南方农耕技术、“破木为屋”。又于地域文化研究铸成文字者如方拱乾著《宁古塔志》、吴振臣著《宁古塔记略》、张缙彦著《宁古塔山水记》、杨宾著《柳边纪略》、英和著《龙沙物产咏》《龙江纪事》等。皆为文化破冰开拓之举，被余秋雨称为“高贵”。他说：“毫无疑问，最让人动心的是苦难中的高贵，最让人看出高贵之所以高贵，也是这种高贵。凭这种高贵，人们可以在生死存亡的边缘上吟诗作赋，可以用自己一点温暖去化开别人心头的冰雪，继而，可以用屈辱之身点燃文明的火种。”①

清代，东北流人的分布更加广泛。沈阳、铁岭、尚阳堡（今开源清河）、乌拉、辽阳、抚顺、三姓、珲春、伯都讷等都留有足迹。流人数量相当多。钱威认为“塞外流人，不啻数千”②。顺治末康熙初，仅宁古

① 余秋雨：《流放者的土地》，《山居笔记》，文汇出版社 1998 年版，第 68 页。

② 张缙彦：《域外记·三孝义传》附钱威评语。转引自李兴盛《东北流人史》，黑龙江人民出版社 1980 年版，第 94 页。

塔一地就有流人数百。盛京流人左懋泰、左暐生、郝浴等儒士于顺治七年（1650）组成东北第一个文人结社即“冰天诗社”，集会吟诗，互相唱和，抒发感慨。康熙初年，吴兆骞、钱威、方拱乾、方孝标、杨跃、祁班孙、张缙彦等流放在宁古塔地区。他们带来不少儒家经书和诗文典籍。康熙四年（1665）张缙彦、吴兆骞等组成黑龙江第一个诗社“七君子会”[①]。许多流人继承发扬金明两代流人“教书自给”的传统。流人郝浴在铁岭“筑室于银冈之麓，讲学授徒。说礼乐，敦史书，文化渐开，士不向学”[②]。儒士陈梦雷流放到沈阳，“诸公卿子弟执经间者踵接”。吴兆骞先后在贵胄许康侯、将军巴海家当私塾先生。这些流人写下不少著作，主要以诗歌、方志、史地考察为内容。还有儒学研究性的著作，如郝浴的《周易解》《孟子解》，方孝标的《易学十解》，陈梦雷的《周易浅述》，卫既侪的《四书心语》《小学家训》，方式济的《易说》《五经一得》等。吴兆骞流放宁古塔二十余年，在那里组织创作了大量文学作品，他的《秋笳集》文学价值很高。吴振臣《宁古塔纪略》中写道：

> 乃皇天默佑，荷戈二十三年，百冷辟易，疾疢不作，所遇将军固山，无不怜其才，待以殊礼，穷边子弟，负来传经，据鞍弦诵。彬彬乎，冰山雪窖之乡，翻成说礼敦诗之国矣。

清代山阴耕夫杨宾著《柳边纪略》。据《清史稿》列传载：杨越初（杨宾之父），名春华，字友声，浙江山阴人。所居安城，因以为号。为诸生，慷慨尚侠。康熙初，越友有与张煌言交通者，事发，辞连越，减死，流宁古塔。例佥妻，与其妻范偕行，留老母及二子家居。宁古塔地初僻，严寒，民朴鲁。越至，伐木构室，磊土石为炕，初余物易菽粟。民与习，乃教之读书。明礼教，崇退让，躬养老扶孤……子宾，出塞省越，越初戍年二十四，至时已六十八……宾撰《柳边纪略》，述塞外事甚详。该书详尽记述了东北山川地理、风土人情、民间艺术、社会世道。

---

① 杨余练、张玉兴等：《清代东北史》，辽宁教育出版社1991年版，第538—539页。

② 陈艺修等：《铁岭县志》。

杨宾写作《柳边纪略》的态度极为严谨。他曾两次去宁古塔，对由京师至宁古塔计算出2878里，经过115个地方，各地与各地之间的距离都有记载，这是极其难能可贵的。他考察明代在东北设立的384卫，24所，7站，7地面，1寨，所有名称无一遗漏，全部记载下来，是为东北第一部地名学，这对以后研究明代卫所设置很有帮助。

《柳边纪略》中，对宁古塔的记述极详。新旧城的设置、新城的住户、房屋、庙宇，宁古塔的官员和兵丁人数及宁古塔附近的五国城（今依兰）、金上京会宁府、唐代渤海龙泉府都有考察。特别记述了宁古塔西“有大石曰德林”，实际就是现在的火山口森林至吊水楼瀑布间的石龙。这些是了解宁古塔真实历史情况的可信史料。

杨宾还用较多篇幅记述了宁古塔的风俗民情。这里人民的生活并不富裕，但民风淳厚，有的居民缺衣缺食，邻人自动救助。每家街门为木栅，只为阻挡牲畜，人可自由出入，夜无盗贼。交易用银，但无钱，价钱够一两银子的要交，不足一两银子的谢一声即可拿走。这里对老人十分尊敬，称之为“马法”（老爷爷）。满人相见，以屈躬为礼，久未相见则相抱或执手。一般人皆以鱼皮、兽皮为衣，官员和富者以麻布为衣，以穿白布者为尊贵。汉人多为流人，有文化，也有的懂贸易，一般较富；而满人较穷，向汉人借贷，到期必还，对流人从不歧视。这种民风是中华民族的优良传统。

《柳边纪略》还记录了边外的特产，有东珠、人参、貂、獭、猞猁狲、猎鹰、鹿、鲟鳇鱼、大马哈鱼等。清朝规定，貂皮皆为贡品，远地三年交一次，近地一年一交，交时赏以布、绸及生活用品，当地都统或副都统，对一年交一次的，宴一次；三年交一次的，宴三次。在参、珠采集季节，“设官督丁，以时采捕”，或“遣大人监督，甚重其事”。进山海关要检查，“宗室有定额，超过纳税”，走山者（私挖人参），多时年达百人，派兵堵截，但不能禁。现在这些特产有的已经绝迹，有些产量大减，是很可惜的。

《柳边纪略》是一部比较全面记述黑龙江地区乃至全东北的历史地理名著。梁启超认为此书是“开创边疆地理研究风气之名著”，对我们研究黑龙江地区和东北历史有不可缺少的贡献，对当前的实际工作也有重要的参考意义。随着时间的流传，历史越久，越会显现其非凡的价值。

其中对宁古塔风情有极详尽的描绘：

宁古塔四面皆山，虎儿哈河绕其前。木城周二里半，东西南各一门，外为土城。土城本周十里，四面有门。今皆圮。……官兵及民皆散住在土城内，合计不过三四百家屋，皆东南向立，破木为墙，覆以莎草，厚二尺许，草根当檐……土炕高尺五寸，南西北三面，空其东，就南北炕头作灶，上下男女各据炕一面。夜卧南为尊，西次之，北为卑。晓起，则叠被褥置一隅，覆以毡或青布。西、南窗皆如炕大，糊高丽纸，寒闭暑开。两厢为碾房，为仓房，为楼房（贮食物用）。四面立木若城，而以栅为门，或编桦枝，或以横木。庐舍规模无贵贱，皆然。惟有力者大而整耳。①

宁古塔西南六十里沙阑南，有旧城址。……中原之流寓者，皆指为金之上京，是以盛京志作金上京会宁府。其宫室有乾元殿、庆元殿、宸居殿、景晖门、敷德殿、延光门、宵衣殿、稽古殿、明德殿、凉殿、延福门、五云楼、重明殿、东华殿、天门殿、混同江行宫、春亭、天元殿、世德殿、永祚宫、光兴宫、云锦亭、临漪亭。②

塞外凡鱼皆肥美，余去时于棉花街市一鲢鱼，重十斤，价银二钱，十五人食之不尽。余欲更市一尾，进吾父。同行者曰：“宁古塔鱼更佳，何市为！”及至，果然。盖宁古塔城临虎儿哈河，冰开后，无贵贱大小，以捕鱼为乐，或钓或网，或以叉或以

---

① 杨宾：《柳边纪略》，卷一十三。

② 杨宾：《柳边纪略》，卷一十四。

枪，每出必车载而归，不须买也。惟冬月，凿冰则捕者少，好逸者乃买耳。①

满洲旧无文字，自太祖始。按：明万历二十七年乙亥二月太祖以蒙古字制国语，创立满文，行国中。②

边外文字多书于木，往来传递者曰牌子，以削木片若牌故也。存贮年久者曰档案，曰档子。以积累多贯皮条挂壁，若档故也。然今文字之书于纸者，亦呼为牌子、档子，犹之中土文字，汉以前载在竹简故曰简；以韦编贯故曰编。今之人既书于纸，为卷、为部，而犹呼之为编、为简也。③

清初流人文学与流人文化也是极盛一时。江南名仕流入宁古塔，如张贲、张缙彦、杨越、齐班孙、方拱乾、吴兆骞、马志记等。流人文化，主要是指他们在谪居其间创作的笔记与诗词。如吴兆骞的《秋笳集》，方拱乾的《何陋居集》《苏庵集》，张贲的《宁古塔杂诗二十二首》。这些诗歌多描述冰天雪地的塞上风光，穷愁苦闷的流放生活，具有鲜明的边塞诗歌风韵。

清代后期吉林乡土文学兴起，如沈香余，“吉林三杰”之成多禄、宋小濂、徐鼐林是吉林文坛的翘楚。

沈承瑞（1783—1840），字香余，汉军旗人。他少聪敏，家贫寒，好学工文，是早补的秀才。但“累举不第”，“不得志于有司”，游历于诸侯幕府，又“无所遇”，“浩然归去”。既然不为世所用，在自家宅旁，辟一小园，筑讲舍，教授乡里子弟。在园中植花木果蔬，尤嗜好落苏（茄子），故名其园为“小茄园”。自其创建私塾，“英俊之士始知向学，游其门者多所成就”。

沈承瑞生前自编的诗稿，原名《茄园诗钞》。后经宋小濂、成多禄删

---

① 杨宾：《柳边纪略》，卷三十五。

② 杨宾：《柳边纪略》，卷三七。

③ 杨宾：《柳边纪略》，卷三九。

订，共137篇，署名为《香余诗钞》，于民国六年（1917）出版问世。从《长白山》诗中，又看到他热爱家乡的山山水水和为国效力的思绪。诗曰：

帝业荒东北，兹山实效灵。

龙形蟠大野，云气撼沧溟。

水泻双流白，天开万古青。

何年驻銮跸，珥笔侍仙廷。

作者笔下的长白山既庄严肃穆，又雄伟神奇。他把帝业开创东北与长白山的灵气联系起来，一旦有机会，他还要用这支笔“侍仙廷”的，既有田园之风，又有积极向上的意境。

沈承瑞是清代吉林地区土生土长的第一个诗人。宋小濂说：吉林“俗尚武勇，与内地文化相隔绝，自有清开国百余年，弦诵寂然，榛狂如故，从未有奋然兴起，润色荒陋，与中原文士相追逐者，有之自香余先生始”。诚然，沈承瑞开拓了吉林乡土文学的先河。

成多禄（1864—1892），字竹三，晚号澹堪（澹厂、澹安、澹盦），吉林九台其塔木人，隶汉军正黄旗。光绪乙酉科拔贡生，受业崇文书院山长顾缉庭。被目为佳士。亦被本乡先达于次棠中丞视为“吾乡后来之秀”，置诸弟子之列，由此学益大进。光绪十九年（1893），时31岁，赴京考国子监，于800余人中取得第一名。不料在八月的科考中，感寒大病，退出考场。从此与科考绝缘。一遵于次棠师之教，在北山萧寺中读书。于36岁始出任，先后入盛京将军依克唐阿、齐齐哈尔副都统程德全幕下文案。后以候选同知补黑龙江绥化府知府。晚年寓居北京，整理诗稿。他一生淡泊名利，主要以诗歌、书法见重于世。

成氏一生诗作不下千首，有《澹盦诗草》《澹堪诗草》二卷问世。在辛亥革命前，只有《澹盦诗草》，《澹堪诗草》一卷已编定，但未付印。《澹盦诗草》是石印本，刊于光绪乙未（1895），是成氏青年时代之诗作。虽然不成熟，然而处处表现出青春向上的朝气。他在《读书四首》中的一首曰："读书如健饭，嗜奇难尽奇。所以古之人，努力须及时。"在《生日有感四首》中第四首曰：

何处桃源好避秦，淮王鸡犬已如神。
中年哀乐增新感，全局安危付几人。
悔向诗书销白日，怕看天地老黄尘。
思量蓬矢桑弧意，未负蹉跎负此身。

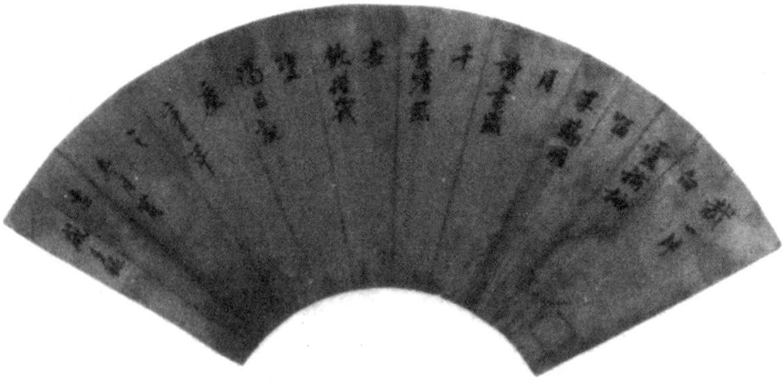

成多禄书法扇面："裁一片白云补袖，留半轮明月读书。盛千壶清风尽饮，借几双浊目观尘。"

反复表达自己要勤奋，不要偷闲，以违男子出生之意。他的同乡好友刘保森在《序》中也说："而竹山苦志耽吟，偷闲初稿。或片笋欲下，而挽袂深谋；或一字未安，而剪灯劝改。反唇而颓云不飞，击节而惊花乱下。诚可谓义心清尚，好学而深思者矣。"在壮岁以后，随着阅历已广、文思益进，与诗友间唱酬往还，诗艺大进，"彬彬然质有其文"，足以圃贤者。近代文学家王树相在为《澹堪诗草》二卷所作序中说："竹山之为诗也，本乎立身之义，发为温柔敦厚之词，……于是肖物以呈形，因心而作律。其天才绮练，若流霞之散彩而云物变态也；其言之抑扬高下，鸣节赴拍，若笙簧奏金石也；其清冷馨冽之气，若饮甘泉而嚼春雪也。"他是晚清驰名中外的一位爱国诗人。

成多禄是诗人，也是书法家。其诗文堪称一绝。上面引用的扇面诗句，四句用四个动词起，数词相对，“裁一片白云”“留半轮明月”“盛千壶清风”“借几双浊目”，用以“补袖”“读书”“尽饮”“观尘”，非诗非词，结构严谨，韵味清丽，寓意深远，品位极高，最后集中在“观尘”，静观世事风尘，世事静观皆学问，立意深远。不愧为大学问家。

宋小濂（1860—1926），字友梅，一字铁梅（某），晚号止园。祖籍天津宝坻，后徙奉天义州。咸丰十年（1860），父永瑞以医游荡吉林，遂永居焉。宋小濂自幼好学，24岁应童子试，得吉林府第一名，称郡学生员，受到吉林知府李金镛的赏识。光绪十二年（1886），被李擢为道员，创办漠河金厂，将其招至幕下，任文书。李金镛旋去世，袁大化继任，仍倚重之，任金矿提调。程德全署黑龙江将军，渴求边才，又将其延入幕府，任黑龙江文案处总理，又协办新政。后任黑龙江铁路交涉总局总办、呼伦贝尔副都统、黑龙江民政司使，对黑龙江的边务做出了重要贡献。

宋小濂起家寒素，饰躬廉峻，虽身居要职，家无私产。一生工诗善书，留有诗集《边声》《晚学斋诗草》及笔记《北徼纪游》《呼伦贝尔边务调查报告书》《巡阅东省铁路纪略》等篇。

诗集《边声》，是其庚戌（1910）以前的作品，石印成册。收集诗作28首，附文若干篇。由于致力于筹边、安边及对俄交涉，大都记载了工作中的所见所闻。可谓纪事诗。如《和多竹山见怀原韵》一首：

半生心事在筹边，黑水黄沙二十年。

拟筑金城怀汉将，愿标铜柱限蛮天。

充分表达了作者捍卫疆土主权的决心和意志。

徐鼐霖（1865—1940），原名立坤，字镜宜，一字镜芹，晚号退思，亦称憩园老人。生于永吉县尚礼镇（今九台市二道沟乡）。17岁考取秀才。26岁时顾绢庭主讲崇文书院，与成多禄一起，在其门下，接受正统的儒学教育。30岁晋京会试，不中，从此止步于科举。光绪二十五年（1899）后，在盛京将军依克唐阿、黑龙江将军程德全、东三省总督徐世昌幕下掌管文案。宣统三年（1911）以筹边（筹办边防事务）有功加二品衔，特授黑龙江民政使、筹边处总参政。清帝逊位，他只得挂冠而去。晚年侨寓京都，以历年所积，购置厂桥居室，名憩园。在西山灵光寺西韬光庵故址，建别墅曰“潜庐”，意欲隐居，退思补过，故自号“退思”。

徐鼐霖工书善诗，人称其文思敏捷，下笔立就。留存于世者，诗有20首，文章45篇，大都是晚年所作。在清季只留下《筹边刍言》一文和《巡边有感》等诗作三首。《巡边有感》诗曰：

大江东去水声寒，有约中分挽救难。

偶展兴图寻旧界，内兴安外外兴安。

诗中充分表达了作者拳拳赤子之心。《筹边刍言》写于1908年至1909年间。他说：“此书在日俄战后有所感而为之，今虽时局变迁大有不同，然亦可为关心蒙藏者之考镜焉。”程德全为其所作序中亦说：“光绪中叶，日俄战罢，列强各谋展其领土以集矢于中国，势甚岌岌。是编察彼此知己，鉴往以知来。不惜大声疾呼，冀以巩固边防，为振兴内政之预备。”此书只编写出第一编“经营蒙藏之理由”。其用心在唤醒国人同心救国。在文学造诣上，他可说是大器晚成。人称其与宋小濂、成多禄为“吉林三杰”，实当之无愧。

明清以来，流人结构中儒学精英占一定比重。因为他们多来自持不同政见者，与当代主流学术思想相悖者，轻生取义敢于抗上者……许多言行显得可敬可贵。他们的活动，给长白山地区等东北边疆的儒学及其文化增添许多内容，推动其发展。

不论哪个民族执掌政权，都产生征服其他民族以统一天下的社会心理，但不同的民族有不同的征服方略。

有清一代，文人学士由明代的朱程理学转入经学，但由于康乾几代“文字狱”愈演愈烈，文人在强力的压迫下只好转入“考证学”。此等“文字狱”也不亚于焚书。不禁令文人哑口，便产生瞒和骗者居多。章太炎叹息曰：“昔者秦始皇帝，功德瑕衅，粲然在中夏，其法式诒于后嗣，焚史隐恶，至今而弥甚。”“昔人著书，皆异代见焚，今斧扆图籍之未丧，而先不能保其诏令乎。”[①]乾隆朝将文人学士都集中于编撰《四库全书》中来，这里也引出几多“公案”。其一是：

“乾隆间改定一切书籍，不但尽及学人记载之书，郢其祖宗御定之书亦皆改窜。《太祖实录》《官史》著录者乃乾隆四年定本，天聪间原修本遂成禁书。其最初之《绘图实录》，亦经改窜重绘，始著于录。于先朝手泽，祖宗事实，尚可任意存废，何论其余？故四库全书乃后人求清代公案之资，非可恃为学术之益也。又昔年与余杭章椿伯共事，椿伯为太炎之兄，好谈掌故，一日见告云，‘文澜阁钞补时，发见书误字！恒在每页之首一字。细求其故，乃知馆臣缮本进呈时，必故留误字，待高宗校出指斥，以示圣明之天纵。故所留误字有定处，以便上之指而目之也。然上苟失校未予指出，则诸臣更不敢改正，遂为四库定本。’当时许益斋亲与补钞之事，以告椿伯。此又一公案也。”[②]此等公案，不可胜举。所以其可信度，较之《永乐大典》要差得多，可惜《永乐大典》现存之寥寥了。此为儒学之灾难也。

这些名士，流入东北，同各民族一起生活，努力传播儒学文化，并且获得巨大成果，或以著作，或收弟子，促成了东北各民族“车书本一家”的良好态势。

“帝业荒东北，兹山实效灵。”在皇帝看来，东北不过是倒垃圾的后院，然而，垃圾是放错地方的人才。这些“犯奸作科”的流人，被发配到“帝业荒”的东北边陲，果然是金子放到哪里都发光；这些“犯人”用他们自己富有的学识，支撑起一片蓝天，传播文化，改造社会，启迪人生，融合民族，开拓边疆，巩固了万里江山。联想到魏晋之际，因避战乱流入东北的邴原、管宁、王烈等文人贤士，由此原本蛮荒之地，由于这些人不辞劳苦，甘愿奉献，栽花种树，人才辈出，彰显一代又一代，显示出蓬勃

① 《明清史资料》引章太炎《检论》卷四，天津人民出版社 1981 年版，第 449 页。

② 《明清史资料》引孟森《明清史论著集刊》下册，天津人民出版社 1981 年版，第 450 页。

朝气，“大荒”已经“不荒”了。皇帝们固然可以不计其功德，可是宁古塔的百姓们却是“念之在兹”，而东北人，也由此感到眼中有文化名人，心中不“荒”了。

流人能在辽金元清的严酷统治下肆无忌惮地热情洋溢地甘于奉献地推广汉文化，一是说明文化的历史时空宽广，它可以自由地跨越政治，跨越民族，跨越历史，真是“海阔凭鱼跃，天高任鸟飞”，汉文化有无比的超越能力；二是辽金元清这些政权的最高统治者也急需这种文化来稳定人心稳定社会，哪怕是清朝设那么多的“文字狱”，也没有阻挡住汉文化在流人中穿行，越过千山万水，越过冰雪严寒，以其无比强劲的穿透力，在南北流动的人流中穿行与发展，提高与普及。

以上诸公，均为东北文化名人。

四　“闯关东”的由来与历史贡献

“闯关东”是一场轰轰烈烈的大移民，但“闯关东”也不是空穴来风，若没有亲情招引，再饥饿的人群也不敢胡奔乱“闯”，“棒打獐子瓢舀鱼，野鸡落在饭锅里”，富饶的关东对关内失业农民有极大的吸引力。所以对“闯关东”的历史贡献的讨论，必须既要追问开拓东北的汉人先民，又要确证汉人毕竟是历史上的多数。

（一）雄伟的“山海关”

河北冀东与辽西本是一个语言区，自古属于燕辽之地，人们日夜往来，自由无碍。明洪武十四年（1381），大将徐达奉命在山海之间修筑了山海关的城池。其目的是“拒胡”，也“拒女真”。结果“胡”与“女真”都拒不了，却拒了汉人200年，只留下一个浩大的文物。

山海关东门上高悬“天下第一关”五个大字。若登上城楼，面朝大海，背负苍山，威武雄壮，“两关锁钥无双地，万里长城第一关”。民间传说，山海关难过，燕子飞过山海关，头顶都要打一个红点。康熙登上楼顶，赋诗道：万里经营到海涯，纷纷调发逐浮夸。

当时费尽生民力，天下何曾属尔家。

（二）“闯关东”之前的东北人口大流动

民谚说：人挪活，树挪死。自古民之定居是相对的，流动是绝对的。人口的生存依靠一定自然环境、气候环境、地理环境、民族环境亦即人际环境。人对环境的选择与适应，要有一个过程。人要适应环境，环境也要造就人。由于东北特殊的气候环境、地理环境、民族环境，这就形成了东北人口的流动性、交错性、融合性的特点。流动中交错，交错中流动，流动与交错中融合，有时合了还会再分，成为东北民族关系的一大特色。少数民族从大兴安岭及黑龙江流域西下或南下，“因水草而动”，所以称“马上民族”。

汉人的流动规律有三：循气候地理适应开发农业生产条件而向北流动，叫“自然流”；因战争的转移或掠掳而流动的叫“强掳流”；因官方招垦荒地或开山取矿而流动的叫“招垦流”。汉人则北上，汉代以前大体聚居于辽东、辽西地区及第二松花江流域，从事农耕事业。这样形成了游牧民族与农耕民族在辽西、辽东一带争夺生存空间的战争，在汉魏六朝两百年间几乎没有停息过。战争并不单是争城略地、抢夺牧场，而是掠夺财物和人口，人口大迁移往往是战争的直接产物。

辽、金、元、清几朝少数民族主政全面统治东北地区时期，汉人的政治优势地位有所空缺，但在经济、技术、精神文化等方面的优势地位仍然无可代替，汉人也没有在这一地区内退却。

这几个朝代的民族迁徙特点是交错迁徙：既有少数民族内迁，又有大批汉人北上。如辽代战争抢掠的汉人达几十万，加上正常的移民达60多万，汉人北上的幅度之大是空前的，多数集中在今河北省北部和辽宁省南部，最北到达吉林省南部，到达黄龙府（农安）乃至泰州地区（今黑龙江省西南）。东京辽阳府，是东北东南地区的统治中心。这里自战国燕国设置辽东郡以来，一直是以汉人为主的聚居区。“在辽国人口中汉民居多数”[①]，而且，很有城镇化的趋势。辽太宗天显三年（928），将原在渤海国地区的东丹国大约47万人整族迁往辽东，从牡丹江流域迁入辽东半岛，后都融入汉族群体。

金朝前期东北地区人口变化比较大，在金太宗、金熙宗灭辽及北宋的战争中，曾将中原地区大批汉人迁徙东北，以实金源内地。但同时，女真统治者为了加强对中原地区的统治，将女真猛安谋克户大规模地迁往中原各地，“令下之日，比屋连村，屯结而起”[②]，估计迁出100多万。这样在东北地区南部与西部人口至少汉人与渤海人口要比女真人口多一倍到一倍半，估计金代东北地区人口在500万—600万，而汉人包括融合渤海人口要居三分之二。

顶数明朝向东北迁移汉人的幅度最大。元明交替之际，这里并无大的破坏，其后社会又长期稳定，直隶、山东又有很多移民进入，促使辽东地区得到进步，农业生产有更高的发展，所以“生聚日繁”。明灭元之后，开始向东北大规模移民，实行屯田，招民屯垦，发展生产。经过明代260年的经略，整个东北地区人口800多万，辽东都司所辖地区人口估计为600万。移民垦殖到达一个高峰，而且开垦荒地，繁荣农业，人口日繁，那时东北地区已经成为全国仅有的富庶的地方。但历史可以确证，汉人始终居于各民族的多数，而且此前历代汉人移民都是自由地来去而不是“闯”。

① 路遇、滕译之：《中国人口通史》（上），山东人民出版社2000年版，第456页。
② 《大金国志》。

明末女真人努尔哈赤起兵，建立后金政权，并且首先与明朝展开争夺两辽地区的斗争。女真人凭精锐的铁骑攻城略地，杀掠破坏，明朝军民纷纷逃散。《明史·熊廷弼传》说："及辽阳破，河西军民尽奔。"又说，王化贞弃广宁，"忽同三四百万辽民一时尽溃"。又《张慎言传》记载："广宁失守，辽人转入关者不下百万。"这里"辽民"和"辽人"是指两辽一带的汉人。后金在与明军争夺辽东地区的战争中，把几百万汉民逐出盛京地区，将本来早已定居，并建立起新的家园的汉民，又用武力把他们驱回内地，其后又有大批人口随清廷入关，造成两辽地区劳力严重不足。致使明朝260年在东北开拓的基业，顷刻瓦解，大片原有耕地被荒弃，榛莽遍地，到处都是"荒城废堡，败瓦颓垣，沃野千里，有土无人"，一片凄凉，使东北地区又退回到原始性的荒芜。破坏了明代移民开发东北的连续性、繁华性，迫使东北社会倒退200多年。然而也只有这个时期，汉人除了少数犯罪的流人允许到东北宁古塔、齐齐哈尔等地戍边，只有这时满族才真正成了东北地区的主体民族。

而清朝统治者对东北的荒凉败绩，充满着徘徊、矛盾的情绪，对于向东北移民，前后有几种不同的态度。当其入关前夕，虽有入主中原的雄心，但还不能确信获得成功，因此他们首先考虑的是对东北地区经济的恢复与建设，其中特别是对因战争驱使大量人口逃徙入关，而造成东北人口空虚感到不安，因为这样会影响生产的恢复与发展，也影响兵员的扩大与征集。所以多次进关掳掠人口，先后达百余万。当清朝定鼎北京之初，为了巩固对汉人的统治，满洲八旗人口也相继"从龙入关"，那些作为奴隶的被俘汉人也随之内迁，继续为旗人种地。入关人口总量估计在200万左右。[①]因此使东北地区，特别辽河平原人口又见空虚，依然需要大量的补充，才能得以恢复生产。此时恢复东北地区的经济，显得十分紧迫。这是清初朝廷积极鼓励向东北移民的主要原因。顺治年间曾屡下诏书，招民垦种辽东荒田。"招徕流民，不论籍别，使开垦荒田，永准为业。"顺治八

① 参见路遇、滕泽之：《中国人口通史》，山东人民出版社2000年版，第855页。

年（1651），诏示有关部司："民人愿出关种地者，令山海关造册报部，分地居住。"顺治十一年（1654），又下诏书："饥民有愿赴辽东就食耕种者，山海关章京不得阻拦，所在章京及府州县官，随民愿住处，拨与田地，酌给良种。"[①]康熙初年还有"招民百家送至盛京，得授知县"。可见招民之急迫。至顺治末年，盛京所属地区人口，估计只能有200万。荒地得到开垦，森林得到梳理，东北大地略逞一派繁华景象。

（三）康熙七年下令封禁东北

康熙对这种"繁华景象"却感到忧虑，长此以往，他担心这龙兴之地的灵山圣水有被践踏被污染的可能。于是，康熙七年（1668）就下令封禁，"招民授官永著停止"，汉民出关需要办理烦琐手续，但还不是严格禁止，只是到了乾隆年间，才日益强化封禁政策。

从狭隘的民族主义出发，封禁的原因有三：

1. 为禁止汉人流入清朝统治者的"龙兴之地"而大修柳条边，无论修筑规模、气势，还是所有的内涵，都已无法和燕北长城相比了。公元1900年之始，摆在东北大地上两道边墙：一道是燕北长城，一道是大清柳条边。燕长城见证着强大的燕国对狩猎民族剽悍、野蛮冲击力的惧怕，而柳条边则隐喻着强大的清朝统治者对农耕文化温情缠绵的汉文化同化力的担忧。

2. 吉林、宁古塔地区盛产人参，这是大清皇室贵族专用的营养滋补品，也怕人口增多，到处开荒，乱采乱挖，破坏了他们的人参资源。清政府把柳条边以东（边里）作为皇帝的私产封禁起来。这样将近200年的时光里，便构成了"满地荒草，黄羊山雉群集，古木怪石嵯峨"之地，千里肥沃良田变为荒草丛生之区。

3. 实行封禁另一个原因，怕汉人移入太多，满汉杂处，满人被汉人汉文化所同化，怕改变其原有的尚武善斗的风俗习惯。但这个愿望是徒劳

---

① 《清世祖实录》卷八四。

的，后来不仅在民间，连宫廷、朝堂里也讲起了汉语，用起了汉文，汉语成了官方语言，汉文成了官方文字，风俗习惯也大为融合了。

再有关东铁骑、满汉八旗及其家属落户河北、山东一带。清朝政府在东北采取了极狭隘的“虚边政策”，封禁政策，是最愚蠢的政策，最狭隘最自私的政策，到头来，不仅没有保住“发祥圣地”，反倒丢失了黑龙江、乌苏里江以北以东大片领土，使得俄国侵略者轻而易举地攫取了中国大片土地。依据以上历史的反复迁徙，结合鲑鱼、北美驯鹿的迁徙习性，我们可以得知，对于关东地区的水土、气候、食物饮食的适应性，几乎成为一种遗传基因，深深植根于河北、山东人的血液中。一旦因生活的原因，需要选择新的生活地点的时候，历史上祖先曾经生活过的地方，自然地成为第一或首要的选择。别看“闯关东”的人原来生活在河北山东一带，实际上，他们的祖先原本就来自关东。“闯关东”，只不过是祖先的心灵召唤，遗传基因的复归罢了。

（四）清代后期“闯关东”始末

山海关，地处北燕辽西郡的腹地，明初大将徐达奉旨在此修筑“天下第一关”时，开始人们还不以为然。自从康熙七年（1668）下令封禁以来，大批灾民竟被此物拦截，不许出关，人们开始对“山海关”敬畏起来，将原本一体（一个语言区，一个经济区）的辽西和冀东，分作两处，而且关里关外判若两层天地，自此人们逐渐形成“边关意识”。久之，对“关东”形成了许多民间传说。一说“不用说人过不去，连燕子过山海关，头上都要打个红点”。一说“关东寒气逼人，耳朵冻得一扒啦就掉下来”。一说“关东好混生活，‘棒打獐子瓢舀鱼，野鸡落在饭锅里’”。久之，对关东的传说，迷离莫测。但山海关，可以卡住希望自由出关的人们，却卡不住人们对关东沃野千里的向往和憧憬，对关东逃灾避难胜地的期望。

本来是出关农民，为什么叫“闯关东”？

对于失去土地的关内农民，由于生存的需要，被逼无奈，只有“闯”。首先，“闯”的是清政府的封禁政令，封禁了200年，就冒着生命危险“闯”了200年，路上不好闯，就从海上闯，总要寻找一条谋生之路；其次，对关东的地理环境不熟悉，或开矿，或伐木，或垦荒，人生地不熟，总要冒几分生命风险。有的是携家带口去闯，有的是男人只身一人去闯，每一次离开故土，与家人总有一种生离死别的感觉。何况，冻饿饥寒，死在路上的也不在少数。

东北地区有大量尚待开发的肥沃土地，对于在封建地主阶级的残酷剥削而失去土地的汉家农民，自然有极大的吸引力。因此，一直有人冒险“闯”违禁渡海或从陆地潜往东北垦荒。实际上就是在乾隆年间封禁最严厉的情况下，也没有完全禁断。

然而，事情的发展并不像统治者所想象的那么简单。战争结束后，社会渐趋安定，社会生产力的发展和农业技术的进步，使农业生产有了明显发展，随之人口也出现了高速增长。在山东、河北等地人口的增长与耕地不足的矛盾越来越突出，再加上天灾人祸，闯关东的人口也越来越多。所以乾隆四十一年（1776），再度重申禁令：“盛京、吉林为本朝龙兴之地，若听流民杂处，殊与满洲风俗攸关……今闻流寓渐多，著传傅森，查明办理，并永行禁止流民，毋许入境。”[①]

由于关内灾荒太多，流民到东北开荒，禁是禁不住的，不仅有冒死偷渡的，更有贿赂关卡放行的。嘉庆年间，虽然继续实行封禁，但已是外紧内松。甚至谕内大臣说：“今闻内地民人前往山海关守候出关者，尚复不少……贫民极思移家谋食，相率赴关……”勒令回原籍领票，则酌令可以放行。嘉庆十五年（1810），着令吉林、长春两厅，查办陆续来东北的流民，但每次查办，又不得不承认现实，把他们编入户籍，对有关人员训斥几句而已。嘉庆十六年（1811），山东发生大灾，次年春，大批难民乘船渡海，拥至盛京各口岸。光绪二年（1876），北方大旱成灾，大批饥民，

---

① 《清高宗实录》卷一〇二三。

扶老携幼，拥至山海关等口岸，奔赴东北度荒。这种情况多次发生，清朝官府无法阻止。甚至为了缓解灾区的压力，还主动提出让灾民赴东北就食度荒，还有关东防务上的原因，不得不开禁了。

从康熙七年下达封禁令之日始，到光绪二年被迫开禁，这200余年间（1668—1878），尽管官府层层设卡，严加盘剥，关内汉人农民为了谋生而闯关东的人流从未断过，且一浪高过一浪。

陆地关卡盘查，就从海上闯；官兵封锁大路，就走小路；从没有路的地方踏出一条路来“闯”。推车的，车上是一堆杂物和一个孩子，或是一个老人。挑担的，一边盛孩子，一边盛东西。独轮车轴瓦干涩的噪声，在苍天和大地之间吱扭吱扭地响着。孩子不哭不闹，神态木然得像饱经沧桑的百岁老人。老人白发染成土色，浑浊的目光凝视远方，闪烁着童稚般的希冀。不断有人倒下了，以家庭为单位的解体了，人们就自动组成新的群体。人们不说话，见面连个招呼也不打，连路边的“死倒”也不屑一顾，甚至跪在刚隆起的坟包前的人也是无声地垂泪。身无分文，便一路乞讨。忍饥挨饿，甚至卖儿卖女。“他们过的完全是野人般的生活，但他们总算是维持住了生命。”（峻青散文）他们把理想、信念和追求，都倾注在一双双血肉模糊的脚上。土地是农民的命根子，他们知道寻求幸福需要付出代价，他们还准备再付出代价，只要能够拥抱那片富饶的土地，无论付出什么样的代价，都不在话下。

我们这个大东北，由封禁、松禁到开禁，由容民私垦到招民开垦，经历了近200年的时间。在这个历史演变的过程中，汉人流民逐渐成为东北的主角。他们使东北的森林荒原逐渐摆脱了远古的洪荒状态，使之充满勃勃生机。东北流民以山东人为最多，差不多占了“闯关东”总数的三分之二，其中登州、莱州、青州更占多数，金州、通化等地都有山东人集屯迁移的，至今保留着原籍的口音和习俗，就连村寨名称照样保留着。其次是直隶，以铁路沿线的乐亭、滦州、保定、天津等处较多，再次是河南、山西、江西等省。他们之中以汉人居多，也有一些重返故里的满人，和经商的回族人。这些流民到达东北后，既无资助，又无保护。他们或投旗人门下，或投官庄之中，或深居荒山草原，搭“窝棚”，挖地窨子，烧山开荒，披荆斩棘，茹苦含辛，年复一年，聚成村屯，他们保持着自己的方言、生活习惯、文化习俗，极力适应这片荒凉但肥沃的土地，他们成为东北民族的主体。

清后期由于“闯关东”逐渐增加，使东北人口迅速增长，据《中国人口通史》记载，至光绪二十三年（1897）累计，近百年来到东北闯关东的总人口大约1180万人，这还不算此后到民国初年的“闯关东”的人口数，当时东北总人口约2053万，达到高峰。①增长人口中绝大多数是冀鲁豫晋各省“闯关东”的农民，也包括流徙东北的罪犯、回归的旗人，以及来经商的晋人。于是，一些缺乏历史常识的人，误以为东北汉人，只是“闯关东”的移民。

（五）“闯关东”民众的历史贡献

“闯关东”的历史贡献，应当从清政府“封禁关东”政策失败谈起。清朝统治者从自己狭隘的民族主义观念出发，为保住发祥地而采取“虚边禁垦”政策，企图把整个东北变成他们的“皇家园林”，至少是“柳条边”以东。然而，花费了200多年的宝贵时光，错过了200多年的发展机遇，以丧失了黑龙江以北、乌苏里江以东、图们江以南130多万平方千米的国土为代价，才换回来一个“实边移民，招民垦荒”的政策，统治者觉醒何其迟也。反而不如被他们视为奴隶的1180万“闯关东”汉人农民给争得了大好局面。

当然，在清政府官员中也有许多头脑清醒的开明之士。咸丰十一年（1861），将军特普钦上疏说，东北北部地区，“地方辽阔，稽查难周。且向无居民，易启觊觎，尤宜豫为之计。是前因招垦恐于防务有碍，今因

① 参见路遇、滕泽之《中国人口通史》（下），山东人民出版社2000年版，第867页。数据来源：《清户部清册》《清续通考》等资料。

防务转为不能不亟待招垦者也。……与其拘泥于照前封禁，致有用之地，抛弃如遗，而仍不免于偷种，莫如据实陈明，招民试种，得一分租赋，即裕一分度支。且矿地既有居民，预防俄夷窥伺，并可藉资抵御，以免临时周章。”①

特普钦将军的上疏，具有远见卓识，代表着国家民族利益，道出了广大劳动人民的心声。他是说，假如清朝建立之初，不从狭隘的民族主义利益出发实行封禁，而是一直敞开大门，任从迁徙者迁徙，垦荒者垦荒，使黑龙江内外人口不是那么过于稀疏，这种大面积地割让领土的事件，或许根本不会发生。正是由于他们的封禁政策，造成了东北北部地区人口过度稀少的局面长期得不到解决，才被俄人有机会窃取了江外大片领土，如果继续封禁下去，他们的“龙兴之地”就会丧失殆尽。

1180多万“闯关东”的人们，是他们用鲜血与生命的代价“闯”开了清政府封禁森严的大门，独轮车“吱扭吱扭”地发出振聋发聩的声响，些微撼动了那些大小官员们高喊封禁“保龙兴”的顽固的心，“闯关东”的人们的创业行为使他们目瞪口呆。

“闯关东”第一大贡献，是他们不计疲劳、不计荣辱、不计恩怨，奋力开荒耕种，开矿采金，伐木放流，经商贸易……改变了原来经济滞后的面貌，在很短时间里使整个东北地区经济迅速得到复苏、发展、繁荣。迁移东北的人口，带去了内地比较先进的农业生产经验，使北部地区也由原来以畜牧狩猎经济为主，变成以农业经济为主。南部地区的农业经济也有了很大的发展，使整个东北地区成为清末以后中国的一个重要产粮区。同时也带去了手工业、商业、交通运输业等多种兴业的发展，促进了东北地区的全面繁荣。

“闯关东”第二大贡献，是使上百万人户得到了谋生之道，安家就业，安定了民众，稳定了社会，改善了交通，发展了经济，繁荣了文化，并且使关里关外达到人口平衡。1898年东北总人口是542万，开禁后的

① 吴希庸：《近代东北移民史略》，油印本。转引自《中国人口通史》（下）。

1911年猛增到1841万，闯关东大潮后的1930年，达到3000万。[①]1914年东北开垦土地140 192万亩，1932年增加到306 186万亩；粮食产量1912年8002万吨，1930年增加到18 865万吨。[②]民族工业也得到快速发展，开矿山、修铁路、建工厂，到1925年，东北工商业已占全国30%。

"闯关东"第三大贡献，是1180万移民带着先进的农耕文化，或城屯聚居，或与少数民族杂处，极大地改变了东北居民结构和民族结构。通过邻里交往，通过集市贸易，通过通婚家庭，或通过其他形式的文化交流，极大地促进民族融合，民族的团结推动了社会变革与进步。

"闯关东"第四大贡献，也是最主要的，抵御外敌的侵略，达到"实边移民"的目的。大移民迅速改变了吉林、黑龙江两省的边疆人口稀疏的现状，迅猛增加数百万人口，并且继续高速增加着，彻底挫败了沙皇俄国想通过移民的办法进一步侵占中国领土的野心。

《北京条约》签订后乌苏里江以东的大片中国领土和领海得以吞并，沙俄帝国感到形势发展对其进一步侵略东北地区十分有利，于是也企图用移民的办法去抢占中国地盘。光绪二十二年（1896），沙俄以共同对付日本为诱饵，与清政府签订《中俄密约》，由沙俄投资在我国东北地区修筑"东清铁路"（后称"中东铁路"），由满洲里至绥芬河，其支线由哈尔滨至大连，并由俄国经营。沙俄本来的目的，除了便于从中国掠夺物资外，并计划在铁路建成后，大规模移民占领满洲，想利用人口优势，企图在几年内就可以占领整个东北地区。

清朝廷发现沙俄这一企图，便注意到内地汉人对这场移民大战的作用，必须抢在铁路建成之前，先行移民占领北部地区。以前汉人出关，多滞留于盛京地区，现在则鼓励向北部地区迁徙。而俄人修筑铁路，需要大

---

① 梁仲方：《中国历代户口、田地、田赋统计》，转引自《中华读书报》2014年1月22日，孙喦《阎延锐——从闯关东到闯关东大潮》。

② 许到夫：《中国农业生产及贸易统计资料》1988年，转引自《中华读书报》2014年1月22日。

量民工，使用他们本国的劳动力，路途遥远，费用太高。为了节省开支，他们必然要就近雇用中国的贱价民工。于是俄罗斯铁路当局便在天津、山海关等地设招工处，所招收的都是来自内地的贫民。在修筑铁路的高潮期，他们使用关内民工65000余人。在这些民工中，早有迁徙东北的愿望，但却不了解东北的自然地理情况，这次招工给他们提供了大好机会。所以有的不等工程结束就举家移居，并迭相招引，因而有越来越多的人拥至北部地区。所以，俄罗斯人克罗巴特金说："中东路乃帮助中国人移住满洲。"

沙俄于1581年侵入西伯利亚，仅60年就从乌拉尔山推到太平洋西岸。300多年中，平均以每天占领130万平方千米的速度向外扩张。兴建中东铁路后，更加紧向北满移民。日俄战争后，沙俄的扩张势头受挫，日本扩张势力大有抬头。图谋将东北变为日本的殖民地。后藤新平计划10年内将150万日民移入满洲，可以稳操胜券，主要把沙俄作为假想敌，没有把腐朽的满清政府放在眼里。可是没想到张作霖竟然在十几年的时间里，将上百万关内人民移到关外，远远超过了日本移民150万和沙俄移民20多万的阴谋构想，确定了汉人为主体的人口构成，而且这些移民具有明确的国族认同，使得日本与沙俄企图将东北从中国分离出去的阴谋难以得逞，从而奠定了近代东北亚的疆域格局。①

这就是说，沙俄修筑东北铁路，不仅对他们自己的移民计划没起到任何作用，反倒帮助中国打赢了这场移民大战，保住了经沙俄蚕食后的东北地区，这是"闯关东"的人们对保卫祖国领土的一项重大贡献。而且，这些移民在后来抗击沙俄与日寇武装入侵的战斗中，英勇卓绝，发挥了巨大作用。

清政府封禁政策的极端错误性，说明古代的狭隘民族主义是害国害民的，现代狭隘民族主义也是害国害民的，因为其必定被国外别有用心者、"虎视眈眈"者加以利用。所以，东北的历史，是以汉民族为主体多民族

---

① 孙喦：《颜延瑞——从闯关东到闯关东大潮》，2014 年 1 月 22 日《中华读书报》。

共同开发的历史，绝不只是哪一个少数民族的历史。因此，确证汉人是开拓东北的原生民族，并且在交错移民中自然形成多数，认可其在东北各民族发展与融合中的历史地位，这绝不是“大汉族主义”的复活，而恰恰是克服狭隘民族主义、厘正历史性的偏差不可或缺的内容。东北的少数民族，都是强悍英勇的民族，但每当他们与汉人汉文化的智慧相融合，总会创造出惊天动地的奇迹来。历史上客观存在争夺生存空间的战争，战争意味着流血，意味着破坏，但也带动了大移民，推动大变革、大融合，客观上促进了社会的文明与进步，因而才形成多民族一体化的国家，形成以汉文化为主体的多元的复合型文化。在我们这个民族大家庭里，你中有我，我中有你，汉族离不开少数民族，少数民族也离不开汉族，互相依存，共同繁荣，进而形成振兴东北老工业基地创造奇迹的神圣力量。

第六章　尊儒拜孔是东北各民族的潮流

一　各民族普遍追认炎黄为始祖

纵观居于北方的各民族，有个奇特的现象，普遍追认自己是炎黄子孙。

黄帝是后人想象中华夏（以后的汉族）的祖先。据《国语》载，黄帝“有子二十五人，其同姓者二人而已，唯青阳与夷鼓皆为己姓”。又云：“黄帝之子二十五宗，其得姓者十四人为十二姓，姬、酉、祁、己、滕、葴、任、荀、僖、姞、儇、依是也。唯青阳与苍林氏同于黄帝，故皆为姬姓。”[①]将此十二姓都为黄帝的子孙或后裔，可疑之点很多。对此顾颉刚先生认为：无论直据《国语·晋语》或兼据他项资料，都不能自圆其说。因此，他说：“然吾人借此诸文，可推见当时各国，以疆土之开拓，交通之频繁，经济之联系，人民心胸开广，皆欲泯除旧日种姓之成见而酝酿民族统一运动，故联黄帝之大神为人间之共祖，此固我国民族史上一嘉话矣。”[②]从这一民族史上“嘉话”之现，我们可以看出，自黄帝以来我国

① 《国语·晋国四》，《国语今译》，吉林文史出版社 1984 年版。

② 顾颉刚：《史林杂识·皇帝》。

历史上各民族之间，就形成了互相依存、相互渗透，我中有你、你中有我的紧密关系。

这一点，从所谓黄帝嫡系后裔姬姓中，我们也可以看出一些端倪。如史籍记载的骊戎，亦称为“草中之戎”与“丽土之狄”[①]，其君却为姬姓，晋公子重耳之母大戎狐氏，也是北狄，但亦姓姬。[②]《风俗通义·姓氏篇》认为鲜于（虞）氏为殷箕子之后裔。殷人子姓，鲜虞当然就与殷人为子姓了。我们知道，北狄本为姬姓。姬、子则为夏商周三代华夏之著名大姓。特别是姬姓乃黄帝嫡系后裔。既然在戎狄中也有姬姓，说明戎狄与华夏已互相渗透，当共一祖。

同时，夏后氏也和戎、夷互相关联，彼此混淆不清。有的史书把夏禹称为戎禹[③]，有的则称他为“西戎”[④]，或“西夷”。《史记·六国年表》则把大禹和西羌联系在一起。《集解》引皇甫谧曰：“孟子称禹生石纽，西夷人也。传曰‘禹生自西羌’是也。”《山海经·海内经》有“黄帝生骆明，骆明生白马，白马是为鲧”的记载，而《大荒北经》则记“黄帝生……弄明，弄明生白犬，白犬有牝牡，是为犬戎。肉食。有赤兽，马状无首，名曰戎宣王尸”。袁珂说此乃同一神话的分化，“骆明就是弄明的音转，白马也就是白犬的形变。而那‘马状无首’的作为‘犬戎之神’的戎宣王尸，分明是遭刑戮以后的景象，和鲧被殛于羽山的情景也很相似”。禹之父鲧就是“古时犬戎族神话传说中的祖宗神”[⑤]。这都是说所

① 《左传》庄公二十八年记“晋伐骊戎，骧戎男，女以骊姬”。杜注：“寐戎在京兆新丰县，其君姬姓，共爵男也。”《国语·晋语一》谓“献公卜住骊戎”。韦解：骊戊“在骊山”，“其君男爵，姬姓”。

② 鲜虞姬姓，出自《世本》。《春秋穀梁传·昭公十二年》有“晋伐鲜虞”，范宁集解：“鲜虞、姬姓，白狄也。”杜预《春秋释义》亦说：“鲜虞，中山白狄，姬姓。”

③ 《潜夫论·五德志》。

④ 《晋书·刘元海载记》谓“大禹出于西戎”。《二十五史》，上海书店、上海古籍出版社 1975 年版。

⑤ 袁珂：《古代神活选释·鲧禹治水》，《山海经校注·大著北红》。

谓“黄帝玄孙”的禹，并非出自华夏而是出自戎狄。

为什么《左传》《墨子》《孟子》却不把禹和戎狄联系在一起，而是把他和夏联系在一起称之为夏禹呢？而司马迁的《史记·夏本纪》则更明确地说他乃“黄帝之玄孙而帝颛顼之孙”。这不是作者凭空杜撰出来的，而是反映了我国自古以来就没有清晰的民族界限，而拥有错综复杂的民族同化和融合关系。春秋战国及秦汉文人的论述，不过为了加强统一，消除以往民族间的隔阂，对日益扩大的诸夏融成一个整体的既成事实加以渲染而已。因而把各种各样不同族源的神话传说融为一体，是完全可以理解的。这也反映了汉人的前身华夏人不是从盘古开天地时就有的，而是包括蛮夷戎狄等民族共同融合而成的。[①]

古史传说的尧、舜、禹活动的中心地区，在我国古代的冀州。因此后人记述尧、舜、禹的“帝都”俱在冀州。[②]《史记·五帝本纪》谓“舜，冀州之人也”。《艺文类聚·帝舜有虞氏》引《帝王世纪》说舜“家本冀州”。顾炎武《日知录》则说：“古之天子常居冀州，后人因之，遂以冀州为中国之号。”冀州，大致在今河北东部、辽西西部，这与红山文化区域相吻合。

《禹贡》言冀州，未言其四至，但古冀州应包括今山西全省，河北的西、北境及河南的北部，辽宁西部。也有人认为“冀州之北界当及于阴山”。更有说冀州北境达到内蒙古自治区察哈尔南境，乌兰察布盟东南境。

华夏与内徙的戎狄能够融合为一体，彼此通婚，如晋献公娶小戎之女小戎子为夫人。生公子夷吾，又娶骊戎之骊姬生奚齐，其娣生卓子。[③]晋惠公舅父姓虢，晋惠公之母家小戎亦当姓虢，小戎的虢姓与中原华夏的虢

---

① 参见《中国北方民族关系史》，中国社会科学出版社 1987 年版，第 25—27 页。

② 《左传》哀公六年引《夏书》：“惟彼陶唐，有此冀方。”杜注曰：“唐虞及夏，同都冀州。”

③ 《左传·庄公二十八年》。

姓已无区别。通过戎狄与华夏上层互相通婚，长期共事，彼此之间逐渐融为一体了。至于各族人民之间通婚，促进诸夏与戎狄的融合，更是不言而喻了。

众人都知道，秦是从戎狄中兴起和发展起来的，因而秦必然“杂戎翟之俗”，染“戎翟之教，父子无别，同室而居”，这与诸夏所谓的“礼仪”是根本不相容的。秦地处西陲，在其“逾陇以前，殆与戎狄无异”[①]。古文献有谓秦为“戎”为“狄”者，也有谓秦为“夷”者。[②]

张博泉先生在研究高句丽时指出，受到殷社会文化的影响，与殷人相同的“卵生”说，有相同的祖先，殷人帝喾（高辛氏）而郊冥，高句丽自称高辛氏之后，乃姓高氏。有学者说高句丽起源于扶余，属于炎帝族系。高句丽人就根据《诗经》的“天命玄鸟，降而生商”的神话，来编造本族的神话，所以《好太王碑》就刻出：高句丽始祖朱蒙也是卵生的，无非是说，高句丽与殷商是同祖同宗罢了。

《史记·匈奴列传》上说“匈奴，其先祖夏后氏之苗裔也，曰淳维”。《太平御览》卷一一九引崔鸿《十六国春秋·前赵录一》关于刘渊的记载，亦称匈奴为夏后氏之苗裔。[③]杜佑《通典·匈奴上》写道：“匈奴先祖，夏后氏之裔，曰淳维。殷时，奔北边，至周末七国时与燕赵秦三国为边邻。”

十六国时期是民族大融合时期，许多北方少数民族向华夏寻根。《晋书》记载，建立前秦国的苻洪是氐人，“其先盖有扈之苗裔”；建立后秦的姚氏系羌人，“其先有虞氏之苗裔”。《尚书·甘誓》提到夏启和有扈的战争，郑玄注：“有扈，与夏同姓。”《吕氏春秋·先己》也记载，夏启和有扈的冲突，高诱注：“有扈，夏同姓诸侯。”按照《晋书》的记载和判断，建立前秦和后秦的符氏、姚氏，一个是虞舜的苗裔，一个是夏族

① 王国维：《观堂集林·秦都邑考》。

② 《公羊·昭公五年》，“秦者，夷也”。

③ 《十六国春秋·前赵录》，《四库全书荟要》卷四十，第80页。

子孙，都是华夏的血统。在十六国北朝的民族融合大潮中，鲜卑人最为活跃，相继建立了许多地方政权。鲜卑人向华夏寻根也最积极，每个支派都推出了自己的华夏始祖。《晋书·慕容廆》称：“慕容廆，字奕洛瑰，昌黎棘城鲜卑人也。其先有熊氏之苗裔，世居北夷，邑于紫蒙之野，号曰东胡。”黄帝又称有熊氏，鲜卑慕容氏自称有熊氏之苗裔，实际上是以黄帝子孙自命。又据《太平御览》卷一二一引崔鸿《十六国春秋·前燕录》，其中写道：“慕容廆，字奕洛瑰，昌黎棘城人。昔高辛氏游于海滨，留少子厌越以君北夷，世居辽左，号曰东胡。去秦汉之际，为匈奴所败，分保鲜卑山，因复以为号。”慕容氏向华夏寻根的过程，确认自己是华夏的后裔。鲜卑拓跋氏建立北魏王朝，统一了整个中国北半部，也自称为华夏血统。《魏书·序纪》写道：

> 昔黄帝有子二十五人，或内列诸华，或外分服荒。昌意少子受封北土，国有大鲜卑山，因以为号。其后世为君长，统幽都之北、广漠之野……黄帝以土为德，北俗谓土为拓，谓后为跋，故以为氏。

鲜卑拓跋氏把自己的谱系追溯到远古时期，把黄帝列为本族始祖。

北周王朝是由鲜卑宇文氏建立的，关于宇文氏的由来，《周书·文帝纪》写道：

> 太祖文皇帝，姓宇文氏，讳泰，字黑獭，代武川人也。其先出自炎帝神农氏，为黄帝所灭，子孙遁居朔野。……其俗谓天曰宇，谓君曰文，因号宇文国，并以为氏焉。

相传鲜卑宇文氏出自炎帝，是炎帝后裔流落北荒者。拓跋氏、宇文氏，一个自称黄帝的后裔，一个认定本族是炎帝子孙，分别和炎、黄二帝拉上了关系。鲜卑族普遍对华夏人文始祖怀有认同心理。

古人不讲究血统，也不论民族。由于各民族相互通婚，各族之间的血液相互流淌着，如隋唐皇室都出自胡汉的血统而淹有天下。“隋炀帝杨广、唐高宗李渊的母亲，都出自鲜卑人孤独氏。唐太宗李世民生母出自鲜卑人纥豆氏。长孙皇后的父亲、母亲皆鲜卑人。故唐高宗李治，承继鲜卑血统近四分之三，承继汉人血统近四分之一。”[①]这对民族融合起了很大的推动作用。

还有居于北方的契丹人，他们一直“以炎黄子孙自视”。

辽代著名史家耶律俨提出，契丹民族为“轩辕后”[②]，即黄帝的后裔。契丹人和汉人都有自己的政权，然而“夷狄”“契丹”与中原汉人，同出自黄帝，同是黄炎后裔，于是契丹便连上“黄炎”这条总根，与汉人同祖、同源。辽圣宗认为：“上从轩辕皇，下逮周发，皆资师保，用福邦家，斯所以累德象贤。”[③]“轩皇”系轩辕氏黄帝。《圣宗皇帝哀册》里写有，契丹“肇分覆载，建立皇王。德惟善政，邦乃其昌。远则有虞大舜，近则唐室文皇”[④]。“虞大舜”即虞舜。《道宗皇帝哀册》载：“元孙牢让，勉临庶务，难求尧舜之高蹈。[⑤]

隋唐以后民族在追溯血缘所体现的认同心理虽然不如先前那样明显，但仍然时有流露。《金史》卷一〇七有如下记载：

> 辽东宣抚副史完颜海奴言，参诬官王浍尝言：“本朝绍高辛，黄帝之后也。昔汉祖陶唐，唐祖老子，皆为立庙。我朝迄今百年，不为黄帝立庙，无乃愧于汉唐乎？”

王浍是汉人，他认为女真族生黄帝、帝喾系统，主张为黄帝立庙，一方面表现了他对黄帝的尊崇，同时也说明他把女真视为自己的兄弟民族，确信汉族和女真族血统相同，都是出自黄帝。完颜海奴是女真贵族，他把王浍的朝议主动向朝廷转达，表明他也认为汉人女真人出自同一祖先，对王浍的说法不存怀疑。虽然由于朝官张行信的反对，王浍的建议未被采

---

① 王桐龄：《中国民族史》，文化出版社 1933 年版。

② 《辽史》卷 63，《世表》，中华书局 1974 年点校版。

③ 《赐园空国师诏》，载陈述编《全辽文》卷 1，中华书局 1982 年版。

④ 《全辽文》卷六。

⑤ 《全辽文》卷十。

纳，但是王浍、完颜海奴的民族认同心理却得到了充分的体现。

《金史》曾写道："猛安人与汉户皆一家""皆是国人"[①]，这是站在中华民族共同性的立脚点上的一种抒情言志方式。

在中国古代民族融合的进程中，入主中原的许多少数民族通过富有神话色彩的祖先传说，编织了一个又一个向华夏人归复的寻根梦，汉人文人的某些作品，则对少数民族的寻根梦做出回应，弹奏出不少血缘认同曲。

中国古代许多民族的祖先传说都确认本族的华夏血统，把本民族置于中华民族的大家庭之中，这是带有普遍性的倾向。我们如果进一步把史前时代和进入文明社会以后的祖先传说加以对比，还会发现二者之间的微小差异。史前传说在叙述边远地区少数民族的华夏血统时，意在歌颂炎、黄二帝及五帝的功德，向人们展示华夏文化覆盖面的广阔，是向周边扩张的心理张力在发挥作用。进入文明社会后，许多少数民族把自己的祖先追溯到炎、黄二帝或五帝，主要是向中土复归的心理搏动。在他们看来，既然本族是华夏血统，发祥于中原，只是由于历史的原因而徙居边地，因此，如今入主中原也是合情合理的，是流浪汉返回家园做主人。他们对华夏血缘的认同，是为进入中原所造的舆论，对华夏血统的认同认祖归宗，杂居通婚，血液双向流淌，多民族归于同祖、同源、同根的一家人，在文化上高度认同，有利于促成民族融合，构成"中华多元一体"。

各民族都在追求同祖同宗，这是促成东北各民族"车书本一家"的本源。只是近代历史学家们，追随"欧洲文化中心论"的主张，把人群划分成"族"，不惜模糊民族发生本源，只追求其差异，而且加以夸张和对立，进而忽略和谐万邦的文化传统。正如韩愈的《原道篇》上所说："诸侯用夷礼则夷之，进入中国则中国之。"意思是说各族之间的界限不是表现在血统上的隔阂，而更多地表现为文化上的界沟。

① 《金史》卷八十八《唐括安礼传》，《二十五史》，上海书店、上海古籍出版社1975年版。

二 认同“周礼”“汉儒”乃民族生发之道

东北各民族的文化融合，一般有个前提，那就是对对方文化习俗的认同，最初是感觉新奇、好玩，便主动模仿，如服饰、民俗、礼、乐等生活习惯。原本各民族都有自己的礼仪风俗，因为“礼”是文明初始，“礼”需要历史的积淀，众多人共同遵守，这对于游牧民族如脱缰野马般的行为是个束缚，是个规范，也是走向文明的初步行为。

（一）说礼

人类学认为，人类在自然状态，野蛮无度，如无缰的野马，无拘无束，特别是婚姻与性交活动，不避血缘亲。只是在祭祀成熟阶段，才逐渐有所收敛。而回避了野蛮的血性婚姻，或者限制在一夫一妻的制度，才是野蛮与文明的交汇点。这就是“礼”开始进入人类文明。各民族都有不同的祭祀之礼，无论是内容还是形式。不同的民族互有借鉴，这便是认同的萌芽。礼的共同性在于不同的民族都在祭拜“天”“天神”，也就是崇拜自己的祖先。伴随着祭礼的出现，总要有乐和舞，“乐礼”隆重是成为祭拜群体的心仪程度。

中国乃礼仪之邦，“礼”，中华传统文化的重要组成部分。早在殷商时代，就有“玉礼”。“玉礼”也是最早出现在东北辽西一带。“礼”的认同，为民族初步融合的黏合剂。并为秦汉以来汉民族的形成创造了良好的条件。

“礼”是行为的规范和准则，原始的“礼”带有自发性，对人本身行为起到了自我节制作用。周公加工改造后的周礼，被赋予了“德”的内容，且变得规范化、制度化、文饰化，以孔子为代表的儒家加工改造后的“礼”，又变成最高思想境界——“仁”“义”的表征，并使其内涵更加丰满。《庄子·田子方》载：“吾闻中国之君子，明乎礼义而陋于知人心。”由于“礼”具备共通性、差异性和交融性的特征，才使“礼”的认同成为可能。

燕是召公奭的封地，分封前原为商的势力范围，有山戎、北戎等散居其地。召公立国后，“修召公之政”，承继以礼治国的传统。后来周礼文化影响到东北各地。到汉时，那一带少数民族已是“冠弁衣锦，器用俎豆”了。

箕子向武王陈述的《洪范九畴》，其中武王垂问的“彝伦序范”社会规范就是“礼”，箕子悉心陈述的正是调解混乱局面的“礼”，由野蛮走向文明的基因还是“礼”。后来箕子到达乐浪朝鲜实施“八条之教”，也是用殷礼统一安民。

“礼”有这样几个特征：

1．“礼”有共通性。“礼”反映了一个部族、民族的文明程度。大概人类进入父系氏族社会阶段，或者说国家形成的前夕，氏族社会内部产生了诸多文明因素，某些约定俗成的规矩就转变为“礼”。如原始宗教祭祀活动是人类进化到一定阶段的产物，据人类学和考古学的资料证实，有了祭祀活动，就必须有祭祀场所和祭器，随之伴生出祭祀活动的行为规范，即祭礼的产生。如1985年牛河梁发现的大型祭坛。同时，祭礼协调氏族成员内部关系，许多礼节也都陆续出现。如由于氏族部落长的威望对凝聚氏族部落集团发挥了作用，引发出公众对部落长、长老的尊敬之心，就产生了尊老习俗的“共食”之礼，后来演化为乡饮酒礼。再如由于一夫一妻制的出现，与之相呼应的婚礼也就产生。此外，其他一些礼节的起源，也是与一定的生产和生活方式的出现有关。因此，从礼的起源角度来考虑，在人类历史上，各民族都有自己的“礼”。“礼”具有共通性、普遍性。

文献上还有“东夷之乐”“南蛮之乐”和“莱舞”“莱乐”等的记载。这说明，不仅华夏人有礼乐，周边少数民族也有礼乐。

2．礼有差异性。由于各族的经济发展水平相差很大，生产生活方式情况各异，文明程度又有高低之分，因此，给各民族的“礼”带来许多差异，出现了先进与后进之分。当年孔子就指出有“先进于礼乐”和“后进于礼乐”的分野。

把中原与蛮夷戎狄区别开来，由于所处环境各异，各氏族的生活习俗相左，语言不通，嗜欲不同，还有礼仪制度的差异，凡此种种，这是不言而喻的。

3．“礼”有交融性。春秋时期部族、民族之间的界限并不是十分严格的，正如韩愈的《原道篇》上所说：“诸侯用夷礼则夷之，进入中国则中国之。”意思是说各族之间的界限不是表现在血统上的隔阂，而更多则表现为文化上的界沟。可以认为当时的部族、民族尚处于界定不清的状态。由于经济上的频繁往来，军事上的互相攻伐，婚姻上的联姻，再加上迁徙不定，所造成的犬牙交错的居住格局，因此各种“礼”的交融性也就充分地呈现于世。

用先进的华夏之礼去融化后进的蛮夷之礼，这是容易使人理解的。孔子对此颇有感受，他谈道：“吾闻之，天子失宫，学在四夷，犹信。”“语曰：中国失礼，求之于野。”其意是说中原地区“礼崩乐坏”，而周礼早已传播到四夷，在那里保存起来。孔子就曾向往要到箕子之国去，孔子认为来到蛮夷之邦，只要坚持实践“仁”和“行”的标准，不丢弃华夏文化，才算是真正贯彻了“仁”和“行”的思想。可见，“用夏变夷”，既是当时学者们的理想，又是民族融合进程中的现实反映。①

在儒家传统文化中《礼》是最为孔老夫子看重的。“礼”是行为规范准则，原始的“礼”带有自发性，对人类本身的行为起到自我节制的作用。被周公加工改造后的周礼，赋予了“德”的内容。“礼”的内容不只是祭礼，也有尊老爱幼之礼，尊卑揖让之礼，宽容忍让之礼。“礼”的认向与升华，标志人类从野蛮时代进入文明时代。因此，在殷末战乱到周初。民人期望安定的历史阶段，周公之礼，形成周礼，取得周边上百个

① 参见詹子庆《“礼”的认同和民族融合》，《金景芳九五诞辰纪念文集》，吉林文史出版社 1996 年版，第 109 页。

民族的认同，从而融合成华夏民族，而且也向戎狄蛮夷四边扩散，并且取得四边的认同。“箕子于朝鲜，箕子教以礼义、田蚕，又制八条之教”，“使人知禁，遂乃邑无淫盗，门不夜扃。妇人贞信。饮食以笾豆。”[①]可见“礼”是调理开化民众文明之法。五百年后孔子发现文明的发展超越《周礼》，疾呼“礼崩乐坏”。“所谓中国失礼求之四夷者也。”

东北的礼，既有中原礼的干细胞，又有自己个性的“礼”。

北燕和箕子所推行之“礼”，即东北个性之礼，当是殷商之礼，二百年后又补充周礼。如箕子以殷礼对朝鲜半岛进行“八条之教”，使之殷商祖籍地，成为路不遗失，夜不闭户，男不淫乱，女必坚贞，男耕女织，勤俭持家，经济发展，社会安定的东方“君子之国”。箕子以礼安定民心，稳定社会，提升了民族的文化教养，终成礼仪之邦。

东北在魏晋时期成立的地方民族政权，虽然没有文字表明它运用汉儒文化，但在夫余政权长达六百多年的历史中依次归服两汉、辽东公孙氏、曹魏和西晋。夫余人“食饮皆用俎豆、会同、拜爵、洗爵，揖让升降”；“译人传辞，皆跪，手据地窃语。”[②]这些礼仪，均属儒家传统文化，对“周礼”的认同或经过改造，就是对儒家文化的运用。高句丽琉璃王二十八年，夫余王带素遣使对该王说：“国有大小，人有长幼，以小事大者礼也，以幼事长者顺也。今王若能以礼让事我，则天必佑之，国祚永终。不然，则欲保其社稷难矣。”[③]夫余王使者将儒家伦理学说嫁接到国家关系中，要求高句丽就范。可谓对儒学及其文化的具体运用。公孙度以宗女妻夫余王，以该宗女为首的大批汉人随嫁而往，也就生活在夫余人中。晋武帝太康六年（285）诏书中赞誉“夫余王世守忠孝”。由此可知，其世代王已接受传统文化里儒家伦理基本范畴的忠与孝。

---

① 《后汉书·东夷传》，《二十五史》（2），上海书店、上海古籍出版社 1975 年版，第 288—289 页。

② 《三国志·魏志》卷三十，中华书局 1959 年版，第 841 页。

③ 《三国史记》卷十三《高句丽纪》，中华书局 1959 年版。

再以金代为例。要知道，“先前部落”的民族文化习俗也是精华与糟粕并存的，糟粕和陋习不但不能保留，而且要随着历史进程逐渐扬弃的。为了克服野蛮的陋习，保护“勇悍的品格”，金世宗曾说：“朕所以令译《五经》者，正欲女真人知仁义道德所在耳。”[①]为了改变和克服本民族的“野蛮的陋习”，必须以汉文化“礼仪经典”来改变这种局面。礼的认同，对促进民族间文化心理上靠拢、缩小民族间的差距，其作用不可忽视。所以，文化融合，是以汉文化“礼”的认同为前提的。

（二）说儒

儒发自民间。《周礼·天官》云：“儒以道得民。”郑玄注：“儒，诸侯保氏有六艺以教民者。”贾公彦疏：“诸侯师氏之下又置一保氏之官，不与天子保氏同名，故号曰儒。”在西周初年，儒已存在，他们通礼乐射御书数六艺，并以此教民。以此得知，早期的儒是一种民间职业或身份。

《仪礼》《周礼》就是“儒”为周代贵族立身处事而制定的生活准则。

春秋战国时期奴隶制社会正在走向瓦解崩溃，社会面临着巨大的转型，周王室衰微，诸侯坐大，维护奴隶主宗法等级制度的“周礼”遭到极大破坏，强大起来的诸侯们互相争霸，社会处于动荡之中。可谓“礼崩乐坏”。这时候代表各阶级利益的知识分子异常活跃，成为一支重要的社会力量，他们纷纷登上历史舞台，著书立说，提出解决社会现实问题的办法，形成了诸子百家争鸣的繁荣局面。儒家学说的创始人孔子代表着没落奴隶主贵族阶级利益，主张克己复礼，希望恢复社会各阶级复杂的礼仪秩序。他的核心思想是“仁”，仁的含义很广泛，几乎触及社会生活的各个方面，尔后孟子荀子又将仁和儒家思想进一步增加新的内涵发扬光大。

儒，古为术士，《汉书·司马相如传》称：“相如以为列仙之儒居

---

① 《金史》卷八，《世宗纪》，上海古籍出版社 1984 年版。

山泽间，形容甚臞。”颜师古注：“凡有道术皆为儒。”武王克商之后500年后，方有孔子创立儒家学派。又过500年，西汉董仲舒倡导“独尊儒术”，大大提高了儒家的社会地位。汉之后，魏晋南北朝，乃至唐宋元明清，无一例外地奉“儒”为至尊。宋代封孔子为“文宣王”①，影响所及辽金元几朝。宋代学者胡宏称：“《易》《书》《诗》《春秋》，今有其名耳。知之，然后德进业修，而天下可平耳。《易》《书》《诗》《春秋》者，圣人之道也。圣人之道若何？曰：圣人者，以一人理亿兆人之德性，息其争夺，遂其生养者也。”②是说儒学之道，具有平息纷争，归其养生之德也。

由孔子开创的儒家学派，以“仁”为学说核心，以中庸辩证为思想方法，重血亲人伦，重现世事功，重实践理性，重道德修养。具体来说，在天道观上，儒家承继西周史官文化以“天命”与“人德”相配合的思路，宣扬“畏天命，畏圣人之言”，同时又对神灵崇拜做淡化处理，甚至声明“未能事人，焉能事鬼”“未知生，焉知死”，实际上是把超自然的信仰放到了现实人事的从属地位。在历史观方面，它标榜“信而好古”，每每试图恢复“周公之礼”，将捍卫三代典章文物当作自己的神圣使命，同时亦不排斥对不符合时代潮流的礼俗政令加以适当的变通修改。在社会伦理观方面，它以“仁”释礼，把社会外在规范化为内在道德伦理意识的自觉要求。在修身治国方面，它设计出一整套由小及大、由近及远的发展人格和安定邦家的方案，为巩固政教体制提供了切实可循的途径。守旧而又维新，复古而又开明，这样一种二重性的立场，使得儒家学说能够在维护礼教伦常的前提下，一手伸向过去，一手指向未来，在正在消逝的贵族分封制宗法社会和方兴的封建大一统宗法社会之间架起了桥梁。这就是为什么儒学在当时能成为“显学”，以及虽然于变革动荡的形势下显得迂阔难

① 《二十五史·宋史上》，上海古籍出版社1975年版，第5523页。

② 杨柱才：《胡宏、张栻儒学思想研究》，见北京大学国学研究院《国学研究》第15卷，2005年版。

行，而到新社会秩序巩固后又被捧上独尊地位的原因。汉代以后，儒学几经变化，礼教德治的精神始终一贯，从而成为中国传统文化的正宗。①

儒学，中华传统文化的精髓。

儒学在东北已经近三千年了，在诸多民族间取得认同。

一般是以“礼”为先导，乃至于普及，然后是“儒学”跟进和提高。

人类社会生活的发展规律就是这样，不同的社会经济方式、生活方式刺激文化方式的重组，而文化方式的重组，反过来也推动经济方式、生活方式的改变。

公元前37年朱蒙创建高句丽政权。前期，流行多种意识形态。其中，“天道修德”成为其治世思想的核心。该命题虽杂有多种意识形态的因子，但儒家属性占绝对优势，似可归纳在“巫祝之儒”中。高句丽政权惯用“天道修德”诠释问题，解决矛盾，乃至制约包括国王在内的种种行为，对于战争高句丽人一贯坚持的德战……无不体现这种思想。然而天道与修德二者的地位绝非并列，高句丽人越来越重视修德而轻视天道。右辅高辅章提出“作不善则吉变为凶，作善则灾反为福”的命题可以说明这一点。按照这条理论，就是国王也不能为所欲为。这与宗教式的“君权神授”“天命君权论”等相比较，毕竟有别，并高出一筹。

儒家文化对夫余政权的指导作用，并不明显。在高句丽王国长达705年历史中，儒家文化传播和发展跨越第一、二两个时期。在第二时期里，萨满教式微，与此同时，对儒家文化的汲取更加积极主动。按照儒学的要求，推行许多有关这种文化的典章制度。儒家重要范畴“仁”，不仅转化成一些政策，而且还成为评价乃至取舍王国的重要标准。孝与礼已成为该政权治国理民的主要意识形态。②这个民族和王国，不仅有巫祝之儒，而

① 张岱年、方克立主编：《中国文化概论》，北京师范大学出版社1994年版，第85页。

② 参见孟古托力《高句丽王国儒家文化述论》，《黑龙江民族丛刊》2001年第2期，孟古托力：《高句丽“天道修德”及仁孝礼述论》，第71—85页，《中国东北民族与疆域研究》，时代文艺出版社2001年版。

且还有更高层次的教化之儒。

慕容鲜卑相继建立前燕、后燕两个政权。其政治、经济和文化虽不在长白地区，但这两个政权却长期管辖辽东半岛，直至今鸭绿江入海口，与高句丽接壤。也就是说它们的疆域仍包括长白山西南部。这两个政权均以“亲儒”著称。在儒家思想指导下，按照传统，发展经济，安定流民，振兴教育，优待儒士，调整伦理……收到较大的成效。这两个政权，特别是前燕，已经具有儒家所谓“仁德”政治的某些内容。

粟末靺鞨在原高句丽大部分地区建立渤海政权，必然要接受这个地区已发展起来的传统文化之影响。蕴含儒家文化的仁、礼、智、信、忠、孝、诚、德等重要德政标准，常体现在机构、官职、封号、诣号、庙号等称谓和州府县地名中。儒家推行的三皇五帝之世，文武成康之业，圣人贤士之绩，成为渤海学习乃至追求的榜样、目标。日本嵯峨天皇给大仁秀信中称赞渤海国：“信义成情，礼仪立身”“俗传礼乐，门袭衣冠”。[①] 大批留学生、使臣在唐朝学习儒家经典和古今制度。归国后，既是治国理民的人才，又是儒家文化的传播者。以儒治国的措施，渤海已超过前燕、后燕。

儒学之认同，是通达汉人与夷人心灵的桥梁，发展与繁荣农耕与游牧文化的融合之路。

宋文化细腻丰满，但在气魄上远不及汉唐文化气势雄壮。唐太宗李世民以“天可汗”的尊称威慑周边民族，而宋代自立国之始，就为外患所困扰，长期与辽、西夏、金等游牧民族政权相对峙。

鲜卑人拓跋氏在离开嘎仙洞之前，还处于部落联盟阶段，可谓不知礼仪，但对汉人文化早有仰慕。早在漪卢和拓跋力微时代，就对汉士人莫含、燕凤等加以重用。及至拓跋珪改代建魏，除礼聘招纳士人外，甚至用武力办法敦请士人。如清河人氏崔玄伯在被逼依附拓跋珪后，由于极受重视而转向积极支持北魏政权。他建议道武帝拓跋珪以“魏”为国号，

① 金毓黻：《渤海国志长编》卷18《文征》，《社会科学战线》杂志社1985年版。

“从土德，数用五，服尚黄”[①]。道武帝曾问李先：“天下何书最善，何以益人神智？”他回答道：“唯有经书。三皇五帝治化之典，可以补王者神智。”于是道武帝下令收集各州郡的儒家经典，作为治国的方略。[②]又立太学，置博士，开馆授徒多达3000人。继位的太武帝，不仅本人博通诸经，立说著书，而且还下诏说：为了“整齐风俗，示轨则于天下”，“今制自王公已下至于卿士，其子息皆诣太学”。[③]此后如文成帝拓跋浚和献文帝拓跋弘，也都强调要以儒家的“礼”“孝”治国。做到“贵载有章，上下咸序”，严令皇族、师傅、王公侯伯及士民之家，不得与百工、伎巧、卑姓为婚，犯者加罪。[④]

北魏儒学的发展，在高祖孝文帝拓跋宏时达到了新的高峰。孝文帝本人“雅好读书，手不释卷，五经之义，览之便讲，学不师受，探其精奥，史传百家，无不该涉”[⑤]。北魏统治者重视儒学，大大巩固了封建政权，加速了封建化的进程，对于消除民族间的隔阂和偏见起了重要作用，促进了我国历史上第二次民族大融合。

907年契丹首领耶律阿保机建立辽朝。该政权疆域宽阔，它的东京道和东丹国已囊括长白山地区。对于自古以来就是以游牧为经济手段的民族，马上要解决的是意识形态的问题。围绕这个问题君臣上下都有不同的意见。有的意见以佛教为主，有的强调以汉儒为主。英明的耶律阿保机力排众议，他说“佛非中国教”，佛讲究修来世，而儒指导当前。皇太子耶律倍指出：“孔子大圣，万世所尊，宜先。”获得辽太祖欣然赞同，遂决定立即“建孔子庙，诏皇太子春秋释祭”[⑥]。于是儒家文化正成为辽王朝

---

① 《魏书·崔玄伯传》，中华书局1959年版。

② 《魏书·李先传》，中华书局1959年版。

③ 《魏书·世祖纪》，中华书局1959年版。

④ 《魏书·高宗纪》，中华书局1959年版。

⑤ 《魏书·高祖纪》，中华书局1959年版。

⑥ 《辽史》卷72，《宗义倍传》。《二十五史》，上海书店、上海古籍出版社1975年版。

之魂，“尊孔崇儒”成为最基本的国策。

辽朝建立不久，辽太祖在皇太子耶律倍协助下，通过重要会议制定“尊孔崇儒”基本国策。由此儒家思想就成为辽政权乃至契丹族的指导思想和理论基础。其后诸帝，特别是圣宗、兴宗、道宗连续提倡儒家思想，积极更新尚处在游牧、狩猎生产中的契丹族之政治、经济、文化、习俗和心理素质，使儒化程度逐渐加深。辽政权通过俘虏、招诱、扣留来使等办法使中原大量儒士纷纷在东北安家落户。其实，辽朝的中央集权的南面官制、官民关系、重农富民、文化教育、引经言事、尊儒拜圣等制度和习俗，无不表现对传统文化的履践。①至辽后期，契丹已成为“修文物，彬彬不异于中华（指中原）”②的民族。

契丹人重视儒家文化有它的必然性。儒家文化形成于春秋战国的初期，正是殷周“礼崩乐坏”时期，社会上刚刚摆脱奴隶制向着封建主义的转化时期，儒家的“三纲五常”，正是顺应时代，生产资料产生分化，不再是奴隶主和奴隶，而一部分努力转化为平民，自己至高无上的是“王”，这种原始的土地共有意识，演变成：“溥天之下，莫非王土；率土之滨，莫非王臣。”③这和辽的初期是一样的形势。“君为臣纲”“父为子纲”“夫为妻纲”，“齐家，治国，平天下”，“君为臣纲”讲究一个“忠”字，“父为子纲”凸显一个“孝”字，“夫为妻纲”凸显一个“贤”字，从而实现“父子笃，兄弟睦，夫妻和”的局面，不仅减少社会动乱，而且最重要的是还保证产生“两个再生产”，即经济再生产和人口的再生产的正常运行④。这些儒家道理对于平衡、稳定由原始奴隶制转化为封建初期社会的辽朝的君臣关系、家庭关系，起着定心石⑤的作用。从

---

① 参见孟广耀《儒家文化——辽皇朝之魂》的《跋》，哈尔滨出版社 1994 年版。

② 洪皓：《松漠纪闻》，《长白丛书》初集，吉林文史出版社 1986 年版，第 22 页。

③ 《诗·小雅·北山》。

④ 孟广耀：《图家文化——辽皇朝之魂》，哈尔滨出版社 1994 年，第 6 页。

⑤ 《礼记·礼运》。

实用主义的角度，儒家思想自然得到辽代上层社会的拥戴。由于辽代代皇帝都信守“尊孔崇儒”的立国方略，达到“汉契一家，华夷同风”的境地。兴宗耶律宗真“好儒术”，重照十五年（1046），诏都林牙萧韩家奴：“古之治天下者，明礼义，正法度。我朝之兴，世有明德，虽中外向化，然礼书未作，无以示后世。卿可与庶成酌古准今，制为礼典。”[①]这是遵照儒家规法制作典籍。

辽代萧氏几个太后，都是遵循儒家经典培育年幼皇帝有道的人。这里仅举三例。

第一例：景宗逝世不久，年仅12岁的儿子耶律隆绪即位，有其母萧绰太后摄政，萧太后处境十分困苦而又危险，“诸王宗室二百余人拥兵握政，盈布朝廷”。老臣室昉进《无逸》以谏。萧绰嘉奖之。《无逸》出自《尚书·周书》，讲述周公如何培养成王的故事。室昉进《无逸》，其用意就是用儒家思想直接影响萧绰培育辽圣宗，使其深入儒化。萧太后果然像周公那样，悉心培养了辽圣宗。统和十五年（997），圣宗猎于平地松林，太后劝曰：“前圣有言：欲不可纵”“其深诫之”。这不正是在劝告、抑制圣宗的“荒怠”，强调“无逸”吗？统和年间，积极推行“重农政策”“禁刍牧伤稼”，甚至圣宗亲自“观稼”。从中多少能够看到其母子对“稼穑之艰难”的认识。萧太后，不仅是圣宗母亲，也是严格的教师。她常劝告圣宗“宜宽法律”，并且在她的协助下，圣宗“更定法令凡十数事，多合人心，其用刑又能详慎”。这些事实可以说明，萧太后常用《无逸》中的“明德”“慎罚”和“保民”思想教育圣宗。圣宗在萧太后用儒家思想长时间的培养和教育下，效果颇为明显。《圣宗皇帝册》中记载，他能够“去奢从俭”“宝谷务农”“惠养鳏钦恤刑名”“视兆民而如子，敷五教以在宽”。[②]虽然有些过誉，但在圣宗朝的49年，辽朝进入鼎

① 《辽史》卷103，《萧韩家奴传》，《二十五史》，上海书店、上海古籍出版社1975年版。

② 见《辽全文》卷六。

盛时代，他成为该朝九帝中的“英主”。

第二例：道宗大安十年（1094）四月，诏枢密直学士耶律俨讲《尚书·洪范》。《洪范》是《尚书·周书》中一篇重要文章。是商朝大贵族箕子应周武王要求而作。箕子借此向武王呈天地之九种大法，故称“洪范九畴”。其中，第五畴“皇极”是它的中心点，在于强调包括社会秩序在内的宇宙万物，自有攸序。“天子作民父母，以为天下王”也不例外。《洪范》在第六畴“三德”中，提出了国君的某些特权：“惟辟（国君）作福，惟辟作威，惟辟玉食”，其意为，国君可以作福、作威和美食，而别人不能。人们应当按照天意行事，老老实实地拥戴国君，不得有疑心“君权天授”。《洪范·九畴》奠定了“天人感应”思想。有些儒士常常为君主不遗余力地宣扬《洪范》中的“天人感应”说，借以实现自己的抱负，并求取功名利禄。北魏著名文人司徒崔浩给元明帝拓跋嗣讲解《洪范》，元明帝听了叫好不已。辽代开国功臣耶律曷鲁，为使阿保机更快地建国称帝，也对他讲这种理论。很多萨满教巫师尽管没有读过《洪范》，但对“天人感应”却能使用自如，从而得到统治者的青睐。如蒙古汗国初年的万户豁儿赤对成吉思汗就是如此。①可见这种理论的影响之大。

第三例：道宗耶律洪基常请儒家学者讲授《论语》《尚书·洪范》和《五经》大义，并命孙子耶律延禧即后来的天祚帝写《尚书·五子之歌》。②此文虽然不长，但有许多名言，并阐述一些值得重视的道理。如：其一，“民可近，不可下；民惟邦本，本固邦宁”。其意为，应该亲近民众，而不能卑贱轻视；因为民众是国家的根本，根本巩固了，国家才能强大安宁。这是儒家经典中最明显的表示其学说之精华即民本思想的部分。其二，“内作色荒，外作禽荒，甘嗜音，峻宇雕墙，有一于此，未或不亡”。其意为，对内迷恋女色，对外沉于游畋，贪酒，恋歌舞和大兴土木，有其中一项就要灭亡。从反面要求国君必须小心谨慎，完善德行。其

① 见《蒙古秘史》第121节，四部丛书刊本。

② 洪皓：《松漠纪闻》，《辽史》卷55，《道宗纪》（五）。

三，作为国君，平时不注意自己的品德，就要被“万姓仇”。一旦如此，则“将畴依！”即无可依靠。不仅“荒坠厥绪”，而且“覆宗绝祀”。是时，“虽悔可追？”意为追悔莫及。大安四年（1088），延禧14岁。狂妄、贪欲等劣根性已暴露，并似乎定型。对此，道宗非常忧虑、担心。孤独的爷爷害怕他像太康那样失国，故再次向儒家思想“求救”。于是便以《五子之歌》作为训诫，以纠偏补弊。因此说道宗这种做法，不仅怀有复杂的心情，而且具有强烈的针对性和现实性。寿昌七年（1101），道宗卒；孙子延禧即位，是谓天祚帝。天祚所作所为，恰恰严重违反《五子之歌》的旨意。但也非常明显，道宗时期儒学文化水平，在圣宗、兴宗的基础上，有了很大的发展。[①]

经考证，辽人首先推重《十三经》中的《周易》《尚书》《诗经》《论语》，其次是《礼记》《孝经》《孟子》和《左氏春秋》。其余的《公羊传》《穀梁传》《周礼》《仪礼》和《尔雅》受到冷淡。这种取舍是由“经书内容及特点，特别是自身需要而决定的”[②]。辽人对儒家经书这种态度，在包括长白山地区在内的东北诸族可谓典型。金朝也大致如此。比如金代科举考试主要范围是《五经》。译经所将《五经》和《论语》《孟子》译成女真文。尽人皆知，东北诸族的礼仪朴鄙、简单，即使生活在东北各地的汉人也基本如此。古今生活反复证明，没有坦荡胸怀和高尚品质，礼仪、礼貌往往是多余的，常常用以掩饰欺骗、虚伪乃至丑陋。东北诸族对《周礼》《仪礼》所主张的繁杂细微的礼节、仪式，除部分外，多数的兴趣不大。《公羊传》《穀梁传》中多次强调华夏与夷狄的矛盾、界线，表现出亲华夏、斥夷狄狭隘的民族观、正统观，故东北诸族不易接受。《尔雅》带有儒家经书性质，不善于疏传注释的东北人，只好冷淡它了。以上面史实不难看出，长白山地区儒学发展之民族化、地域化之倾向。

---

① 参见孟广耀《儒家文化——辽皇朝之魂》，哈尔滨出版社1994年版，第258—267页。

② 孟广耀：《儒家文化——辽皇朝之魂》，哈尔滨出版社1994年版，第229—257页。

儒家文化涵盖人生、家庭、社会、自然界乃至宇宙许多事物，可谓博大精深。其主要精神反映在早期著作《十三经》中。以少数民族为主的长白山等东北边疆地区，对儒家文化虽然积极汲取，但并非无条件全面地接受，而是接受中有选择，汲取中有发展。东汉末年管宁讲学于辽东时，《诗经》《尚书》是重要的内容。高句丽颇愿读《五经》即《诗经》《尚书》《礼记》《周易》和《春秋》。从渤海《贞孝公主墓志》中可以得知“儒家经典《诗》《书》《易》《礼记》《春秋》和《论语》《孟子》等著作是《墓志》的思想渊源”①，至少渤海某些贵族和儒士研习这些经典。

综上可见，少数民族认同“周礼”与“汉儒”，这是产生民族融合，提升民族素质的基本前提。

三　辽金元清尊儒拜孔已成祖制

孔庙，亦称文庙、夫子庙、先圣庙、先师庙，系奉祀孔子的庙宇。鲁哀公十六年（前479）孔子卒，翌年这位鲁国国王于孔子旧宅建历史上第一座孔庙。汉朝初年，孔庙由家庙、祠堂的性质转化为官庙，政治势力不断介入其中。唐朝之前，全国有据可查的孔庙不多。贞观四年（630），唐太宗“诏州县学皆作孔子庙”②。继之一再强调这种要求，于是在许多州县陆续建立孔庙。但其数量仍不如佛庙、道观多。随着“修身、齐家、治国、平天下”的儒家的国家学说的不断完善和有效的应用，给孔庙加上一道道光环，具有强烈的政治色彩。历朝历代的统治者无不以修筑孔庙来

① 王承礼：《唐代渤海贞孝公主墓志研究》，《博物馆研究》1985年第1期。

② 《新唐书》卷15《礼乐志五》，《二十五史》，上海书店、上海古籍出版社1975年版。

笼络民心，以彰显自身的政治清明。由此孔庙具有超越时代、超越历史、超越地域、超越民族的政治效应。

按照传统文化，孔庙有独特的结构，独特的模式。礼殿亦称大成殿，系孔庙主要部分，供奉先圣先师像。先圣指孔子，坐在正中；先师一般指颜回（复圣）、曾参（宗圣）、子思（述圣）和孟子（亚圣），分别站立孔子两旁，他们是儒家中具有高深学问和高尚品德的老师。大成门又称仪门、戟门，与大成殿相对。大成殿与大成门间建东西两庑，内有诸先圣先儒之牌位，作为“从祀”者。有些孔庙还设有棂星门、泮池、泮桥和魁星楼等。诗人郭浚黄七律《文庙》于民国三年（1914）被林传甲收入《龙江诗选》：

木铎天声百世师，春风化雨圣之时。
大名荡荡推先进，善诱循循觉后知。
阙里衣冠中外灿，尼山礼乐古今宜。
同胞亿兆皆尊孔，暮鼓晨钟警睡狮。[①]

不管这首诗描述黑龙江地区哪座文庙，但文庙对人们的教化作用、启迪功能及人们尊崇敬仰等思想情感都是相通的。

辽金元清尊儒拜孔已经成一种祖制，这是民族的自由选择，从帝王到普通百姓都是自由自愿地选择，以汉文化为社会主体，是自然形成的，已经形成辽金元清各朝的社会风尚。

神册三年（918），辽于上京临潢府皇城西南角国子监北建立的孔庙，这恐怕是东北边疆最早的孔庙。天会五年（1127）金在上京会宁府（今阿城）建孔庙，是为长白山地区的第一座孔庙。蒙古汗国时期，“在岭北行省、和林孔庙设学，延寓士知经者讲授经史”[②]。和林孔庙建筑具体时间不清楚，但不早于1251年。由此得知，设孔庙的时间，北部民族地

① 《郭浚黄咏文庙》，李兴盛、安春杰主编《何陋居集》，黑龙江人民出版社2007年版，第11页。

② 《清实录》卷5，天聪八年八月乙亥。

区至少晚于东北330年。

长白山地区孔庙的许多内容都值得注意。渤海国政治机构及京师格局仿效唐朝。在唐等中原王朝，国子监附近均建有相当规模的孔庙。辽朝上京（今巴林左旗林东镇）的孔庙，可能是东北最早的孔庙。清宁六年（1060），“中京置国子监，命以时祭先圣先师”[①]。由此得知，中京有孔子庙。川州孔庙经金朝延续到元朝。这些孔庙都分布在邻近长白山地区的边缘。天会十五年（1137）金熙宗建孔庙于金上京（今阿城），这是当时长白山地区乃至我国最北的孔庙。金熙宗亲祭孔庙。金熙宗“自是颇读《尚书》《论语》及《五代》《辽史》诸书，或以夜继焉”[②]。元代，兴中府、高州、利州、建州、锦州、开原、辽阳、广宁等地均有孔庙，甚至蒙古贵族封地应昌城、宁昌城也有孔庙。明代，辽东都司所辖辽阳等14个卫所都有孔庙，9个在长白山地区，其余大体在该地区外缘。其中都司治所辽阳孔庙的规模较大，洪武十四年（1381）修建，其后不断补建。内有大成殿、戟门、东西庑、明伦堂、高阁、尊经阁、泮池、棂星门等。

辽金王朝民族意识的强化与中华民族多元一体形成的关系。辽金王朝的统治者没法拒绝汉文化强大内聚力和文化的诱惑，也深知要在汉人地区建立稳固的统治，必须精通汉文化，这导致辽金王朝的国家制度必然要采用中原汉人王朝的制度。由于汉人人口众多，经济、文化发达，汉制很快就在辽金王朝制度中占据了主导地位。在这种国情下，契丹、女真统治者为了保证本民族的统治地位，他们并不排斥汉文化，一方面尊孔、崇儒、推行礼制；另一方面吸收汉族文化的精华发展本民族文化，契丹、女真人都创造了本族的文字，翻译儒家经典，令本族人学习，建立起具有儒家特征的道德规范、伦理纲常的社会文化体系，以实现“富国强民”的目的。在他们积极倡导“儒化”的同时，却力图阻止本族的“汉化”进程。较为典型的是金世宗，他是儒化很深的女真皇帝，被史家称为“小尧舜”。对

① 《辽史》卷3《道宗祀一》，《二十五史》，上海书店、上海古籍出版社1975年版。

② 《金史》卷四，《二十五史》，上海书店、上海古籍出版社1975年版。

于儒家文化与女真文化的关系，他说："女直旧风最为纯直，虽不知书，然其祭天地，敬亲戚，尊耆老，接宾客，信朋友，礼意款曲，皆出自然，其善与古书所载无异。"认为女真族传统文化的精髓与儒学所倡导的伦理纲常是相通的，令女真子弟"习学之，旧风不可忘也"。这与隋唐以前少数民族统治者对本族传统文化的态度截然不同。契丹、女真统治集团并没有因为本民族与汉族的文化习俗不同而有自卑感，他们没有主动放弃本族文化，而是努力吸收汉文化弘扬本族文化，这是少数民族的民族意识崛起、强化的表现，体现"多元一体"的政治局面，这对后来的蒙古族、满族都有一定的影响。

长期以来，孔庙与官学不仅毗邻，而且许多活动紧密结合，故有专用名词"庙学"表示之。这种结合的文化蕴含有待研究，但至少意味着教育方针必须恪守孔子设计的蓝图。孔庙是读书人的神圣殿堂，师生可以参拜孔子，聆听至圣先师的教诲。科举制度实施不久，孔庙又成为育士文化与选士文化的结合点，意义更加重大。

漫长的封建社会里，祭孔是一项隆重的仪式。从凌晨三时始，钟鼓齐鸣，走越唱颂，跪拜进香，跳六佾舞，直至拂晓结束。音乐悠悠，歌声扬扬，舞姿翩翩，香烟袅袅，令人肃然起敬。金代皇帝等祭拜孔庙时，奏唱许多特意创制的歌曲。当升阶之际，唱奏南吕宫《肃宁之曲》，辞曰：

巍乎圣师，道全德隆，修明五常，垂教无穷，
增崇儒官，遹追遗风，严祀申虔，登降有容。①

这充分反映人们对孔子怀有特殊的歌颂崇敬之情。先是四时祭，后是春秋祭即每年春二月和秋八月第一个丁日两次祭祀。各级孔庙由相应官员主祭。皇统二年（1142）二月，在金都上京，熙宗"祭孔子庙，北面再拜""如弟子礼"。退谓侍臣曰，"朕幼年游佚，不知志学，岁月余迈，深以为悔""自是颇读《尚书》《论语》及《五代》《辽史》诸书，或日

① 《金史》卷三十五《礼志八》，《二十五史》，上海书店、上海古籍出版社1975年版。

以夜继”[1]。后金崇德元年（1636），皇太极令建孔庙于盛京，遣大学士范文成致祭。顺治、康熙等皇帝都主持过祭孔仪式。雍正四年（1726）规定：“春秋二祀”，由皇帝亲自主持，并成为定制。[2]于是从中央到地方形成系列性祭孔活动，并且带着明显的政治性。参加者虽不如拜佛者富有群众性，但无疑是儒学信仰者的盛大节日，其严肃性、学术性应当肯定。平日，根据需要，如庙学开课、学子入学等，也开展规模不等的祭祀活动，但远不如法定的春秋二祭隆重。此外，不可随意参拜、游观。带有明显的封闭性。

孔庙象征先师的灵魂、精神等所在之处，集中体现对孔子思想、儒学及其文化的信仰。建筑孔庙、祭孔活动，本来是汉族的传统文化，大体在南北朝时期为少数民族汲取，辽金元清各朝相继继承发展之。

清代至民国间，吉林省夫余、永吉、长春、农安、榆林、梨树、伊通、敦化、通化、磐石、延吉、珲春、德惠和吉林等府市县都建有孔庙。其中，吉林市孔庙最为著名。该庙建于光绪三十三年（1907），后经多次维修，现今占地16354平方米。三进院落，东西辕门、泮池、状元桥、棂星门等建筑都很别致。大成门东有悬钟，西有悬鼓。大成殿巍峨高大，金碧辉煌。内供孔子及四配、十二哲。大成殿与大成门间以东西配庑相连。崇圣殿坐落后院。该庙殿堂规模之雄伟，建筑之精细，工艺之精巧，不仅在东北三省首屈一指，就是在全国也负有盛名。哈尔滨文庙大成殿楹柱上，刊刻乾隆手书一幅：

齐家治国平天下，信斯言也，布在方策；

率性修道致中和，得其门者，譬之宫墙。

从中不难看出这位皇帝“以儒治国”的决心。清朝的各项制度、政策的背后，都有传统文化儒学之凭借。

---

① 毕恭：《辽东志》卷2，《建置》，《辽海丛书》第1册，辽沈书社1985年版，第377页。

② 《清史稿》卷八十四《礼志三》，《二十五史》，上海书店、上海古籍出版社1975年版。

黑龙江省境内，据不完全统计，从金朝直至民国，设置孔庙至少有31座，金朝1座，清朝10座，民国16座，伪满4座。大多数分布在松花江之南的长白山地区。其中，民国年间，在今肇源县的“县城和头台镇各设文庙一处”。一个规模不大，人口不多的县竟有两座孔庙，在边疆地区实属罕见。在黑龙江孔庙中，哈尔滨孔庙以雄伟著称。该庙1929年建成，现今占地23 000平方米，三层院落。有泮池、泮桥、棂星门、大成门、大成殿、崇圣殿、两庑等建筑。布局严整，错落有序，为大型仿古建筑群。

崇儒拜孔，成为祖制，这是东北各民族“车书本一家”的直接体现。

由于对汉儒的认同，南来北往的各民族，从鲜卑氏，到辽金元清历朝历代，都追求“中华一体”“混一天下”“天下一家”“华夷同风”，真是“车书本一家”，“汉家烟尘在东北”了。

四　少数民族的汉儒精英

在文化融合的历史进程中，由认同汉儒受到汉文化滋养，以至融会贯通，不仅达到汉儒的水平，经过雄厚的积累，涌现一大批能通晓汉文化儒家经典的少数民族的儒学精英。一般地，从马背上讨生活的赳赳武夫，到产生出能用汉语从事创作的文人队伍，要经过五十年到一百年时间的积累，要通过三代人的民族融合才能实现。

在民族大融合的大潮中涌现一批又一批精通汉字汉文化的少数民族作家，如建立北魏政权的鲜卑拓跋氏魏孝文帝元宏，辽圣宗耶律隆绪，道宗懿德皇后萧观音，以及耶律楚材；元世祖忽必烈时代的廉希宪和不忽木，廉希宪是维吾尔族人，不忽木是高昌族后裔；金世宗完颜亶，海陵王完颜亮；清代康熙、乾隆、纳兰性德、岳端等，都是精通汉字汉文化能诗能文的作家。在少数民族作家周围聚集一批汉族作家，在汉族作家周围聚集一批少数民族作家，各民族作家之间互相学习、互相融通、互相切磋，彼此唱和，共同提高，达到完善的和谐。

相继入主中原的少数民族，在称帝之前就已经在一定程度上与汉文化融合了，吸纳汉文化诸多因素，以契丹人为例，耶律阿保机在称帝前就多用汉语，自称“吾解汉语，历口不敢言，惧部人效我，令士兵怯弱敌也”[①]。耶律阿保机精通汉语，说明契丹与汉族融合得比较深。辽清宁（1055—1064）初年，萧惠之女萧观音，立为懿德皇后。萧观音这时已经是能用汉文字写作汉诗的诗人了。萧观音有多篇诗作传世，气势恢宏，豪迈雄健。其一《君臣同志华夷同风应制》：

虞廷开盛轨，王会何其深。到处承天意，皆同捧日心。
文章通蠡谷，声教薄鸡林。大禹看交泰，应知无古今。[②]

据《辽史·道宗纪》所载，清宁三年（1057）八月，辽道宗耶律洪基以《君臣同志华夷同风应制》诗进皇太后。耶律洪基原诗已佚，萧观音的这篇作品就是当时应制唱和时产生的。她充满民族自豪感，对统一大业满怀信心。诗人把契丹王朝和传说时代的虞舜朝廷相提并论，由盛大的朝会联想起周代王会陈列各方珍宝的情景。萧观音对契丹王朝有美饰之词，作品却写得刚健豪迈，和男性诗人的同类诗歌在风格上没有什么差异。她的另一首《伏虎林应制》诗更是气势非凡：“威风万里压南邦，东去能翻鸭绿江。灵怪大干俱破胆，那教猛虎不投降。”[③]关于伏虎林的来历，《辽史·营卫志》记载甚详：“永州西北五十里，尝有虎据林伤害居民畜牧。景帝领数骑猎焉，虎伏草际，战慄不敢仰视，上舍之，因号伏虎林。”伏虎林是契丹人果敢性格的见证，是最能体现游牧雄风的地方。那里是契丹

---

① 《旧五代史》卷一三七，《二十五史》，上海书店、上海古籍出版社 1975 年版。

② 《全辽文》卷三。

③ 《全辽文》卷三。

人的猎场，每年秋季都要在此地进行狩猎活动。王鼎《焚椒录》记载，清宁二年（1056）八月，辽道宗在伏虎林狩猎，嫔妃从行，命萧观音赋诗，她脱口而出，道宗称她为女中才子。这首诗气势磅礴，格调高亢，充满英雄气概，绝非一般女性作家能够写出，是民族融合时期文坛上出现的新气象。

辽圣宗耶律隆绪（971—1031）精通音乐，又从事文学创作，他除了写诗，“又御制曲百余首”[①]。显然，辽圣宗所制作的曲，是配合乐调演唱的长短句，是既别于诗又不同于词的作品。

懿德皇后萧观音曾创作《回心院》十首，第一首是这样的：

扫深殿，闭久金铺暗。游丝络网尘作堆，积岁青苔厚阶面。扫深殿，待君宴。[②]

《回心院》在字数和句式上很像《忆江南》词，但《忆江南》结尾是五字句，《回心院》则是两个三字句；《忆江南》押平声韵，这首《回心院》却是押仄声霰韵。《回心院》共十首，作为同一词牌来说，它的韵脚或用平声，或用仄声，一般比较固定。相反，时用平声，时用仄声，这种情况却极其罕见。《回心院》在语言形式上和曲接近，同时它又能配合乐调演唱。据王鼎《焚椒录》载，《回心院》写成后，被之管弦，“诸伶无能奏演此曲者，独伶宫赵惟一能之”。萧观音就是因为让赵惟一入殿演奏《回心院》，结果被耶律乙辛等人中伤，招致杀身之祸。由此可见，《回心院》的曲调和常见词调不同，以至于除赵惟一外其他伶人无法演奏。总之，《回心院》对词有很大突破。萧观音（1040—1075），工诗能文，自制歌词，尤擅长弹奏琵琶。她的《回心院》尽管还保留一些词的痕迹，但和同期北宋词相比已有很大差别，是词到曲的过渡状态。

自从1115年阿骨打称帝以来，时间才过25年，帝位传至金熙宗完颜亶，他的汉文化程度较高且只与汉人文人接近，已经是一位能用汉语从事

---

① 《契丹国志》卷七。

② 《全辽文》卷三。

创作的诗人了，“亶幼而聪达，贯综经业，喜文辞威仪，早有大成之量，太宗深所爱重。所与游处，尽文墨之士”[①]。至于后来海陵皇帝完颜亮，更是一位出色的诗人。“一咏一吟，冠绝当时。”[②]女真人汉化的速度之快，是别的民族无法比拟的，这可能与金代加速社会转型，不久就灭亡了北宋，有大批汉儒文人，被俘掠到北方，最早受到儒学文化的熏陶，加快了汉化的进程。金熙宗完颜亶就是在汉儒直接的熏陶下成长起来的汉儒的一位。对此，史书记载甚为明确：

熙宗自为童时聪悟，适诸父南征中原，得燕人韩昉及中国儒士教之。后能赋诗染翰，雅歌儒服，分茶焚香，弈棋象戏，尽失女真故态矣。[③]

视开国旧臣，则曰无知夷狄；及旧臣视之，则曰宛然一汉户少年子也。……旧日元勋将相多疏摈，而骨肉之间，邪心始起。[④]

女真人入主中原二十年之后就产生出自己的首批汉儒文人，这在其他少数民族那里是见不到的，这是因为其他北方民族没有遇到女真人那样的历史机遇。

民族融合造就出一大批志趣高雅的文人。金代完颜璹，是金世宗之孙、越王永功之子，是著名的女真人作家。完颜璹虽然是贵族成员，却过着寒士般的生活。据刘祁记载，完颜璹平易近人，“举止谈笑真一老儒，殊无骄负之态。后因造其第，一室萧然，琴书满案。”（《归潜志》卷一）曾阅读《资治通鉴》三十余过，对于上下三百年中国历史的政治兴衰、得失成败之道烂熟于胸，被称为“北方小尧舜”。完颜璹抛弃豪华生活而甘于寒素清淡，表现出和多数贵族成员迥然不同的人生追求。由此可见，民族融合大潮中成长起来的少数民族文人，多数都具有高洁的品格，

① 《大金国志》卷十二。
② 《大金国志》卷十五。
③ 《大金国志》卷十二。
④ 《大金国志》卷十二。

从他们身上可以看到道德的升华，人生高层次的自我实现。

完颜琦的作品虽然深受汉文化传统的影响，却也镌有本民族的印迹，字里行间流露出对于女真人古朴纯直遗风的向往和追求。他没有数典忘祖，而是一直眷恋着白山黑水的故乡。如《梁园》一诗：

一十八里汴堤柳，三十六桥梁苑花。

纵使风光都似旧，北人见了也思家。

在昔日汉梁孝王游赏延宾之地，完颜琦不能像唐代诗人李白“醉舞梁园夜，行歌泗水春”那样放浪形骸，不管汴京的景色如何迷人，也冲淡不了女真人思念祖宗兴邦之地的感情。又如《思归》：

四时唯觉漏声长，几度吟残蜡烬釭。

惊梦故人风动竹，催春羯鼓雨敲窗。

新诗淡似鹅黄酒，归思浓如鸭绿江。

遥想翠云亭下水，满陂青草鹭鸶双。

完颜琦，不愧为金代第一位汉儒大诗人。

民族融合时期各族文人追求高尚的道德情操，这种理想在创作中化为皎洁的艺术境界，他们的作品散发出清新的气息。耶律楚材是契丹文人，辽东丹王八世孙，生活在金元之际，元太宗朝拜中书令，号湛然居士。王邻对他评价甚高：“中书湛然有天然之才，如宝鉴无尘，寒冰绝翳。”耶律楚材的作品都是冰清玉洁，未受世俗污染。得到元太祖成吉思汗的重视，正是因为耶律楚材博学多才，精通汉儒汉文化。

有清一代，涌现精通汉儒的文人就更多了。

1616年，清太祖努尔哈赤称帝，顺治十三年（1656）传谕：“今天下渐定，朕将兴文教，崇儒术，以开太平。”[①]他鼓励大臣们，希望他们训督士子，博古通今，本身也要留心于学问。到了顺治十四年（1657）又称“我国家之兴，治兵有法。今八旗人民，怠于武事，遂至军旅隳敝，不

① 《清史稿》卷五。见《二十五史》，上海书店、上海古籍出版社1975年版。凡本书所引二十五史方面资料均系本版本。

如曩时。皆由限年定额考取生童，乡会两试，即得录用。及各衙门考取他赤哈哈番笔帖式，徒以文字得官，迁转甚速，以故人乐趣之，其一切停止。”[①]顺治皇帝因八旗子弟出现弃武修文趋向，国家武备受到削弱，因此暂停科举，实际是对满人汉化的抗拒。到了康熙时情况才发生根本变化。康熙本人是个读书种子，汉化程度很高，对科举制表现出很高的热情。除坚持正常科举考试外，又开设制科，天子亲试以选异才。康熙十七年（1679）诏书称：“一代之兴，必有博学鸿儒振起文运，阐发经史，以备顾问。朕万几余暇，思得博通之士，用资典学。其有学行兼优，文词卓越之士，勿论已士未士，中外臣工，各举所知，朕将亲试焉。”[②]第二年，即康熙十八年（1679）三月，召试体仁阁，凡143人赐燕，并亲览试卷。康熙不仅希望大臣们能成为“博学鸿儒”，而他率先垂范，能诗能文，成为一代“博学鸿儒”的皇帝。

清代最著名的汉儒学士当属纳兰性德。

纳兰性德，原名成德，生于顺治十一年（1654），满人，其始祖却是蒙古人，土默特，后来土默特灭了纳兰部，遂以纳兰为姓，不久举族迁往叶赫，清代晚期的叶赫那拉氏，便是慈禧太后。所以有人以叶赫为纳兰性德的故里。

纳兰性德，为有清一代开辟词学的第一人，开一代词风。梁启超评价他的词“容若小词，直追李主”，意思说纳兰性德在词坛的价值与李后主李煜相当。

刘熙载《艺概·词曲概》称：“《太和正音谱》诸评，约之只清深、豪旷、婉丽三品。”上面提到的十位少数民族文人的作品，贯云石、刘庭信属于豪旷品，其余八位都可划入清深品。所谓清深，指的是清新、幽深，体现了作家皎洁的品格，也代表了元代少数民族文人普遍的审美追求。王国维《人间词话》在论述满族文人纳兰性德的词作时写道：“纳兰

① 《清史稿》卷五《二十五史》，上海书店、上海古籍出版社1975年版。

② 《清史稿》卷六《二十五史》，上海书店、上海古籍出版社1975年版。

容若以自然之眼观物，以自然之舌言情。”由此出入中原，未染汉人风气，故能真切如此。况周颐《蕙风词话》卷五对纳兰性德亦有类似评语：“其所为词，纯任性灵，纤尘不染，甘受和，白受采，进于沉着浑至何难矣！”他们的评论在一定程度上触及了少数民族文人的特质，但概括得不够十分准确。纳兰性德虽为满人成员，却是生于东北，生活在中原，未染汉人风气是不可能的。可贵之处在于他保留了北方游牧民族原始天性中那些纯洁美好的因素，同时又吸收中土传统文化的精华，因此形成了清澄洁净的人格和作品风格。

恩格斯在谈到欧洲民族大迁徙时写道：“凡德意志人给罗马世界注入的一切有生命的东西，都是野蛮时代的东西。的确，只有野蛮人才能使一个垂死的文明中挣扎的世界年轻起来。”①

凡是成为儒学名士的少数民族作家，绝不是简单重复汉人儒士的风格，而是注入“夷蛮”野性的新鲜血液，激活了几乎僵死了的儒学风范，使中华传统文化激活了新的亮点。不仅是文学样式产生了词、曲，也在叙事方式、文学风格方面有了很大改观。这也是东北汉文化促进民族融合、滋养民族作家的历史功绩。

① 《马克思恩格斯选集》第 4 卷，人民出版社 1972 年版，第 153 页。

第七章　汉文化滋养了东北各民族

汉文化对各民族的滋养，并不是主动地向别人输出，而是各民族自愿地选择，主动地接受，如深山挖宝，主动抢在手中，而滋养，总是慢慢地熏陶，如春风化雨，润物无声。我们都生活在一定的文化环境之中，如同阳光与空气，有些时候是不容你抉择的。

若知道，文化的力量是威力无穷的，如同滴水可以穿石一样。

一　以汉晋文化为底蕴的高句丽王国

中国发生过许多次民族大迁徙，他们是自觉自愿的，他们分别从五千年的时空中成长壮大，从东北的时空中，一路走来，一路兼并弱小民族，创建了一个又一个庞大而雄伟的帝国。但他们有一个共同的特点，当他们起身离开自己穴居的山洞的时候，都没有自己的文字，也没有自己的历史，他们都是接受了汉字文化的滋养，才成就其辉煌伟业，在汉文化的长河中，留下了他们的创造和辉煌的印迹。

在东北历史上第一个留下辉煌的就是公元前1世纪的高句丽王国。

自从高句丽王城王陵及贵族墓葬被列入世界文化遗产名录以来，立刻在东北大地上掀起高句丽文化研究热潮，但在高句丽文化急剧升温的背后，是一个何等神秘的空间？

（一）神圣的碑石文化

号称“海东第一碑”的集安《好太王碑》生动地证明，其所展现的丰富而又璀璨的高句丽文化，从书法到碑文，从形式到内容，均以汉魏晋文化为其活跃的“生命空间”，不仅文字尽用汉隶及魏草，而且叙述方式语言方式全用汉语语序。“高句丽王国，不仅使用汉字、汉文记事，而且还使用汉字语音标记高句丽民族语言的语音。”[①]其奥秘就在于全面继承了汉文化，而又保持了民族特色。（详见本章第四节）

（二）绚丽的墓室壁画

再看被誉为“东北亚艺术宝库”的高句丽壁画墓（位于吉林省集安地区），那里展现了中国古代东北文化独特的品位。

高句丽政权始建于公元前37年，早期高句丽壁画墓却出现在此后300多年。壁画再现了高句丽贵族家居、饮宴、歌舞、百戏、出猎，画中出现了长白山森林中常见的虎、鹿、野猪、狍子、熊、兔子、雉鸡之类。还有许多战争的场面。有一幅“攻城图”相当精彩，城门外，两位将军身披铠甲，乘坐披甲战马，挺枪举刀相战。角楼下，两个步卒滚抱于地，城墙上一人伏窥交战情况。人物形象逼真，栩栩如生。堪称绘画中的珍品。

公元6世纪至公元7世纪，匠人们开始以修凿平整的花岗岩为四壁，直接在石壁上作画，色彩效果非常艳丽，属于工笔重彩。现存集安市高句丽古墓“五盔坟”四号墓藻井壁画，内容多被朱雀、玄武、青龙、白虎“四神”所占据。此外还有伏羲女娲、黄帝神农、仙人、僧侣、道士等，表现

① 徐德源：《中国高句丽史》序，吉林人民出版社 2002 年版。

了汉魏儒、佛、道的综合性文化。从集安高句丽墓壁画的内容以及技法来看，与辽东郡以及山东魏晋壁画墓别无二样。如壁画中的墓主人坐在挂着帷帐室内的情形，同辽东晋代壁画墓形同，其中“出行图”也是魏晋以来样式，而墓画中妇女的头饰也很可能是魏晋时代所流行的“缓鬓倾髻”。至于伏羲女娲、黄帝神农以及朱雀、玄武、白虎、青龙“四神”，早已是春秋战国时期普遍被华夏人崇拜的神祇；其中莲花纹的出现，表明了佛教艺术已经在高句丽被接受。墓画所呈现的丰富多彩璀璨斑斓的高句丽文化艺术，全面继承了汉文化艺术内容及其表现手法，墓主人着白袍，表明了高句丽人尚白的民族特点。

冉牟墓书法，一例流利汉字隶书；角觝墓壁画的角觝图，即是汉角觝游戏图；三足乌与后羿射日图；《山海经》中的伏羲女娲图、夸父图、洞庭神怪图、弄蛇巫师图、双蛇交尾图；月中蟾蜍、狡兔捣药；制铁制轮图；四神墓中青翠的忍冬；五盔坟墓的牛首神农；方相氏图；菩提树、五女拜佛图；神奇的藻井：龙、凤凰、乘龙仙人、夏后启、祝融、驾鹤仙人；西王母、钻木取火；仓颉造字、蚩尤操蛇，附有“蚩尤徽铭”等各类图像三百多幅。分明是中国历史文化的丰富的宝库，刻在石碑上的，画在墓穴里的，是想留传千秋万代，就是铁证。①

最后再看“朝鲜德兴里高句丽壁画墓”，德兴里壁画墓，位于平安南道大安市德兴里的舞鹤山南麓。德兴里壁画墓最引人注目的，是内容颇为丰富的壁画以及写在壁画上的六百多个异常珍贵的汉字。墓主人名镇，做过建威将军、辽东太守、幽州刺史。在西壁处，画着墓主人幽州刺史在男女群侍的侍候下，坐在花纹绚丽的华美帷帐内。在他们旁边写有向墓主人幽州刺史“来朝贺时”或“来论州时”的字样。在上段和下段的最前面，各画了一名向刺史报告太守来朝的同事吏，并在第一位太守之间，写下“此十三郡属幽州，部县七十五，州治广蓟，今治燕国，去洛阳二千三百

① 详见吴广孝《集安高句丽壁画》，山东画报出版社 2006 年版。

里，都尉一部兵十三郎”①。这充分说明，高句丽汉化的深度和广度，已经深入人的灵魂。

这样说仅仅是接受汉文化的“影响”，仍然具有轻描淡写的权力色彩，已经很不实际了。从中国传统的上古神话、传说，经典秘籍，三皇五帝，三坟五典，儒、道、释，应有尽有，全面传承，历历在目，这不是影响，这就是汉文化铺就，打底。高句丽身居“北燕朝鲜方言”区，“耆旧自谓与句丽同种，言语法俗大抵相类”②。并不是仅仅熏染、滋养，应当说汉文化就是血液，就是灵魂；这就是经过高句丽人生活过的演绎过的保留高句丽个性的汉文化。

（三）说汉语、读汉书、习汉字、写汉诗，发自内心

公元前11世纪，就有周武王“封召公于燕”，“封箕子于朝鲜”之论。燕、朝鲜与汉四郡，乃是后来与高句丽叠合之地。燕国于辽东郡经略800来年，箕氏在朝鲜统治四十一代800余年。而汉开辟朝鲜四郡，汉人经略乐浪、玄菟等四郡又400多年，经2000年历史积淀，深深埋下了汉文化的种子。当高句丽王313年占领四郡之地时，尚有30余万汉民同时加入高句丽。2000余年的汉地汉人，直接载负着汉文化的传播使命。

显然，在高句丽人的生活空间里，高句丽王们习惯于使用汉字汉语，没有把汉字看成单纯的语言符号，汉字文化的先进性，体现在它所呈现的思想性、观念性，正是由原始奴隶制向封建制发展过程中所亟待解决的思想与观念；儒家国家学说的实质是以“礼”治国，是维护封建宗法一体制的工具，繁荣经济生产力的法宝。其直接原因：一是有大量汉人在其生活之中，必用汉语汉字。汉人参与高句丽的文化建设有四种来路：1. 燕地及汉四郡时期原有的汉族居民大约30万人（高句丽原有居民9万户，不

---

① 据朝鲜《历史科学》1979年第3期刊载的金勇南《关于新发现的德兴里高句丽壁画墓》一文编译。

② 《后汉书·东夷传》卷十，中华书局1973年版。

过45万人）融入；2. 随朱蒙南迁而加入者；3. 因躲避战火、劳役而迁入者，汉末以及西晋八王之乱而流离到高句丽的汉人民众，数量无法估计。仅北魏征伐北燕，尽得冯弘东迁及和龙汉民迁入50万之多。就这样，高句丽就成为中原汉人的避难所；4. 因战争抢掠者居多。历代高句丽王，都惯于以战争掳掠大批汉民，是作为资源和财富的掠夺，处于宽厚容纳的政策。汉人成倍地增长，不仅增加了劳动力，加速了经济开发，而且也扩充了兵源。因此，汉人在高句丽区域发展为多数民族，到公元660年前后，高句丽人口只有120万，而汉人人口却是130万。二是以汉字所体现的思想为自己的思想，以汉文化意识形态为自己的意识形态。社会生活的方方面面都深深烙上中原农业社会文明的印记，如祭祀农业神祇灵星、社稷，丧礼，服礼，婚姻多与中原相类①。高句丽没有年号，连纪年都用天干地支的汉历。三是从族源上说又没有语言障碍。高句丽族的起源，有多种说法：夫余说、秽貊说、炎帝族系说，最有权威的说法是含有一定的汉人的血统。《后汉书·东夷传》说高句丽一名貊，又说秽人，又有汉人，"耆旧自谓与句丽同种，言语法俗大抵相类"②。因此高句丽人使用汉字没有感到少了什么民族自尊。

高句丽人具有独特的爱汉字、读汉书的习惯。《旧唐书》上载："至于衡门厮养之家，各于街衢造大屋，谓之扃堂，子弟未婚之前，昼夜于此读书习射。其书有《五经》及《史记》《汉书》、范晔《后汉书》《三国志》、孙盛《晋春秋》《玉篇》《字统》《字林》；又有《文选》，尤爱重之。"扃堂就是学校，将扃堂设在居民区内，便于普及教育。不仅以儒家《五经》四史，就连某些字书韵书也成为基本教材，应当说，这是十分完备的学校教育，由贵族直达民间，说明汉文化普及的程度。从大量文献记载和考古资料都说明，高句丽人写诗著文、铸印刻铭、表文律令，尽皆用汉语汉字，而且贯穿于高句丽28代王朝的整个历史。20世纪80年代初

① 姜维公：《历代汉族移民对高句丽经济的影响》，《东北史地》2004年第3期。

② 《后汉书·东夷传》卷十，中华书局1973年版。

期，在集安东明考古发现一颗高句丽自造铜印，上有“癸亥年正月中”汉隶阳文，正是高句丽人使用汉字最早的证物。据《三国史记》载，大武神王十一年（28）采用左辅乙豆智之计谋退汉兵时，曾“贻书”于汉将，这“书”自然用汉字写成。相传高句丽曾有《留记》一书，当用汉字无疑。[①]

高句丽人努力掌握汉文化，还有一个原因，高句丽王都主张高句丽人与汉人通婚，首先是王室通婚。朱蒙之子琉璃王就娶汉人为王妃，其后故国原王的母亲即美川王王后周氏，也是汉人，足见在高句丽王族中流淌着诸多汉民族的血液。高句丽王还启用大量汉人为官，充其近臣。甚至可以说，高句丽政权是与汉人相融合的复合政权，只是史书失记而已。至于说高句丽人对汉文化掌握的程度，他们酷爱汉诗，热情地投入诗词创作。像著名高句丽将领乙支文德的五言诗《遗于仲文》、定法师的《咏孤石》，就是流传至今的名篇。第二代王琉璃王也是著名诗人。琉璃王类利的爱妃名雉姬，“汉人之女也”。王后乘琉璃王不在家，大骂雉姬，雉姬不堪忍受，回了娘家。琉璃王闻讯骑马追赶，追至板石山下，劝她还宫，雉姬执意不归，琉璃王非常沮丧，见树上黄鸟嬉戏，触景生情，便作《黄鸟歌》：

翩翩黄鸟，雌雄相依；
念我之独，谁其与归？

这首《黄鸟歌》比兴达意，声情并茂，读之不禁催人泪下。《黄鸟歌》至少说明三个问题：一是汉女雉姬家居很近，此地就有汉人与高句丽杂居；二是按高句丽严格尊卑等级，琉璃王不发震怒以武力相逼，而是作歌动之以情，平等相待，说明对汉女雉姬特别尊重，对汉诗的抒情力特别信赖；三是琉璃王熟读《五经》，追索《黄鸟歌》题材、风格之源，在诗之总集《诗经》之中，《秦风·黄鸟》《小雅·黄鸟》诸首，都有黄鸟内容。琉璃王深得《诗经》的妙处，而且能随机应用，思维得体，语言平

---

① 刘子敏：《高句丽历史研究》，延边大学出版社1996年版，第109页。

实，感情浓烈，信手拈来，便入佳境，如此娴熟地掌握汉语言文字，虽汉人文人学士，也未必可比。

高句丽人能够这样全面地传承汉文化艺术，往往要靠汉人直接帮助才行。比如，高句丽音乐歌舞，本来是艺术中的强项。但汉武帝在朝鲜设置四郡时，曾经赐给高句丽“鼓吹伎人”，实际是几位音乐家。这些音乐家便把舞蹈、音乐、乐器及其演奏方法传授在这里。高句丽人的乐器中的笛、箫等无疑都是来自汉文化。华夏—汉人的长袖舞，传授给高句丽，经过改造成为高句丽舞蹈中的重要内容。到大唐去演出，得到李白的热情赞许，有诗赞《高句丽》：

金花折风帽，白马小迟回。

翩翩舞广袖，似鸟海东来。

事实说明，在高句丽文化繁花似锦的背后，始终有汉文化支撑其“生命空间”，如果没有汉人汉文化的作用，高句丽人就不可能有文化上的如此辉煌，反过来说，高句丽文化艺术的辉煌成就，也极大地丰富了中华民族的文化宝库。

二　盛唐文化所滋养的“海东盛国”

公元7世纪，社会发展产生了渤海政权。渤海不仅模仿唐的州府县制，而且也出现了不少城郭。城郭的出现晚于燕约上千年，这是国家政权性质的体现。在物质文化方面，达到很高水平。成为东北东部地区较早出现城郭的国家。如他们的上京龙泉府，就周约30里，足见这个国家的规模。

渤海本属肃慎族系的一个民族，为什么其发展速度比起肃慎快得多？我们从文物遗存中不难发现一个道理：因为渤海的上层人物，熟悉先进的唐的典章制度、熟悉唐的先进文化，他们习用汉字，也长于诗文。唐代大诗人温庭筠《送渤海王子归国》诗中云："疆里虽重海，车书本一家。盛勋归旧国，佳句在中华。""车书本一家"是渤海文化与大唐文化高度融合的表现。由于渤海首先在文化上发生了突变，致使它在公元7世纪很快从奴隶制社会转到封建制社会，成为当时东北大地疆土最大，发展最快，文化最发达的国家。

历史学家王承礼先生说："渤海是我们伟大祖国以汉族为主体的多民族史册中的重要篇章。"①公元698年粟末靺鞨人大祚荣在牡丹江上游，以现在敦化为中心自立了震国，公元712年，唐睿宗册拜大祚荣为左骁卫员外大将军、渤海郡王，并以大祚荣统辖地区为忽汗州，加授忽汗州都督。从此去靺鞨号，专称渤海，列入唐朝版图辖区。正体现了唐太宗的"自古帝王皆贵中华，贱夷狄，朕独爱之如一，故其种落皆视朕如父母"的思想精神。渤海前后经历了十五个国王，于公元926年被辽太祖耶律阿保机大军攻陷，历经229年，大体与唐朝相始终。从大祚荣始，容纳靺鞨族各部落以及汉人、夫余人、高句丽人、突厥人等，经过200余年不断发展与融合的历史过程，形成了新的民族共同体——渤海族，政治势力比较强大，被誉为"海东盛国"。

公元7世纪末，正是北方各民族纷争杂斗期间，大祚荣为什么能成功地独树一帜于长白山地区200余年？一方面，有处于封建鼎盛的唐王朝的全力支持，另一方面，渤海历代王都倾心尊崇唐王朝，以汉唐文化支撑起民族的生存与发展空间。渤海大氏集团，积极学习汉唐文化，从政治体制、宗教信仰到儒学、文学、艺术、建筑等，推动了渤海封建制度的确立与发展，推动了渤海社会的政治稳定、经济发展。大祚荣是向唐朝学习的

---

① 这是王承礼《渤海简史》开篇第一句，黑龙江出版社1984年版。本节所用资料，皆系该书。

开启者，武王大武艺，尽管在突厥的支持下曾和唐王朝发生过武装冲突，但时间短暂，规模较小，大武艺在位18年，却派遣朝唐使23次，“常习华风”，已成为渤海贵族的社会习尚。第三代王大钦茂在位56年，形成了学唐高潮。渤海社会的封建制度在大唐文化的支撑下得到了确立，其社会政治、经济、文化都得到了迅速的发展。

渤海国的六部名称分别为忠、仁、义、智、礼、信，与唐的吏、户、礼、兵、刑、工完全对应。只是六部长官不称尚书而称卿。从六部的名称可以看出，都是从儒家所倡导的六种美德而起的名字。可见儒家思想对渤海影响之深远。号称“海东盛国”的渤海的政治体制，完全模仿唐朝封建制度，全以《唐礼》为尊。唐有五礼：吉礼、宾礼、军礼、嘉礼、凶礼，五礼始行完备。儒家以礼治天下。渤海贵族，以唐礼做准绳，进一步树立起封建贵族等级制度的社会秩序和道德规范，建立起渤海国家的政治体制，大体上建立了三省六部十二司七寺一院一局十卫的体制。为加强统治，掌握唐礼，在朝贡手续、外交礼仪等多方面，恭谨事唐。这样才使渤海能在复杂的斗争环境中保持200多年的岁月。

渤海礼俗。

金毓黻《渤海国志长编》记云：渤海之先出于勿吉。勿吉之俗，其地下湿，筑城穴居，屋形似冢，开口于上，以梯出入。佃则耦耕，车则步推，饮能至醉。俗以人溺洗手面。头插虎豹尾，善射猎。礼制可考者，有男女婚姻之制，跪拜之礼。初，勿吉之俗，男子以豕皮为裘，妇人布裙。初婚之夕，男就女家，执女乳为定，乃为夫妇。洪皓《松漠纪闻》记云：男子多智谋，骁勇出他国右，至有三人渤海当一虎之语。

渤海贵族文人多擅以汉文写汉诗，撰写的书、表、牒、状，一般都是唐初流行的骈体文，体式符合要求，对仗比较工整，叙事层次清楚，状物传神，文笔流畅。虽是应用文章，与唐朝同类文章相比，不差上下。再从《贞惠公主墓志》和《贞孝公主墓志》来看，都是典型的骈体文，通篇句式活泼，行文多样，语言跌宕，顿挫有致，骈偶讲究，用典贴切，辞藻华丽。通篇是记述、赞美和悼念两个公主，宣扬的却是儒家的封建伦常，妇德女仪，三从四德，是一篇浸透了儒家封建道德观念的作品。从墓志能看出渤海文学家对儒家经典十分娴熟，上至《尚书·尧典》，下至唐初四杰，信手拈来，无不脱化而成。碑文语序，思维方式，所表现出来的文学造诣，与汉文人相比也不逊色。因此，渤海作为唐朝册封的藩国，其国王在政令称谓方面取唐朝“亲王、公主”等级是符合唐朝律令制度的，也是符合自己相应的等级身份的。同时，渤海王“其命曰教”也是从另一个侧面反映了渤海以汉语作为官方语的历史真实。

历史学家孙秀仁、干志耿先生认为：“在渤海境内只能把汉语作为公认的约定俗成的官方语言和时尚语言”，“汉语、汉字成为唯一可以沟通渤海境内各族的语言和文字”。这里，突出了汉语的优势地位，而且在通用语方面甚至用了“唯一”一词。朱国忱、魏国忠先生认为：“随着渤海政权的逐步封建化，汉语的地位与影响也在不断上升，终于成为整个社会的通用语之一”，“在这些语言中，靺鞨语作为主体民族的语言而处于优势的地位”，“当时，靺鞨语无疑作为官方正式用语而得到广泛使用。然而，汉语的地位及应用却在不断上升和增长，并随着‘唐化’的渐进而成为官方用语”。

渤海与高句丽一样，都没有本民族文字，通用汉字汉语。各民族的统治集团都认识到使用汉字，对于发展社会经济、巩固政权具有巨大的凝聚力。汉字汉文化在形成渤海民族共同体的意识形态中支撑着生命世界。

高句丽文化、渤海文化，实际早已不只属于高句丽、渤海，它应属于中华民族文化，只不过是以高句丽、渤海文化个性命名而已。

三　自觉在汉文化中崛起的契丹与女真

研究民族史的专家注意到，汉文化虽有强大凝聚力，但汉文化不能输出，从来没有强制别人接受，所谓“滋养”，那是慢慢地渗透，也不是强力灌输。居于东北各地的少数民族，主动接受并且运用哪种文化是他们的自由，在汉人失去政权的时候，汉人没有办法强力推行汉文化，接不接受汉文化，那是各民族自己的事，只有甘心情愿地接受，才能自觉地成为一种溶入血液的意识形态，才能构成文化的支撑力。在北方，在东北，自觉自愿地接受汉文化滋养而崛起的民族，是中古时期的一个巨大潮流，不在少数，这里仅分析几个。

（一）雄踞北方的大辽帝国

公元10世纪，契丹人首先用武力统一了中国的北方，建立了庞大的大辽帝国。聪明的契丹统治者懂得，要巩固这个政权就必须接受汉文化的滋养。在汉文化强力支撑下，终于使得大辽国势稳步成长壮大，雄踞祖国北方。

辽宁师范大学史学教授田广林先生，在研究辽西古文化的时候，对辽代二百年的主动接受汉儒文化滋养、国力发展、历史上所做出的贡献充分肯定。他说：辽王朝是契丹人在我国北方地区建立起来的一个中国传统的草原帝国。它以西辽河地区为统治中心，称雄北方200多年，辽朝取得的历史业绩，至少可以概括为如下三点：

第一，辽朝是一个国力雄强，文质彬彬的文明大国，在它立国期间，使历史悠久、高度成熟的中原文化推进普及了广大的北方草原地区，并通过草原通道，把先进的中国古代文明成果传播到了世界各地。如果说，虞夏商周以来，中原地区对中国传统文化的形成和发展有着特殊贡献的话，辽朝则对中国文化乃至东北汉文化的域外传播，有着独到的功绩。辽朝以后，东北亚、北亚、西亚、中亚乃至欧洲的一些国家和民族，泛称中国为

“契丹”，其道理即在于此。

第二，辽朝是一个幅员辽阔、民族众多的多民族国家，由于它的出现，一方面使广大的北方各族加强了对中国传统文化的认同感；另一方面也消减了北方汉人对草原民族的偏见，这就使得战国以来形成的长城南北各族在文化上、心理上的隔阂趋于消减，从而为后来统一的中华民族的形成打下了坚实的基础。

第三，辽朝是一个声教远披的中国主权国家，由于它的拓展和经营，使我国北方的疆域得到了重要的发展和巩固。虽然晚清以来，我国北方的疆域版图不断减缩，但辽朝的开拓之功不可埋没。

可以说，辽朝的业绩，代表了周秦以来中国北方地区历史文化发展的最高水平。从文化传统上说，辽太宗灭亡后晋之际，导致中国传统文化大规模北向移植事件的发生，秦汉以来积累形成的中华典章、图籍以及包括代表帝统正宗的传国玉玺在内的各种仪仗文物，悉数北归辽朝，契丹帝国从此自认为获得了中华帝统正宗地位。从南北关系上说，辽朝的南缘边境，已经跨越今天的京津地区，从此，中华国家长期南北并峙局面开始出现了重要转机，即迅速朝着统一方向发展，而统一的主动权，一直都在北方。经过辽、金、元、明、清历代的努力，最后在东北兴起的满族长驱入关，统一了全国，长城南北界限从而消失，中华民族最终形成，中华国家由此实现了真正意义上的统一。

综观西辽河地区近万年以来的历史文化发展全程，可以看到，从兴隆洼文化到夏家店下层文化，本区的早期农耕时代经历了长达4000年的持续发展过程。此间，本区与我国其他各大区系的同期古文化发展相比，具有文明起步较早，文化发展序列相对完整的特点。这一带在中国由旧石器时代向新石器时代过渡之际，有着独立发展的历史轨迹；在中华文明诞生的前夜，率先出现了文明曙光；在中华三代文明以中原地区为中心获得重要发展之际，有着明显的内聚趋同迹象，被苏秉琦结论为“先行一步”的前导地位。战国以来，由于东胡和匈奴的先后崛起，中国历史出现了中原农耕文化与北方游牧文化长期互存并立的局面。由于气候环境变化的波动和社会动荡导致的人口流动，辽河地区曾出现了辽代200年农业垦殖和社会政治、经济、文化发展的高峰，并由此导致本区生态环境和社会历史出现了新的重大变迁。生态环境与古代居民对于土地利用方式二者之间的双向互动作用，是本区近万年以来生产方式发生的周期性变化以及生态环境发生的几度破坏、几度恢复的根本机制。[①]

（二）汉文化滋养的女真人创建金朝盛世

关于东北少数民族接受汉文化的问题，国外学者提出了异议，可是少数民族掌管地方政权的情况下，谁有能力强加给他们呢？事实上，自从公元5世纪鲜卑人从大兴安岭即翦伯赞所说的“中国历史上寂静的后院”走出，遂成百年南下，主动靠近汉文化，追求“正统”以来，到公元10世纪契丹人建辽，11世纪女真人建金，这些英主都主动接受汉文化的熏陶和滋养，到了中古已经成了不可遏止的潮流。

大凡两种文化相碰撞，因好奇，便增加一定的吸引力，总想翻译过来。如果，仅仅是将汉文化翻译成女真文化，那要经过女真文化的风情、习俗“过滤”，但“过滤”后的汉文化已经不是“纯真”的汉文化了，已经是女真化的汉文化了。女真的首领们不满足于“过滤”后的汉文化，而要得到纯真的汉文化，那就得首先将自身转变成“汉化的女真人”，必将是思想意识观念形态的转变。这将是一个历史身份的转变。

以金朝为例：金初，还处在奴隶制上升时期，骤然而起，势如狂飙，阿骨打起兵的年代还处于没有民族文字，结绳记事，口述历史，从组成部落联盟到建立封建王朝，只有70年左右，从起兵反辽到麾师入汴，不过12年半。一股“一统中华”的强烈欲望，激励着女真皇帝的激情，如此迅速地从僻处东北一隅到奄有发达地区的半壁河山，俨然成为一代中国封建王朝，是先行的北魏和继起的元清都比不上的。但是，一个民族、一个国

① 田广林：《中国东北西辽河地区的文明起源》，中华书局2005年版。

家、一个人种，其最终意义不是军事的、地域的、政治的，而是文化的。如果不是过早地认同了汉字汉文化，毫无疑虑地启用汉人政客，金代能如此迅速地发展，是绝不可能的，也与金初几个开明的皇帝为了尽快地急切地“丢掉其‘蛮夷’本质”，尽心竭力倡导、奋发激进学习汉儒文化有关。历史又一次说明，人民是创造历史的动力，开明的皇帝，善于利用历史机遇，抢占文化先机，也可以创造历史的。同样由于金人的决定因素，只能以摧枯拉朽之势，攻占汴梁，这支劲旅却不能越过淮河半步。苏联学者沃罗比约夫对他们的实践做了精确的概括：“中国之所以是文明中心，是因为他比别人更好地掌握了儒家学说；而四邻之所以为‘蛮夷’，只因为他们没有掌握这种学说。他们一旦懂得这个学说，便会丢掉其‘蛮夷’本质，……在汉化和掌握儒家学说之后才能变成中国王朝的”[①]道理。为了克服野蛮的陋习，维护“勇悍的品格”，金世宗说：“朕所以令译《五经》者，正欲女真人知仁义道德所在耳。”[②]

金代比之辽代更重视吸收与融汇汉文化。天眷三年（1140），立孔子庙于上京，金熙宗亲往参拜。“自是颇读《尚书》《论语》及《五代》《辽史》诸书，或以夜继焉。”[③]金代最初几个皇帝全面推行汉官制度，极力笼络汉人知识分子，全面推行儒家思想和治国主张。连用汉人左企弓、刘彦宗、韩企先等先后为宰相，执掌军政大权。金世宗曾说：“丞相韩企先，本朝典章制度多出斯人之手，……前后汉人宰相，无能及者。”[④]这些汉人大部分出身仕宦，知法度，懂礼仪，熟悉经典制度，且博学多才，通晓经史，对金政权的稳定与发展起了巨大内聚作用。这里关键是金人掌握汉文化，并不是仅仅停留在“交流工具”的层面，而是真诚

① ［苏］M. B. 沃罗比约夫：《女真人与金国》，见《契丹女真辽金史译文集》，吉林文史出版社 1990 年版，第 135 页。

② 《金史》卷八《世宗纪》，《二十五史》，上海书店、上海古籍出版社 1975 年版。

③ 《金史》卷四《熙宗纪》，《二十五史》，上海书店、上海古籍出版社 1975 年版。

④ 《金史》卷七八，《二十五史》，上海书店、上海古籍出版社 1975 年版。

用作充实血液、改变灵魂的意识形态，那就是彻底汉化女真人。到金世宗发觉丢失了女真本性的时候，为了恢复，想力挽狂澜，却为之晚矣。

对此，《金史》的编纂者有过生动的评价：“金用武得国，无以异于辽，而一代制作能自树立唐宋之间，有非辽世所及，以文而不以武也。”[①]元代初期，人们曾以“金以儒亡”说来解释金朝的亡国原因。本书对此的理解是：其一，女真人的汉化改变了他们质朴的民族传统，养成懒惰奢靡的生活作风，使这个民族最终走向衰落；其二，女真人的汉化彻底销蚀了其传统的尚武精神，使得这个昔日强大无比的马上民族在蒙古人的铁蹄下变得不堪一击；其三，历史决定一切的不是军事的，政治的，而是文化的，但文化毕竟是软实力，文明的软实力终于抵挡不住野蛮的军事冲击。

对此，刘浦江先生在《女真的汉化道路与大金帝国的覆亡》一文中有精到的论述，其中侧重论述了女真人主动接受汉文化滋养的过程。

对于金朝的汉化程度，前人多有评说。清人赵翼亦谓“金源一代文物，上掩辽而下轶元”[②]。人们一般认为，若论汉化之彻底，大概没有哪个朝代可以和北魏相比，但宋人真德秀说：“金国有天下，典章法度文物声名在元魏右。”元初郝经称此说“为不刊之论”，谓金朝“粲粲一代之典与唐、汉比隆，讵元魏、高齐之得厕其列也”[③]。如此高度的评价，说明金朝的汉化程度的确给宋元时代的人们留下了极为深刻的印象。

金建国之初，女真人十分质野，一般都不通汉语、不识汉文，故多以契丹人或汉人为通事，洪皓《松漠纪闻》卷上谓“金国之法，夷人官汉地

① 《金史》卷一二五，《文艺志上》，《二十五史》，上海书店、上海古籍出版社1975年版。

② 《廿二史劄记》卷二八“金代文物远胜辽元”条。

③ 见郝经《陵川集》卷三〇《删注刑统赋序》，又同书卷三二《立政议》亦云：“真德秀谓金源氏典章法度在元魏右。”但我在真德秀《真文忠公文集》中未能查到这句话的出处。

者，皆置通事”，说的就是金初的情形。然而曾几何时，女真人已非复吴下阿蒙。大定间，参知政事梁肃上疏“论生财舒用八事”，其一曰“罢随司通事”[①]。说明当时女真人已经普遍会汉语，不用随身翻译。当然，接受汉文化最快、汉化程度最深的首先是女真上层社会。

金朝诸帝中，自熙宗以下都具有相当高的汉文化素养。熙宗就是一个典型的汉化女真人，关于他对汉文化的态度，《大金国志》有一段极生动的描述：“熙宗自为童时聪悟，适诸父南征中原，得燕人韩昉及中国儒士教之。后能赋诗染翰，雅歌儒服，分茶焚香，弈碁象戏，尽失女真故态矣。视开国旧臣则曰‘无知夷狄’，及旧臣视之，则曰‘宛然一汉户少年子也’。”[②]从这段记载来看，熙宗的汉化背景可以用汉人儒士的影响来解释，《大金国志》说他自幼“喜文辞，……所与游处尽文墨之士”[③]，这种生活环境决定了他的文化选择。《金史·熙宗纪》记有这样一件事：一次将帅奏捷，群臣纷纷赋诗称贺，熙宗看后说道：“太平之世，当尚文物，自古致治，皆由是也。”这就是他的文化主张。熙宗（1119—1149）可算是金朝第一代汉化女真人，他在位时期进行的汉制改革，显然与他本人对汉文化的态度是大有关系的。

海陵王完颜亮与熙宗的汉化程度相当，史称他自幼“好读书，学弈、象戏、点茶，延接儒生，谈论有成人器。……嗜习经史，一阅终身不复忘，见江南衣冠文物朝仪位著而慕之”[④]。当时人对他的汉文化修养津津

① 《金史》卷八九《梁肃传》，《二十五史》，上海书店、上海古籍出版社1975年版。

② 《大金国志》卷一二《熙宗孝成皇帝》（四）。关于熙宗的汉化程度，金朝方面文献缺乏详细的记载，《大金国志》的这段史料取资于《三朝北盟会编》卷一六六绍兴五年正月十三日所引《金虏节要》，又佚名《呻吟语》（《靖康稗史》之六）中也有类似的描述。《金虏节要》的作者是南宋归正人张汇，《呻吟语》的作者曾随徽钦二帝北迁，他们的记载应该是值得信赖的。

③ 《大金国志》卷九《熙宗孝成皇帝》（一）。

④ 《大金国志》卷一三《海陵炀王》（上）。

乐道，宋金人笔记中就常常称引他的诗词。[①]海陵王的文化取向充分表现在他的政治举措之中，在他在位期间确立了金朝的汉地本位政策，他之所以发动侵宋战争，则是因为他具有强烈的正统观念。海陵王曾对臣下说过这样的话：“天下一家，然后可以为正统。”[②]这分明是中国大一统王朝的政治伦理观念。

比起熙宗和海陵王来，金朝中期女真统治者的汉化程度显得更加深入，其中最具代表性的是显宗和章宗。显宗允恭是世宗太子，章宗、宣宗之父，未及嗣位而早卒，章宗即位后上庙号为显宗。据《金史》说，允恭是一位醉心于儒学的女真少年，他被立为皇太子后，“专心学问，与诸儒臣讲义于承华殿。燕闲观书，乙夜忘倦，翼日辄以疑字付儒臣校正”[③]。生当金末的刘祁对允恭备极称赞，说他“读书喜文，欲变夷狄风俗、行中国礼乐如魏孝文”[④]；又说他“好文学，作诗善画，人物、马尤工，迄今人间多有存者”。元人王逢题允恭《百骏图》云：“金家武元靖燕徼，尝诮徽宗癖花鸟。允恭不作大训方，画马却慕江都王。”[⑤]这首诗对允恭过分沉溺于汉文化不无讥讽。与熙宗和海陵王那些第一代汉化女真人所不同的是，允恭这一代人几乎已经完全丧失了本民族的文化传统。世宗曾有一次告诫允恭和诸皇子说：“汝辈自幼惟习汉人风俗，不知女真纯实之风，至于文字语言，或不通晓，是忘本也。”[⑥]太子太保完颜爽也对允恭说过

① 见《归潜志》卷一、《桯史》卷八《逆亮乱怪》《夷坚支景志》卷四《完颜亮词》。

② 《金史》卷一二九《佞幸传·李通传》。《二十五史》，上海书店、上海古籍出版1975年版。

③ 《金史》卷一九《世纪补·显宗纪》。《二十五史》，上海书店、上海古籍出版社1975年版。

④ 《归潜志》卷一二“辩亡”。

⑤ 《梧溪集》卷五《金世宗太子允恭〈百骏图〉为舒德源题》。《知不足斋丛书》本。

⑥ 《金史》卷七《世宗纪》（中）。《二十五史》，上海书店、上海古籍出版社1975年版。

这样的话："殿下颇未熟本朝语，何不屏去左右汉人，皆用女真人？"[①]可见允恭对于本民族语言已经很生疏了，不过他倒是曾经让他的儿子们学习过女真语和女真字。大定十九年（1179），允恭选派完颜匡教诸皇孙，时"宣宗、章宗皆就学，显宗曰：'每日先教汉字，至申时汉字课毕，教女真小字，习国朝语。'"[②]金世宗一向反对女真人全盘汉化，矢志弘扬民族传统，积极倡导学习女真字、女真语，允恭之所以要让宣宗、章宗学习女真文化，主要就是因为世宗的缘故。世宗曾对臣下说过："东宫不知女真风俗，第以朕故，犹尚存之。"[③]知子莫如父，世宗这句话道出了允恭对汉文化和女真文化的真实态度。

在这样一种家庭环境中长大的章宗，自幼受到汉文化的熏陶，其汉学根底之深厚，更要胜出他父亲一筹。金人对他的评价是："章宗天资聪悟，诗词多有可称者。"又云："章宗聪慧，有父风，属文为学，崇尚儒雅，故一时名士辈出。"[④]日本学者外山军治认为，若论中国式的教养，章宗在金朝历代皇帝中堪称首屈一指，甚至与汉天子相比也毫不逊色。[⑤]这种评价并不夸张。元人有一种说法，谓"帝王知音者五人：唐玄宗、后唐庄宗、南唐后主、宋徽宗、金章宗"[⑥]，可见章宗是何等样人！章宗偏好宋徽宗的瘦金体，书法专学徽宗，笔迹酷似，以至后人难分彼此。现藏大英博物馆的顾恺之《女史箴图》古摹本，图卷左端书有《女史箴》。一则，明清以来诸画谱均认定为宋徽宗手书，后来经过外山军治氏仔细辨识，才确认它出自章宗之手（文中"恭"字缺笔，外山氏认为系避章宗父

① 《金史》卷一九《世纪补·显宗纪》。《二十五史》，上海书店、上海古籍出版社 1975 年版。

② 《金史》卷九八《完颜匡传》。《二十五史》，上海书店、上海古籍出版社 1975 年版。

③ 《金史》卷七《世宗纪》（中）。《二十五史》，上海书店、上海古籍出版社 1975 年版。

④ 《归潜志》卷一二"辩亡"。

⑤ 外山军治：《章宗书女史箴——传顾恺之女史箴图卷》，见《金朝史研究》附录六，第 670 页，同朋舍（京都），1979 年版。

⑥ 《辍耕录》卷二七"燕南芝菴先生唱论"。

允恭之讳）。[1]这使我们想起了宋人的一则传说："金章宗之母，乃徽宗某公主之女也。故章宗凡嗜好书劄，悉效宣和，字画尤为逼真。金国之典章文物，惟明昌为盛。"[2]但据《金史·章宗纪》和《后妃传》的记载，我们知道章宗的母亲是女真徒单氏，可见宋人的这种传说是靠不住的；不过从上面谈到的情况来看，宋人之所以会有这样的传说，该不是无缘无故的吧。

女真帝王的汉化程度可能有一定的特殊性。就整个女真上层社会的情况而言，至金朝中后期，接受汉文化也已经成为一种普遍的社会风尚。从某些女真人的名字中就可以看到对儒学的崇尚，如宗室完颜宗浩字师孟，"孟"者孟子也；又如世宗朝的名相纥石烈良弼，还有一个不大为人所知的名字，据《金史》本传，纥石烈良弼在海陵朝曾"借秘书少监为宋主岁元使"，而《建炎以来繫年要录》卷一六五绍兴二十三年十二月庚辰条载："金主使宣奉大夫尚书右丞蔡松年假户部尚书，与广威将军秘书少监兼行右拾遗赫舍哩师颜来贺来年正旦。"这里说的"赫舍哩师颜"就是纥石烈良弼（清人辑本将"纥石烈"改译为"赫舍哩"），"颜"者颜回也。

关于女真贵族热衷乃至沉湎于汉文化的情形，在金朝中后期文献中多有记载。刘祁说："南渡后，诸女真世袭猛安、谋克往往好文学，喜与士大夫游。"[3]这说的是宣宗以后的情况，此时女真人的汉化程度已经相当深入，刘祁指出的这种现象想必是很普遍的。我们不妨举出几个典型的例子：

完颜弼，盖州猛安人，护卫出身，宣宗朝累官知东平府事。"弼生平

① 见前揭外山军治:《章宗书女史箴——传顾恺之女史箴图卷》,《金朝史研究》附录六，第 670—675 页。

② 《癸辛杂识》续集下"章宗效徽宗"条。

③ 《归潜志》卷六。

无所好，惟喜读书，闲暇延引儒士，歌诠投壶以为常。”[1]

完颜陈和尚，金末名将。“雅好文史，自居侍卫日，已有秀才之目。”后在军中，从经历官王渥“受《孝经》《论语》《春秋左氏传》，尽通其义。军中无事，则窗下作牛毛细字，如寒苦一书生”[2]。

虎邃，女真纳邻猛安。“虽贵家，刻苦为诗如寒士。喜与士大夫游。初受学于辛敬之，习《左氏春秋》。后与侯季书交，筑室商水大野中。恶衣粝食，以吟咏为事，诗益工。……甚有唐人风致。”[3]乌林荅爽，女真世袭谋克。刘祁称其“风神潇洒，美少年。性聪颖，作奇语。喜从名士游。居淮阳，日诣余家，夜归其室，抄写讽诵终夕。……其才清丽俊拔似李贺”[4]。

最典型的例子也许莫过于完颜璹。完颜璹是世宗之孙，越王允功之子。史称其潜心学问，“日以讲诵吟咏为事，时时潜与士大夫唱酬”[5]。据说其“家所藏法书名画，几与中祕等”。元好问对他极为推崇，说他“于书无所不读，而以《资治通鉴》谓，驰骋上下千有三百余年之事，其善恶、是非、得失、成败，道之如目前，穿贯他书，考证同异，虽老于史学者不加详也”[6]。据元好问说，完颜璹“读《通鉴》至三十余过”，与蔡珪、萧贡并称为金源一代《通鉴》名家。

关于一般女真民众的汉化情况，尽管金朝文献里缺乏详细的记载，

---

① 《金史》卷一〇二《完颜弼传》。

② 《遗山集》卷二七《赠镇南军节度使良佐死节碑》。

③ 《归潜志》卷三。

④ 刘祁（1203—1250），字京叔，号神川遁士。山西大同市浑源县人。出身书香门第，父亲刘从益是金朝官员，自小就是个神童，随父亲在任所读书。后成为太学生，屡试不第。元兵入汴京，亲历战争之残忍，从汴京辗转回到故乡浑源，把专房取名“归潜”，写下了所见所闻，取名《归潜志》，共十四卷，卷一至卷六为金朝著名人物（如：赵秉文、杨云翼）传记。

⑤ 《金史》卷八五《完颜璹传》。《二十五史》，上海书店、上海古籍出版社1975年版。

⑥ 《遗山集》卷三六《〈如庵诗文〉序》。

但我们仍可以从某些迹象中明白无误地看出整个女真社会的汉化倾向。对于普通女真百姓来说，自然谈不上有多少儒家文化的直接影响，“汉化”主要表现在生活习俗这样一些比较浅近的层面。金朝中期以降，女真人改汉姓、着汉服的现象越来越普遍，世宗、章宗时期曾屡次下诏加以禁止。大定十三年（1173）五月，“禁女真人毋得译为汉姓”[①]。说明此时女真人改用汉姓的情况已经比较常见了。大定二十七年（1187）十二月，朝廷再次颁布如下禁令：“禁女真人不得改称汉姓、学南人衣装，犯者抵罪。”[②]此次禁令规定了严格的处罚措施，《金史》卷四三《舆服志》（下）云：“初，女真人不得改为汉姓及学南人装束，违者杖八十，编为永制。”这大概就是大定二十七年的禁令内容。章宗时也多次颁布过类似的禁令。明昌二年（1191）十一月，“制诸女真人不得以姓氏译为汉字”；泰和七年（1207）九月，“敕女真人不得改为汉姓及学南人装束”。尽管如此，却根本无法阻止这种社会风尚的蔓延。至金朝后期，几乎所有的女真姓氏都有相应的汉姓，据陈述先生统计，金代女真人译改的汉姓共计59个。[③]尤其耐人寻味的是，金朝自入主中原后，对黄河以北的汉人（包括南人在内）始终坚持薙发左衽的政策，即强令汉人改从女真之俗，而就是在这样的情况之下，女真人纷纷改着汉人服饰，虽屡禁而不止，可见女真社会的汉化委实是大势之所趋。

估计金朝的汉化程度，还有一个值得注意的问题，这就是女真统治者汲汲于“德运”的正统观念。五德终始是中原王朝国家的传统政治学说，女真统治者大概是从金朝中期开始接受这种观念的，《金史·世宗纪》有大定三年（1163）十二月丁丑举行腊祭的记载，而丑日腊祭是金德

---

① 《金史》卷七《世宗纪》（中）。《二十五史》，上海书店、上海古籍出版社1975年版。

② 《金史》卷八《世宗纪》（下）。《二十五史》，上海书店、上海古籍出版社1975年版。

③ 陈述：《女真汉姓考》，见《金史拾补五种》，科学出版社1960年版，第155—178页。

之征。[①]又大定十五年（1175）册封长白山册文云："阙惟长白，载我金德。"[②]说明世宗时已确定本朝德运为金德。后来章宗朝和宣宗朝两度讨论德运问题，最终改金德为土德，这是金朝历史上的一件大事。

金朝统治者之所以如此看重德运，是因为自海陵王确定汉地本位政策之后，女真人即已自视为中原王朝，并进而全盘接受了中原王朝的正统观念。不仅如此，从金朝后期重议德运的结果中，我们还可以体察到某种很微妙的心态。当时朝廷百官对于德运问题大致有三种意见，一是承唐土德为金德，二是承辽水德为木德，三是承宋火德为土德。从《大金德运图说》所载章宗谕旨来看，他对这几种意见似乎没有什么偏向，然而据元好问说，吕子羽"在史馆论正统，……谓国家止当承辽，大忤章庙旨，谪西京运幕"[③]。实际上，章宗的真实态度是主张继承北宋的火德，最后确定金朝德运为土德，就正是遵从了他的意见。揣度章宗的本意，无非是认为正统在宋而不在金，只是他不便公开承认这一点罢了；由此说明了一个问题：章宗完全是站在中原王朝一边来考虑问题的，他的立场是内华外夷。与此极为相似的是清高宗乾隆的态度，乾隆题《大金德运图说》曰："夫宋虽南迁，正统自宜归之宋。至元而宋始亡，辽金固未可当正统也。"[④]同样也是一个北族王朝，却偏不承认辽金为正统，其出发点和金章宗是完全相同的，只不过清朝的国情与金朝不同，乾隆毋须有金人的那些顾虑，因而可以坦率地表明他的意见。

到金世宗时代，曾下令恢复女真民族文化。复兴民族文化的一项重要任务，就是大力倡导人们学习和使用女真语、女真字。世宗时曾一度

---

① 《太平御览》卷三三引《魏台访议》，谓金德"以酉祖丑腊"，即酉日举行祖祭，丑日举行腊祭。王应麟《小学绀珠》卷一《律历类》"五运"亦同。

② 《大金集礼》卷三五"长白山封册礼"。

③ 《中州集》卷八《吕子羽小传》。

④ 见《大金德运图说》卷首，台北商务印书馆影印文渊阁《四库全书》本，第648册，第309页。

要求世袭猛安、谋克必须学习女真字，“凡承袭人不识女直字者，勒令习学”；金代中叶，世宗和章宗为挽救女真民族传统而采取的种种措施终究未能阻止女真人的全盘汉化，这场女真文化复兴运动不得不以失败而告终。下面提到的两件事情，标志着章宗最终放弃了维系民族传统、遏止女真汉化的努力。一个标志是泰和六年（1206）宣布允许猛安谋克户与州县民户自由通婚。此举意味着金朝政府撤除了阻挡女真人汉化的最后一道屏障。女真人的汉化方向在熙宗和海陵时代就已经决定，金朝中期，汉化已是大势所趋，世宗和章宗不但无法改变这一方向，甚至不能减缓汉化的速度，因此他们的努力基本上是徒劳的。以女真字为例，尽管世宗、章宗时代曾千方百计地提倡和推广女真大小字，但种种迹象表明，这种民族文字在金源一代使用并不普遍。目前已经出土的契丹大小字的碑刻材料多达数十种，并且近年还不断有所发现，其中多数为墓碑志铭；而金代的女真字碑刻材料总共只发现了五种，其中竟没有一方墓志。这说明在金朝的女真民间社会中，女真字始终没有得到普遍的应用，可能很少有人用女真字来撰写墓志铭。金启孮曾撰文《女真的文字和语言》[①]认为，由于女真字比较机械地借鉴汉字和契丹大字，使它不适合于表达音节字，造成了文字体制与民族语言之间的矛盾。这大概也是女真字始终不太普及的一个原因。

从金朝初年至世宗大定初年，这是女真汉化道路中最关键的一个阶段。熙宗和海陵两朝对汉文化无保留地接受，决定了金朝的汉化方向。至世宗大定初，无论是从政治体制的层面来看，还是从文化观念的层面来看，金国与中国传统的王朝国家已经没有什么根本的差异。姑且以大定三年（1163）十二月丁丑行腊祭一事作为这个阶段下限的标志，这意味着金朝已接受中原王朝的正统观念，基本完成了从北族王朝到汉化王朝的转变。从章宗泰和末年至金末，这是女真族走向全盘汉化的阶段。金朝后期猛安谋克制度的崩溃，打破了女真人与州县汉人之间的藩篱，给女真人

① 见《社会科学战线》1986 年第 1 期。

的汉化创造了更加有利的条件。在金朝统治者保存民族文化的努力失败之后，女真族的彻底汉化成为不可避免的结果。①

历史说明，汉化契丹人和汉化女真人主动接受汉文化的滋养，均成为一代一代的英主，构建“多元一体”的政治格局，推进了中华民族的历史进程。

四　辽金元清的政权属性

东北汉文化最大的功绩莫过于滋养了从东北走出而入主中原的辽、金、元、清几个王朝政权，构成中华民族五千年文明史上的独特景观。

（一）辽代官设两制，为汉人留有空间

辽金元清，他们建国第一要考虑的是如何使各民族都和谐共处。辽代出现藩汉分治的政治雏形，“以国制治契丹，以汉制待汉人”，成为历代契丹帝王遵循的方针。辽的地方官实行南北分制，给汉人留有足够空间，这一是因汉人人数众多，二是因汉文化地位之高。

设北面官和南面官制度。分设南北宰相府，枢密院。

北枢密院执掌契丹军政，视同兵部；南枢密院执掌民政，视同吏部。北枢密院由契丹贵族担任，南枢密院参用汉官。南北枢密院成为辽代统治的最高行政机构。当时没有严格的民族界限，契丹人视汉人、渤海人、女真人通为汉人。

圣宗统和十七年（999），以韩德让（后赐名耶律隆运）兼总南北两

① 刘浦江：《女真的汉化道路与大金帝国的覆亡》，原载《国学研究》第7卷，北京大学出版社2000年版。

枢密院事，总揽辽朝军政大权。甚至制造“华夷同风”的文化氛围。

辽代又有“四时捺钵”体制。辽统治者为了不忘传统的游牧生活，分四季举行游猎。“捺钵”，即建立一座行宫。

辽代四位皇帝到长春州春捺钵，持续近百年。从辽太平二年（1022），辽圣宗耶律隆绪率文武百官第一次来长春州（白城市洮北区城四家子古城，不是塔虎城）起，到辽天庆五年（1115）九月，辽朝最后一位皇帝天祚帝带兵败“退保长春州”止，辽圣宗耶律隆绪、兴宗耶律宗真、道宗耶律洪基和天祚帝四位皇帝几乎每年春季都到白城、松原一带进行“捺钵”。

金代在“猛安谋克”制度里，在保留奴隶制度的基础上，也允许汉、渤海等在家里在封建经济与文化基础上的猛安谋克，汉人县镇，为汉人活动留有自己的空间。

清代有满族八旗，也有汉军八旗。

（二）汉文化渗透到政权层面

一个国家的综合实力，包括硬实力与软实力两个部分。硬实力是指该国的社会生产总值和基础设施等硬件拥有的程度，软实力则是指文化与制度方面的影响力，包括文化影响力、意识形态影响力、制度安排的影响力等。软实力具有内涵不易确定、外延相对模糊、内容不易量化等特点。看一个国家一个政权的属性，不能只看它的军事占领、民族占领、经济占领，还要看它的文化占领，就是要看它的文化软实力。文化这东西，似乎看不见，摸不着，但它默默地改变人的观念，重塑人的灵魂，默默地指挥着军队，左右着经济，决定着政权属性。辽金元清这些王朝的统治制度、政治传统与政治理念，都是采用儒家文化的国家学说为基础的华夏文化，并应用于国家治理方面，便形成辽金元清王朝的治国文化软实力。

汉文化最精粹的部分，是“齐家治国平天下”的道理，是汉儒国家学说。国家学说，是国家立国的理论基础。汉儒国家学说，是基于传统农业文明的维护封建主义政权的学说，是善于修复封建宗法一体化结构的超稳定的学说，也是少数民族统治者迫切需要改变自己形象并能推进强盛的学说，自然是对周边少数民族最具内聚力的学说。它的核心内容是封建宗法一体制，包括皇权、军队、政治体制，管理国家的机器等。

随着这些少数民族逐渐强盛，纷纷组建民族地方政权，但他们建国都以中原封建皇权模式为参照系。这些少数民族的统治者早就注意到，要建立一个适应于中国的地方政权或全国政权，就非高度认同汉儒国家学说、笼络和利用汉人上层知识分子参与谋划不可。全面认同汉儒国家学说诸如等级观念、忠孝思想、宗法制度、礼治精神为立国之本。由于相对原始的社会结构可塑性较大，容易接受封建宗法一体的社会结构。宗法一体结构要由统一信仰的知识分子组成国家官僚机构，方能推行封建宗法一体，如果说是靠政治、军事驱动，不如说是靠文化驱动。

有关契丹、女贞高度汉化的水准上文已经略述，现就蒙古族、满族接受汉儒滋养情况，略加陈述。

公元13世纪，蒙古族发源于额尔古纳河流域，活动在长城外大草原与半沙漠地带，灭金亡宋而建元。元世祖忽必烈即位后，确定了儒学治国的指导思想，在王朝政治中更多用金制。元朝以儒治国，需要培养出本民族的儒士集团，同时又要求他们不能丧失本民族的文化特色。于是在辽阳行省各地遍设儒学学校，称其为“国学”。随着儒学在蒙古人中迅速发展，习用汉字、汉文，通晓儒家经典的蒙古人儒士日益增多，如居于辽西的木华黎后裔中有很多人文化修养极高，木华黎的七世孙朵儿只（1304—1355），自幼喜读书，与当时一些著名文人多有诗书往来。木华黎八世孙朵儿直班对经学颇有造诣，善为五言诗，著有《治源通训》。

徐世隆对蒙古统治者说：“陛下帝中国，当行中国事。”这是不以人的意志为转移的历史发展规律。事实上，当忽必烈登上历史舞台时，不少由北而南进入中原的蒙古族统治阶级有识之士，他们不仅在政治上，而且在经济和文化上都与汉人地主阶级合作得非常密切，并且以重权委之，如许衡出任集贤大学士兼国子祭酒教领太史院事、徐世隆官至燕京等路宣抚使。而且，不仅像铁木真这样年纪大些的统治者这样热心于掌握汉文化国家学说，就是年青一代政治家们也表现得十分热心要求实行“汉法”。如年轻的不忽木联合坚童、秃鲁上书给忽必烈，要求“弘阐国学”“俾习儒学”“通习汉法”“讲解经传，授以齐家治国平天下之道”。[①]

张博泉先生认为：“元和秦一样是个具有重大历史意义的开创性的朝代，秦朝的建立，标志着统一的多民族‘天下一体’的开始；元朝的建立，标志着统一的多民族‘中华一体’的开始。”[②]元继辽、宋、金之后统一全国，视全国为“内地”。元朝并没有因为灭金亡宋，而使“中华”灭亡，成吉思汗的子孙们没有在北京建立一个“蒙古帝国”，没有使中国发生分裂，反而结束了自唐末以来长达数百年的分裂割据状态，建立了恢复汉制的“北逾阴山，西极流沙，东尽辽左，南越海表”[③]的元朝，它是空前统一成为一个包括各民族在内的“中国”和“中华”。同样，满族入关，努尔哈赤的子孙们也没有建立“满洲帝国”，而是依据汉制建立了清朝。清朝皇帝与彼得大帝签署《尼布楚条约》《北京条约》，宣称：只代表中国皇帝，而不是代表满族皇帝。

至清代，努尔哈赤、皇太极更是极力笼络利用汉人知识分子。皇太极即位后，“参汉酌金”，采取了一系列有效措施，以适应传统的中原王朝制度与文化需要。皇太极“欲以历代帝王得失为鉴，并已记之躬之得失”[④]，置“文馆”，翻译汉文典籍。有许多汉人大知识分子和降官，成为清王朝运筹帷幄的名臣。礼遇汉官，重用范文程就是最典型的一例。但他不赞成“金熙宗循汉俗服汉衣冠，尽忘本国言语”，为保持本民族特色，

① 《元史》第一百三十卷，“不忽木传”。《二十五史》，上海书店、上海古籍出版社 1975 年版。

② 张博泉：《“中华一体”论》，见《吉林大学社会科学学报》1986 年第 5 期。

③ 《元史·地理志一》，《二十五史》，上海书店、上海古籍出版社 1975 年版。

④ 《清太宗实录》卷五。

“朕每出猎冀不忘骑射，勤练士卒诸王贝勒，务转相告诫，使后世无变祖宗之例”[①]。

辽、金、元、清这些统治者都主动全面地接受汉儒国家学说，甚至像金初、清初几个皇帝，精通汉学都达到超过汉人的程度。这些入主中原的统治者们深深知道，不仅要熟知汉儒国家学说，尽用汉人意识形态，而且事实说明，没有汉人谋士参与谋划，这些少数民族的封建王朝也是很难这么快就获得成功的。当然，辽、金、元、清这些统治者们所以能推动社会进步，不仅在于全面接受了汉儒国家学说，而是“参汉酌金”，不可能不掺杂了本民族的政治特色，并且吸收其他民族的统治经验。显然，这些入主中原的王朝政权，是以汉文化为主体的多元文化高度融合的产物。

从文化学的意义上说，辽、金、元、清的“入主中原”，与德意志“野蛮征服”罗马帝国，不能相提并论，也根本不是什么“征服王朝”。第一，德意志是“比较野蛮的征服者”，但在“长期征服中……都不得不适应征服后比较高的‘经济情况’；他们为被征服者所同化”[②]，但辽、金、元、清的统治者在入主中原之前，就大量吸收汉文化，主动掌握了先进的农耕文化和各种传统观念，经过了汉文化国家学说所滋养，可以说是用汉文化培养了的入主中原的“野蛮”政权，又都是随着对中原华夏文化精华的掌握，才能实现入主中原的理想。而且其建国过程就是民族文化高度融合的过程。如前文已经提到契丹人如何主动接受汉文化那样。第二，辽、金、元、清的统治者们，他们首先不是“为被征服者所同化”，主动推行的不是哪一个民族的文化，而是多民族共同构建与发展的中华传统文化。他们只是以“野蛮状态”对中华传统文化中那种封建文化日益没落和腐朽部分的冲击与改造，并且“注入了一切有生命力的和带来生命的东

① 《清史稿》卷三《太宗本纪二》，《二十五史》，上海书店、上海古籍出版社1975年版。

② 恩格斯：《反杜林论》，见《马克思恩格斯选集》第3卷，人民出版社，第222页。

西”[①]。而且，在文化融合过程中，多一份野性，就少一份奴性，多一份野性，就少一份腐朽性，多一份野性，就多一份人性，多一份创造精神，由此更加活跃和丰富了汉文化。在此时期，民族与文化的融合最为重要的是女真和蒙古二族，从原始文化向封建文化的飞升与进步，这二族纳入中原文化后，极大地推动了汉文化由贵族文化向民间文化的有力发展，而且对元、明、清统一三王朝的出现有决定作用，对我国民族、疆域及文化的最后确定有重要影响。

（三）去“汗”号，称皇帝，建中华一体国家

受儒家国家学说的熏染和支撑，历朝历代，不论哪个少数民族的统治者当政，都不满足于“可汗”或者“大汗”，都想代表“中国”，都想做中国一统的皇帝，而不是哪个民族的皇帝。

为什么各部族首领都去“汗”号，称皇帝?

1．称汗号，只是民族部落的尊号，只能代表一个民族，而不能代表中国。

2．这些少数部族都在趋于炎黄认祖归宗，都在萌生统一中华的政治理想，只有称帝，才能争正统，明正朔，趋德政，成为整个中华民族的皇帝。

3．从帝王到普通老百姓，自愿选择汉儒文化，趋于构建统一大德的国家，自然形成以汉文化为全社会的主体文化。

所以用中国传统姓氏来作王朝帝制的称号，从拓跋鲜卑建立的北魏，到北齐、北周、前燕、后燕、西燕、前秦、后秦等，直到辽、金、元、清都无不如此。都在争正统，明正朔，争为“中华一体”注入新的血液。他们都自觉地接受汉文化的滋养，以汉文化为政权的核心支撑力，自称为“中国皇帝”，中国才永不分裂。金海陵王说：“自古帝王混一天下，然

① 恩格斯：《家庭、私有制和国家的起源》，见《马克思恩格斯选集》第四卷，人民出版社，第153页。

后可为正统。”[1]金熙宗“视开国旧臣，则日无知夷狄”[2]。元太祖铁木真说：“我谓中原皇帝。”[3]清朝统治者也主张各民族“无分中外”，“与中华一道同轨”，“向在中华皇帝道法之中，不敢妄行”。康熙、乾隆都曾说：我不是满族皇帝，我是中国皇帝。由此也充分说明，在中华民族的“中华一体”之内的无论哪个民族，都是中华民族大家庭的一个成员，无论哪个民族的英才出任中华民族的皇帝，都是中国中央政权，这是历史的正常现象。因此，辽、金、元、清几个王朝政权，构成中华民族五千年文明史的独特景观的根本所在。

由于在辽、金、元、清王朝断续近700年东北历史中出现汉人政权断档现象，但汉人血脉没有断档，汉文化始终没有断档。特别是清朝260余年的历史，人们形成以近代史200年模式观察古代史五千年的惯性思维，便自觉不自觉地否认东北汉人也是土著民族，他们的结论就是，东北是少数民族的东北，不是中国时空的东北。他们企图以民族血统论的理论，将现实的东北从中国历史时空中分离出去，为西方殖民主义的侵略行径辩护。

从这个意义上说，野蛮的铁蹄可以征服汉政权，却不可以征服汉文化，汉政权在这里一时可以断档，汉文化却始终没有断档，汉文化凭着其深厚的文化底蕴在特殊条件下继续发挥着启蒙、唤醒、燃烧、激励和融合作用，继续发挥着内聚作用。

由此可见一个政权的性质，不是看哪个民族军队占领，也不是看哪个民族出了皇帝，最终决定政权性质的是文化、体制，都是中华一体的政权。所以没有出现“蒙古帝国”，也没有出现“满洲帝国”的分裂局面。

---

① 《金史》卷八四，《二十五史》，上海书店、上海古籍出版社1975年版。

② 《大金国志》卷一二。

③ 《元史·太祖本纪》，《二十五史》，上海书店、上海古籍出版社1975年版。

五　石碑背后的东北文化

在地球上，中国的东北是个特殊的地理区域，森林高壑，大风大雪，多民族穿梭往来，繁衍生息，又相互侵扰，相互依存，构成特殊复杂的文化编程。只是因为文字荒疏，少有记载，未能刻诸于竹帛，铸之于铜鼎，造成诸多错觉；还有一个“一点四方”传统历史观念的障碍，站在中原一点，很难看全东北一方，片面地看待东北文化。研究某一个民族文化的，便满眼都是某一民族，一叶障目，看不见他种文化，文化表层遮蔽了东北文化的深层本质。

刻石立碑，原本汉人政治习俗，反映了立碑民族统治者的主导意志，凡有大事需要永久记忆者，留下任凭时光磨洗的历史佐证。所以东北各民族即或有了本民族的文字，也放置不用。所以，遗留东北的遍地石碑，尽用汉字刻石，更显历史的凝重，流芳百世，布告天下。东北各民族对汉字文化的高度认同，扩大了亲缘关系，在政治上暂时或永久地结成一体，形成共同的语言文化和意识形态，久而久之，即达到相继融合的程度。

历史如大浪淘沙，随着时间的磨洗，许多难解之谜终究会水落石出。这应该感谢秦始皇首创了泰山刻石记功以求万事永存的方法。将文字刻在碑石上，可以记功，可以颂德，可以证史。现在，我们也选少数民族政权或入主中原政权的几通石碑来破解东北文化史上的某些谜团。

第一、二两通石碑：好太王碑与集安高句丽碑

好太王碑是古代高句丽人留给我们的珍贵的历史文物，称为“东方第一碑”。好太王名谈德，是故国襄王的儿子。“生而雄伟，有倜傥之志”。公元391年，只有18岁的高安继承王位。公元412年，吴天不吊，卅有九，宴驾弃国。公元414年，即甲寅年九月廿九日乙酉，迁就山陵。“谥号”国冈上广开土境平安好太王。高句丽长寿王于414年为其父谈德建立墓碑，位于今集安市集安镇太王陵东，时为东晋安帝义熙十年

（414）。碑方柱形，碑高6.39米，由一整块角砾凝灰岩稍加修凿而成，略呈方柱形。四面环刻汉字隶书碑文1775字，记述高句丽始祖邹牟（朱蒙）建国的神话，好太王南征北战广开土境的功业、治绩和享年、葬期等。碑文书法方严端庄、朴茂古拙，备受书家赏识。康有为称好太王碑书法“然其高美，已冠古今”。

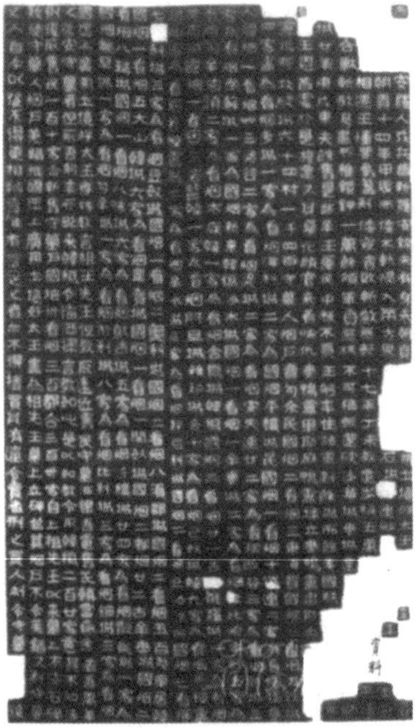

好太王碑铭文拓片

由于朝代的更迭，此碑淹没于荒烟蔓草中1463年。清光绪三年（1877），桓仁议县，书启关月山发现了好太王碑。百多年来，人们捶拓、考释、研究，好太王碑在国际上已成为一种专门学科。

以高句丽经十九代王的聪明睿智，为什么刻在碑史上的文字仍然用汉字汉文而不创造自己民族的文字呢？

第一，据《汉书·地理志》记载，箕子入朝鲜后，带去了先进的殷商文化。他以礼义教化人民，又教给耕织技术。受殷商文明的影响，朝鲜半岛社会有了迅速的进步。高句丽所处的地理位置是以商殷文化以至燕赵文化为主流文化的区域。商殷时代上层社会崇尚鬼神之治，崇鬼尊神。如《诗经》“天命玄鸟，降而生商”。“玄鸟生商”，成为制造神圣君主的主体观念。它深深地影响了诸多东夷方国，诸多鸟图腾记载和卵生神话。受其文化的影响，好太王碑文的第一段，记述了高句丽始祖的神话传说：“惟昔始祖，邹牟王之创基也。出自北夫余，天帝之子母河伯女郎。剖卵降世，生而有圣德。”《魏书·高句丽传》对此有详细的记载：“高句丽者，出自夫余。自言先祖朱蒙。朱蒙母，河伯女，为夫余王闭于室内，为日所照，引身避之，日影又逐，既而有孕。生一卵，大如五升。夫余王弃之与犬，犬不食；弃之于路，牛马避之；弃之于野，众鸟以毛茹之。夫余王割剖之，不能破，遂还其母。其母以物裹之，置于暖处，有一男，破壳而出。及其长也，字之曰朱蒙。其俗言‘朱蒙’者，善射也。……朱蒙告水曰：‘我是日子，河伯外孙’……至纥升骨城，遂居焉。号曰高句丽，因以为氏焉。”这段神话，很显然是接受了商殷文化的影响，自然也接受了汉文字的传承。高句丽始祖“出自北夫余”，夫余以汉字为宗，高句丽也自然承继祖业，连同纪年、历法，自觉地应用了汉文化伦理原则，以汉字为宗了。

第二，周王朝所建立的华夏体制就是以汉文化为中心，四方建立封国，而向周王朝纳贡。自周所兴汉字汉文化，对周边四方有极大的吸引力和凝聚力。汉字经过秦汉两朝的整顿和梳理，更加完善、规范和统一，成为当时的先进文化。高句丽的二十八代王朝都是遵从向中央集团纳贡的体制，上层集团力主儒化，文化信仰与风俗的同一性，以汉字汉文化为宗，是没有障碍的。历史学家徐德源先生称：“汉唐时期的高句丽王国，不仅使用汉字、汉文记事，而且还使用汉字语音标记高句丽民族语言的语音。”[①]其下层民众又多半与汉人杂居，生活在汉字汉文化的意识环境之中，自然地接受汉字汉文化的滋养，使本民族文化得到提升、完善和繁荣，并不妨碍本民族特性的发挥，汉字已成为本民族的血肉。

① 见耿铁华著《中国高句丽史》序，吉林人民出版社 2002 年版。

《集安高句丽碑》碑文摹写

第三，碑文生动地说明，这里是以汉文化为主体多元文化相融合的产物。

距发现《好太王碑》后135年的2012年7月29日，又于集安麻线河畔发现一通《集安麻线高句丽碑》，这是当地农民马绍彬在河边寻找石头时无意间发现的。其碑文为汉字隶书，218字，可识读156字，后经张福有先生可识读为190字。经专家鉴定此碑为高句丽时期为了加强对守墓烟户管理公布法令制度的碑刻。此碑比《好太王碑》要晚，根据识读的“丁卯岁刊石”字样可以确定，此碑比《好太王碑》晚立13年，长寿王立完此碑即迁都，当可肯定。《集安麻线高句丽碑》当为长寿王时所立，不是好太王时所立，这已是不争的事实。[①]

至于这第二通《集安高句丽碑》，内容没有《好太王碑》那么丰富，

---

① 见张福有《吉林集安高句丽碑碑文补释》载《名家》(香港)2013年第2期，第63页。《集安麻线高句丽碑碑文补释》，《中国文物报》2013年4月10日第3版。

只是守墓烟户的管理法令，就不做分析和研究了。

第三通石碑：毌丘俭纪功残碑

毌丘俭纪功碑，现藏辽宁省博物馆。吉林省社会科学院图书馆藏有《毌丘俭纪功碑》残碑拓片。高38.5厘米，宽27.5厘米。拓印精良，字迹清晰，并有民国三年（1914）时任奉天辑安县令吴光国所题跋语。毌丘俭纪功碑，是魏时名将毌丘俭于正始五年（244）征伐高句丽攻下丸都山城，班师回营时所立之碑。

光绪三十二年（1906），吉林集安乡民筑路时在县城西17千米的阪岔岭西北天沟山坡上发现曹魏安邑侯毌丘俭纪功残石。碑系赭红色含石英粒岩石凿刻而成，发现时只残余全碑之左上角，表面光洁，碑阴亦作修琢。残长39厘米、宽30厘米、厚88.5厘米。汉字阴刻，可见7行47字，另有3字虽残但可辨识，共得50字。其字体为隶书，遒劲古朴凿刻工拙。

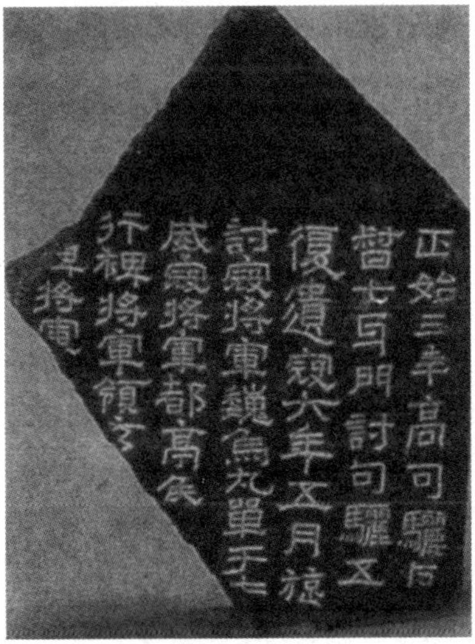

毌丘俭纪功碑残片

《魏书·王毌丘诸葛邓艾传》记载：“正始中，俭以高句丽数侵叛，督诸军步骑万人出玄菟，从诸道讨之。句丽王宫将步骑二万人，进军沸流水上，大战梁口官连破走，俭遂束马悬车，以登丸都，屠句丽所都，斩获首虏以千数。……六年，复征之，官遂奔买沟。俭遣玄菟太守王颀追之，过沃沮千有余里，至肃慎南界刻石纪功，刊丸都之山，铭不耐之城”①，从上述记载来看，毌丘俭刻石纪功凡两处，此碑当为其一，即“刊丸都之山”碑。

毌丘俭纪功碑发现之后，引起当时学术界极大的重视。诸史家对碑文涉及史实、文意、历史地理及残字等颇多考证。罗振玉的三国魏丘俭记功碑残片（张福有供稿）《汉晋石刻墨影》《九钟精舍金石跋尾》《希古楼金石萃编》、罗福颐的《满洲金石志》、金毓黻的《东北通史》等，其考释最精辟者，当首推王国维。

王国维在《观堂集林》一书中对毌丘俭纪功碑详加考证，订补阙文，修正文献记载之不确，基本读通了碑文。现择其考证后的碑文纂嫌如下：正始三年高句丽反（以下阙毌丘俭衔名）督七牙门讨句丽五年复遗寇六年五月旋师—讨寇将军魏乌丸单于七寇娄敦威寇将军都亨侯—行裨将军领玄菟太守王颀行裨将军。

以下阙文，大概当时随毌丘俭东征的乐浪太守刘茂，带方太守弓遵等渚将衔名。又考是役乃四年会师，五年出兵，六年旋师而无复遗。

至此，碑文大意已通。

毌丘俭纪功碑的发现，证明《三国志·高句丽传》所记正始五年毌丘俭讨高句丽是确有其事的，而与同书册丘俭传记载的“六年，复征之”实为同一事件的继续，应依碑文改正为正始五年出兵，六年班师。它书转抄之误亦因此得以明了。

此碑对于订正史籍，研究东北史，尤其研究高句丽史，具有重要学术价值。其书法古朴，又不失为良好的石刻艺术品，在东北古代石刻中，有着应有地位。②

① 《三国志·魏书》（三），中华书局 1959 年版，第 762 页。

② 详见《集安县文物志》，吉林省文物志编委会 1984 年，第 91—93 页。

第四通石碑：嘎仙洞鲜卑祖室石刻

鲜卑人是我国东北的少数民族，属东胡的一支。据《魏书》记载，拓跋人原居于“幽都之北，广漠之野”，“国有大鲜卑山”，大鲜卑山即是今大兴安岭。1500年前，鲜卑拓跋部落作为一支强劲的北方少数民族，从大兴安岭一路策马南下，逐鹿中原，统一了北方十六国，从公元386年到公元543年在淮河以北建立史称北魏的政权，前后统治148年。先定都平城（即今山西省大同），后迁都洛阳，统一了黄河以北广大流域。形成了与南方的宋、齐、梁、陈封建王朝长达百余年的对峙状态，史称南北朝。

公元443年，北魏第三代皇帝即世祖拓跋焘，曾派中书侍郎李敞，到大兴安岭拓跋鲜卑人发祥地祖庙——石室，祭祀天地和祖宗，并留下石刻《祝文》。然而，石室在什么地方？却成了史学界千古之谜。公元1980年史学家米文平、孟广耀、曹永年等人，在大兴安岭“嘎仙洞”发现了“石刻祝文”。

嘎仙洞洞口

嘎仙洞在今鄂伦春自治旗，位于大兴安岭深处，为鲜卑人祖居地。《祝文》所在地为阿里河镇西北10千米大兴安岭北段顶巅东侧。“嘎仙”

是鄂伦春语，“顺民之仙”之意。传说中，嘎仙洞原本是嘎仙的洞府，后来被一个叫“蟒猊”的妖魔趁嘎仙云游之际抢占了洞府，残害生灵，猎户深受其害。嘎仙回来后与妖魔展开激烈争斗，拈弓搭箭，射中妖孽，拯救了猎民。故此猎民将这个洞称为“嘎仙洞”。

嘎仙洞洞口略呈三角形，高近12米，宽达20米，洞深近100米，洞内地面上留有石桌、石椅和火烫的遗迹。曲径通幽，神秘莫测。嘎仙洞则是鲜卑人于公元前1世纪南迁，走出森林入主中原前，建立我国第一个少数民族政权的北魏拓跋鲜卑人的石室祖庙。关于鲜卑的族源，《尚书·尧典》中云：“申命和叔，宅朔方，曰幽都。”《魏书·序记》中说：“昔黄帝有子二十五人，或内列诸华，或外分荒服，昌意少子受封北土，国有大鲜卑山，因以为号。其后，世为君长，统幽都之北，广漠之野……”幽都，即幽州，朔方，即九州之极北。盖指大兴安岭。

李敞的《祝文》为汉字隶书，兼魏碑风格。竖写19行，共201个字。字体古朴拙劲，体现了鲜卑人豪爽直率的个性。内容与《魏书·礼志》所载大致相同，而比《魏书》多71个字，无疑起到了既证史又补史的作用。祝文通篇是歌祖先之功德，乞神灵之赐福。全文是：

维太平真君四年癸未岁七月二十五日，天子臣焘，使谒者仆射库六官、中书侍郎李敞、傅劣、用骏足、一元大武、柔毛之牲，敢昭告于皇天之神：启辟之初，佑我皇祖，于彼土田。历载亿年，聿来南迁。应受多福，光宅中原。惟祖惟父，拓定四边。庆流后胤，延及冲人，阐扬玄风，增构崇堂。克翦凶丑，威暨四荒。幽人忘暇，稽首来王。始闻旧墟，爰在彼方。悠悠之怀，希仰余光。王业之兴，起自皇祖。绵绵瓜瓞，时惟多祜。归以谢施，推以配天。子子孙孙，福禄永延。荐于皇皇帝天，皇皇后土。以皇祖先可寒配，皇妣先可敦配。尚飨！东作帅使念凿。

文中“始闻旧墟，爰在彼方”“皇祖先可寒配”“皇妣先可敦配”等文句，证实了可汗、可敦出于鲜卑，柔然称可汗、可贺敦源于拓跋部，其后突厥、回纥、蒙古等的称呼略同。嘎仙洞石室祝文的发现，进一步证明了拓跋鲜卑的发祥地“大鲜卑山”就是在今阿里河附近的大兴安岭北段，足证此地1500年前就是中国领土。《祝文》是一件典型的石质档案，是鲜卑人最早开发西伯利亚的记载，是以“西伯”，即“鲜卑”命名“北亚”的力证，它与“好太王碑”号称“南碑北石”。

《祝文》的历史价值。

第一，没有文字的历史，使得许多北方民族惊天动地的创举淹没于历史荒草之中。如肃慎、秽貊、东胡和夫余那样，没有汉字的记载，除了游牧人的口承记载，历史记忆就更加片断而渺茫。鲜卑人“若不是在嘎仙洞等地的实物发现，千百年来，人们只能在史书记载中茫然索骥，探询着像拓跋鲜卑这样曾叱咤中国、统治北方的一支遥远民族的信息，而这些片断而零碎的信息就像闪回一过的影子，在其民族的撼山遏云的马队驰过之后，仿佛来无影，去无踪，轻飘得使人无法忍受。其实长城以北的很多民族，都是这样，一个接着一个，在中国时空中来去，显赫一时，却留下了众多的难解之谜。他们曾经在遥远的地方怎样诞生和组成着队伍？最后怎样融入多民族的‘中国’人海鼎沸之中？在东方之东与北方之北交汇处的东北腹地，历史埋藏着无数的中国迷乱坠落的时空”。[①]这说明，文字对于一个民族的发展和成熟何等重要，一个没有文字的民族，就失去了一个民族的历史记忆。鲜卑人使用汉字，为其结束了“不为文字，刻木结绳而已。时事远近，人相传授，如史官之记录焉”[②]的时代。

第二，当初拓跋鲜卑还过着“畜牧迁徙，射猎为业”的游牧生活，处于原始社会末期的部落联盟阶段。公元前1世纪东汉初年的大迁徙是一次民族觉醒的大行动，从大兴安岭东南麓的原始森林中来到水草丰美的扎赉诺尔地区，在这里生活了100多年，在南迁过程中，不断地靠近农耕文化，汲取了辽东汉人和其他游牧民族的先进文化。加速了由原始部落向封

① 张未民：《东北论》，见《作家》杂志 2004 年第 7 期。

② 《北史·魏本纪》，《二十五史》，上海书店、上海古籍出版 1975 年版。

建制的转化过程。到拓跋珪时，终于建立了中国历史上第一个少数民族的封建王朝——北魏（386—534），统一了中国北方，促进中国北方经济、文化的发展，做出了贡献。

第三，鲜卑拓跋，是一个能征惯战的豪爽的大起大落的民族，不仅一举扫平了北方十六国，而且创造了“淝水之战”的辉煌战例。也是历史上绝无仅有的，对于建立“中华一体”做出杰出贡献的民族，它以高度民族自信，全面接受儒化和汉化。赵武灵王想用“胡服骑射”来给自己的民族注入激情，而魏孝文皇帝则恰恰相反，他想让自己的民族脱掉胡服穿上汉装，改汉姓，学汉文，建汉体制，来拯救自己的民族。拓跋氏改为“元”姓，提倡与汉族通婚等，实现了与汉民族全面的大融合。

第五通石碑，唐封渤海的历史鉴证：鸿胪井刻石

在大连旅顺口区的黄金山西北麓，有一处古渤海王国的历史遗迹。称为国宝的东北第一碑的“鸿胪井刻石”。

公元713年，大唐帝国遣派鸿胪卿郎将崔忻，率领出使靺鞨使团，从山东半岛的登州出发，浮海至辽东半岛南端黄金山下的旅顺港。继而陆行至鸭绿江口换乘小舟溯江而上，到达今吉林省的临江市，又经抚松、桦甸、吉林市、敦化等地（即今吉林、黑龙江两省交界的牡丹江和海兰江流域），最后到达今吉林省延吉市附近的东牟山，册封“震国”的首领大祚荣氏，亦即大祚荣政权的王都之所。翌年（714）的春夏之交，崔忻所率领的唐朝使团在返回长安，途经旅顺的黄金山下时，又命工匠开凿了两口水井，（黄金山，又称“黄井山”“黄山”“黄井山墩”）并在井口附近的自然石块上凿刻有“敕持节宣劳靺羯（鞨）使，鸿胪卿崔忻井两口永为记验，开元二年五月十八日”，共计二十九个汉字的刻石题铭。这是中原王朝册封中国东北地方王国政权——渤海国最重要的历史实物见证，也是研究大唐帝国与当时东北亚地域的民族关系价值极高的刻石题名碑之一。

在《旧唐书·渤海靺鞨传》中，对这一历史事件有较为详细的记载：

“唐睿宗先天二年（713），唐朝派遣郎将崔欣（刻石记为崔忻），前往东北地区靺鞨（有人认为刻石记为靺羯）部所建立的政权，册拜其首领大祚荣氏，并封其为左骁卫员外大将军、渤海郡王，以其所统之地为忽汗州，加授都督，自是遣使朝贡。”由靺鞨人所建立的政权，自此始去靺鞨号，改称为渤海国，由大祚荣氏所统领的靺鞨人众及其版图所领之地正式隶属于唐朝管辖。唐朝政府不仅把“震国”或“靺鞨国”更名为渤海郡王或渤海王国，而且还册封和任命了大祚荣三个重要的头衔，即渤海郡王、忽汗州都督、左骁卫员外大将军职务。

明朝毕恭所撰写的《辽东志》就著录有“鸿胪卿井栏刻石”的全文：“敕持节宣劳靺羯使鸿胪卿崔忻（凿）井两口永为记验开元二年五月十八日（造）。”不过，在《辽东志》一书中却将唐鸿胪卿刻石题名碑的29个汉字误读成31个字。即在碑文的“崔忻”后面增加了一个“凿”字，并在刻文的末端“五月十八日”后增加了一个“造”字。自此之后，在许多有关“鸿胪卿井栏刻石”的著录中都出现了误读的现象。《奉天通志·金石条》对“鸿胪卿井栏刻石”碑文的记录，沿袭了《辽东志》的错误。不仅如此，在《奉天通志》中还收录了清代学者杨伯馨《沈故》一书，对“鸿胪卿井栏刻石”的形状和尺寸以及刻石的字数的描述均有明显的错误。如：“旅顺水师营中有原存旅顺黄金山下的唐鸿胪井碑及碑亭石刻一，长约今尺一尺二寸，宽半之，字三行。”其文曰：“敕持节宣劳靺羯（鞨）使，鸿胪卿崔忻井两口永为记验，开元二年五月十八日”共28字（实为29字）。其实鸿胪卿井刻石题名，并非一块石碑，而是一块“巨大如驼”的自然石块，长约3米、厚约2米、宽约3米、高约2米，重达十余吨，根本不是尺寸见方的碑碣。刻石题名的石块呈褐色，在大石块的左上角处刻有“鸿胪卿井刻石题名”的全部题铭文字。其实，除了“鸿胪卿井栏刻石”外，石块上还保留有明清两代许多名人的勒石和题记。

1906年前后，日俄战争结束后，“鸿胪井刻石”被日本侵略军驻旅顺海军司令富冈定恭用军舰掠往日本，并作为最重要的战利品献给了当时的日本天皇（大正），至今这块题名碑依然还保留在日本皇宫的宫内省的后花园。一直到现在，它作为皇族的胜利纪念物留存在日本皇宫，成为日本皇家的私有物品。更让人不能接受的是，富岗定恭在鸿胪井碑的原址，竖立了一块由他撰写碑文和题写碑名的“鸿胪井之遗迹”碑，宣称自己“恐湮灭其遗迹，树石刻字，以传后世”，公然为自己的掠碑勾当贴金。大连大学东北史研究中心主任王禹浪教授说，东北史学界颇为重视的中国国宝“东北第一碑”是唐王朝正式册封渤海国的一个没有被修饰过的见证碑，它证明东北一直是中国的一部分。“唐鸿胪井碑，今天还在日本放着，有一个现实意义，唤醒国人知道，这不仅仅是国耻，从侵略的角度来说，它是日本炫耀武功的证明。当初日本侵略中国，不仅造成了中国人民的伤亡，还造成了刻在我们心灵上的文化伤害。”

1911年，日本侵略者在“鸿胪卿井刻题处”重立一碑，为侵略者贴金。

第六通石碑：渤海贞惠公主墓碑

1949年，贞惠公主墓碑出土于敦化六顶山内。出土时已破裂为7块。碑呈圭形，花岗岩质，通高90厘米，宽49厘米，厚29厘米。正面镌刻墓志，楷体阴文，计725字，其中有451字可识，有234字斑驳难辨。经考古学家采取与和龙县龙头山贞孝公主墓碑比对方法，连存疑字在内，共补识235个字，使贞惠公主墓志得以全识。

贞惠公主墓志分序、铭两部分，序铭结构与贞孝公主碑大体相同。此碑立于渤海大钦茂宝历七年，为公元780年，即唐德宗建中元年，其墓志也是渤海人民深承汉文化的重要印证。

贞惠公主墓志并序（现存吉林省博物馆藏）

夫缅览唐书妫汭降帝女之滨博详丘传鲁馆开王姬之筵宣非妇德昭二誉名期于有后母仪穆余庆集于无疆袭祉之称其斯之谓也公主者我大兴宝历孝感金轮圣法大王之第二女也惟祖惟父王化所兴盛烈戎功可得而论焉若乃乘时御辨明齐日月之照临立徐握机仁均乾坤之覆载配重华而效夏禹陶殷汤而锸周文自天之威如之吉公主禀灵气于巫岳感神仙于洛川生于深宫幼闻婉嫦琅姿稀遇晔似琼树之丛花瑞质绝伦温如昆峰之片玉早受女师之教克比思齐每慕曹家之风敦诗悦礼辩慧独步雅惟自然□□好仇嫁于君子棵同车之容义叶家人之永贞柔恭且都履慎谦箫楼之上颠词双凤之声镜台之中舞状两鸾之影动响环佩留情组细偷藻至言琢磨洁节继敬武于胜里拟鲁元于豪门琴瑟之和荪惠之馥谁谓夫聱先化无终助政之谟稚子又夭未经请郎之日公主出织室而洒泪望空闺而结愁六行孔备三从是亮学恭姜之信矢衔杞妇之哀湿惠于圣人聿怀阃德而长途未半隙驹疾驰逝水成川藏舟易动粤以宝历四年夏四月十四日乙未终于外第春秋四十谥曰贞惠公主宝历七年冬十一月廿四日甲申陪葬于珍陵之西原礼也皇上罢朝兴恸避寝弛悬丧事之仪命官备矣挽郎鸣咽遵阡陌而盘桓辕马悲鸣顾郊野而低昂喻以鄂长荣越崇陵方之平帛恩加立唐荒山之曲松价森以成行古河之隈泉棠邃面永翳惜千金于一别留尺石于忞龄乃勒铭曰：

丕显烈祖功等一匡明赏慎罚奄有四方爰及君父寿考无疆对越

三五囊括成康惟主之生幼而洵美聪慧非常博闻高视北禁羽仪东官之婶如玉之颜蕣华可比汗上之灵高唐之精婉贤之态蔺训兹成嫔于君子柔顺显名鸳鸯成对凤凰和鸣所夫早化幽明殊途双鸾忽背两剑永孤笃于洁信载史应图惟德之行居贞且都愧秦中泳爱柏舟诗玄仁匪悦白驹疾驰奠殡已毕即还灵辗魂归人逝角咽笳悲河水之畔断山之边夜台何晓荒陇几年森森古树苍苍野烟泉扃俄阿空积凄然

宝历七年十一月廿四日

关于渤海国的王陵，两个墓志字里行间透露了一个重要信息。贞惠公主墓志上说：她是“陪葬于珍陵之西原”；贞孝公主墓志上说：她是“陪葬于染谷之西原”。公主陪葬之人，定是比公主地位还要高的，只能是父亲或爷爷辈的人。故专家们说，贞惠公主陪葬的是其爷爷，渤海国第二代王大武艺，换句话说，大武艺葬在敦化的六顶山。贞孝公主陪葬的是其父亲，第三代国王大钦茂，也就是说，大钦茂葬在和龙附近。[1]这只是一种说法，至今考古界还没有得到证实。

第七通石碑：渤海贞孝公主墓碑

贞孝公主是渤海第三代王大钦茂的第四女，于“大兴五十六年（792）夏六月九日壬辰终于外第，春秋三十六”，“其年冬十一月二十八日己卯陪葬于染谷之西原”。

贞孝公主墓志是一篇典型的正宗传统汉文化的骈体文。墓志文通行的程式，有序有铭，序文记述公主一生的行状，铭文对公主表示赞颂和悼念。序文可分为四段，以尧女、王姬之妇德女仪为引子，总领全文为一段，叙述高贵出身为二段，三段从公主的气质、外貌、教养、出嫁写到夫妻恩爱，丧夫夭女，矢志守节和谢世，四段安葬。铭文可分六段：出身、慧美、出嫁、守节、殡葬、哀悼。层次分明，结构严谨。

墓志通篇宣扬儒家思想和封建伦理道德。墓志把国王歌颂为“仁均

① 黄斌、黄瑞、黄明超：《渤海国史话》，吉林人民出版社 2004 年版，第 315 页。

乾坤”“明齐日月，立极握机”“明赏慎罚”之圣主，直追虞舜夏禹殷汤周文，“对越三五，囊括成康”。可见渤海对国王要求的道德标准和行为规范是儒家的仁孝、伦理道德。对公主从思想和行为规范上，则要求“克比思齐”“敦诗悦礼”“孝惠贞淑”“柔恭且都”“六行孔备，三从是亮”，以萧史弄玉、恭美、杞妇为楷模。

贞孝公主墓志，对于研究渤海的文学与艺术，及其与唐文化的关系提供了极为珍贵的实物资料。墓志全文骈偶讲究，对仗精当，韵脚谐调，辞藻华丽。多数以四六相间的句式定句，以四四、六六句式变化。如“妇德昭昭，誉名期于有后；母仪穆穆，余庆集于无疆”，“挽郎呜咽，遵阡陌而盘桓；辕马悲鸣，倾郊野而低昂”。又如“嫔于君子，柔顺显名，鸳鸯成对，凤凰和鸣”，“禀灵气于巫岳，感神仙于洛川”。通篇句式活泼，行文多样，语言跌宕，顿挫有致。从墓志能看出渤海文学家对儒家经典十分娴习。如“妫汭降帝女”出自《尚书·尧典》，“鲁馆王姬”见于《春秋》《左传》和《诗经》，“自天佑之”“威如之吉”，源《易经·系辞》和《大有》，妇德见于《礼记》，源出《诗经》的句子，更是比比可见。作者熟悉《庄子》《孟子》《史记》《三国志》《文选》。从初唐四杰卢照邻、王勃、杨炯、骆宾王和卢藏用的作品中摄取了营养，如墓志中的“萧楼之上、韵调双凤之声”句，是袭用卢藏用《奉和安乐公主山庄制》“萧楼韵逐凤凰吟”诗句脱化而成的。

贞孝公主墓志并序

夫缅览唐书妫汭降帝女之滨博详丘传鲁馆开王姬之筵岂非妇德昭昭誉名期于有后母仪穆穆余庆集于无疆袭祉之称其斯之谓也公主者我大兴宝历孝感金轮圣法大王之第四女也惟祖惟父王化所兴盛烈戎功可得而论焉若乃乘时御辨明齐日月之照临立极握机仁均乾坤之覆载配重华而旁夏禹陶殷汤而韬周文自天祐之威如之吉公主禀灵气于巫岳感神仙于洛川生于深宫幼闻婉嫕瓌姿稀遇晔似琼树之丛花瑞质绝伦温如崑峰之片玉早受女师之教克比思齐每慕

曹家之风敦诗悦礼辨慧独步雅性自然？□□好仇嫁于君子标同车之容仪叶家人之永贞柔恭且都履慎谦谦萧楼之上韵调双凤之声镜台之中舞状两鸾之影动响环珮留情组紃黼藻至言琢磨洁节继敬武于胜里拟鲁元于豪门琴瑟之和荪蕙之馥谁谓夫聟先化无终助政之谟稚女又夭未延弄瓦之日公主出织室而洒泪望空闺而结愁六行孔备三从是亮学恭姜之信失衔杞妇之哀凄惠于圣人聿怀阃德而长途未半隙驹疾驰逝水成川藏舟易动粤以大兴五十六年夏六月九日壬辰终于外第春秋三十六谥曰贞孝公主其年冬十一月二十八日巳卯陪葬于染谷之西原礼也皇上罢朝兴恸避寝驰悬丧事之仪命官备矣挽郎呜咽遵阡陌而盘桓辕马悲鸣顾郊野而低昂喻以鄂长荣越崇陵方之平阳恩加立厝荒山之曲松槚森以成行古河之隈泉堂邃而永翳惜千金于一别留尺石于万龄乃勒铭曰

丕显烈祖功等一匡明赏慎罚奄有四方爰及君父寿考无疆对越三五囊括成康其一唯主之生幼而洵美聪慧非常博闻高视北禁羽仪东宫之姊如玉之颜蕣华可比其二汉上之灵高唐之精婉娈之态闻训兹成嫔于君子柔顺显名鸳鸯成对凤凰和鸣其三所天早化幽明殊途双鸾忽背两剑永孤笃于洁信载史应图惟德之行居贞且都其四愧桑中詠爱柏舟诗玄仁匪悦白驹疾辞奠殡已毕即还灵轜魂归人逝角咽笳悲其五河水之畔断山之边夜台何晓荒陇几年森森古树苍苍野烟泉扃俄閟空积凄然其六

1980年，在和龙县龙水乡龙海村西龙头山发现的贞孝公主墓志，对渤海纪年做了补充和订正。据《两千年西历对照表》和《二十史朔闰表》得知，大兴五十六年为壬申年，唐德宗贞元八年，公元792年。金毓黻著《渤海国志长编》将大兴五十六年系于癸酉年，唐德宗贞元九年，公元793年。《辞海》附录《中国历史纪年表》，将壬申年定为宝历十九年（等于大兴五十五年）。显然都应据贞孝公主墓志改正。大兴宝历是大钦茂用过的两个年号。公元737年嗣位，改元大兴，公元774年改元宝历，晚年复用大兴，这是没有争议的。

两公主墓碑出土，有许多渤海历史纷争不休的问题得以迎刃而解，为历史存疑提供了佐证。

第一，两公主墓志，首次发现渤海石刻文字，这就进一步证实了渤海使用文字是汉字。有人怀疑渤海国是否有自己的文字，现在无可争议。渤海国在存在的229年间，没有创制本民族的文字，全用汉字来记录典章制度和交流思想感情。

第二，渤海时期崇尚儒教、佛法、历史年号、国王尊号等。墓志清晰地印证儒家思想成为渤海社会占统治地位的思想，在这里国家原则与伦理原则高度统一了，中国古代历史上的圣君贤人成为渤海人学习的典范。儒家宣扬的三皇五帝之世，则是渤海贵族追求的政治理想。

第三，从墓志看到渤海文学家对汉文学的熟悉、醉心和精湛的造诣，“车书本一家”，足见汉文化的凝聚力已经深入边疆各民族的心中。居住在东北边疆的渤海人，为创造灿烂的中华多民族文化，贡献出自己的才华。

第四，使用汉字和以儒家思想成为渤海社会占统治地位的思想，并没有泯灭渤海民族个性的正常发挥。这对于后世辽金元清几朝，汉儒文化与少数民族文化的融合，都产生了积极的影响。

第八通石碑：辽耶律琮墓碑

耶律琮墓在内蒙古赤峰市喀喇沁旗西桥镇铁匠营子西南一千米的鸽子洞沟内。涧水回环，群峰掩映。不到近前，很难寻觅。春来野花竞开，争奇斗艳，鸟语花香。夏日，满目绿荫，清风送爽，诚为避暑胜地。秋高气爽，野菊遍野，枫叶如丹。冬季则玉树琼花，银装素裹，千沟万壑，一片玲珑剔透的冰雪世界。鸽子洞沟内，四时俱佳，诚为风水宝地。史载，此地辽时称马盂山庄，是耶律琮私人封地。墓前整齐地摆列着石碑、石羊、石虎、石翁仲等。此刻石是漠南地区保存最完整的一组辽代石刻。墓前正中竖立着一通石碑：龟趺，碑身、螭首都较完整。碑首前额阳刻汉字楷书

《观音经碑》四字，正背面是汉字译写的经文，正面尚可辨认，背面受风雨剥蚀，字迹已无法辨认。观音经碑后面置石虎一对，再后面置武官石像一对，再后置文官石像一对。石像后是一条长宽各20米的平台，平台后就是墓址，墓在民国年间被盗，现仅存墓穴。墓地右侧，有一个高出墓地约30米的小山包，距墓地亦有30米左右，上有一通石碑，这就是耶律琮的墓志铭石碑，龟趺尚屹立在小山顶上，石碑已经无存，幸亏喀喇沁旗文物管理所在20世纪50年代时已对碑文抄录存留。碑首前额阴刻汉字篆书“故太师令公神道之碑”9字，碑身四面刻有汉字铭文，正面26行，背面22行，右侧4行，左侧5行，每行最多89字，最少11字，约计全文当有4000多字。

罗继祖曾指出：“昌术、合住、琮实一人三名。”耶律琮应是汉名。从神道碑铭文得之，碑主耶律琮死于保宁十一年（979），并非“仕景宗圣年间”和“保宁统和中人”。

耶律琮是辽景宗时期的重要人物，宦途生涯前后不过9年，却是辽国位极人臣、声名显赫的大臣，以其文才武略，对辽国的政治稳定、经济繁荣都做出了很大贡献。

耶律琮出身皇族，其祖父勿都衮（辽史称云独昆，又名迭剌）是辽太祖阿保机的同母胞弟，在创建辽国的过程中，曾帮助阿保机出谋划策。制定典章礼仪，随其南征北战，攻城略地，建有殊勋。但因其和另一兄长剌葛谋反，获有大罪，太祖念其胞弟“杖而释之”。神册三年，又欲南奔，获罪，又释之。耶律琮的父亲耶律允“与辽嗣圣皇帝为从昆弟”，一生没做过官，并且死得较早。

耶律琮由于父母早丧，家道中落，因此，少立壮志，时时想着振兴家业，光宗耀祖，干出一番于国于民有益的事业来。耶律琮不苟言笑，不近世俗，发愤读书达到夜不遑寐的地步。他十五岁时，辽太宗耶律光南犯中原，他被封为先军监师，但不知道什么原因，在太宗之后，在穆宗和世宗时都未被录用，他整天过着琴棋书画的游乐生活。到了辽景宗耶律贤嗣位之后，耶律琮受到赏识，保宁二年（970）授大夫，检校太保，右羽林军大将军，兼御史大夫，上柱国。一年以后，又升为右龙虎大将军。保宁五年（973）又委特使郡符，授推忠奉国功臣，昭武军节度、利巴等州观察处置使，特进检校太傅，兼涿州刺史，西南招安巡检使，漆水郡开国伯食邑七百户。不久，又加封左金吾卫上将军，到保宁八年（976）后，他的官衔是推忠奉国功臣，镇国军节度使，华商等州观察处置使，特进检校太师，兼侍中，使持节华州诸军事，行华州刺史，上柱国，漆水郡开国公食邑三千户，实封三百户，“处三公之首，为帝王之师”。

前后八年，耶律琮平步青云，除出身皇族外，更主要的是他的政治主张和政治态度起到决定作用。他在任期间，积极吸收汉文化和汉人的生产技术，这对契丹人的社会发展无疑起到了巨大的推动作用。《辽史》记载：“耶律琮，久任边防，虽有克获之功，然务镇静，不生事以邀近功，邻边敬畏，属部乂安，宋数遣人结欢，冀达和意，合柱表间其事，帝许议和，安边靖敌，多有力焉。”

由于耶律琮积极推行安边和议的政策，使辽宋两国数年无战事，这对于两国的经济发展和边疆安定都具有重要意义，《辽史》又记：“识者以合柱一言贤于数十万雄兵。”但不知什么原因，耶律琮方至壮年就急流勇退，致仕归田，再未复出。

如果说世家大族热衷于儒学，为现实政治服务的色彩更为浓重的话，其崇佛则更侧重于宗教信仰的色彩。曾经“处三公之首，为帝王之师”的耶律琮，“奉身而退，喜归私地逸乐自娱。然公长以释教为事，……改玉馔而为香馔，不辍参禅。……欲寤无为之理，大崇有相之因”。兴州刺史刘承嗣，“因缘私门，崇重释教。削绀园之殊胜，独灵府之规谋”。武定军节度使梁援，“素事佛”，在任因久旱不雨而“焚咒祷之”。渤海高氏高泽，“自幼及长，无妄言笑，不诱利权，意崇佛老，身乐丘园，自以高尚，不事王侯”。似此类记载，石刻资料中尚可胪列甚多。可以看出，在各民族世家大族的男性成员中，无论是仕宦者还是非仕宦者，崇信佛教并以之立身处世者大有人在。这说明，世家大族男性成员信仰佛教是辽代社会的普遍现象。

耶律琮神道碑矗立地表多年，史籍及方志都未曾采集记载，碑铭中载有许多史料，可以补充《辽史》记载的不足和纠正一些讹误。

第九通石碑：大金得胜陀颂碑

在吉林省扶余市徐家店乡石碑崴子村东2千米处，耸立着一座高大的石碑，风风雨雨，此碑经历了800余载的沧桑岁月，它就是金世宗完颜雍为纪念其祖父完颜阿骨打举兵反辽获胜而建立的大金得胜陀颂碑。金代是碑刻较为繁盛的时代，此碑是其中具有代表性的杰作。

此碑用青石雕刻而成，由额、身、座三部分组成，通高320厘米；正、阴两面各雕有两条对称盘龙，龙头在碑额侧面，双双下伸，张吻怒目；龙身相交，二龙后双爪同戏一颗火珠。正面两盘龙之间，留有碑额，上面分两行刻写篆书大字“大金得胜陀颂碑”7字，为金代文人党怀英书写。碑之正面刻汉字碑序、碑文及颂诗815字，阴面刻女真文字，计1500余字，与正面汉文大体对译。碑身下有龟趺座，其形制和雕刻之法，为唐宋碑刻的艺术风格。

据文献记载，当年生活在这一带的女真部落，遭受辽契丹统治者残酷的压迫和剥削，民不聊生。《契丹国志天祚纪》载：“及天祚嗣位，责贡尤苛，稍不奉命，召其长加杖，甚者诛之。诸部怨叛，潜结阿骨打，至是举兵伐辽。”公元1114年9月，完颜阿骨打聚集部众两千五百多人，痛斥契丹人的暴戾罪行，誓师伐辽。首战攻打边疆要塞宁江州，将士们以一当十，奋勇杀敌，终获全胜。阿骨打极具号召力，再加上伐辽战役连连取胜，队伍迅速壮大，之后又攻取了出河店等地，并于1115年1月，建立了金朝政权。阿骨打坚定地使用汉字，使女真族结束了“刻箭为号”[①]的蛮荒时代，推动了“中华一体”的政权建设稳步发展。75年后，金统一了东

---

① 女真族阿骨打时代，“无文字，赋敛科发，刻箭为号，事急者三科之”（《大金国志》卷三十九）。

北、华北、蒙古等地方，建都于中京（今北京），由原始部落一步跨入封建社会。

金大定二十四年（1184）春，完颜阿骨打之孙完颜雍，由中京出发，开始对完颜旧部东巡，沿途览物记胜，抚今追昔，深感先祖创业之艰难。第二年回京，便下诏在当年祖父反辽誓师之地，也就是现在的徐家店乡石碑崴子村东2千米处的一个高岗上，“刻颂建宇，以彰圣迹”，大定二十五年（1185）7月28日，立大金得胜陀颂碑。纪念阿骨打的创业之功，发扬女真族的勇武精神。

“大金得胜陀颂碑”是女真民族发展史上的重要里程碑，是我国北方各族人民共同创造中华文明的历史见证。龙首龟趺的碑刻形制继承了唐宋风格，汉字碑文刻在正面，述“周武戎衣，火流王屋”之事，引“汉高奋剑，素灵夜哭”之典；颂功则齐周武、刘邦，赞德必追伏羲、轩辕。碑文雄辩地说明汉人作为中华民族的主体，其语言、文字、文化、风俗有着巨大的凝聚力。

碑文还说明，金王朝虽然为了保持本民族的民俗个性，仿造汉字创建了本民族的文字——女真文，但并没有阻碍汉字汉文化的推行，特别在上层社会。儒学已被奉为正宗道统，汉文化的汲取与整合，使汉文化在新的条件下渗透、延展于女真人之中，从而在北中国创立一个“人物文章之盛，独能颉颃宋元之间”[①]“兼采唐宋之法而增损之”[②]。其政治意义正如程尼娜在文中写道：“少数民族王朝的儒化则使不同民族建立的王朝在上层统治集团的意识形态领域里，能够在以儒家为代表的传统文化层面上得到统一，并通过行政统辖的渠道灌输到包括本民族在内的各民族基层社会文化之中，从而使不同的民族在一定的文化领域内能够彼此认同，逐渐结成多元一体的民族关系。”[③]金王朝中央集权之下多制并存的国家结构形

① 王世贞：《归潜志序》。

② 《金史》卷51，《选举志序》，《二十五史》，上海书店、上海古籍出版社1975年版。

③ 程尼娜：《辽金王朝与中华多元一体的关系》，《史学集刊》2006年第1期。

式，对元、明、清三朝构成深远影响，直至最终确立了中华一体多元的国家结构形式。金碑在维护祖国完整统一的证史价值是不可多得和无可代替的。国外学术界也十分注重此碑，赞誉它是中国的“国宝”。

第十通石碑：元代张氏先茔碑

元代张氏先茔碑

整个元朝历时98年，是所留石碑比较丰富的一朝，其中比较著名的石碑有“元世祖平云南碑”“云台六体文石碑”“息庵禅师道行碑”“京兆尹达鲁花赤残碑”“大开元寺兴致图碑”“加封孔子为大成之圣文宣王诏书碑”等，其中设在东北地区的有“张氏先茔碑”。元代追封蓟国公张氏先茔碑立于梧桐花镇国公府村张氏墓地。碑高563厘米，宽135厘米，厚37厘米。碑首正面正书额题：“大元敕赐荣禄大夫辽阳等处行中书省平章政事柱国追封蓟国公张氏先茔碑。”篆书碑阴为八思巴文，译正面之汉文。碑身正面为汉文楷书，共有39行，满行100字，字体刚健有力，为元碑珍品。碑阴为蒙文，碑身右侧刻有“大都西南房山县独树村石经山铭石”字样。旁有一碑倒置地表，残断为二。碑额篆刻：“大元同知徽政院事住童先德之碑。”

“张氏”，张应瑞家族虽是汉人，但他们与蒙古人融洽相处，并为弘吉剌部的发展做出了显著贡献。为了表彰和纪念张氏子孙世代功绩，元惠宗特下旨召集康里巎巎等全国文坛俊才，刻立这通《张氏先茔碑》。此碑是我国古代汉人与蒙古人友好交融的历史见证，对于研究我国古代民族关系史具有重要价值。同时，此碑文还详细记载了元朝皇室与弘吉剌部世代联姻的情况，及其弘吉剌部的生活和内部矛盾等方面史实。许多内容可以补充《元史》之不足，具有珍贵的史料价值。

蒙古人本有文字，在元朝蒙汉文字通行，但以汉字为主，碑文足以说明元代上层社会的意识形态。

元代张氏先茔碑碑额

第十一通石碑：明奴儿干永宁寺碑

永乐七年（1409），明廷做出设立奴尔干都司的决定，任命了主要官员，又经近两年造船、运粮等各项准备之后，永乐九年（1411）春，镇守辽东太监亦失哈及康望等奴儿干都司官员1000余人，乘巨船25艘，（护送康旺等官员至亨滚河口对岸的特林地方，正式开设奴儿干都司，是为明政府管辖黑龙江口、乌苏里江流域的最高一级地方行政机构）。前往奴儿干“依土立兴卫所，收集旧部人民，使之自相统属”①。永宁寺碑是中国明朝的石碑，全称“敕修奴儿干永宁寺碑”。立于明朝奴儿干都司官署附近黑龙江岸的石岩上（今俄罗斯特林，距黑龙江入海口约150千米）。碑有两块：一为明永乐十一年（1413）的《永宁寺记》，另一为宣德八年（1433）的《重建永宁寺记》，均系明朝宦官亦失哈奉旨巡视奴儿干都司时竖立的。永宁寺碑是明朝政府对黑龙江流域及库页岛实行管辖的物证，也是研究明代东北的重要史料。清末曹廷杰重新发现永宁寺碑并将碑文拓下，使其得以流传于世。而这两通石碑则被俄国拆除并运往符拉迪沃斯托克（海参崴）。

永乐七年（1409），中国明朝设立奴儿干都指挥使司，作为管辖黑龙江流域及库页岛的最高军政机构。为了加强对这一地区的管理，明成祖朱棣以女真人宦官亦失哈为钦差太监，派他前往奴儿干都司巡视，宣谕抚慰当地人民。永乐十一年（1413），当亦失哈第三次巡视奴儿干都司时，在奴儿干都司官衙所在地附近原有观音堂的基础上，修建了一座供奉观世音菩萨的佛寺——永宁寺。为了纪念永宁寺的修筑，亦失哈又竖立了一块石碑，上刻《永宁寺记》碑文，记录了建立奴儿干都司的史实及亦失哈前两次巡视的过程。明宣宗宣德七年（1432），亦失哈第十次巡视奴儿干都司时，见永宁寺已毁，便在第二年重建了永宁寺，并又立一块碑，铭刻《重建永宁寺记》碑文，以记其事。这两通碑被合称为“永宁寺碑”。

永宁寺碑原在永宁寺中，其位置在奴儿干都司城西南、黑龙江与亨

① 《中国东北史》第三卷，吉林文史出版社2004年版，第601页。

滚河交汇处对岸的江边石崖上，现属于俄罗斯联邦哈巴罗夫斯克边疆区。永宁寺距特林村2.4千米，距黑龙江入海口150千米。后来，因特林有永宁寺，黑龙江入海口的村镇被中国人称为“庙街”，即今天的俄罗斯尼古拉耶夫斯克。1904年以后，永宁寺碑被沙皇俄国当局拆除，运往符拉迪沃斯托克。现在这两通碑仍在符拉迪沃斯托克，《永宁寺记》（永乐碑）现存于符拉迪沃斯托克阿尔谢涅夫博物馆；《重建永宁寺记》（宣德碑）在符拉迪沃斯托克彼得大帝街6号的“滨海边区国际中心”的室外展区。

永宁寺碑（永乐碑）

永宁寺碑共有两通，一个是立于永乐七年（1409）九月的《永宁寺记》（简称永宁碑），一个是立于宣德八年（1433）春季的《重建永宁寺记》（简称宣德碑），均为花岗岩雕刻而成。永宁碑高102厘米，宽49厘米，厚36厘米，碑正面刻汉字30行，每行64字，额书“永宁寺记”；碑阴为蒙古文与女真文，是对汉文内容的简要翻译，各15行。碑两侧均为汉文、蒙古文、女真文、藏文刻写的佛教“唵、嘛、呢、叭、咪、吽”六字真言。碑文中的汉文由明朝官员邢枢撰写，蒙古文由阿鲁不花书写，女真文由康安书写。宣德碑高120厘米，宽70厘米，厚32厘米，碑刻则相对简略，只有正面碑文，额书“重建永宁寺记”，刻字30行，每行44字，碑文全是汉字。

《永宁寺记》和《重建永宁寺记》简要地记叙了黑龙江下游各族人民的风俗习惯、生产和生活状况，以及明朝政府对当地民众的关怀；明确记载着设置奴儿干都司及钦差太监亦失哈等高级官员前往奴儿干及苦兀（库页岛）上巡视和宣抚女真等部落的经过，阐述了明朝政府在奴儿干造寺塑佛的宗教和政治目的，推行“柔化斯民”政策所取得的成效；生动描绘了各族人民效忠明朝政府，履行属民义务，表示“世世臣服”的热烈场面。《重建永宁寺记》云：“永乐中，上命内官亦失哈等□，锐驾大航，五至其国，抚谕□安，设奴儿干都司。宣德初，复遣太监亦失哈部众再至。……七年，上命太监亦失哈同都指挥康政，率官军二千，巨舡五十再至。”《永宁寺记》云：“昔辽、金畴民安故业，皆相庆曰：‘今日复见而服矣！’”表明中国辽朝、金朝以来历代政府都对这一地区实行管辖，而明朝则继承之。碑文还记载亦失哈、康旺等“自海西抵奴儿干及海外苦夷（库页岛）诸民，赐男妇以衣服、器用，给以谷米，宴以酒食。皆踊跃欢忻，无人梗化不率者。……国人无远近，皆来顿首，谢曰：‘我等臣服，永无疑矣！’”[①]在碑记后面还有一百多人的题名，其中既有汉人，也有少数民族，包括钦差内官、东北各地主要卫所官员和奴儿干都司衙门官员的官职、姓名，特别列署了安乐、自在二州各族官员的名字及各族工匠、医生的名字。永宁寺碑是明朝政府对黑龙江流域及库页岛实行管辖的物证，也是研究明代东北的重要史料。

亦失哈在1433年（宣德八年）重建永宁寺、立《重建永宁寺记》碑以后，就再也没有明朝官方人员巡视奴儿干的记载了。而奴儿干都司也在不久后撤废。永宁寺随着时间的流逝而倾圮了，但通块永宁寺碑一直矗立在

① 《永宁寺记》《重建永宁寺记》，参见钟岩民等《明代永宁寺碑记校释》，《考古学报》1975 年第 2 期。

黑龙江岸的悬崖之上。自17世纪以后，中外史料就陆续出现关于永宁寺碑的记录。清朝时期，奴儿干故地隶属吉林将军管辖。清朝康熙初年绘制的满文注释地图《胡尔哈入海图》和清初人杨宾的《柳边纪略》是目前所知关于永宁寺碑的最早文献记录。[①]但是由于满清统治者一心掩盖其祖先臣属明朝的事实，坚持认为明朝疆域“东尽于开原、铁岭”[②]，并且在其主持编修的《明史》中也没有奴儿干都司的记录。所以清朝时期奴儿干都司不为人知，而关于永宁寺碑的记录和考察更是接近于空白了。

这一时期，外国人也有不少关于永宁寺碑的记录。1808年，日本人间宫林藏奉德川幕府之命在进入黑龙江流域“探险”时，曾见到这两通碑，并写入他著的《东鞑纪行》一书中。他这样描述道：“众夷至此处时，将携带之米粟、草籽等撒于河中，对石碑遥拜”[③]，可见明朝的永宁寺碑对当地居民的影响非常深远。但由于他是在船上遥看的，所以没有对这两通碑有仔细观察。

俄国人最早知道永宁寺碑是在1676年，当时俄国来华使节尼古拉·斯帕法里根据哥萨克的传说，留下简单的记录：“二十年前，在阿穆尔河上和阿穆尔河口同中国人打过仗的我们的哥萨克人告诉我们，沿河上溯两天路程，有一个悬崖上平整出来的地方，他们在那里发现了一个逾二十普特的中国吊钟。在那里，他们在三个地方发现有铭刻汉文的石碑。当地居民告诉我们：古时候有一个中国皇帝从海路来到了阿穆尔河，并且在那里留下了这个碑刻和钟作为纪念和标志。”[④]

19世纪中叶以后，沙俄入侵中国黑龙江流域，1860年，俄国通过《北

① 杨宾：《柳边纪略·自序》：“己巳年，人传飞牙喀（费雅喀）一碑，本属汉文，而译为满，不能录大要，其地为二岗国。”二岗国即奴儿丁之音转。

② 《钦定满洲源流考》卷13，疆域6，附明卫所城站考。

③ 间宫林藏：《东鞑纪行》，1942年东京版，卷下第50页。

④ 尼·哥·斯帕法里：《到中国去的路线》，转引自巴德雷编《俄国、蒙古、中国》第二卷，第224页。

京条约》霸占了黑龙江、乌苏里江以东包括库页岛在内的40万平方千米的中国领土，永宁寺碑从此沦落异域。此后俄国人又对永宁寺碑不断进行记录和考察。

1856年，美国加利福尼亚律师、驻俄国商务代办佩里·麦克多诺·柯林斯横越西伯利亚，由黑龙江河源顺流而下，直至黑龙江口进行考察，1860年发表了《阿穆尔河纪行》一书，其中对永宁寺碑做了较为详细的描述，其中这样写道："这些土著居民对这个地方（永宁寺碑）及其在古代的用途，怀有一种神圣、持久和强烈的信仰，这种木片制成的花朵无疑是一年一度的献礼，还可能加上一头牲畜作为向这个地方的神祇赎罪的牺牲。"①亦可见永宁寺碑对当地居民的巨大影响。

1861年，英国人拉文斯坦发表了《俄国人在黑龙江上》一书，对永宁寺碑的历史遗迹做过简明介绍："在阿姆贡河（即亨滚河）口附近的黑龙江左岸屹立着一处高达百英尺的断崖，在其顶上发现有古刹的碑、塔二三处和其他遗物。碑石之一立于距绝壁大约二步远的地方，碑高五英尺。另一碑的碑座是花岗岩，碑身是纹理鲜明的灰色大理石。此二碑刻有铭文，记载着在此处建造寺庙之缘由。"

1885年，中国学者曹廷杰奉吉林将军希元之命，到黑龙江东岸调查，也看到这两通碑，并拓了碑文。他对永宁寺碑的考察在他的著作《西伯利东偏纪要》一书中有详细的描述。曹廷杰还根据碑文，首次确认这是中国明朝的永宁寺碑，并明确指出了这是明朝设置奴儿干都司时所立的石碑。这是历史上对永宁寺碑的第一次详细考察，并首次揭开了永宁寺碑和明代东北疆域的真相。碑文亦从此流传于世。

1904年，沙皇俄国将两通永宁寺碑拆除搬走，转移到符拉迪沃斯托克的博物馆中。他们还将永宁寺附近遗迹（如石经幢、八角塔）等全部毁坏。现在两通碑仍在符拉迪沃斯托克，碑文已经模糊不清了。

---

① 查尔斯·佛维尔编:《西伯利亚之行》四十七《古碑》,威斯康星大学出版社1962年版。

重建永宁寺碑记①

惟天之高覆，四时行，万物生焉；地之厚载，二气合没，万物育焉；圣人之至德，五常明，万姓归焉。故尧舜仁昭而□□□所化□，无为而治，后世□闻□者，恭惟我圣朝布德施惠，□而愈明，天下归服，隆盛久矣。是以蛮夷戎狄，闻风向化而朝□贡者，络绎不绝。惟奴儿干国远□□之表，道万余里，人有女直或野人、吉列迷、苦夷，非重译莫晓其言，非威武莫服其心，非乘舟难至其地，非□□难处其居，风俗之异，弗能备举。洪武间，遣使至其国而未通；永乐中，上命内官亦失哈等□，锐驾大航，五至其国，抚谕慰安，设奴儿干都司。其官僚抚恤，斯民归化，遂捕海青方物朝贡。上嘉其来，赐爵给赏，劳慰还之。朝廷尤虑未善，更命造寺，使柔化之。十一年秋，择地满径之左，创寺塑佛，曰永宁寺。国民所观，忻然皆曰："我地亘古以来，未有□此□□也！"宣德初，复遣太监亦失哈部众再至，以当念圣天子与天同体，明如日月，仁德之大，恩泽之渥，谕抚之其民悦服。且整饰佛寺，大会而还。

七年，上命太监亦失哈同都指挥康政率官军二千，巨舡五十再至。民皆如故，独永宁寺破毁，基址有焉。究□之，其□人吉列迷毁寺者，绵悚惧战栗，尤之以戮。而太监亦失哈等体皇上好生柔远之意，特加宽恕。斯民谒者，仍宴以酒食，给以布物，愈抚恤。于是人无老少，踊跃欢忻，咸啧啧曰："天朝有仁德之君，乃有启处之方，我属无患矣！"时众议西郭仍建原寺，敢不复治。遂委官重造，命工塑佛，不劳而毕，华丽典雅复胜于先。国人无远近。皆来顿首，谢曰："我等臣服，永无疑矣！"以斯观之，此我圣朝聪明德博，道高尧舜，存心于天下，加惠于穷民，使八方四裔、多士万姓无一饥寒者。太监亦失哈、都指挥康政尤能宽仁厚恕，政治普化，服安蛮夷，懿欤尚矣！伟欤懋哉！

---

① 鞠德源：《关于明代奴儿干永宁寺碑记的考察和研究》，《文献》1980年第1期。

正谓圣主布德施惠，非求报于百姓也；郊望禘尝，非求报于鬼神也。山致其高，云雨兴焉；水致其深，蛟龙生焉；君子致其道德，而福禄归焉。是故有阴德，必有阳报；有隐行，必有昭名，此之谓也。故为文记，万世不朽云。

大明宣德八年癸丑岁季春朔日立　钦差都知监太监亦失哈　御马监左少监三命内官范桂　□□　阮落　□蓝　阮通　给事中□旦　辽东都司都指挥康政　指军高勖　崔源　高□李□（以下不明）　金宝　金□　崔越（以下不明）　高□　□□　马旺　黄督　马□

注：方框是已腐蚀不知内容的碑文。

第十二通石碑：穆克登长白山查边审视碑

1712年，武官穆克登奉康熙谕旨，开始第二次踏察中朝边界时，朝鲜政府方面亦派官员前来随陪。6月3日，穆克登一行登至白头山天池，自天池南下寻找鸭绿江、图们江江源。6月7日，穆克登一行在白头山天池小梁渊之东3里处伐石刻碑。碑高3尺，阔2尺，汉字楷书碑文为：

大清乌喇总管穆克登奉旨查边至此，审视西为鸭绿东为土门，故于分水岭上勒石为记。康熙五十一年五月十五日。笔帖式苏尔昌、通官洪二哥，朝鲜军官李义复、赵台相，差使官员许梁、朴道常，译官金应宪、金庆门。[①]

康熙五十一年（1712）穆克登长白山定界，是从中朝两国以鸭绿江、图们江为界的历史现实出发的；朝鲜提出长白山天池以南为朝鲜界的定界目标，既有领土方面考虑，更有安全及防御方面考虑；穆克登长白山定界的主要依据是《盛京通志》有关长白山天池为鸭绿江、图们江源头的地理知识。

① 《清圣祖实录》卷二四六，《朝鲜李朝肃宗实录》三十八年五月辛亥，朝鲜洪世泰《白头山记》，张存武《清代中韩关系论文集》，清《盛京通志》卷十二。

从皇太极到顺治、康熙年间，中朝两国虽未达成有关国界的正式协定，但是通过越境事件的频繁交涉可以看出，鸭绿江、图们江已经成为两国彼此公认的、事实上的国界。康熙五十一年（1712）长白山定界就是从这一前提出发的。

（一）康熙年间清朝历次查界与朝鲜的关系

康熙年间清朝历次查界动机，缘起于中朝边界不清，尤其是鸭绿江、图们江之间连陆的长白山边界不清楚，导致两国边民私相越境。通过中朝两国频繁的越境交涉，鸭绿江、图们江已经成为彼此公认的事实上的国界，无须再去定界。至于两江之间连陆地方，不仅彼此界线不分明，而且人迹罕至，越境事件主要还是发生在那里。

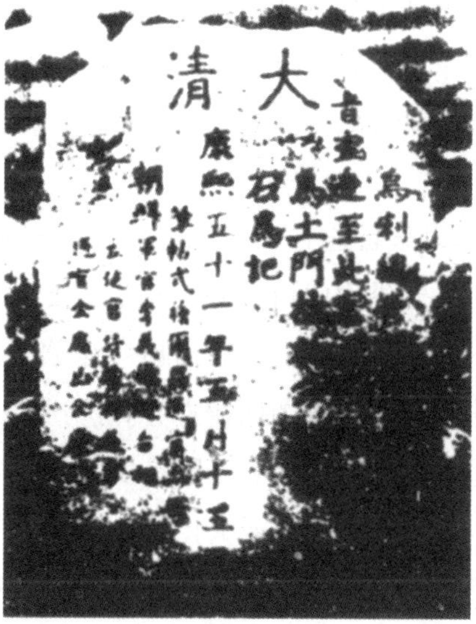

穆石

康熙年间清朝先后4次计划探查鸭绿江、图们江及长白山，是为了编纂地理志。这不仅与圣祖注重实际地理调查的科学精神分不开，还与圣祖注重长白山发祥地，欲遍审其内外形势有关。早在康熙十六年（1677）5月，圣祖就派遣内大臣武默讷、侍卫费耀色、塞呼礼等4人，探查长白山及宁古塔一带。4人由吉林沿松花江而上，6月达山巅，观天池，7月巡阅宁古塔、会宁等处，8月还京。9月圣祖说：“长白山发祥重地，奇迹甚多，山灵宜加封号，永著祀典。”12月封“长白山之神”，实行春秋二祭。[①]

“三藩之乱”平定以后，全国统一形势渐趋稳定，康熙二十五年（1686）圣祖任命勒德洪等7人为一统志总裁官，着手编纂《大清一统志》。随之，探查中朝边境及长白山提上议事日程。1692年春，从鸭绿江南岸至图们江南岸一带看阅，要求朝鲜指派熟悉地形的人指引道路，这就是朝鲜所称“壬申查界”[②]。查界消息传来以后，朝鲜朝廷一片哗然。许多朝臣认为，清借口画舆图欲探查朝鲜西北道路形势，以备将来中原形势危急时返回宁古塔。有人甚至提议修筑北汉山城作为国王的临时驻跸所。按照此说，清在中原溃败以后，势必退入朝鲜西部，穿过朝鲜内地，经由朝鲜北部六镇地区，返回女真故地宁古塔。这种对清在中原统治地位心存疑虑的所谓“宁古塔回归说”，首先源于朝鲜士人心中根深蒂固的“华夷”观念，即“夷无百年之运”。其中还夹杂着朝鲜经历两次清兵蹂躏所形成的仇清心理。

尽管如此，清廷以皇旨通告派遣五使查界，朝鲜不能不预做准备。朝鲜首先令西北道臣描绘沿边山川形势，并差出接伴使准备迎接清使。朝鲜内心虽充满敌意，表面上却不得不做出顺从的样子。出于侥幸心理，朝鲜以地形险峻、支供难筹为由企图回避查界。接到朝鲜路险咨文以后，圣祖认可了朝鲜的请求。他指出“地方险隘是实，前驻防协领勒楚来时亦曾奏过地方险阻，若去朝鲜国人及往看大臣官员俱徒受劳苦，我们地方既经详明，着再议具奏”[③]。圣祖在查界问题上，对朝鲜采取不强迫为其所难的宽容态度，与这一时期清对朝鲜怀柔政策分不开。纵观清朝对朝鲜的政策，曾出现两次转机。一次是顺治初年清朝入主中原以后，对朝鲜的政治

① 《清圣祖实录》卷六五，康熙十六年九月二日丙子，中华书局本四册，第880页。

② 《同文汇考》原编卷四八《疆界》，第1—2页。

③ 《同文汇考》原编卷四八《疆界》，第4—5页。

压迫大大减轻，顺治元年不但遣返朝鲜质子，还减轻朝鲜贡物数量。另一次是在平息三藩之乱以后，对朝鲜的政策由强硬转为宽容。康熙年间几次查界交涉五十一年长白山定界，就是在这种宽容气氛中进行的。

于是有了乌喇总管穆克登的第一次查界。清廷考虑壬申查界时，朝鲜极力回避查界，所以决定借调查朝鲜边民越境杀人事件（渭源事件）之机，行查界之实。圣祖认定，中朝两国以鸭绿江、图们江为界“俱已明白”，只是“鸭绿江、图们江两江之间地方知之不明”，于是密谕穆克登：“乘此便至极尽处（指长白山极尽处）详加阅视，务将边界查明来奏。”[①]即下达了调查两江之间连陆地方即长白山地区中朝边界的命令。

清廷以密谕的方式查界，没有向朝鲜发出公开的查界通告，反而加重了朝鲜的疑心。康熙五十年（1711）当清使穆克登以调查清人被杀现场的名义到达渭源以后，要求朝鲜继续指引道路时，遭到朝鲜接伴使宋正明等的百般阻挠。宋正明为了避开经由朝鲜内地通往北道的雪罕岭要路，故意将穆克登一行引入地势绝险、人迹罕至的废四郡路。宋正明自认为清使经历路险以后，自然会越入清朝境内平坦的路行走。然而倔强的穆克登坚持溯鸭绿江而上，结果行到狄洞附近折掉门齿，才不得不结束第一次行查。[②]

（二）中朝定界设想与康熙五十一年（1712）长白山定界

康熙五十一年二月圣祖吸取上一年查界失败的教训，正式向朝鲜发出查界通告，有关查界的谕旨如下：

> 今年穆克登等自凤凰城至长白山查我边境，因路远水大未获即抵彼处。俟明春冰泮时另差司员同穆克登自义州江源造小船溯流而上，若小船不能前进即由陆路往上门江查我地方。此去特为查我边境与彼国无涉，但我边内路途遥远地方甚险，倘中途有阻

① 参见《清圣祖实录》卷二四五，康熙五十年五月癸巳。中华书局本六册，第441页。

② 参见《朝鲜肃宗实录》肃宗三十七年五月甲寅、六月甲子。

令朝鲜稍为照管。[1]

上述谕旨若单从字面含义看，就是通告朝鲜派遣穆克登从鸭绿江到图们江查看地形，是为了“查我边境”“查我地方”，与朝鲜无涉。不少人据此主张，康熙五十一年穆克登探查长白山是清朝自我查边，不是中朝定界。如光绪十三年（1887）丁亥勘界时，中方代表秦煐指出，查边既与朝鲜无涉，自非定界。如属定界，岂云无涉。[2]秦煐否定长白山定界，自有他的一番道理。从碑文内容“西为鸭绿，东为土门，故为分水岭上勒石为记”看，碑理应立在鸭绿江、土门江分水岭上，也就是三池渊、虚项岭附近的小白山。而实际上，碑立在天池东南边，其一端连着鸭绿江，另一端连着松花江支流。而松花江无论从历史上还是从现实上，根本不可能成为中朝国界，所以秦煐认为穆克登此行是查边，非定界。但是许多证据表明，穆克登探查长白山确系中朝定界问题。

当接到清廷派遣穆克登探查鸭绿江、图们江及长白山的正式通告后，朝鲜朝廷反应要比上一年平静得多。虽然仍有一些强硬派力主回咨拒绝，但国王和多数臣下认为，清使牌文出来之后回咨拒绝，只会给朝廷带来麻烦。于是，接待清使的工作紧锣密鼓地进行。

朝鲜朝廷讨论定界问题，关注点很快落在两江之间的连陆地方即长白山以南。该地过去是女真人的地盘，自16世纪末17世纪初女真人离开后，一百多年来空置无人。朝鲜之所以关注长白山以南空旷地，有以下两方面原因。第一，领土方面考虑。17世纪初女真人离开此地后一百多年来，已经有不少朝鲜流民入住并开垦其土地。如图们江边茂山，于康熙二十三年（1684）新设都护府。茂山以北的朴下川（图们江上游）临江台附近，朝鲜虽未设行政机构，因这里土地肥沃，又有参皮之利，到康熙四十五年（1706），已有一百多户朝鲜流民入住，形成几百人的大村。这些地方的归属尚不明确，朝鲜认为这是疆场重事。第二，安全及防御方面考虑。清

① 《同文汇考》原编卷四八《疆界》，第5—6页。

② 张存武前引论文，第484页。

朝历次查界时，朝鲜疑心很重，前述壬申查界时为了避开通往北道的雪罕岭要路，将穆克登引入绝险的废四郡路。穆克登第二次奉旨查界，朝鲜定清使登山路线时，固意避开甫多会山南路之近江捷径，绕道北路，就是担心有朝一日清在中原败退，返回宁古塔时，会贻弊朝鲜。甚至有些朝臣提出，清此次查界说不定会“移山外部落居于此地”，或者“预为看审将为异日据夺之地”。认为一旦此空旷地划入清朝界内，就等于朝鲜北门洞开，朝鲜的安全就没了保障。对清的不信任与戒备是朝鲜极力争取长白山以南空旷地的一个重要原因。

为了探明两江水源，朝鲜在穆克登到达之间，事先派出南、北兵使前往长白山探查。二人踏查后绘制地图呈进，结果与鸭绿江水源基本一致，图们江水源出现分歧。可见图们江水系的复杂。其实在整个定界过程中，不但穆克登本人，就连朝鲜也没有弄清图们江正源到底在哪里。

由于中国地理志被清朝规定为禁书，不准流入藩国，所以经过朝鲜朝廷再三讨论，最后决定清使到来时，不要提《盛京通志》为证据的事。即便如此，临出发时接伴使朴权仍感底气不足。首先，长白山以南空旷地曾经是女真人的故地，清朝若诚心要回，朝鲜也无计可施。其次，此空旷地朝鲜没有地名标识。图们江上游几大支流中，朴下川、鱼润江、红丹水尚有江名，而红丹水以上则无江名可考。于是国王一再吩咐，“疆域定限所关甚重，必须终始力争”。

后来穆克登查界行到厚州，向朝鲜译官金指南寻问两国国界时，金指南虽只字未提《盛京通志》，但是他所说“大池之南即我国界”，就是依据《盛京通志》而发的。这从两人的对话内容可以看出。穆克登问：“尔能明知两国国界耶？”金指南答：“虽未目见，而长白山颠有大池（天池），西流为鸭绿江，东流为豆满江（图们江），大池之南即我国界。”穆克登问：“有可据文书耶？”金指南答：“立国以来至今流传，何待文书乎。”穆克登问：“白山（指长白山）之南连有把守耶？”金指南答：“此地绝险，人迹不到，故荒废无把守，有同大国栅门（柳条边）外之地耳。”意即如栅门外空旷地归属清朝一样，长白山以南空旷地归属朝鲜。对金指南的以上回答，穆克登反应极其平静，没有大段诘问之举。随行接伴使朴权大松一口气，他即刻向国王报告“争界事无甚可虑”。

穆克登所掌握的有关长白山天池为鸭绿江、图们江源头的地理知识，同金指南所说的基本一致。清朝对长白山以南空旷地，不像朝鲜从领土及安全战略考虑高度重视，只不过是为了编纂地理志，划清彼此界限而已。

穆克登一行从兴京出发，出头道沟沿鸭绿江水陆并进，到达朝鲜废四郡尽处厚州，与朝鲜译官金指南等见面，继续向前渡虚川江到达惠山。在惠山中朝定界人员分作两路，一路包括朝鲜接伴使朴权等年老体弱者过甫多会山北路到茂山等候，另一路由穆克登带领家丁、人夫及朝鲜译官、军官、引路人直接登上长白山顶。观天池，从天池南下后，开始寻找鸭绿江、图们江水源。穆克登很快确定了鸭绿江水源。图们江水源根据当地土人所谓人地伏流一段后，在甘土峰下重新涌出地面的说法，在东流之三派水中，定北边的初派为正源，并在鸭绿江与此正源之分水岭上刻石立碑。碑文如上。

定水源、分水岭上立碑以后，穆克登仍不放心图们江入地暗流处界线不够分明，所以他要求朝鲜利用农闲季节在断流处徐徐设栅。这是为了在图们江上游众多水派中，辨认他所指定的水派是图们江正源，但是恰恰在这一他自认为是图们江正源的地方出了差错。立碑后不久，朝鲜北评事洪致中派差员朴道常等，在断流处从事设栅工程时，发现穆克登所指定的初派水不入图们江而入松花江，他们沿着水流一直走下去竟然会走入清朝境内。北评事洪致中要求差员等，只从立碑处始役到涌出处停役，同时报告朝鲜朝廷图们江水源定错。当时虽有一些朝臣力主通告清廷重新定界，但是朝鲜担心一旦穆克登受罚更换其他勘界使，不一定像穆克登这么顺当，朝鲜多得领土有可能减缩，所以就将此事搁置起来。另外，差员朴道常等唯恐朝廷追究其误定江源的责任，竟然违背洪致中的命令，私自设栅于穆克登所指定初派南边20余里的次派。当时朝鲜朝廷虽然知道此事，但是一方面认定朴道常等用木栅、土墩、石堆连接的水源确系图们江正源，另一方面决定不向清朝挑明穆克登误定江源的事，便认可了这件事。直到光绪年间乙酉勘界时，中朝勘界使才发现木栅所连的江源也不流入图们江，而是流入松花江，图们江水源一错再错。[①]

清吴禄贞在亲身踏查研究长白山以后提出同样的疑问。他指出：

> 分水岭者，小白山顶也。距大白（长白山）数十里，稍偏东西。其山西建川沟为鸭绿江发源处，山东三汲泡流出之红丹水为图们江发源处。水东西分流，遂相沿呼其为分水岭。华人亦呼为黄沙岭。韩人又呼为虚顶（项）岭。故必至小白山，方足穷两江之源，必立小白山顶而左右顾，方足见东西分流之迹，玩“审视西为鸭绿，东为土门”二语，其原碑必立于此山之顶无疑。今碑在大白山（长白山），既与分水岭之意相背，且在山之东南麓，更与岭上之言不合，谓是碑之原处，其谁信之。

至今仍有一些学者持同样的看法，认为碑是由朝鲜人在设栅时由小白山暗移至天池南边的。为了证明这一点甚至提出穆克登从未登过长白山顶天池，他登的是小白山顶。这一点值得商榷。

虽然最终的结局是错定图们江源，但是其定界思路还是清晰可辨的。不少学者指责穆克登是被朝鲜人诱引至长白山顶天池的，说他终为朝鲜人所骗，将清属地方糊里糊涂地送给朝鲜。

第十三通石碑：清代依克唐阿碑

此碑位于大石头镇哈尔巴岭村东北敦化、安图两县哈尔巴岭分界线敦化一侧，碑址处又是清末吉林至珲春驿路之侧，立碑于此目的是军旅客商路经此处便于观赏，意在广为宣传依克唐阿功绩。据传此处有碑四座，现仅存两座，一高一矮，均为依公德政碑。

---

① 此通碑石文参见李花子《康熙年间中朝查界交涉与长白山定界》,《欧亚学刊》第五辑，中华书局 2005 年版。

依公即依克唐阿，字尧山，扎拉里氏，满洲镶黄旗人，祖上为蒙古察哈尔贝勒，授三等副将。嘉庆二十五年（1820）依克唐阿承袭爵位，少壮从戎，积勋至佐领、协领。同治八年（1869）任墨尔根副都统，光绪二年（1876）驻瑷珲任黑龙江副都统，光绪五年（1879）调呼兰副都统，光绪七年（1881）任珲春副都统，光绪十五年（1889）授黑龙江将军，光绪二十一年（1895）任盛京将军，光绪二十五年（1899）正月卒。依克唐阿任军职三十多年，带领边疆军民抗击沙俄倭寇多次入侵，战绩卓著。光绪十三年（1887），依克唐阿与清使吴大澂赴俄堪界，与俄签订《珲春东界约》，重新设立界标，防止沙俄入侵，堪为清代爱国将领。高2.21米的这座碑立于清光绪十五年（1889）六月上旬，正是依克唐阿授黑龙江将军上任之即，落款为南岗六社敬立，从碑文可知，南岗一区原为敦化县所辖，后划归珲春统辖，“选要住兵，以防攘夺，以保闾阎”。南岗六社可能为现在的安图县南沟一带。碑文内容是评述依克唐阿军功、清匪、抗俄、安民稼穑、放荒缓赋等功绩德政。另一碑高1.62米，没有碑文，正面刻“德威丕著”四个阴文楷书大字碑题，上款为“钦命帮办吉林边务高宜镇守珲春副都统升任黑龙江将军法什尚阿巴图鲁恩宪依公德政碑”。下款为“靖边右路统领副□□拉林花翎协领保成率中左马步两营文武官弁等敬立光绪十六年二月上浣榖旦”。石碑背面刻有保成协领属下全体文武官弁的职衔和姓名。可知此碑是依克唐阿属下官员所立。

清光绪六年（1880）敦化建县，辖区很大，包括现在的安图县，直到长白山。光绪七年（1881），为加强珲春边务，设珲春副都统，依克唐阿首任，以哈尔巴岭为界，岭东属珲春副都统，岭西属吉林将军管辖，值依克唐阿升任黑龙江将军于此处立碑。

敦化市文物管理所得此碑尚有一段佳话。1978年夏，敦化一中教师李建树到大石头镇中学公干，大石头镇中学领导杜龙才提及哈尔巴岭上有一古石碑，李建树回敦化后立即反映给文管所所长刘忠义。7月6日，所长刘忠义和工作人员姚震威前往调查，发现仅有一碑立于原地，另一个只剩碑冠，为查找碑身，他们来到安图县南沟屯调查，得知1969年10月，南沟大队党支部书记高树培因公殉职，社员们就把岭上这块石碑运来立在高树培坟前，碑面文字没有被破坏。把古人的碑立在今人坟前，是南沟屯的一个笑话，但经敦化有心人的关注，刘忠义、姚震威的努力工作，终于使这有很高文物价值的碑刻失而复得。此碑现存于敦化市文管所。[①]

石碑里潜涵着怎样的文化力量?

历史空间，口传心授如过眼烟云，只有写在书上、铸在铜器里、刻在石头上，才算铁证如山。中国是碑刻艺术最发达的国家，这里选竖在东北大地十三通最典型的石碑，经过考察，我们可以得出这样的结论：

第一，石碑的正面都是汉字，而且是汉文化传统记述文风，这显然都是当朝主宰者皇权的选择，说明汉文化是东北原生态文化，是主体文化。

这十三通石碑连贯起来研究，说明一个事实：汉人是这个地理东北的主体民族，汉字文化是东北历史的主体文化。有人总是怀疑“汉文化是东北各民族的主体文化”的结论，这十三通石碑完全可以证实，铁证如山。主体与客体，是相对的，又是辩证统一的，没有客体主体也不存在。汉文化是主体，少数民族文化就是客体，但在相对时间里，主体与客体又是可以转换的。少数民族接受汉文化多了，像辽金那样，在一定时间里，也可以转换为主体的。再如高句丽那样，完全用汉文化作为自己的软实力，那就不分谁是主体，谁是客体了。那种“受中原文化影响论”，是不准确不科学的；铁的事实说明，汉文化在跨时间、跨民族、跨地域的称谓，东北大地须臾不可离开的文化依存。

第二，汉字汉文化具有浓郁的意识形态性，从“齐家治国平天下”到政权体制、官职设置、文化礼仪、文献方式、经史子集，无不通晓。但仍保留民族文化的个性。

碑文的事实说明，无论哪个民族，哪个政权，一旦掌握了汉字文化和儒家国家学说，原始奴隶制可以迅速转化为封建制，便可以干出一番惊天

---

① 选自《大德敦化》，张凤鸣整理，2005年编印。

立地的伟业来。这十三通石碑的碑文通用汉字，说明历代民族的英主，不仅以汉字传承者汉文化的意识形态，而且极力仿效政德必追伏羲、轩辕、尧舜、周文、汉武，以创建中华一体的帝王为荣耀。

第三，马背上的民族负载汉文化之魂，就可千里奔袭，所向披靡。

在一个汉文化圈内，各民族的政治、军事、经济、文化的发展总是此起彼伏总是不平衡的，差距就形成了巨大矛盾，于是总是战争不断，强大军事力量，战胜虚弱的军事力量；开明的政治文明战胜腐朽政治文明，但所争夺的往往都是为了多元一体的中华民族政体谁为坛主的结局。政治斗争、军事斗争，改变着居民结构和生活结构，最后所达到都是在文化上出现高度融合。如此往复循环，推进了中华民族的多元一体的发展与进步。一个成熟的民族有创造文化的自由，更有选择文化的自由。碑文说明，莫说本无本民族文字的夫余、高句丽、渤海必以汉字为宗，就是有了本民族文字的辽、金、元、清几代王朝的英主，他们创造了本民族的文字，但仍然选择了汉文化作为他们本朝政治、经济的主体文化，在马背上负载着汉文化之魂，方能千里奔袭，跃出地方政权的狭小天地，进入世界大我的新天地，而成为入主中原和半入主中原的中华一体的开明皇帝，然而也无时无刻不依赖东北汉文化作为主体文化的推动力量，作为意识形态的支撑的软实力。

第八章　汲取野性精华的东北汉文化

东北大地历来是各民族文化演绎的空间和大舞台，各民族的文化精华如同闪烁明星，照耀着祖国的东方，交相辉映，互相侵染，也互相包容，互相推动，共同创造着辉煌的历史篇章。

东北汉文化是个包罗万象的大文化，又是开放型的文化，从来不放弃汲取他民族文化精华与精髓，形成千年不朽，万年不衰，延续辉煌的大文化。不单单是儒学文化，儒道释文化俱全。从高句丽墓壁画中的四灵与佛法中，从贞惠、贞孝两公主墓碑文中尊儒、敬佛可以见得汉晋以及大唐的佛教已经传入东北地区。

东北汉文化，《十三经注疏》《二十五史》《四库全书》等中华典籍，一样不少。东北汉文化的独到之处，不仅滋养着各民族成长与壮大，而且比起江南文化所多的就是东北汉文化更多地汲取了东北各民族的野性品格，还有独特的冰雪精神。

在一定意义上来说，东北各民族选择了汉文化，东北汉文化也选择了东北各民族文化的野性精神，它使东北汉文化以极其活跃的姿态独特的个性挺立于中国大地。这就是孔老夫子所说的“君子和而不同”的思想，不是硬要天下都一个声音，而是善于容纳不同的精神力量，拧成一股绳。所以才大力倡导构建和谐社会，构建和谐世界。

一　融入豪爽粗犷东北精神的汉文化

东北汉文化好像东北人性格（脾气），具有开放性、兼容性、包容性、创新性、坚韧性，汉文化生活在东北多民族之中，汲取别个民族文化精华，像在大雪地里滚雪球一样，滚到哪里吸到哪里，越吸越多，越滚越大。东北汉文化是地域文化，具有与黄河文化、江南文化、闽越文化绝不相同的品格，如果说江南文化纤细，黄河文化忠厚，循规蹈矩，那么东北汉文化则是豪爽、粗犷、实在、敢想敢干、大胆大气。马克思就说，不同的地域，在历史上经常会形成各种不同的有共同语言、共同经济生活以及共同文化和共同心理素质的稳定的人们共同体。这种地域文化，就是独特民间文化。

（一）豪爽、热情、执着的东北人性格

东北地处高寒或半高寒地区，一年四季寒暑分明，由冬历夏，人们都要准备与冰雪搏斗的时刻。严冬到来，滴水成冰，哈一口气，都立结冰霜，所以人们对面说话都不能细声慢语，都得大声大气。寒冷塑造了人的性格彪悍。战天斗地，冰雪砥砺，让东北人性格中，自然有一种豪气、爽气、热乎气，这和江南烟雨蒙蒙的性格基因截然相反，不仅长得高大魁梧、虎背熊腰，而且说话快、性子直，不拐弯。东北人的冰雪精神，体现在东北人的性格上。金史上讲“女真人俗本鸷劲，人多沉雄，兄弟子姓多为良将”。受到史书上所描述的少数民族的那种“耐寒忍饥，不惮辛苦。勇悍不畏死”等性格的熏陶，在与东北高寒冰雪、险山恶水、狼虫虎豹的抗争中，形成了豪放而勇悍、粗犷而简陋的豪爽、豁朗、实惠、大气、幽默、机智的群体性格。

冰雪严寒的自然环境使东北人不得不爱冰、不恋雪，同时也铸造了东北人特有的倔强性格和进取精神，这种性格、精神促使人们不甘受制于冰雪，不肯满足于现状，于是乎创造出美轮美奂的冰灯、冰雕和雪雕艺术，

进而打造的冰雪文化更增加了北方人的成就感、光荣感和自豪感。哈尔滨被誉为冰雪之都，那洁白的雪及那明净的冰自然是那儿特有的景色。

作家端木蕻良在《大地的海》以雄迈之笔绘写了广袤的东北大地及大地上寒酷的北风，如何“在青年的红萝卜的鼓挣挣的小腮帮上，写出自信、要强和傲慢来，在老年人的额角的皱纹上，……狠狠刻出两条不可调和的固执和粗鲁的印痕”。在其长篇小说《科尔沁草原》后记中这样写道：

> 我每一接触东北农民，我便感悟到人类最强烈的求生意志。……我每看到那戴着貉壳的大风帽的车老板子，两眼喷出马贼的光焰，在三尺厚的大雪地里，赶起车，吆喝吆喝地走，我觉得自己立刻健康了，我觉出人类无边的宏大，我觉出人类不可形容的美丽。

端木笔下所描写的东北农民强烈的求生意志，那喷射出马贼似的光焰的旺盛强悍的生命意志和征服力量，他们到东北大荒漠大森林到冷得吓人的高寒与冰雪地带去谋生去创业，自然萌生一种冒险精神，也磨炼成一种超越生命意志的“闯”的品格，是和那“三尺厚的大雪”及雪中赶车所体现的自然环境和生存方式密不可分的。文化学研究论告诉我们，在人类不同区域文化中，自然地理环境的千差万别，直接导致了人们从自然环境索取食物和生活资料的生产方式以及在生产方式基础上形成的生活方式的不同。而不同的生产生活及“对象化”了的自然所构成的物质文化，又导致了不同的价值观念、风俗习俗、心理性格、行为方式及自然意识、生命意识、宗教意识。①文化的外部层面能生成形象，文化的内质层才能生成精神，而文化精神才能熏陶人的本质。长白山区域山高水险，有六个多月的冰封雪裹，塑造了人们的冰雪精神；险山恶水，狼虫虎豹，深山老林，威胁着耕种、狩猎、采金、伐木、挖参的人们的生命，也生成了人们的“耐寒忍饥，不惮辛苦，勇悍不畏死”的性格行为。

① 参见逄增玉《来自大野的生命意志与性格强力》，《戏剧文学》1995 年第 11 期。

东北人的豪爽体现在待客接物之中。人们知道，在大冰大雪中生存下来很不容易，珍惜自己生命自然也就珍惜他人生命。在山里放山伐木人常住在小窝棚或地窨子，当人们干活离开住所，常常不锁房门，锅台上放上米，门外有柴，路过的人都懂得这是猎人或者放木人的规矩，你可以自己烧火做饭，吃完了，熄灭了火，掩好门，或者在门口放上一把草，主人回来一看，啊，有客人来了。就很高兴。

在农村，谁向某人借钱，多暂还，要不要利钱，不用第三者做证，到时候准还。这叫东北汉子言而有信，轻生死，忠承诺，吐口唾沫都是钉。

（二）冷峻的冰雪文化

踏雪的声音是旷野中的绝唱，它用独特的方式摩擦寒冷，让嬉戏的人们知道冬的深浅，知道积雪的分量。试想这莽莽苍苍的雪野尽头，定是一个玲珑剔透的国度。踏雪的声音让奔逐的人们不忍呼喊，生怕一切尘世的俗音会玷污这份纯洁的安宁。可惜的是东北的冬天没有梅花，也许梅还在悠久的典故里徘徊，只会刻意地点缀古老的画幅和被平仄捆扎的线装书，而不敢涉足东北的三九严寒。踏雪而歌，比雪野觅食的麻雀更饥饿。贪婪地呼吸着冰冷的空气，贪婪地接受雪原的抚摸。不知什么时候，天空又开始飘雪。这次不是大朵的鹅毛大雪，而是似细雨碎霜一样的小冰凌。

东北人形容暴风雪有一个形象的词语，就是“大烟泡儿”。凛冽的寒风呼啸着掠过山野，把雪原上平展展的积雪瞬间卷起，旋成一条条奔腾着怒吼的巨龙，贴着雪地滚动，狂野而又肆无忌惮地奔突。狂风暴怒了，响着尖厉的呼啸，像百万雄师在怒吼、奔腾，把千百条白龙卷上天空，刹那间山川大地笼罩在满天雪雾之中，遮天蔽日，天昏地暗。如今，许多人的印象里东北人的性格还有其粗犷豪放的一面，也许就是这暴风雪铸就了东北人刚毅豪爽的性格吧。

在冰雪严寒的岁月里，最需要御寒的就是人的两只脚，所以东北人第一大发明就是“靰鞡”。民族和历史现象的载体作为一个精神符号来表现我们这块地域的民族精神和生存性格，最后大家渐渐地认识到，靰鞡可以是能综合代表并具备这些身份内容的载体之一。《吉林旧志》《吉林乡土志》的解释，是说在松花江边的一个地方叫吉林。这一下子便把这种“物产”的出处和来历阐述得极其清晰和明确。而“乌拉”变成“靰鞡”，又有许多历史上的记载和口述，其内容几乎完全一致，都是说康熙东巡在“船场（吉林）看见他的子民们穿着一种用牛皮绑着的东西”（《永吉乡土志》）不知其名，于是皇上给这种鞋起个名，叫“乌拉”，因为“产在”乌拉这个地方。《中国地名大辞典》中，靰鞡等同于“乌拉”。这因为从前人们把这种鞋就叫“乌拉”，大约到了清末民初，为了区别于地名，才把乌拉写成“靰鞡”，是因为标明它是皮子做成的。杨宾在《柳边纪略》卷三十三中写道：“靰鞡，革履也，絮毛子草于中可御寒。毛子草细若线，三棱微有刺，生甸子中，拔时颇触手。以木槌数十下，则软于棉矣。名乌拉草。一名靰鞡草，土人语云：辽东三件宝，貂鼠、人参、乌拉草。余谓：参貂富贵者之宝也，乌拉草贫贱者之宝也。有乌拉草贫贱者生，无参貂富贵者死。”

对靰鞡歌颂的文字如“关东山三件宝，人参貂皮靰鞡草”等方面的口语俗语非常多。《关东搜奇录》中还记载“鱼皮鞑子”（赫哲族猎人）冬穿鱼皮靰鞡，在大冰上行走如飞。有一个走迷了路的猎人，靠着一袋子酒和一双靰鞡在大雪里被埋八天也没冻死。人类学家曾经考察发现，人在艰苦而寒冷的环境里只要脚暖了便能生存下来。脚是人行走逃生存活的必要前提。人身上穿得再暖，而脚一旦寒冷，人周身的血液便不能很好地循环，人便会倒地而毙。靰鞡的产生和创造恰恰解决了这种艰苦和严寒的生存环境中的最突出问题。而且这种鞋的特殊性仿佛就表现在能“蹁雪踏冰”上。它由于大，里边又垫了靰鞡草，使得人脚在冰雪上行走时稳当。人脚在里边活动自如，又不生脚气。靰鞡上的平整使鞋底在冰雪上运动时不生“丁脚”（一种雪疙瘩）。这正是生活在这里的百姓喜欢这种鞋的原因。

靰鞡的产生又深深地记载了东北民族的生存情怀，那就是血缘情和乡情。血缘情表现在靰鞡是父母对儿女们深深的关爱上。在往昔的日子里，东北都是家家自己做靰鞡，是爷爷奶奶或爹娘们亲手给儿女们缝出的一双双靰鞡。在没有鞋铺和鞋匠之前，这种活计全靠家里老人来完成。据史料记载，从前东北各民族都会做靰鞡。靰鞡的做法不同于西南和西北对衣鞋是通过纺线来做，靰鞡是用皮绳来缝。从前没电灯，族人和家人做靰鞡全在油灯或火把下缝制。

冬天里，四野山林田地道路都是厚厚的积雪，给人们出行造成极大的障碍。聪明的东北人发明了爬犁（又名雪橇），有用马拉的爬犁，也有用狗拉的爬犁，鄂伦春人还用梅花鹿拉爬犁。马拉的爬犁在雪地上行走如飞。

雪爬犁取材于茫茫山林，制作工艺简单，造型特殊，使用轻便灵巧，一年里有三分之一的时间要在风雪中度过的先人们，没有因为大雪封山而放弃，也没有因为天寒地冻被闲置，它毫无选择地在雪野上留下深深的辙痕，就像先人们留下深深的脚印一样。

至于为什么叫“爬犁”无从考究，猜测该是因为它像山里人耕地用的“犁杖”。估计可能是因为它没有“轮子”，行走时仿佛在雪上爬。猜测有猜测的理由，估计有估计的根据，什么都有可能，什么也都没有可能，那些自恃没有文化的关东父老，把一个充满智慧的名字赋予了它。

据说当年在京城住腻了的乾隆皇帝回故乡祭祖、狩猎时，看到这种“似车无轮，似榻无足，覆席如衾，引绳如御，利行冰雪中”的运输工具时，诗兴一发，挥笔写道：

服牛乘马取诸随，制器殊方未可移。
似榻似车行以便，曰冰曰雪用皆宜。
孤篷虽逊风帆疾，峻坂无愁衔橛危。
太液拖床龙凤饰，椎轮大辂此堪思。

大概意思是说：雪爬犁不但可以牛驾、马拉，随心而方便，而且远征时还可以插上篷帆，借助风力在冰雪上行驶；乘坐爬犁虽然没有行船那么快捷，但是即使经过高峻的山地，也没有倾覆的危险。

《吉林地方志》中还说：伯力东行1200余里，沿松花江两岸居住的黑斤人，冬季“以数犬驾舟，形如橇，长十一二尺，宽尺余，高如之。雪后则加板于下，铺以兽皮，以钉固之，令可乘人，持篙刺地，上下如飞”。黑斤人是什么部落，尚无考证，他们使狗牵引雪爬犁的习俗，让我们大开眼界。在冬天，驾驭着狗拉的爬犁，满载地方特产，到索伦河南，与其他部落的人进行贸易。“清初，有所谓使犬部者。如今临江等处，每于江上结冰，用狗爬犁。俄境亦有之，其狗皆肥壮而驯，一爬犁以数狗驾之，而头狗价最昂，俄人购者往往一狗值五百羌洋也。”看来当年北方人养狗，不单是为了看家狩猎，还为了“驾犁贸易”。可以想象，一群身上冒着热气的狗，在雪野上奔跑，在狗市上乱叫，而主人的响鞭，炸开在一望无垠的雪野上空，震落了飘在辽阔雪野上，挂在树梢间的霜花雪片。

冰场比鱼儿还要滑，载着戴红帽子的女孩旋转。精灵一样的让人挽不住缰绳，映照着雪橇的窜影。女孩张着双臂飞翔成蝴蝶，冰面上划出道道青春的履痕。远远望去，红帽子就像一朵鲜艳的玫瑰，冰更白、更晶莹。

此外还有冰上运动，冰上游戏，冰上饮食，冰水游泳，冰上捕鱼，还有冰雪木屋，冰雕，雪雕，多种多样，这就是丰富多彩的东北冰雪文化。

哈尔滨的冰雕，世界闻名。冰雕的制作与其他雕塑艺术不同，除了它的用料和所使用的工具不同外，在制作过程中它只有“雕”的过程，而没有“塑”的过程。这就要求艺术家不仅要独具慧眼，而且要精心制作，一次成型，所以，一件好的冰雕艺术作品是十分难得的。

吉林的雾凇。冰雪激起了人们创造美好的热情，也创造出自然的美景。隆冬时节，沿着东北松花江的堤岸望去，松柳凝霜挂雪，戴玉披银，十分壮观。要想融入这神话般的世界里，最好的办法就是进行冰雪运动。

东北风大雪硬。不难想象，当寒凝大地，泥土开裂，呼啸的北风夹着清雪漫天飞舞的时候，劳累了大半年的东北人，踅进屋里，盘腿坐在温暖的火炕上，抽烟喝酒，叙旧话新。那憨厚的脸庞一定挂着满足的微笑。

这就是与东北人性格相吻合的冰雪精神，韵味十足的冰雪文化。

（三）泼辣的东北女人文化

有人说："东北女人就像一簇簇的串红辣椒，远远看去，红红的一片，无比的娇艳诱人！可遗憾的是——如果你走近她们，会发现她们大咧咧的粗糙！"在大家眼里，中国女人应该是娇小玲珑、婀娜多姿、眉清目秀的女子，大都愿意把这种女子作为一种典范。许多男人一谈到东北女人，就会直皱眉头，一方面迷恋于东北女人的漂亮，但另一方面又十分顾忌东北女人的性格，真是自相矛盾。其实东北女人在性格上带有绝不含糊的那种极端。东北女人的气质是热情、浪漫、直率、心胸开阔、不拘小节、乐于助人、心地善良、性格活泼，尤其是那种女中豪杰式的大气和胆略，在多数男人看来也是别有风情的。

东北女人的性情像土地一样朴实而辽阔，语言和行动总能让你感到她是心胸开阔的女人，有一种海纳百川的气度。东北女人无论是对待朋友、丈夫，还是孩子，都有一股没有穷尽的热情和力量。她们不一定是全中国最好的女人，但一定是最忘我、最投入、最真诚、最宽容、最快乐的女人。辽阔的东北平原造就了东北各色女人：哈尔滨女人热情而浪漫，长春女人沉稳而端庄，沈阳女人时尚而前卫，大连女人清新而雅致。东北严寒的日子非常漫长，十月就开始飘雪了，一直到翌年的清明积雪才开始消融。在漫漫冬日里，东北的姑娘们依然把日子过得有滋有味。她们不怕冷，在零下三十摄氏度的三九寒天里，你也会经常遇见只穿着一条薄绒紧身裤，有时外面还加上一条漂亮呢裙的女孩儿，在冰天雪地的冬日里吃冰激凌。她们穿着高筒皮靴精神抖擞地走在雪地上，如同一株雪中盛开的梅花。

有一位小说家这样写道：东北女人是水，纯净清洌；东北女人是陈年的酒，浓香滚烫，让人心醉；东北女人，是一本厚厚的书，粗犷中带着细腻；东北女人是蒲公英，散播爱的芬芳，舍生忘死；东北女人是仙人掌，虽然环境恶劣，一样生存顽强；东北女人像大兴安岭上的雪，对待邪恶，冷酷威严。体味着东北女人的心酸，懂得了人情世故，奉献着她的爱心，孝敬的东北女人期盼她的晚年美满。东北女人，是诗，是画，是我的一生中永久甜蜜的梦！

东北女人，不仅“脚”解放了，“心”也解放了。摆脱了宗法辖制，也不必父母之命，媒妁之言，追寻婚爱自由了。

有一个民谣这样写道：

前门堵，后门插，
我爹我妈没在家……
大黄狗就在我的脚下趴。
大襟纽扣都解开，
紫蓝裤子往下扒；
叫声情哥哥你快动手，
不动手你可是大傻瓜。

寥寥几笔，非常质朴地直截了当地描写了情妹子坦率真诚火辣辣的山野性格。所以在传统二人转里才有了《双锁山》刘金定“刀压脖子问亲事，问你亲事应不应，你若应了婚姻事，一到高山拜花灯，你要不应婚姻事，想过此山万不能”的野性情节来。《双锁山》的故事中原各省都有，唯独“刀压脖子问亲事”的这个事关性格解放情节，这是东北民间艺人根据东北女性品格创作出来的。

（四）冰雪世界的民俗文化

漫长的冰雪世界使生活在北国大地的人们创造出了特殊的民俗文化。初次来到这里的人们常常会听说一个在民间流传已久的民谣：“窗户纸糊在外，养活孩子吊起来，十七八的姑娘叼个大烟袋”，这个民谣道出了人们心中的“东北三大怪”。但当深入地了解了中国北部的历史后，便会发现，这“三大怪”里透着浓浓的民族风情，蕴含世世代代生活在这片黑土地上的人们的生活积淀，三怪其实并不怪。

因为“三大怪”都是东北自然环境所逼，“窗户纸糊在外”，东北三个季节需要防寒防风，窗户纸抨上油，只有糊在外面，才能抵抗风吹雨淋。“养活孩子吊起来”，妇女下地干活，预防山野动物侵害孩子。“十七八岁的姑娘叼个大烟袋”，倒不完全是因为东北盛产烟叶，而是为防蚊虫伤害，山上有蛇，烟袋油子可以防犯蛇的侵犯，所以东北人无论男女老少都喜欢抽烟。

还有关东三宝，人参、貂皮、鹿茸角，这和南方地区特产，比如景德镇瓷器、杭州刺绣、安徽宣纸、端砚，不同的是，它体现的是一种最原始、最基本的主题，人参、貂皮、鹿茸角，就是一种独特的生存方式，表现出一种健康的主题，表现了一种生命的要素。因为长白山一脉，松花江畔这样一个特定的地理环境，这三宝都是来自大自然的馈赠。还有人称“人参、鹿茸、靰鞡草”是关东三宝，当人们把这三种来自自然的动植物作为宝贝，这是人类一种生存方式，奉献给更广大社会的时候，自然人们希望把它生命本身所孕育的一种内涵传达给每一个人。

东北还有特殊的饮食习俗和居住习俗。

东北人饮食比较简单实惠，数九寒天，人们都想吃个热乎，蒙古族在战争中习惯吃“火锅”，涮牛羊肉。再加上黑木耳、灵芝、猴头菇、圆菇、榛蘑等美味一锅炖，被东北人制作出令人垂涎的山珍宴。这种饮食文化习俗不仅是满人喜欢，汉人喜欢，几乎所有民族都喜欢。有人说东北人实诚，也有人说东北人为人精明，看看这东北菜，多种菜烩在一起，看来粗放，吃时适口。这可是有点儿像东北人两种性情完美结合的体现啊。

居住，东北农村普遍都是大草房。土坯垒墙，谷草当房顶，夏日防雨，冬天防寒，烧上火炕，就是寒冬腊月，室内也是温暖如春，同时又经济实惠。

衣食住行的习俗充分体现了东北人的大智大慧。

到底东北人的性格如何，您从这火辣辣的大秧歌里大概也能看出一二来。

每天清晨，天刚蒙蒙亮，北国大地的许多人就聚集到了离家最近的场上，对于他们中间的绝大多数人来说，扭秧歌成了日常生活的一部分。

秧歌并非起源于东北，是明朝时，从河北、山东经辽南海城牛庄传过来的，为东北这片土地带来了勃勃生机，也带来了中国人这种传统的歌舞形式。而秧歌到了东北，和东北人特有的性格结合在一起，就散发出了自由奔放的独特魅力。不论老人孩子还是大姑娘小伙儿，大红大绿地打扮起来，热热闹闹地扭起来。这秧歌里透着北方人豪爽直率的特点，透着北方人无拘无束自然奔放的性格。东北人的习俗，大伯哥与兄弟媳妇是不能在一起说笑的，可是一下场扭起大秧歌，不仅可以说笑，而且可以自由地挑逗。在今天的中国北方大地，像这样的广场秧歌就是最普及、最深入人心的一种群众性娱乐活动。每到冬季，尤其是到了过年的时候，人们几乎就是泡在了秧歌里。

东北汉文化中的民间文化丰富多彩，还有许多带有“野味”特色的文化，如帮绺文化、人参文化、交易文化、节日文化等，此不赘述。

二　“和而不同”与“移风易俗”

农耕文化与游牧文化，总有不同的文化差异，不同的形态，不同的表现方式，不同的思维程序。两种文化一接触，难免发生冲撞，甚至抵触，但在冲撞与抵触的过程中，就有发现，觉察与自己的差异，发现了新鲜事物，从好奇，到体验，再到认同，乃至模仿，这就是融合的开端。

认同，也不是全部认同，融合，也不是全部融合，总要保留民族的个性，或者叫作“民族文化优长”。所以，在农耕文化与游牧文化的交融过程中，游牧文化总要保留着“骑射风格”。

中华传统文化主张“入乡随俗”。《淮南子·齐俗训》称：“是故入其国者从其俗，入其家避其讳，不犯禁而入，不忤逆而进，随之夷狄徒保之国，结轨乎远方之外，而无所困矣。”

在中国历史上，有些少数民族首领也曾主动提出过弃胡俗而从汉风的要求，对此，汉人中央王朝持谨慎的态度加以处理。

保持各民族的文化个性和优长，是每个民族的义务，中国历代皇帝也不赞同各民族一律汉化而放弃本民族的个性和优长。中国传统文化素有“和而不同”的美德，《论语·子路》云：“君子和而不同，小人司而不和。”追求“和而不同”，是最高智慧的体现，是最宽容的坦荡荡的胸怀。由此树立民族的自信心与自尊心，容纳别人的个性，是有力量的表现。

为尊重少数民族风俗，有的帝王也不准改变其俗，如隋炀帝杨广，不主张改变突厥的民风。隋炀帝大业三年（607），突厥启民可汗请求在服饰仪仗方面一依华夏，改变本族原来习俗。隋炀帝不同意这种做法，下诏令写道：

> 先王建国，夷夏殊风；君子教民，不求变俗。断发文身，咸安其性；旃裘卉服，各尚所宜。因而利之，其道弘矣，何必化诸？削衽縻以长缨，岂遂性之至理，非包含之远度。衣服不同，既辩要荒之叙；庶类区别，弥见天地之情。[①]

在隋炀帝杨广看来，各民族习俗不一，姿态万千，是正常现象。相反，如果人为地整齐划一，就会伤害人的天性，带来许多不便。各族间的差异通过习俗体现出来，习俗是区别不同民族的重要标志。杨广把习俗不一视为天地之情、宇宙之心，在他这种思想支配下，隋王朝没有准许突厥改变本族习俗，但仍然与它保持友好的关系。

明太祖朱元璋在1348年11月谕礼部曰：“近命辽东立学，或言边境不必建立。圣人之教犹天也，天有风雨霜露，无所不施，亦无往不行。昔箕

① 《隋书》卷八十四。上海书店、上海古籍出版社1975年版。

子居朝鲜，施八条之教，故男遵礼仪，女尚贞信。管宁居辽东，讲诗书，陈俎豆，饰威仪，明礼让，而民化其德。曾谓边境之民不可教乎？夫越与鲁相去甚远，使越人而居鲁，久则必鲁多，鲁人而居越，久则必越多。非人性有鲁越之异，风俗所异然也。况武臣子弟久局边境，鲜闻礼仪，恐渐移其性，今使之诵诗书、习礼仪，非但可以选就其才，他日亦可资用。”[1]

从隋炀帝到朱元璋，凡历代开明皇帝都积极提倡保留和发扬民族文化、风俗的个性。

尊重对方风俗，才有互相涵化。居于东北的文人，久居于少数民族之中，受其影响，性格也发生了很大的改变。

儒学风范，谦谦君子，形成典雅柔弱的文风，特别东北汉人作家，一改柔弱的文风而形成东北大风大雪模式的刚健有力，粗犷豪放，棱角鲜明，直言敢谏的风格。尤其东北人，脱离中原宗族的统治，有一种解放感。少数民族风俗也是大有改观。

“风俗”是人类生产力发展一定水平的产物，“风俗在人类经验和信仰中起着那种占支配地位的角色”。“从他出生之时起，他生于其中的风俗就在塑造着他的经验和行为。”[2]风俗自然也有优劣之分，先进与落后之分，在生产力的发展进程之中，有的风俗是要废弃的，有的风俗是要保留的。必然要度过“野蛮期的低级阶段”，向着高级阶段发展。因而在民族融合过程中，“移风易俗”的现象自然会发展的，就像烟往高处起，水往低处流一样。

我国北方的少数民族大多都有“收继婚”的风俗，就是父亲死了，儿子可以娶其母为妻，兄长死了其弟可以娶其嫂为妻。契丹、女真人均有此俗。但在接受汉儒文化的少数民族，知礼仪，懂人伦，修廉耻，多有为此而抗婚的举动。

---

① 《续文献通考》。

② ［美］露丝·本尼迪特：《文化模式》，华夏出版社1987年版，第2页。

辽圣宗时代，有个女子，封为秦晋国妃，统和十八年（1000）生，辽景宗次子耶律隆庆，权势很大，开泰五年（1016），娶年方16岁的秦晋国妃为妃，这时耶律隆庆已经43岁，而且秦国妃和齐国妃二妃，年龄悬殊，而且还是甥舅婚。当时契丹多妻制，又不计辈分和年龄。不料就在这年的十二月，隆庆突然驾崩，于是年仅16岁的秦晋国妃成为遗孀。不久，辽圣宗下诏，令秦晋国妃嫁给隆庆长子耶律宗政。这本无可厚非的，按照包括契丹在内的北方许多古代民族的习俗，是可以“妻其庶母”的。但饱受儒学教育的耶律宗政，深感此行有违儒家伦理道德，在《耶律宗政墓志铭》上体现“辞以违卜，不即奉诏”，而且下定“终身不婚”的决心。从“墓志铭”上看得出，宗政果然履行诺言。而秦晋国妃萧氏家中“聚书数千卷”，博览群书，深知礼仪，伦理纲常，也是终身未再嫁。

蒙古族立国之初，只是禁止汉人成员的收继婚，而对于蒙古等族则准许保留。有鉴于此，女真文人乌古孙良桢在谏书中写道：

> 又以国俗，父死则妻其后母，兄弟死则收其妻，无忧制，遂言：纲常皆出于天而不可变，议法之吏乃言国人不拘此例，诸国人各从本俗。是汉、南人当守纲常，国人、诸国人不必守纲常也。名若优之，实则陷之；外若尊之，内实侮之。推其本心，所以待国人者不若汉、南人之厚也。①

乌古孙良桢是汉化程度很高的女真文人，创作了许多诗文。在他看来，允许北方少数民族继续保留收继婚俗，名义上是优待他们，实际上是陷他们于不仁不义；外表看来是尊重这些少数民族，内里是对他们的侮辱。乌古孙良桢希望朝廷对汉人和少数民族成员的婚俗采取统一的政策，取消收继婚。他把这个问题提到伦理纲常的高度加以强调，对“收继婚”的衰亡起到加速的作用。

北方少数民族成员，受到汉人婚俗的濡染，越来越多的人自觉抵制原始的“收继婚”，脱脱尼就是其中一位代表人物：

---

① 《元史》卷一八七。上海书店、上海古籍出版社 1975 年版。

“脱脱尼，雍吉剌氏，有色善女工，年二十六，夫哈剌不花卒。前妻有二子，皆壮，无妇，欲以本俗制收继之。”脱脱尼以死自誓不可，二子百般要求。脱脱尼则骂曰：

汝禽兽行，欲妻母耶？若死，何面目见汝父地下？

二子惭惧谢罪。乃析业而居三十年，以贞操闻。[①]

脱脱尼作为一名少数民族妇女，也用传统道德否定收继婚的合理性，并且身体力行，拒绝前妻二子的要求，维护自己的尊严。随着民族融合的深入，收继婚的消亡也就成为不可避免的事实。在《元史》中类似脱脱尼的例子还有几个。

东北汉人与契丹等族同样流行姊妹同嫁一夫和姊死妹续的风俗，由于是一种较为通行的婚俗，也实行在各族之间的婚姻中。[②]

总之，汉儒的认同，民族的融合，致使民族双方“移风易俗”。

三　讲唱艺术刺激了章回小说的发展

历史上各民族都走过漫长的无文字的黑暗时代，只是汉人过早地进入成熟文字的昌明时期。由于依赖文字记忆，历史文献比较丰富，史书典籍也卷帙浩繁，所以中国就很少有长篇史诗，章回小说也发展得较晚。

文化的发展流程，总是起源于民间，被殿堂提取，经过提炼又返回民间，在民间加以创造后再返回殿堂，经过规范化的升华再流向民间，这就是文化的发展规律，古今中外莫不如此。

---

① 《元史》卷二〇〇，《二十五史》，上海书店、上海古籍出版社 1975 年版。

② 程尼娜：《东北史》，吉林大学出版社 2001 年版，第 188 页。

中国甲骨文的刻骨记事，本起于民间，卜筮日记，却被巫首少数人占有，几百千年后到殷商时代发展成熟了，仍被上层社会所神秘化。

以民间讲史、听史为例，原本是民间口头文化，口耳相传。至盛唐时代才见端倪。随着佛教的兴起，发展到寺院里开始有讲经讲史活动，谓之“俗讲”。这样的市民口味，随着“书会先生”在民间传递，到了宋代，就成了民间“平话”。“书会先生”往往都由知识丰富，阅历宽广，艺术才华高一点的人担当。东京汴梁，已经发展成当时世界上最大的都会，商业繁荣，勾栏瓦舍，聚集着士农工商的听众，平话的情趣已成风气。艺术毕竟开时代风气之先。在宋代的讲史平话，就已经有所谓“烟粉”“灵怪”“传奇”“公案”以及“讲史”等。这说明这种以广大市民为对象的说唱文艺活动拥有广阔题材。它不只是以单纯的猎奇或文笔的华丽来供少数贵族们思辨和阅读，而以描述生活的真实供广大市民听众消闲取悦。其中“公案”“讲史”类更是广为流传。并且由民间口头语言有好事者转化为书面语言，这即是后来的《喻世明言》《警世通言》《醒世恒言》和初二刻《拍案惊奇》，“极摩人情世态之歧，备写悲欢离合之致”，传递着传统的社会人生的价值观念。

至辽金两代，北宋这种平话形式很快传入辽金民间，备受民间听众欢迎。

而东北少数民族，多半没有自己的文字，却保持着良好的头脑记忆能力。耨怨温敦思忠是女真人，是完颜阿骨打的信使，“太祖伐辽，是时未有文字，凡军士当中覆而应密者，诸将皆口授思忠。思忠面奏，受诏还军，传至诏辞。虽往复数千言，无少误”①。像这样专门靠口头传达命令的使者，在汉人军中是见不到的，而其传达的准确无误，竟然达到惊人的程度。阿离合懑是女真的皇族，竟能“凡一闻见，终身不忘始末。未有文字，祖宗族属时事并能默记”②。没有文字带来信息储存上的困难，但

① 《金史》卷八十四，《二十五史》，上海书店、上海古籍出版社 1975 年版。

② 《金史》卷七十三，《二十五史》，上海书店、上海古籍出版社 1975 年版。

也强化了人的记忆能力，于是产生一大批能够靠记忆讲出本民族历史的人才。由于少数民族的领袖们都喜欢听讲汉人历史故事，这就激发了专门从事民间讲史听史的才艺的人才与场所。

这种讲史风俗从北魏拓跋氏到北宋、辽、金几朝颇为盛行，尤其辽金帝王特别喜欢听讲汉人历史故事。

中国主体民族在人类发展史上是早熟的儿童，这种早熟的标志就是过早地有了非常智慧的文字，过早地形成了汉文化，过早抛弃了口头讲唱的原始文学传统，随着一次又一次的民族融合，这种讲唱历史，既是原始记忆力的复活，又是被少数民族同化的结果。因此，这种讲唱历史的创造力，从而导致中国古代白话小说的兴盛与繁荣。中国古代的白话讲史小说在汉魏六朝之前一直没有出现，只是经历了五胡十六国北朝的民族大融合时代才开始萌芽，滥觞于唐，繁盛于宋，成书于民族大融合的元代。如元代就出现了《三国演义》评话等。在清代形成满汉结合的《满族说部》百余卷。

四　民族乐舞给汉文化增添了娱乐因素

中华民族又是人类史上音乐的王国，在人类还处于荒芜时代，就创造了各种乐器。汉马融《长笛赋》称：“昔庖羲作琴，神农造瑟，女娲制簧，暴辛为埙。”

在民族大融合过程中，极大地丰富了汉字、汉文化的内涵。自汉唐以来，吞吐信息量极大的汉文化张开宽阔的臂膀，广纳异邦异域异族文化粗犷与野放的精华。比如中国四大文体之一的“词”就是在这种氛围中产生的。词的兴起是对律诗的突破，使得文学增加了野性与活跃、欢快的格调。词的兴起和西域音乐的传入密切相关。从北朝起，胡声夷曲就取代了楚汉旧声，在中原占据主要地位，包括龟兹乐在内，隋炀帝规定为九部乐，唐太宗又规定了十部乐。《回波乐》本是北朝境内胡人所唱的民歌，六言四句，到了唐初，成了固定格律的词，按谱填词，成为词的萌芽。《兰陵王入阵曲》出于北齐的一位武士之口，显然是鲜卑人的曲调，后来《兰陵王》词就是根据北齐时期的曲调填写的。词牌子《苏幕遮》原是西域的一种舞蹈名，表演时互相泼水，为避免水激头面，都戴着油帽，高昌语称这种油帽为“苏幕遮”，由此得名。词起于北朝，兴于唐，高峰于宋。

东北的少数民族，都是能歌善舞的民族。不仅平民都善于歌舞，而且帝王也提倡，如金世宗，他在返回故乡的上京会宁，就用女真语演唱民族歌曲，而且还自编自演。这就导致本地歌舞盛行。无疑，少数民族的歌舞，繁盛于民间，这使汉文化从贵族文化而转向民间文化，给汉文化增添了无穷的娱乐情趣。

（一）五彩缤纷的高句丽乐舞

“倾杯复碗漼漼，垂手奋袖娑娑”，这是北周诗人王褒在看过高句丽乐舞之后，对其优美的舞姿写下的观感。而唐代大诗人李白在赏析高句丽乐舞时，更是称颂不已，曾以《高句丽》为题写出赞叹诗句：

金花折风帽，白马小迟回。

翩翩舞广袖，似鸟海东来。

“海东”，乃大海之东，大海是指渤海，海东不是国外，因此也是指东北。赞美高句丽的舞步像“鸟”一样的自由自在、轻盈欢快，令人向往。

两位诗人对于高句丽乐舞的激情赞颂，足以说明高句丽乐舞的动听旋律和优美的舞姿深深地感染着东北的广大民众。高句丽乐舞既为白山松水各族人民喜闻乐见，又以其辉煌的成就在大江南北产生强烈反响，并且纳入隋唐时代的宫廷燕乐（亦称宴乐或谯乐），成为中华艺术宝库中的璀璨明珠。

高句丽乐舞，也称“高丽乐”或“高丽伎”，是在本民族民间自娱歌舞基础上升华出来的专业性民间表演乐舞，也是汉唐时代白山松水民间歌舞的杰出代表。据《唐书·音乐志》载，其乐器有：弹筝、掐筝、卧箜篌、竖箜篌、琵琶、五弦琵琶、笙、箫、笛、小筚篥、桃皮筚篥、贝、腰鼓、齐鼓、担鼓15件之多，由此组成庞大的乐队，可以演奏多种样式感人肺腑的乐曲。最具代表性的歌曲有《芝栖》，舞曲有《歌芝栖》等25首。演出时多以阵容严整，色彩艳丽和声容动人而闻名。例如乐工演奏时头戴“紫罗帽、饰以鸟羽、黄大袖、紫罗带、大口裤、赤皮靴、五色绦绳”，使之演奏、演唱和起舞时无不以光彩照人而取胜。舞蹈形式多样，有独舞、双人舞、三人舞、群舞以及歌伎伴唱等，表演时“四人椎髻于后，以绛抹额，饰以金铛。二人裙襦，赤黄裤，二人赤裙襦裤，极长其袖，乌皮靴，双双并立而舞”（《旧唐书·音乐志》）。《新唐书·礼乐志》载其表演的《胡旋舞》更为别致，称“舞者立球上，旋转如风”，可见其技艺之高超。综观高句丽乐舞的总体表演可谓服饰艳丽、造型鲜明、歌声悠扬、舞姿婀娜、画面动人。从中不难看出，高句丽乐舞已在中原成为隋唐两朝宫廷乐舞的重要部分，尤其在唐朝引起上层人士的热衷，就连身居显贵的一代宰相杨再思也曾在公卿宴会上的酒酣之际，居然“请剪纸自贴于巾”，由此产生效仿高句丽人萦头甩动纸条欣然起舞的趣闻（即帽上缀有彩色纸条，随头部摇晃而形成凌空飞旋的彩环）。

高句丽乐舞的艺术成就不仅见于有关史书的大量记载，还体现在文物遗存之中。今集安市高句丽古墓群，其中长川一号墓含有一幅当年的群舞壁画图。画面上清晰可见舞者旁边有一排合唱队员，颇具大型乐舞风范。歌舞内容丰富，场面生动，形象多彩。其中可见舞者骑马射猎和贵族观赏；一乐伎（女）席地而坐，全神贯注抚琴演奏和对面一男右臂平伸、左臂曲肘地随乐起舞；等等。此外，还在一组三人乐舞图中使我们见到这样的形象，即一舞女眉心点红，手持莲花捧于腹前，相对一男舞者左手高擎花蕾，右手下垂，二人身后还有一举琴女子，从而构成男女起舞的动态画面，今天看来仍是栩栩如生。

从民族文化交流的角度观察，可以确认高句丽乐舞是白山松水最早传入中原的表演艺术，而白山松水的汉代表演艺术也是最早出现在高句丽聚居区的。这种双向交流的艺术现象恰是民族融合的结果。汉代以来，这种影响更为直接，当年高句丽官员多次去中原朝拜或者晋献方物，而汉武帝又常以中原歌舞百戏以礼接待。由于高句丽人对汉字、汉文化早有认同，所以易于接受、欣赏乃至崇敬中原表演艺术。《后汉书·高句丽传》载：汉武帝刘彻曾以“高句丽为县（今集安县），使属玄菟，赐鼓吹伎人”相赠。《梁书·高句丽传》又载：汉代，中原多次向高句丽“赐衣帻、朝服、鼓吹”等。从中不难看出，汉代的乐工、艺伎等专业人员接踵来到鸭绿江畔的高句丽聚居区亲自表演和传艺，从而推进民族之间的艺术交流，同时带来中原有关乐器使之充实高句丽乐舞阵容。仅从我们今天仍能看到的集安高句丽古墓壁画中便可感受到高句丽乐舞吹打弹拉和载歌载舞的繁盛景象。例如：吹横笛、打腰鼓的飞天乐伎；吹奏牛角和弹奏阮咸与玄琴的乐伎，以及高跷、角抵等颇似汉代百戏的技艺表演。凡此种种，均可视为两个民族彼此交流的真实写照，因此，高句丽乐舞的崛起用至跻身中华艺术之林，从而成为我国古典音乐史上的闪光一页则是理所当然的。

（二）夸张艳丽的渤海乐舞

渤海政权建立伊始就在政治、经济和文化各个方面竭力效仿盛唐。尤其是大祚荣、大钦茂等历届君王，不仅通用汉字，而且还多次派遣留学生赴中原研习并引进唐朝的政治制度、诗文典籍、建筑工艺和礼仪乐制等，致使渤海的政治进步，经济发达，文化繁荣。渤海乐与唐乐、吴乐和三韩乐齐名。金毓黻《渤海国志长编·文王钦茂》载：公元778年“遣使献日本舞女十一人及方物于唐”。这种艺术上的往来和转赠，又使渤海成为沟通中日文化交流的一座桥梁。据现有史料考证，日本的渤海乐舞就有《大靺鞨》《新靺鞨》《新乌苏》《古乌苏》《进走秃》《退走秃》《敷手》《贵德》《昆仑八仙》《地久》等。由此可见，渤海乐在东北亚地区影响之深远。

渤海乐或渤海乐舞，由歌、舞、乐三位一体而组成。所用乐器有：箜篌、琵琶、笙、笛、鼓、箫、拍板、渤海琴等，其中不乏从中原传来的乐器。今延边地区和龙县存有当年文王大钦茂四女贞孝公主墓，墓内壁画绘有三个手持拍板、箜篌、琵琶的乐伎，其服饰和乐器与唐朝完全一致。而敦化县保存的大钦茂长女贞惠公主墓的墓志并序中记载其受到良好的教育，善琴棋书画，碑文刻有“萧楼之上，韵调双凤之声；镜台之中，舞状两鸾之影”等充满诗情画意之美的文字。渤海善于学习唐朝的礼乐制度，专“置太常寺”掌管礼乐事宜和音乐教育，在这方面具有民族的继承性、区域的开放性和多元汲取的文化品格。

《大金国志·处兴风土》载：人们“以桦皮为角，吹‘呦、呦’之声，呼麋鹿而射之”。同时又载：“其乐唯鼓笛，其歌唯鹧鸪，曲第高下长短如鹧鸪声而矣。”从中说明当时不仅有乐器，而且还有单独演唱的民歌。《隋书·勿吉传》载：“隋文帝时，宴勿吉于前，使者与其徒皆起舞，曲折多战斗容，上顾谓侍臣曰：天地间乃有此物，常作用兵意何其甚也。”

至于渤海乐舞，靺鞨人已在群众的自娱歌舞和祭祀基础上规范出礼仪性的庆典歌舞。《辽海丛书·渤海国记》载，这里“官民岁时聚会作乐，先命善歌舞者，数辈前行，士女相随，更相唱和，回旋宛转，号曰‘踏锤’。”其中的“官民岁时聚会作乐”体现官民之间无贵贱之分的同欢共乐，而“先命善歌舞者，数辈前行，士女相随更相唱和”又使官民同乐的欢腾场面井然有序，彬彬有礼。至于歌舞的“回旋宛转”则又在人们面前显现一幅赏心悦目的生动画面。

唐朝是我国历史上最强大的封建政权，为周边国家所仰慕，在我国封建历史上素有“盛唐之誉”。因此，我们从渤海乐舞中可以明显看到融有唐代雅乐、宴乐、散曲等艺术营养，而这些营养成分又都通过渤海乐舞为载体逐步向东北亚一带广泛延伸，客观上等于唐代文化的有效传播。

（三）艳歌狂欢的辽、金、元乐舞

白山松水进入辽、金、元代时期。契丹、女真、蒙古族统治者又都敬重并吸纳汉人文化充实自身，在音乐、舞蹈方面甚至不惜动用武力劫掠中原宫廷和民间艺人，驱使他们纷纷北移，其中尤以金代为甚。《建炎以来系年要录》记载：靖康二年（1127），金人攻破开封，曾大肆搜索金银财宝、秘阁图书、司天仪器等，并“车载而还”，同时还掠来“内侍伶官、医工妓女、后苑作、文思院修内司将作监工匠，广固搭财役卒，百工技艺等数千人”。《三朝北盟会编·靖康中帙》又载：靖康二年，金人第二次破汴京，掠去“御前祗侯方脉医生、教坊乐人、内侍官四十五人、露台祗侯妓女千人……杂剧、说话、弄影戏、小说、嘌唱、弄傀儡、打筋斗、弹筝琵琶、吹笙等艺人一百五十余家……”更有“诸般百戏一百人，教坊四百人，弟子帘前小唱二十人，杂剧一百五十人，舞旋弟子五十人……”至于《宋史》和《三朝北盟会编》等古籍关于金人强占中原大乐、轩驾乐、舞图、舜文二琴、教坊乐器、乐书、乐章等更是不胜枚举。诚然，这种战乱的抢掠显得残酷无情，但客观上却对辽、金、元代的北方民族文化建设起到了重要的作用，在某种意义上也应视为民族之间的文化交融，很大程度上促进辽、金、元代民族歌舞的丰富与发展，使之共同呈现着歌之激越、舞之矫健、曲之刚烈等民族性和地域性的艺术特征，进而在中国文化史册上留下了不可磨灭的一页。

分别而论，则是辽代有国乐、雅乐、大乐、横吹乐和散乐等不同种类，各有不尽相同的应用功能。主要乐器有筚篥、箫、笛、笙、琵琶、五弦、箜篌、筝、方响、杖鼓、腰鼓、鞚、拍板等。

国乐，即契丹乐，为本民族从部落时期至契丹国建立、再到辽朝整个历史进程中固有的民族音乐，又被称为“番乐”，具有强烈的先王之风，体现着契丹乐的传统音乐特征。

雅乐，即辽代宫廷盛典、朝会的礼仪乐舞。其规模庞大、气势宏伟，表演大体和中原宫廷乐舞相似，音乐“中正和平”，歌词“典雅纯正”，舞步“端庄有序”，所奏乐曲为《十二安》，即唐代雅乐的《十二和》。

大乐，即朝廷皇帝大宴、宾仪、嘉仪所用的乐舞，实为唐朝灭亡之后由后晋宫廷传入辽国的唐“宴乐”，所用乐器亦同唐朝宴乐，共计三十多种。舞部最少二十人，以唐宴乐《景云乐》《庆善乐》《破阵乐》《承天乐》四部乐舞为主，组列堂皇，庄重热烈。仅天庆元年，天祚帝寿仪乐舞庆贺的程序就有五十多道，乐人百官“正襟危坐”，使礼仪和娱乐融为一体。

横吹乐，即辽代的军旅音乐，分横吹和鼓吹两种。横吹乐有管、箫、横笛、胡笳等，主要用于骑马演奏以壮声威。与之相应的则是组列宏伟的鼓吹乐，分前、后两部，共有十二个演奏台，俗称“熊罴鼓吹十二案”。

散乐，原为中华古代各种娱乐性乐舞的总称。辽代的散乐是吸收中原的散乐节目和乐器并与本民族杂戏、手伎、角抵融合而成，包括杂剧、歌唱、器乐以及角抵、马戏等百戏诸项，比起宫廷的雅乐、大乐更富有民族特色。例如：传统手伎《倒刺》就是其中的代表性节目之一。“倒刺”，系契丹语乐舞的意思。宋人范成大有《鹧鸪天》词“休舞银貂小契丹”，清代诗人朱彝尊《席上观倒刺》诗云：“雪后风灯焰焰寒，云诏旧部走伶官。一双手技从容入，胜舞银貂小契丹。”清人吴长元《宸坦识余抄》中称其是金元北方传统乐舞之一，并对表演做了详细的描绘：“左抱琵琶，右持琥珀，胡琴中倚秦筝，水弦忽奏，玉指一时鸣。唱到繁音入破，龟兹曲，尽作尽声。倾耳际，忽悲忽喜，忽又恨难平。舞人矜舞态，双瓯分顶，顶上燃灯。更口噙湘竹，击节堪听。旋复回风滚雪，摇绛蜡，故使人惊。哀艳极，色艺心诚，四座不胜情。”又如杂戏《鱼龙蔓延》也是一个具有故事情节，融戏噱性和趣味性为一体的乐舞表演形式，它近似于现代的龙舞，在宫廷和民间广泛流传，深受欢迎。此外，辽代舞蹈中还有胡旋舞（又称胡腾舞）、银貂舞（又称契丹舞）、反弹琵琶舞、假面舞、顶篮舞、剑舞、杖舞、塔舞、弓箭舞、双人彩带舞和队舞等。例如，《银貂舞》以其明快、刚健和粗犷的风采，为中原所瞩目。宋代政治家王安石看《银貂舞》写诗称："涿州沙上饮盘桓，看舞春风小契丹。塞雨巧催燕泪落，蒙蒙吹湿汉衣冠。"小契丹，乐舞名。足见其艺术魅力之独特。

总而言之，契丹人的歌唱与演奏不仅丰富多彩，而且体现在日常生活的方方面面，更以游牧生产为突出。

金代有雅乐、宴乐、鼓吹乐、散乐等。并于大定十一年（1171）以唐、宋的雅乐体制为依据，设立雅乐制度。所用乐器大部分与宋代的大晟乐基本相同。金代的皇帝仪仗时所用的鼓吹乐是借鉴、参考宋和辽的鼓吹乐而组成的。其成员除宫廷专业乐工外，大部分也从军队和民间征召，由此而增强了宫廷与民间音乐的交流和传播。《金史·乐志》载："散乐，元日圣诞称贺、曲宴外国使，则教坊奏之。"同辽代一样，金代的散乐也拥有杂剧、歌唱、舞蹈、器乐独奏、合奏以及百戏等。金代女真人虽然较全面地学习和引进中原音乐文化，但他们同时也非常重视本民族音乐传统的继承和发扬，在宫廷专设教坊传习渤海乐。《都城纪胜》载：在"吹赚动鼓板"的器乐合奏中，仍有名为《渤海乐》的曲目，表演时可奏其一段（拍），也可多达十段（拍）。《金史》卷七载：大定十三年（1173）"御睿思殿，命歌者歌女真词"。卷八又载："上欢甚，以本国音自度曲。……于是上自歌之。"这里说明金世宗完颜雍不仅注重民族音乐的传播，而且还亲自参与创作和演唱。至于宫廷宴饮时更有"宗室妇女起舞"和"群臣故老起舞"的景象（《金史·乐志》）。他们不仅演唱、演奏民族音乐，而且还把契丹、女真歌舞带到中原，被统称为"虏乐"与"番曲"。宋·曾敏行《独醒杂志》载："先君尝言，宣和末客京师，街巷鄙人多歌番曲，名曰《异国朝》《四国朝》《六国朝》《蛮牌序》《蓬蓬花》等，其言至俚，一时士大夫皆歌之。”

“蓬蓬花”，即“蓬蓬歌”，又称“臻蓬蓬歌”或“臻蓬蓬扣鼓歌”。《宣和杂录》载：“宣和初收复燕京以归朝，金民来居京师。其俗有‘臻蓬蓬歌’，每扣股和臻蓬蓬之音，为节而舞，人无不喜闻其声而效之者”。宣和初（1119—1120），燕山（今北京）地区民众利用女真民歌创作一首《新番嘌唱》：“臻蓬蓬，外头开花里头空，但看明年二三月，满城不是主人翁。”此歌为讽喻辽末统治者因政治腐败而即将亡国的预言诗，起源于辽东京（辽阳）一带，后在辽东京、西京等地广为流传。此歌是用腰鼓伴奏以助舞兴的作品。传至徽宗朝，又用以预示靖康之变，颇受欢迎。唱时用鼓伴奏，发出“蓬蓬蓬”（击鼓心）和“乍乍乍”（击鼓边）的声音，与其祭祀歌舞萨满跳神音乐（老三点）的音响效果完全一致。据说这首民歌后面还有一段模仿鼓音而唱的“蓬蓬蓬，乍蓬蓬蓬”等尾声，遗憾的是曲谱没有流传下来。今人只见《汴京纪事诗》中的一段形容：

仓皇禁陌夜飞戈，南去人稀北去多。

自古黄沙埋皓齿，不堪重唱蓬蓬歌。

由此可见“臻蓬蓬歌”之类的“番曲”“虏乐”，对于中原地区汉人音乐和歌舞的冲击是相当强烈的，乃至达到“人无不喜闻其声而效之者”的程度，即或上层统治者也不例外，称“一时士大夫亦皆歌之”，致使范成大出使金朝时竟发出“虏乐悉变中华”的惊叹。在民间，女真族的习俗民歌颇为盛行，其中尤以嫁娶婚歌和萨满祭祀歌舞令人瞩目。《大金国志》（三十九卷）载，一般贫家少女进入婚龄时，大都“行歌于途，其歌也，乃自叙家世、妇工、容色，以伸求侣之意”。而婚嫁的“拜门”礼仪中，还有《大拜门》和《小拜门》等各有侧重的婚歌演唱，以此抒发相应的思想感情。今松原市的扶余县存有纪念金太祖完颜阿骨打抗辽成功的“大金得胜陀颂碑”，碑文记载阿骨打聚众抗辽誓师祭天用的就是萨满教仪式，即“时又以禳禬之法行于军中”以“鼓舞将士的必胜信心”。此后，萨满乐舞一直成为女真以及其后裔满族世代相传的祭祀歌舞，而且愈到后来愈加完善丰富。[①]

唐末五代时，东胡人后裔契丹人建立了辽王朝，契丹人原是游牧民族，积极吸收中原汉人文化和渤海文化，东丹王耶律倍便是这方面的一位杰出代表。《辽史·义宗倍传》载：“倍初市书至万卷，藏于医巫闾绝顶之望海堂。通阴阳，知音律。”《辽史·乐志》载：“辽有国乐，有雅乐，有散乐。”国乐当是契丹人原有的音乐。不同场合，奏乐不同，而各种仪式均有舞蹈表演。

辽代的“契丹舞”“蓬蓬歌”，对中原文化曾产生深远的影响。《辽诗话·题辞诗》：

黄獐饮血猎初回，
乳酒频传琥珀杯。
城外花园弃堞在，
瘀支歌舞纳凉来。

亦知讽谏重香山，
大字还闻辽二丹。
舞罢银豹赐金带，
乐歌亲制和应难。

万幕千庐月似波，
头鱼宴罢更头鹅。
罗衣轻学黄幡绰，
齐唱蓬蓬叩鼓歌。

诗中提到的“瘀支歌舞”“银豹”契丹舞和“蓬蓬叩鼓歌”，几乎成为辽代的象征，凡涉及辽代的诗文，多以其为例。至于有关“蓬蓬歌”的

① 这一节参考毕凤岐在《中国长白山文化》中所撰民族乐舞一节。

记述就更多了。《宣政杂录》载：“宣和初，收复燕山以归朝，辽民来居京师，其俗有《臻蓬蓬》，每叩鼓和臻蓬蓬之音节而舞，人无不喜闻其声而效之者。”边击鼓边舞蹈，与流传于东北的“单鼓”相似，辽宁省朝阳市槐树洞辽塔上，还有一幅女子双人舞的浮雕，上身着薄衣，下身着肥大裤脚的裙裤，腰系两条长飘带，可见当时生动的舞姿。

金代的民间歌舞更盛。本土民间艺术与中原传来的民间艺术得以进一步融合，形成具有东北特色的高跷、打连厢、旱船、竹马、大头和尚逗柳翠莲等百戏杂乐，逐渐融汇成东北秧歌。

元代的歌舞与辽、金时期有很多相近之处，这是因为他们都是地处北方的游牧民族，并在长期的纷争中促进了民族文化的交汇与化合。然而，元代作为统一中华版图的强大政权，它的宫廷音乐和舞蹈则显得更加突出。其宫廷的雅乐和鼓吹乐，主要是宋、金、西夏遗留下来的，而宴乐则主要是继承了宋代歌舞大曲的表演形式。其中“乐队”（歌舞队）分四种，即“乐音王队”“寿星队”“礼乐队”“说法队”，分别用于元旦庆典、天寿庆典、朝会大典和祭祀典礼。《元史》有载：“元之有国，肇兴溯漠，朝会宴飨之礼，多从本俗。……若其为乐，则自太祖徵用旧乐于西夏，太宗徵金太常遗乐于燕京……世祖命宋周臣典领乐工，又……诏括民间所藏金之乐器。”[①]从中可以看出，元代的雅乐、宴乐与金代、宋代是一脉相承的。因为，无论是辽、金还是元代，他们都尊重并学习汉文化，尤其是元代疆域辽阔、社会开放、思想活跃、文化多元，促使各民族的音乐舞蹈在更广泛的层面上融合、嬗变与发展。元太宗时期的契丹人耶律楚材就具有很高的汉文化修养，他精通诗文与音律，在《赠蒲察元帅》诗文中曾写道：“素袖佳人学汉舞，碧髯官妓拨胡琴。”此外，元代宫廷还有一些器乐合奏曲，被称为“达达乐曲”即蒙古族乐曲。

总之东北少数民族多彩多姿的乐舞，丰富了汉人生活，也给汉文化增添许多娱乐的亮色。

---

① 《元史·礼乐志》卷67，《二十五史》，上海书店、上海古籍出版社1975年版。

五　金元文化推进了中国戏剧的发展

一切生机在民间，民间世俗具有无穷的力量，如同春天的小草，它可以拱破压在上面的石板，迎接温暖的阳光，生出地面。世俗的艺术方式，它可以超越民族，超越地域，占据了漫长的时间和辽阔的空间。而文化的滋蔓，都是民间民族文化的融合过程。

文化融合力主要在民间，文化的互润、交融与互渗，然后是官家提倡，如隋唐大量融合北方少数民族文化，汲取了北方民族的音乐歌舞，汉文化滋养了少数民族，少数民族文化激活了汉文化的惰性因素，南北互动，充实了新鲜血液，因而中华民族文化凝固一个整体，绵延不休。

由诗而词，由词而曲，成熟的“曲”，这即是中国戏剧形式的源头。

在民族融合的过程中，入主中原乃至统一中国的北方民族，都是刚刚脱离原始奴隶社会，在开始阶段还没有文字，只能以口耳相传的方式交换信息。没有文字记录，北方少数民族在原始社会都是以口传方式保存历史资料，由此形成民族讲史、听史的习惯，民间讲史，也叫民间说唱。在其入主中原之后，这种习惯仍然保持和继续流行。“宗翰好访问女真老人，多得祖宗遗事。”宗翰是女真皇族，他通过寻访遗老，搜集了许多本族原始社会的材料。金太宗天会六年（1128），“诏书求访祖宗遗事，以备国史”①。这是由朝廷颁布命令，动员人们通过讲史、听史了解祖宗遗事。女真人在民族融合初期是这样，其他各游牧民族在相应历史阶段也都是如此，都把讲史、听史的原始遗风带到了社会。上有所好，下必甚焉。由于皇帝的提倡，民间讲史说唱活动自然风靡各地。而且少数民族皇帝，特别是通过讲史，听取汉人历史故事。讲史，是少数民族的帝王了解汉人历史的途径，因而也促进了民族融合。这种讲俗、讲史的传统来自北宋年间，北宋民间普遍流行艺人讲唱，或者说唱民间历史故事的习俗。

这些民间歌舞和说唱，为中国戏剧的形成创造了雄厚的群众基础。

---

① 《金史》卷六十六，上海书店、上海古籍出版社 1975 年版。

据《东京梦华录》《武林旧事》《梦粱录》记载，北宋的城市繁荣，“坊巷院落、纵横万数、茶坊酒店、勾肆饮食”都是盛况，刺激城市出现稍为稳定的演出场所，勾栏瓦舍，都为民间讲唱艺术提供了艺人们相互交流的场所。这种艺术形式直接影响到金代，由金延续到元，宋、金、元的民间说唱艺术形式，是中国戏剧形式发生之源。

元代成就最高、影响最大的民族音乐是人所共识的散曲，习称“元曲”。它是由契丹、女真、蒙古人马上弹奏的歌曲与河北、辽东等地慷慨悲歌的曲调相结合所形成一种新的音乐形式和文学体裁，或者说是由词脱化而来的新诗体。其艺术特点是既长于抒情、写景、叙事，又有戏剧情节，却不用代言体演唱。最初流行于金代北方的民间，后引起知识分子的重视，经过文人吸收俗谣俚曲的营养，在民间小调、小令基础上加工提高，成为时调新曲，以表现简单的故事情节与内容而见长。其形态特征与杂剧比较相近，不同之处是它只有清唱没有道白，也没有锣鼓场面，仅用丝竹乐器伴奏，因此也叫“清曲”。表演场所多为青楼茶肆和家宴厅堂。它的演唱不但可以抒情，还着眼于叙事说理和讽刺嘲噱。语言自然流畅、通俗易懂，多用直陈白描手法，注重口气的逼真和人物性格的刻画。唱词结构为长短句，灵活多样，并较多运用衬字，使词曲更加生动活泼，富于表现力。风格上保持鲜明的地方特色和浓郁的乡土气息，造诣之高可谓继唐诗、宋词之后，古代文学艺术发展史上的第三座高峰。

（一）金代诸宫调是戏剧的基础

诸宫调是讲唱艺术发展的一种高级形式。一支曲子，一种宫调，众多乐曲的组合，一个长篇故事边说边唱的讲唱形式，叫作“诸宫调”。诸宫调是北宋中叶说唱艺人孔三传所创造的。王灼《碧鸡漫志》云：“泽州有孔三传者，首创宫调古传，士大夫皆能诵之。”

女真人入主中原后，与前朝的契丹人及后继的蒙古人相比，对汉文化的接受程度最为彻底，由奴隶制社会向封建制社会的转变也最快。特别是金世宗开创“小尧舜”局面，至金章宗大力发扬儒学传统，金元文化获得飞跃发展。与此相适应，院本与诸宫调等通俗文艺也取得重大进展。

金代说唱文艺在北宋的基础上获得空前发展，发展的原因，在于金初阶级矛盾比较尖锐，而思想统治相对宽松，辽宋艺人或抵应宫廷教坊，或沦落城镇街市，各种俗文艺在动荡中求得生存。大定时，随着社会安定和经济发展，这些通俗文艺也繁荣起来。例如“货郎儿”，源自北宋货郎叫卖声调，靖康后演变为说唱文艺。

俗文艺在金代得到繁荣与发展的主要原因，一是金代的皇帝都推崇汉文化，大金诸帝无不对新兴的戏剧表现浓厚兴趣，皇帝又都喜欢说唱文艺，如金世宗本人带头作曲；二是汉文化对女真人具有强烈的凝聚力；三是汉人与女真人杂居，其中汉人人口众多，甚至是整个人口的三分之二，以至于出现“蒙克汉户皆为一家”的情况。这就有力地推动了金代说唱艺术的发展和繁荣。

在金代生活在北方地区的各族兄弟，流传着多种多样的“俗谣俚曲”，富有民族色彩和地域特色。用到戏剧里都是曲调组合，用的是套曲。这里诸宫调与北杂剧加以比较论述。徐扶明说：北杂剧联套形式，并非与金代诸宫调一模一样，而是有着不同之处。（1）诸宫调，唱完一个宫调的曲子，立即改唱另一个宫调的曲子，频换宫调，又常换韵，而北杂剧一折一个宫调，一韵到底，一般是四折，四个宫词。（2）诸宫调，每个套曲用曲子很少，大都在五支曲子以下，所以套曲短得很，而北杂剧的每个套曲，一般用曲子十余支，多则二十余支。但也有很短的，只有三支曲子，这是个别的。（3）诸宫调用的曲子，常为全阕，并且大都有后叠，甚至一曲包含着三叠、四叠，而北杂剧用的曲子，相当于词的半阕，如要续用，就采用“么篇”的格式。（4）诸宫调，每一宫调的首曲；无一定的规矩，而北杂剧，每一宫调的首曲，都有一定的规矩，如〔仙吕宫〕第一支曲子必为〔点绛唇〕，〔南吕宫〕第一支曲子必为〔一枝花〕。（5）诸宫调用第三人称，而北杂剧用第一人称。所以，北杂剧联套，比诸宫调严整雄肆，诸宫调是说唱艺术，通过第三者的叙述，介绍情节，刻画人物，描绘景色，而且每个套曲之间，又可由说书人加以表白，衔接前后情节，因此，在唱的部分，可以常用短的套曲，频繁变换宫调，也不至于影响故事情节脱节。北杂剧则是戏曲艺术，必须通过剧中人物自己抒发感情变化，因此，剧中人物所需的套曲，就一定要有严密的连贯性，而不适于频换宫调，并且根据不同剧情，套曲应当有长有短，而不能常用短套。由此说来，北杂剧联套当然不能全盘照搬诸宫调的联套形式。

到了金代中期的金世宗朝，在女真上层人士中则有女真歌词和“本曲”流传。为了保存和延续女真文化，金世宗不仅自制《君臣乐》等女真歌曲[①]，并且大力加以提倡。据《金史》记载，大定十三年（1173）四月，“上御睿思殿，命歌者歌女真词，顾谓皇太子及诸王曰：朕思先朝所行之事，未尝暂忘，故时听此词，亦欲令汝辈知之。汝辈自幼惟习汉人风俗，不知女真纯实之风；至于文字语言，或不通晓，是忘本也。汝辈当体朕意，至于子孙，亦当遵朕教诫也。”[②]后来在东巡所谓“祖宗兴王之地”的金初都城上京（今黑龙江阿城南白城）期间，金世宗更是率先垂范，自歌“本曲”。据《金史·乐志》记载：“（大定）二十五年（1185）四月幸上京，宴宗室于皇武殿，饮酒乐，上谕之曰：‘今日甚欲成醉，此乐不易得也。昔汉高祖过故乡，与父老欢饮，击筑而歌，令诸儿和之。彼起布衣，尚且如是，况我祖宗世有此土，今天下一统，朕巡幸至此，何不乐饮。’”于是宗室妇女起舞，进酒毕，群臣故老起舞。上曰：“吾来故乡数月矣，今回期已近，未尝有一人歌本曲者，汝曹来前，吾为汝歌。”乃命宗室子叙坐殿下者皆上殿，面听上歌，曲道祖宗创业艰难，及所以继述之意。上既自歌，至慨想祖宗、音容如睹之语，悲感不复能成声，歌毕，泣下数行。右丞相元忠暨群臣宗戚捧觞上寿，皆称万岁。于是诸老人更歌本曲，如私家相会，畅然欢洽。上复续调歌曲，留坐一更，极

① 《金史》卷三十九《乐上》，上海书店、上海古籍出版社1975年版。

② 《金史》卷七《世宗中》，上海书店、上海古籍出版社1975年版。

欢而罢。金世宗所唱本曲，其词曰：

猗欤我祖，圣矣武元。诞膺明命，功光于天。拯溺救，深根固蒂。克开我后，传福万世。无何海陵，淫昏多罪。易天道，荼毒海内。自昔肇基，至于继体。积累之业且坠。望戴所归，不谋同意。宗庙至重，人心难拒。勉国家闲暇，廓然无事。乃眷上都，兴帝之第。属兹来游，然予思。风物减耗，殆非昔时。于乡于里，皆非初始。虽初始，朕自乐此。虽非昔时，朕无异视。瞻恋慨想，祖宗宇。属属音容，宛然如睹。童嬉孺慕，历历其处。壮岁经年，恍然如故。旧年从游，依憎如昨，欢诚契阔，旦暮之若。嗟阔别兮，云胡不乐。[①]

由于金世宗特别爱好，所以金院本诸宫调，在金代朝野得以迅速发展。《金史》卷八《世宗下》称，这次金世宗东巡，大定二十四年（1184）进入金代中期，以《西厢记》为标志，诸宫调的组曲与联套形式成熟了，创作与演出也达到鼎盛阶段。作者董解元，金章宗时人。因夺乡试魁称解元，也因解元湮没自己的名字。作品开篇有云："每日价疏散，不曾着家"；"疏狂的性情难拘束"，"俏倬是生涯"；"诗魔多爱选多情曲"，"在诸宫调里却着数"。透露出作者是个不拘小节、蔑视礼法、摆脱了功名羁绊的人。后来，他的事迹被编入北曲杂剧而广为流传。

金代后期，诸宫调仍在发展，一些社会名流也染指于此，如商道尝改编南宋张五牛的《双斩苏卿》诸宫调，崇庆二年（1213）辞赋进士，金末殁于国难。元好问与商道有通家之谊，年辈相若，称其"滑稽豪爽，有古人风"[②]。

诸宫调自北宋孔三传首创，至董解元《西厢记》问世，风行天下百

---

① 《金史·乐志》卷四十，《二十五史》，上海书店、上海古籍出版社 1975 年版，第 95 页。

② 《遗山先生文集》卷四十《曹南商氏千秋录》，四部丛刊本。

余年[①]，为戏曲发展积累了宝贵的经验。一是诸宫调“一人独唱”的体制为北曲杂剧准备了模式；二是诸宫调吸纳时曲、缠令及连缀诸宫调讲唱故事的经验，对北曲杂剧组曲体系的建立具有极为重要的借鉴意义；三是诸宫调作品丰富，如《崔韬逢雌虎》《郑子遇妖狐》《井底引银瓶》《离魂倩女》《谒浆崔护》《双渐豫章城》《柳毅传书》[②]及“三国志”“五代史”等，无论题材内容，或是情节语言，都广泛吸纳了北方少数民族的文化因素，为北曲杂剧提供了营养[③]。

况且金代的贵族大学士都有“猛安汉户皆为一家”的思想，这便推动有金一代戏剧的繁荣与发展。如完颜琫，他善于写诗填词，有力地推动了诸宫调的发展与完善。至于诸宫调这种有说有唱、以唱为主的讲唱文学，在当时金朝的都城中都（今北京）曾经极为流行。它取同一宫调的若干曲牌联成短套，首尾一韵，再用不同宫调的许多短套联成长篇，以说唱长篇故事，因此称为“诸宫调”或“诸般宫调”。又因为它用琵琶等乐器伴奏，故又称“搊弹词”或“弦索”。诸宫调由韵文和散文两部分组成，演唱时采取歌唱和说白相间的方式，基本上属叙事体，其中唱词有接近代言体的部分。诸宫调与此前的说唱、歌舞均有渊源关系。它继承了唐代变文韵散相间的体制，发展了以同一词调重复多遍并间以说白的鼓子词、以一诗一词交替演唱并与歌舞结合的“转踏”和集合若干同一宫调的曲调为一套曲的“唱赚”结构。比起鼓子词、转踏和唱赚来，诸宫调篇幅更大，结构也更加宏伟，可以表现更为复杂的内容。一方面，它既能像长篇叙事诗一样，使故事得到自由发展；另一方面，它的部分唱词又兼有代言体特征，能造成如见其人、如闻其声的效果。由于它交互使用具有不同宫调、声情的曲子，又为表达比较丰富的感情内容提供了条件。它是由说唱、歌

① （宋）王灼：《碧鸡漫志》卷，《中国古典戏曲论著集成》之一，中国戏剧出版社1980年版。

② （金）董解元：《西厢记》卷一〔柘枝令〕，凌景艇校注，人民文学出版社1978年版。

③ 薛瑞兆：《宋金戏剧史稿》，生活·读书·新知三联书店2005年版，第335页。

舞到戏曲的演化过程中的过渡形式。从现存材料可知，诸宫调在金代曾经取得长足的发展，先后出现了《刘知远诸宫调》《西厢记诸宫调》两部颇有影响的作品。

金代最早的诸宫调是《刘知远诸宫调》。

《刘知远诸宫调》，一作《刘知远传》，大约产生于12世纪中叶。以前的金代诸宫调作品，作者失考。《刘知远诸宫调》是现存诸宫调作品中出现最早的一种。刘知远（859—948），即后汉高祖，为五代汉王朝的建立者，沙陀部人，后晋时为河东节度使，累封至北平王；开运四年（947）契丹灭后晋，他在太原称帝，建都于汴（今河南开封），国号汉，史称后汉。《刘知远诸宫调》即是根据流传于民间的有关刘知远的一段经历进行艺术加工而成的。作品写的是贫苦人出身的刘知远为生活所迫离家出走，在沙陀小李村与李三娘相识而结为夫妇，然而不堪李三娘兄嫂的欺凌和虐待，于是去太原投军，进而显贵发迹，终得夫妻团圆的故事。作品风格浑朴遒劲，语言自然，不尚雕琢，具有民间文学的本色。原作十二则，今存不足五则，由于这部讲唱文学的出现，使刘知远与李三娘悲欢离合的故事广为流传。直到元末明初，戏曲《白兔记》还在表现这一主题。

《刘知远诸宫调》是我国讲唱文学作品中的一部力作，它与《西厢记诸宫调》的相继出现，是北曲孕育过程的重要标志，为金、元时期北曲杂剧的发展和繁荣准备了条件。由于这部讲唱文学作品的出现，使刘知远与李三娘悲欢离合的故事广为流传。二人转传统剧目中有《李三娘打水》《咬脐郎井台认母》，都是源于金代《刘知远诸宫调》和元末明初戏曲《白兔记》。

明代徐渭《南词叙录》曾有准确的概括：即“今之北曲，盖辽、金北鄙杀伐之音，壮伟狠戾，武夫马上之歌，流入中原，遂为民间之日用”。同时又称：“听北曲使神气鹰扬，毛发洒淅，足以作人勇往之志。”然而，北曲的音乐贡献不仅如此，还是我国戏曲——元杂剧形成的重要因素之一。所以，我国音乐史上也把元杂剧纳入北曲之中。明代王世贞《艺苑卮言》称：元杂剧“曲者词之变，自金元入中国，所用胡乐，嘈杂凄紧缓急之间，词不能接，乃更为新声以媚之”。这里作者阐明了元杂剧音乐的由来和演变，接着又把北曲和南曲的个性特征做了鲜明的对比。即“凡曲，北字多而调促，促处见筋；南字少而调缓，缓处见眼。北则辞情多而声情少，南则辞情少而声情多。北力在弦，南力在板。北宜和歌，南宜独奏。北气易粗，南气易弱”。其中通过南、北曲的比较方法，对元杂剧音乐的形式、曲调、节奏、力度、风格等方面进行了精辟的分析和评价。由此可见，北曲的崛起开创了我国音乐、戏曲，乃至文学的一代新风。

（二）金院本是金代戏剧的雏形

金院本是汉文化与女真文化在东北相融合的产物。

王国维在阐释“院本”一词时写道：“两宋戏剧，均称杂剧，至金而始有院本之名。院本者，《太和正音谱》云：‘行院之本也’……则行院者，大抵金元人谓倡技所居，其所唱之本，即谓之院本云尔。”[①]

实际上，院本之“院”指教坊。金代教坊设提点、使、使副，“掌殿庭音乐，总判院事”[②]。则教坊亦称“院”。院本之“本”则是教坊“本子”，犹如宋杂剧之称“宫本”，寓含院体风范意。南宋灯戏舞队即以“按京师格范，舞院体诙谐”标榜[③]。所谓“院本”，即民间艺人演唱之本。所谓院体，“即学宫样之谓也”，意谓正宗、当行，与外道、戾家相对而言。其实，不论宫本，或是院本，既祇应宫廷大宴，也在瓦舍做场，不过以此招徕观众罢了。尔后元人也如此，或称古本，或谓新编，未闻以

① 王国维：《宋元戏剧史》，东方出版社 1996 年版，第 57 页。

② 《金史》卷五六《百官志》，中华书局点校本，上海书店、上海古籍出版社 1975 年版。

③ （宋）朱玉绘有《灯戏图》，周华斌《南宋〈灯戏图〉说》论之颇详，文章及图载于《中华戏曲》一辑，山西人民出版社 1986 年版。

出自娼门为荣耀。教坊色长魏武刘“鼎新编辑”院本，与此意相符。同时，也与元初胡祇透论及院本的精神相一致：“音乐与政通，而伎乐亦随时尚而变。近代教坊院本之外，再变而为杂剧。”[①]这说明，尽管院本与娼妓联系紧密，仍为宫廷“教坊”之“院本”，而非娼妓“行院”之“院本”[②]。

诸宫调的发展，同音乐有着密切的关系。早在金太宗灭亡北宋之时，金人就曾收拾汴京的伶宫乐器“挈之以归”[③]。而金世宗、金章宗之世，金石之乐“日修月葺，粲然大备”，凡宫廷大宴，必有杂剧抵应，于是院本杂剧便勃兴了。据元末陶宗仪《南村辍耕录》卷二十五所载，院本名目多达七百余种，但是由于兵火散亡，没有一部传留下来，仅在元、明两代的戏剧等作品中保存着少数段落。从这些院本的名目看，如其中的“和尚家门”“秀才家门”“大夫（医生）家门”“卒子（兵士）家门”“孤下（官吏）家门”等，可知它们接触到了各种职业的人物和各个阶层的生活。

金院本的角色与排场大略如宋杂剧，每场四五人。除末泥、副末、孤、净、旦、节级及竹竿子，还增出鸨、猱、鸨，妓之假母；猱，妓之总称，皆当时市语。其中，副净占有突出位置[④]。例如，山西稷山县金代墓葬群保存着大量戏剧砖雕，每组角色几乎都有扮以巾裹、穿衫、束带者，有的做怪相，有的装痴呆，有的打口哨，形象滑稽，表情生动，神态各异，当为副净[⑤]。这些潞色的面部化妆无不带有浓郁的夸张色彩。稷山马村一号墓的副净，鼻梁、眼眶及下颏俱涂以白粉，眼部还用墨上下画一斜

---

① 《紫山先生大全集》卷八《赠宋氏序》，三怡堂丛书本。

② 参见薛瑞兆《宋金戏剧史》，三联出版社 2005 年版，第 180 页。

③ 《金史》卷三十九《乐上》，上海书店、上海古籍出版社 1975 年版。

④ 薛瑞兆：《宋金戏剧史》，三联出版社 2005 年版，第 182 页。

⑤ 山西考古研究所：《山西覆山金墓发掘简报》，《文物》1983 年第 1 期。

道，即所谓“抹跄”[①]。

后人称金院本“大率不过谑浪调笑”[②]，或“扮演戏跳而不唱”[③]。这些见解不过各涉一端而已。其实，金院本已是综合表演艺术，不止说白与科范，还有“曲”的因素。如稷山马村四、五号墓地金代戏剧砖雕都有乐队伴奏的形象，由大鼓、腰鼓、横笛、拍板、觱篥（簧管乐器）组成。乐队在后面伴奏，演员在前面表演。[④]如同洪洞广胜寺元代壁画“大行散乐”做场一样，构成同台演出的形式。四号墓的五个伴奏人执乐器，一字排开，立于高台之上，即所谓乐床，四个角色在下面做场。五号墓的乐床坐四人，左一人徒手，余执拍板、奏觱篥、吹横笛。这说明，当时已具乐器伴奏，能适应演奏“曲”的要求。[⑤]

戏剧理论家徐扶明对金代时期汉文化与女真文化融合有独特的研究：在金朝统治北方地区的时期，兄弟民族歌曲、音乐、舞蹈，曾经广泛地交流。《金童玉女》杂剧：“女直（真）家多会歌舞。”女直即女真也。《金史·世宗本纪》，就有唱女真歌的记载。北杂剧（宋南杂剧相对而言）所用的女真曲，有〔风流体〕、〔阿那忽〕、〔也不罗〕、〔倘兀歹〕、〔忽筹白〕等。周德清《中原音韵》指出：“且如女真风流体等乐章，皆以女真人音声歌之。”还有，〔阿忽令〕、〔者剌古〕之类的曲调，也是北方兄弟民族的曲调。朱橚《元宫词》：“二弦声里实清商，只许知音仔细详，阿忽令教诸伎唱，北来腔调莫相忘。”〔阿忽令〕亦名

---

① （宋）孟元老《东京梦华录》卷七《驾登宝津楼诸军呈百戏》：“有一击小铜锣，引百余人，或巾裹，或双髻，各着杂色半臂，围肚看带，以黄白粉涂其面，谓之抹跄。”上海古典文学出版社 1958 年版；（宋）徐梦莘《三朝北盟会编》卷一三五：“其红巾唯见钻风角子，又用墨抹跄于眼下，如伶人杂剧之戏者，又□吹叫子。”光绪刊刻本。——薛瑞兆注。

② （元）夏庭芝：《青楼集·志》，《中国古典戏曲论著集成》之二。

③ （明）徐允仰融朱由，宛委山堂本《说郛续》卷一九。

④ 《中国大百科全书》“彩图插页”五、六，中国大百科全书出版社 1983 年版。

⑤ 见薛瑞兆《宋金戏剧史》，生活·读书·新知三联书店 2005 年版，第 182 页。

〔阿姑令〕，北杂剧有此曲，属双调。根据《三朝北盟会编》《辍耕录》和《虎头牌》《哭存孝》诸剧，〔者剌方〕亦名。〔者归〕，即〔鹧鸪曲〕。北杂剧有此曲，属黄锺。北杂剧所吸收的兄弟民族的俚曲，有些早在宋代就已在北方地区流传。《独醒杂志》记载：宣和末，在汴梁，“街巷鄙人多歌番曲，名曰〔异国朝〕、〔四国朝〕、〔六国朝〕、〔蛮牌序〕、〔蓬蓬花〕等，其言至俚”。北杂剧有〔六勇朝〕曲，属大石调。所以《南词叙录》说：“今之北曲，盖辽金北鄙杀伐之音，壮伟狠戾，武夫马上之歌，流入中原，遂为民间之日用。”这把北曲都说成辽金时期北方兄弟民族之曲，未免过分，但北杂剧确曾吸收了当时北方兄弟民族的某些音乐歌舞，却是无可否认的事实。①

北杂剧的联套形式，与诸宫调、唱赚的联套形式有所相同，又有所不同。应该肯定，北杂剧吸收了诸宫调和唱赚两种说唱艺术联套的优点，创造了自己独特的联套形式。

金代流行的院本（即金杂剧），对北杂剧形成戏曲剧种，确曾有一定影响。金院本，早期都是短剧，《辍耕录》记载其名目，共有690种，可惜都失传了。只有孤本元明杂剧《蔡顺奉母》里，保存着《双斗医》院本；朱有燉《花月神仙会》里，保存着《献香添寿》院本；《金瓶梅》里，保存着《请王勃》院本。这都是滑稽短剧，以净为主，注重发科调笑。但它们是从金代流传下来的还是后人仿作，很难断定。即使是后人仿作，也可以大略地窥见早期金院本体制的特点。至于后期金院本，从1958年在山西侯马发现的金代墓葬中戏台模型和五个戏俑，可以看出，在五个角色中，以红袍秉笏者（可能是末角）为主，净角退居次要地位，戏台设置相当完备，戏曲装扮也大有改进，因此，已经是相当成熟的艺术了。②

这就是由说唱艺术的诸宫调发展为院本，以院本发展为杂剧的演变过程。

---

① 徐扶明：《元代杂剧艺术》，上海人民出版社 1981 年版，第 5 页。

② 徐扶明：《元代杂剧艺术》，上海人民出版社 1981 年版，第 8 页。

（三）戏剧诗人是元代社会挤压出来的

13世纪的中国人，是思想感情备受压抑的时代，如同将火药压在纸筒里，一点火，就会发生震天巨响；如同将子弹压进狭小的枪膛，一顶撞针便会发出巨大的杀伤力。这些受到压抑的知识分子，一旦憋足了劲，也会有很强烈的爆发力。不在政治领域，就在文化领域。

蒙古帝国，曾经以风驰电掣之势，征服了半个欧洲，然后回马消灭了西夏、南宋和金，统一了南北对峙五百多年的中国。元朝统治者自以为曾经征服欧亚所向披靡，气势可以压倒一切，便藐视蒙古人以外的人群。在他们的统治观念里没有摆脱奴隶主对待奴隶的统治理念。对蒙古人、色目人、汉人、南人，无论在政治上、经济上，或者在文化教育上，都给予不平等待遇。为了维护他们的统治，中央政府和地方政府重要官职，都由蒙古人、色目人担当，而汉人被排斥在外，至多仅能做个县州次职的小官。法律除了体现贵贱等级间的重大差异外，又加入了大量体现种族间的不平等的内容。如《元史・刑法志》载："蒙古人与汉人斗殴，汉人勿还报，许诉于有司。"[①]汉人被打时一经还手，便取消诉讼权。"一命抵一命"的传统法律，在元代只适用于汉人杀蒙古人，以及汉人、蒙古人各自内部的命案。蒙古人打死了汉人，只是"断罪出征""征烧埋银"而已。更有甚者，连穿着服饰、居住房舍之类的生活琐事，《元典章》也给汉人以重重的法律限制，而明确规定"蒙古人不在禁限"[②]。这样一来，汉人平民就很难在衙门和公堂上获得法律的正当保护了，他们于是喜欢把公正的法庭、正常的秩序，交给美好的梦幻。[③]

在人群中还要分十等：一官、二吏、三僧、四道、五医、六工、七匠、八娼、九儒、十丐，儒学知识分子被看成第九等，像关汉卿等这样一

---

① 《元史》卷一〇五，《刑法志》之四，上海书店、上海古籍出版社 1975 年版。

② 《元典章》二九，《礼部》二。

③ 参见余秋雨《中国戏剧文化史述》，湖南人民出版社 1895 年版，第 182 页。

大批有理想、有志向的高级知识分子、落魄文人，就被排挤到极其狭小的生存空间里。木不平则鸣，但又不能自由放达，就像屈原用楚辞、李白用唐诗、辛弃疾用宋词一样，关汉卿则用元曲、元杂剧，作为抒发愤懑的媒介。“四书五经已无需去诵读，唐诗宋词也就成了相当隔膜的前代遗韵，他们只好到百戏杂艺中去寻求审美享受。与那些刚从马背上跳下来的蒙古贵族不同，这些落魄文人终于发现了杂剧这一重要的审美天地。他们可以从事的事情不多，常常到勾栏里去打发无聊闲散的时日，不久，他们又对演出产生了种种不满，于是也看到了自己施展才能的余地，开始由欣赏者变为创造者。”①

这些落魄文人与演剧艺人同生死共命运，原先不过芜杂的戏剧，也就与高层审美意识联合在一起，汰净、拔擢、剪裁、校改，出现了大量的创新。

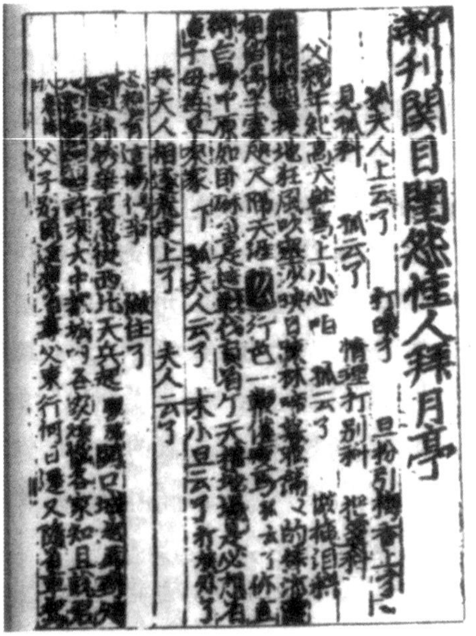
新刊關目閨怨佳人拜月亭

书影：元刊杂剧三十种

① 参见余秋雨《中国戏剧文化史述》，湖南人民出版社 1895 年版，第 136 页。

马致远有一首小令，表现其硬朗的一面：

夜来西风里，九天鹏鹗飞，困煞中原一布衣。悲，故人知未知？登楼意，恨无上天梯！[①]

他们已经投入，就产生于对戏剧不忍离舍，对生活也是不忍离舍。关汉卿在《南吕》套曲中表现了自己刚烈性格：

我是个蒸不烂、煮不熟、捶不扁、炒不爆，响当当一粒铜豌豆。恁子弟每谁教你钻入他锄不断、斫不下、解不开、顿不脱、慢腾腾千层锦套头。我玩的是梁园月，饮的是东京酒，赏的是洛阳花，扳的是章台柳。我也会围棋、会蹴鞠、会打围、会插科、会歌舞、会吹弹、会咽作、会吟诗、会双陆。你便是落了我牙、歪了我嘴、瘸了我腿、折了我手。天赐与我这几般儿歹症候，尚兀自不肯休。则除是阎王亲自唤，神鬼自来勾，三魂归地府，七魄丧冥幽。天哪，那其间才不向烟花路儿上走！

就这样在这样狭小空间里，成就了一位杂剧艺术大师。

为什么这个时候元杂剧能够兴盛起来，有一种说法，那就是“蒙古人的爱好歌舞和强制推行俗语文学，这两件事对于助成杂剧盛行，大概具有重大关系”[②]。这里“蒙古人”当然指的是蒙古上层统治者。

汉文化的中心是儒学，蒙古统治者，逐渐地懂得要巩固统治政权必适应汉文化，适应汉文化必崇尚儒学，而由金代发展而来的北杂剧，都带有浓厚的儒学色彩，这恐怕是元杂剧之所以兴盛的重要原因。

元代使至高至尊的汉人汉文化被游牧民族踏得支离破碎，科举制度搁置七八十年，以致元代文人仕途堵塞，这就使得一部分如关汉卿、王实甫等潦倒者与盛行勾栏间的杂剧产生了亲缘联系。他们投身于杂剧创作，“以其有用之才”，“舒其拂郁感慨之怀”，表达那个时代深沉的悲愤、苦闷和抗争。关汉卿的名作《窦娥冤》，以及以包拯为主角的一系列清官

① （元）马致远：《〈南吕〉金字经》。

② 《元人杂剧序说》，上海文艺出版社1981年版。

戏，如《蝴蝶梦》《鲁斋郎》《陈州粜米》等，便表现了13世纪中国人民的郁闷与愤懑之情。元杂剧的积极意义在于它不仅愤激地谴责黑暗，凝重地传递、倾吐内心的不平，而且还以一种充满希望的热情，去讴歌非正统的美好追求。一台“天下夺魁”的《西厢记》就是这类作品的代表作。它不仅充满激情地以完满的艺术结构展现出莺莺与张生爱情的忠贞不渝和理想终于现实，而且高呼向正统文化观念挑战的宣言：“愿天下有情人都成眷属。”

元代文化的开放型态势非常突出，表现为规模盛大的中外文化大交流。元代版图十分辽阔，其疆域“北逾阴山，西极流沙，东尽江左，南越海表”，“东南所至，不下汉唐，而西北则过之”[①]，在这广袤的天地和文化视野中，中华文化与外域文化的交流融合，便以空前宏大的气势展开着。

由于元统治者特别重视民俗娱乐事业的发展，又发自民间，所以元杂剧出现繁盛时代，涌现出大批剧作家和久演不衰的剧目。著名的杂剧作家有关汉卿、王实甫、马致远、白朴、郑光祖等大约两百人，有元不到百年期间创作杂剧237种之多[②]。

在元代杂剧中固然有较多的历史剧，如《单刀会》《赵氏孤儿》等，也有《陈州粜米》《鲁斋郎》等用历史影射现实的剧目，当然更可贵的是描写现实生活的剧目，如《窦娥冤》《救风尘》《望江亭》之类。特别是其中反映蒙古等少数民族生活的剧目，它们不仅直接取材于现实生活，而且有些在不同程度上真实地反映了当时社会生活面貌。正由于元杂剧有这样一批较好地反映现实生活的剧目，密切联系现实，所以，才能具有新的生命力，吸引更多的观众。因为，当时观众关心着与自己命运息息相关的

① 《元史·地理志序》，上海书店、上海古籍出版社1975年版。

② 根据顾学颉《元明杂剧》所载“元明杂剧剧亨”，计元代有姓名可考的杂剧作家的作品，共一百种，再加逸曲二十九种；元代无名氏的杂剧作品，共三十一种；元明之标无名氏的杂剧作品，共七十七种。这三项，合计二百三十七种。

现实斗争。尤其在元代，那是个封建高压的黑暗时代，竟有这类剧目出现，其中在当时及其后世最震撼人心的当属关汉卿的《窦娥冤》。

有些人对《窦娥冤》的题材来源有质疑，徐扶明先生早有考证：这部剧作取材于《说苑》《汉书·定国传》《搜神记》所记载的“东海孝妇”故事，“盖亦取古书中故事敷衍为之”。这样说就把《窦娥冤》的现实性，一笔勾销了。其实，虽然《窦娥冤》曾提到汉朝“东海孝妇”的故事，但只是借以说明在封建社会里不乏这类冤案，窦娥受屈衔冤事件，“岂不正与此事相类”（剧中窦天章语）。试把汉朝东海孝妇故事，与此剧剧情比较一下，就不难看出，两者情节不同的地方是很多的。比如原来故事，“其姑欲嫁之”落千丈“姑自经死”“姑女告吏”等，都与《窦娥冤》不同。特别是《窦娥冤》楔子、第一折、第二折，更完全与“东海孝妇”故事无关。此剧第三折，乃是关汉卿出色的艺术创造，而“东海孝妇”故事只有寥寥数语。《窦娥冤》中的窦娥，昂扬着反抗封建迫害的斗争精神，虽然在这个人物的身上也杂有封建节孝的污泥，但她毕竟不是孝妇典型。实际上，元朝政府的野蛮统治，造成了无数这样的冤狱，仅大德七年（1303），就有冤狱达5176件①，可见，关汉卿创作《窦娥冤》，乃是从现实生活汲取创作素材，经过艺术加工，对当时黑暗政治投以谴责，对下层群众的不幸命运寄以同情。这正是戏剧诗人关汉卿创作主旨之所在。此剧第四折，窦天章任“两淮提刑肃政廉访使”。据《资治通鉴》记载：元世祖至元二十八年（1291），“改提刑按察司为肃政廉访司，每道设官八员，除二使留司以总制一道，余六人分临所部。如民事、钱谷、官吏奸弊，一切委之”。肃政廉访使，即肃政廉访司的官员。可知，《窦娥冤》当作于至元二十八年以后。此剧是关汉卿的后期作品。②

但这部剧毕竟是中华民族于公元13世纪发出石破天惊、振聋发聩的声巨响，中国人的审美情绪攀上到世界的顶峰。宋以来的杂剧多为短小的

① 《元史·成宗本纪》，上海书店、上海古籍出版社 1975 年版。

② 徐扶明：《元代杂剧艺术》，上海人民出版社 1981 年版，第 4 页。

滑稽剧，而绝少是真正的悲剧，至元杂剧出现《窦娥冤》这样的悲剧，已将时代推向一个高坡。

当整个民族、人民都陷入困顿、迷茫的时候，当多数情况都是恶势力对善的侵凌的时候，多么需要一声愤怒和肃啸，这恰是剧中窦娥一段唱词：

天地也，只合把清浊分辨，可怎生糊突了盗跖颜渊。为善的受贫穷更命短，造恶的享富贵又寿延。天地也，做得个怕硬欺软，却原来也这般顺水推船！地也，你不分好歹何为地？天也，你错勘贤愚枉做天！

这是窦娥的，也是关汉卿的呐喊。余秋雨说："关汉卿所说的'天'和'地'，也许是暗指朝廷和官府吧？但又不完全如此。在关汉卿们的眼里，13世纪的中国大地，似乎一切都是颠倒了的：当朝的坏人当然首先起了坏作用，但还有许多不当朝的坏人也同样起了坏作用。在这样的世界里，一个与世无争的、卑躬自守的人，也会无缘无故地落入灾难的罗网。关汉卿他们还没有那么明确，把仇视的目光全都集中到政权之上，批判的锋芒对准整个社会。他们只是痛恨包括官府在内的昏天黑地。因此，他们所说的'天'和'地'，我们不宜注释成更具体、更局部的概念。"①所以关汉卿不得不用这么长的篇幅，这么曲折的杂剧情节，加以委婉地将中国式的郁闷和愤怒，酣畅淋漓地倾吐出来。

（四）"杂"而完整的戏剧体系

王国维在阐释元杂剧的"杂"时，写道："宋金以前杂剧、院本，今无一存。又自其目观之，其结构与后世戏剧迥异，故谓之古剧。古剧者，非尽纯正之剧，而兼有竞技游戏在其中，既如前二章所述矣。盖古之杂剧，非瓦舍所演，则于宴集用之。瓦舍所演者，技艺甚多，不止杂剧一种；而宴集时所以娱耳目者，杂剧之外，亦尚有种种技艺。观《宋史·乐

① 余秋雨：《中国戏剧文化史述》，湖南人民出版社 1985 年版，第 155 页。

志》《东京梦华录》《梦粱录》《武林旧事》，所载天子大宴礼节可知。即以杂剧言，其种类亦不一。正杂剧之前，有艳段，其后散段谓之杂扮，二者皆较正杂剧为简易。此种简易之剧，当以滑稽戏、竞技游戏充之，故此等亦时冒杂剧之名，此在后世犹然。”①

王国维说“杂剧”的“杂”，是既有表演，即“全以歌舞演故事”，又有技艺和游戏，只是娱乐耳目而已。所谓“滑稽戏”其实也不是严格意义的“戏”，只是耍滑稽、逗乐子。

杂剧艺人，都是在民间鄙巷，生活极为低下，走南投北，演戏为生。称为“散乐”“行院”“乐人”，大多是汉族艺人，也有少数民族艺人。不敢报真名，因为艺人地位极低，与娼妓划为一流，哪家人有艺人以为羞耻，不仅受到官府的欺压，还要遭到文人学士的侮辱，这也是艺人都有艺名的传统的缘由。比较高级一点的艺人被选入教坊，成为官伎。

《西厢记》插图

元杂剧的结构逐渐发展为“四折一楔”。元杂剧剧本一般由四折组成，每一折以一个套曲为核心。所谓“折”，是全剧的戏剧情节发展的一

① 王国维：《宋元戏曲史》，东方出版社1996年版，第62页。

大段落，每折情节有个暂时的结束，显得自身统一，段落分明，但又不是完全的结束，矛盾还继续发展，也就成为全剧的有机部分。每一折的长度，大致是均匀的，因此，在情节安排上，不至于太繁或太简，而且在演出时间的支配上，也比较适当。但有的剧目也有五折的，如《西厢记》，分成五本，每本四折一个楔子，共二十折五个楔子。

为什么叫“楔子”？类似后来戏剧的“家门”，或者“副末开场”，由一个非剧中人物的“副末”，用一首词或两句诗，简要地介绍一下作者志趣和本剧的故事情节。“楔子”的本义，是木工用小木片，楔入木器的裂缝里，借以弥缝填裂，使其更加严密坚固。这种木片，就叫“楔子”。元杂剧的楔子，大多很短，安排在戏前的楔子，起着“序幕”的作用，安排在戏中间的楔子有“过场”的作用。

这样完整的戏剧结构，最终构成世界三大戏剧体系的一极。1981年上海黄佐临在《人民日报》发表他研究的世界戏剧三大体系：梅兰芳、斯坦尼斯拉夫斯基、布莱希特，梅兰芳这一体系，就是继承和发展了元杂剧的戏剧体系，而成中国形态的戏剧而集大成者。

元杂剧的“杂”，有利于“杂”，因“杂”而升华，因“杂”而累积、发展、繁荣。因“杂”而熨帖地汲取和消融了北方少数民族的艺术因子，因“杂”而吸纳了少数民族艺人们参与其中，因“杂”才推动了汉文化与北方少数民族文化相拥、相涵地推成北方民族的大融合，推动中华民族戏剧文化爆发到世界的顶峰。

北方少数民族为北曲杂剧在思想风格上增添了野性色彩。

金元北曲——元杂剧是北方草原游牧文化与中原农业文化激荡碰撞、交流融合后的艺术结晶，经宋、辽、金至元，经无数有名的作者与无名氏的千百次锤炼加工，经历代广大群众（包括广大的城市市民）的欣赏、鉴定、品评而后认可，从而形成北曲元杂剧。它的出现，标志着中华戏曲走上成熟、走上高峰，形成了中华戏曲的民族艺术传统。

受北方民族文化直接影响北曲杂剧的文化构成诸多特点。在价值取向上，北方民族注重个体意识，强调自我崇拜力量，崇拜生命，文化呈多元开放态势，影响北曲杂剧的则是宣扬个性解放，思想开明，崇尚力量，崇尚斗争；在感情表达方式上，北方草原民族泼辣豪放，追求自然，这构成了北曲元杂剧的本色自然、豪放自由和通俗晓畅的风格，高亢激越，慷慨淋漓；在思维方式上，北方民族很少思想羁绊，富于活力，思维呈外拓趋势，易于吸收新的文化，因而北曲杂剧的风格放逸宏丽，活泼多姿，表现出多元文化相结合的艺术特色。

元杂剧在以前所有戏剧样式的基础上取得了两大进步，一是形式上的进步，宋杂剧或用大曲，或用诸宫调，但因前者格律严切和后者转韵烦琐而受到极大限制；而元杂剧每剧都用四折，每折换一宫调，每一宫调中之曲必在十曲以上，因此在演唱形式上比较自由，也比较雄肆。二是内容上的进步，由“叙事体”变为“代言体”，即从“讲故事”变为“演故事”，这就在性质上发生了根本的变化，大大地扩充了戏剧的容量，增强了戏剧的表现力。因此到了元杂剧，我国戏剧才真正走向了成熟。

当然，推动元杂剧走向成熟绝不仅是东北汉文化以及辽金文化的力量，还有江南漠北文化的力量。

1937年7月，英国的大文豪萧伯纳在给黄佐临的临别题词中写道：

起来，中国！

东方世界的未来是你们的，如果你们有毅力和勇气去掌握它。

那个未来的圣典将是中国戏剧。

不要用我的剧本，要你们自己的创作。

萧伯纳

1937年7月10日

一位外国的大师早在20世纪30年代就预言，未来东方的“圣典将是中国戏剧”，但可惜自从1840年，“欧洲文化中心论”潜入中国以来，这个光辉的戏剧传统反而成了批判对象，中国人一下子投入西方文化的怀抱，戏剧以及戏剧观念也随着完全“西化”了。

说物质是硬实力，物质用于体；说文化是软实力，文化用于心，软实力是可以改变人的灵魂的。中国戏剧产生于宋、金、元时代，中国戏剧发生在东北，特别是金、元的统治者爱好、提倡，促使汉文化与北方少数民族文化相交际、相融合，而创造了世界一流的戏剧形态。这就是金元两朝对汉文化的发展和提升做出的最大贡献。

第九章　东北汉文化的深度影响

东北汉文化一路走来，或辐射，或吸纳，或积累，丰富了自身，繁荣了时空，表现一种顽强的生命力。

苏秉琦先生曾说：“世界上没有哪一个像中国如此之大的国家，有始自百万年前至今不衰不断的文化发展大系。”①

东北汉文化以自己鲜明的个性、文化的张力，在国内、国际上产生巨大的影响力。

一　东北“汉文化圈”对东北亚的辐射

汉语是我国的通用语言，也是世界上最丰富发达的语言之一，在我国的历史文明进程中始终发挥着重要作用，在现今以电子计算机普及与应用为特征的信息时代更显示出其单位信息容量大的优越性。汉语是目前人类语言中唯一采用形声文字的语言，也是唯一采用四种声调来表达同一音节

① 苏秉琦：《中国文明起源新探》，生活·读书·新知三联书店1999年版，第176页。

不同含义的语言。这个特点使汉语这一信息载体的单位容量远远大于其他语言。这个特点的基础是汉语文字和语音的二维性，即汉字是用不同基本笔画在二维平面上以相对位置的变化来构成的；而读音是以汉字相互不同的单一音节和声调二维因素来表达的，这一特点是其他拼音文字所不具备的。

（一）汉字汉文化巨大的凝聚力

在2000多年前中国文化就能把几十个民族的文化整合到一起，这种整合力在世界上也是绝无仅有的。汉唐以来，外国文化不断传入中国，这些外来的文化因素，经过中国文化的选择性吸收后，就成为中国人生活背景的一部分，也使中国文化因其多元性而具有了世界性意义，“这种融汇各族文化而形成的‘多源一体’的东北汉文化，决定了东北古代‘汉文化圈’的内涵比其他任何地区的民族文化更带有多元性质：即以汉文化为主体，以兼容并括北方各少数民族文化为多元的综合性民族文化”①。

汉唐以来形成“汉文化圈”，其辐射力直接影响到东南亚及其他地区。

汉字传入朝鲜半岛是从古朝鲜开始的。所谓古朝鲜，不外箕氏朝鲜与卫氏朝鲜，箕子和卫满都是汉人贵族，他们迁居朝鲜半岛并传播汉字是不言而喻的。西汉设置乐浪郡之后进一步在朝鲜半岛传播并发展了汉文化。存在于公元1—4世纪的金海金氏的伽耶国（位于洛东江流域）的《龟兹歌》也是用汉文写成的，这进一步使我们感觉到了在半岛南方汉字汉语的普及情况。这种情况的出现，同乐浪、带方这样的中国边郡的影响是密不可分的。只要我们阅读《三国史记》中的《新罗本纪》和《百济本纪》以及中国史籍有关记载便可知晓，中国边郡同新罗、百济及其前身辰韩、马韩的关系是非常密切的。②汉字汉文化不仅在东北各民族之间产生巨大

① 王绵厚：《东北古族古国古文化研究》，黑龙江教育出版社2000年版，第5页。

② 刘子敏：《朝鲜半岛的汉字》，延边大学师范学院历史系。

凝聚力，而且影响了周围一些国家和地区，发挥了比较大的作用，积之既久，便形成了这样的“文化圈”。中国汉文化早在汉唐时期在国外四邻就产生巨大影响。法国汉文学家汪德迈说：“汉字大概在汉代起传入越南、朝鲜，并进而进入日本。由于当时这些国家都仅有语言（理解为口语）而无文字，汉字的输入适应了对文字的需求并大大推进了各国文明的进程。经过了几个世纪的推广、改造、适应，汉字在上述国家扎下根来，并重重地染上了地方色彩。”“从整体考虑，日本是汉化程度最高的，尽管它在政治上未为中国控制，而且自明治维新后受西方文明的强大影响。”①汉字文化同样推动了这些国家的民族凝聚、经济发展和文化建设。到17世纪这种汉文化影响的情况就大为衰落。只是到了20世纪末期，随着中国实力的不断增强，在世界地位的不断提高，全世界掀起了一股“汉字热”，如潮水般锐不可当，汉字在世界舞台又重新展现它的光彩。当年的汉字文化圈开始出现新一轮汉字热。

汉字是当今世界上仍在使用的最古老文字。从甲骨文算起，它有3500年以上的历史。而唐兰先生在没有见到大汶口出土的陶器文字之前，就推测汉字产生在夏代以前。当古埃及的圣体字、巴比伦的楔形文字、中美洲的古玛雅文字等相继成为历史的陈迹以后，唯汉字独存，负载了东方五千年灿烂文明，生生不息，至今仍旧具有旺盛的生命力，这是世界文字史上独一无二的奇迹。对于中国文化有强劲的生命力，原国家科委主任宋健早有评价：“与埃及、巴比伦和印度不同，中华文明五千余年绵延不断。战乱、暴政、外族入侵与水旱灾害，都未能阻止她的持续发展和进步。东周列国，战争五个世纪，处士横议，诸子百家，文化大爆发。秦始皇焚书坑儒，坑灰未冷山东乱，接着是汉文化大繁荣。两晋南北朝，天下大乱300年，涌现出一大批数学、天文、医学领域的科家学和工程师。至12世纪宋辽金元，族际争斗200年，民族文化未被窒息，仍有雄壮浑雅的金格元曲传世。据水利部统计，从公元前206年到1949年，中国发生过1029次大水

① ［法］汪德迈著，陈彦译：《新汉文化圈》，江西人民出版社 2007 年版，第 6 页。

灾，一片汪洋，生灵殆尽；发生过1056次大旱灾，赤地千里，饿殍遍野。中华文明是任何灾难都打不断的链条，任何力量都不能阻碍她的生存和发展。她是一部长卷史诗、无穷画卷，是人类知识智慧和科学技术不穷的源泉。她培育了伟大的民族精神，造化伦理道德，形成强大的凝聚力，渗透到政治、经济、文化、科学技术和社会生活的每一个角落，融化到每一个中国人的血液中。”①

（二）19世纪受西方影响，曾一度掀起废除汉字浪潮

前岛密于1866年12月，向日本的末代将军德川信喜提交了《汉字废止之议》：“支那人多地广之一帝国，如此萎靡不振，其民众野蛮未开化，受西洋诸国之侮辱，乃因其受象形文字之毒，不知普及教育法之故。废止汉字，并不是要把汉字输入之词语全部废止，只求把那些词语用假名记录而已。不废汉字，只会造就支那魂，而缺乏大和魂。”这已将文字的兴废与民族魂连在一起了。

这股废除汉字的浪潮是始于1840年鸦片战争英国人把鸦片和西方文化一起推进中国的，有些人便把中国积贫积弱的责任都推到汉字身上。国内有些知识分子也弄昏了头，非常天真，盲目向西，盲目否定中华传统文化，认为要想“富国强兵”非改用西方文化不可。钱玄同等人在1916年左右提出的“废除汉字说”的摹本是日本的德川信喜。这种人云亦云的“废除汉字说”，竟然是中国学者半个世纪以前从日本人那里抄来的。另外有一种说法是“罗马字化说”或者“拉丁字母说”，这方面的代表人物有南部义筹、西周、森有礼、矢田部郎吉等人。森有礼等人认为，日语不能准确地反映西方文化的特点，主张完全使用英语。这一点，在中国后来慢慢修订汉字、简化汉字的拉丁化倾向当中也可以看出历史错误的引导。问题的实质是不甚理解西语与汉语的本质差异。西方语法是以形摄神，那么汉语语法是以神统形。钱基博曾指出：“我国文章尤有不同于欧美者，盖欧美重

---

① 见宋健在1996年5月21日《光明日报》上发表的文章。

形式而我国文章重精神也。唯欧美之尚形式也，故为文皆有定法，……皆缕析条分，日趋精密。后世无不本此以为著述。是以文少隐约模棱之弊，此其利也。然其失在过泥形式，文章不能活用，少生气。”“数千年来，中国无如欧美之文法书，而欧美文法学说则日新月异，岂非以形式可说而精神不可说乎。”（《国文法研究》）这里所谓的“精神”，即汉语为文造句的一种主体意识。当然这种主体意识最终是由一定的“法”来体现的，是“可说”的。但如古人所言：“法有死法，有活法。”（叶燮《原诗》）“有一定之法，有无定之法。”（姚鼐《给张阮林的信》）“二者相济而无相妨。故善用法者，非以窘吾才，乃所以达吾才也。”可见中国人眼中的语法是一种“达吾才”之法。如章学诚所言：“文成法立，未尝有定格也。传人适如其人，述事适如其事，无定之中有一定焉。”（《文史通义》）[①]中国汉语讲活法，讲神韵，在于不同的人有不同的法，而不在乎形式，更不在于“缕析条分”。岂不知中国文化与西方文化本质差别，不在形式，而在于思维方式的差别，西方讲分析，凡事物需分析得很细很细；而东方讲综合思维，凡是讲感悟思维。如“鸡声茅店月，人迹板桥霜”，用西方的逻辑思维，无论如何也解释不了。

当然也还有日本学者提出汉字不可废论，而只是限制汉字。在1873年左右，日本文部省确定了3167个汉字作为草案，其后，到了20世纪初叶，1919年12月，日本文部省正式发表整理日本汉字的汉字议案。1923年5月2日，发表了常用汉字表1962字和略字表154字，加起来2100多字。这是日本官方最早的汉字议案，也是汉字的限制案。日本对汉字的依赖是很明显的。我们知道，公元645年，日本的“大化革新”可以说是“全盘中化”，就像明治维新“全盘欧化”一样。经历了一千多年之后，日本终于明智地终结了“废除汉字说”和全盘拉丁化方面的鼓噪，确定了两千多汉字作为日文常用汉字。作为汉学载体的汉字，对于日本近代文化的发展以

---

① 转引自张岱年、方克立主编《中国文化概论》，北京师范大学出版社1994年版，第143页。

及对整个“汉字文化圈”的各国发展意义重大。

日本人在明治维新以后，不也总想废除汉字吗？只是他们经过长期思考以后，早已回到肯定汉字的路上来了。韩国的情况也是如此。称汉字为伟大发明，真可谓惊世骇俗，细想起来，其中确有道理。

（三）新汉文化圈

在国外许多汉学家，都强调汉字新的世界。出现了法国汉学家所研究的《新汉文化圈》。

《新汉文化圈》从经济、政治、文化三个方面全面论述了汉文化区域各国和地区在第二次世界大战后如何清理历史的陈迹，医治战争的创伤，步入现代化的道路所走过的不同历程，其中尤以文化部分引人注目。这一部分所占篇幅近半，是本书的重心所在。所以我在此也从文化的角度谈此书的读后感。

“所谓‘新汉文化圈’，顾名思义，除长期受中国传统文化影响的日本、朝鲜、越南等国外，还加上新近在世界经济舞台上崭露头角的一些国家和地区，如大部分为华人聚集的新加坡、中国的台湾和香港等。这一文化区域各国无论政治制度如何不同，经济发展水平怎样悬殊，但在历史上都属于中国文化的影响范围，尽管影响——‘汉化’——的程度有深有浅。在人类文明发展史上，这一地区曾长时间称雄于亚欧大陆东端，与印度教文化、伊斯兰教文化、基督教文化等区域并行不悖。同以上其他几个带有浓厚宗教色彩的文化区域不同，汉文化区域并无一个上帝或一个佛祖来作为其精神支柱，但这一文化区域所表现出来的内聚力并不比任何一个其他文化区域弱，为什么？照本书作者的意思，重要原因之一就是有一个共同的文字基础——汉字。”①

20世纪80年代的所谓经济腾飞的亚洲“四小龙”——新加坡、中国香

---

① ［法］汪德迈：《新汉文化圈》，陈彦译《译者的话》，江西人民出版社2007年版，第3页。

港、中国台湾、韩国，都是崛起于“汉文化圈”之中。甚至中国改革开放带来的经济发展的新速度，都与汉文化传统对现代经济发展产生巨大的推动力有关。

（四）韩日与汉字

由于汉字是朝鲜语的古老载体，所以学习韩语时必须先充分掌握汉字，必须知道所要标记的原中国文字的意义，否则就要去按约定的意思去理解，去猜测。那当然不可能做到非常准确，也不可能成其为准确、高雅的朝鲜语言。所以一直到20世纪60年代汉语汉字都是韩国学校中学生的必修课，但是到了20世纪七八十年代以后，政府逐渐“废除”了汉字，可是到了2005年，历史文化又发生了有趣的逆转。2005年2月9日，韩国政府宣布：在所有公务文件和交通标志等领域，全面恢复使用已经消失多年的中国汉字和汉字标记，以适应世界化的时代潮流。并且提出了《推动汉字并用方案》，为了发展韩国的传统文化，促进与东亚汉字文化圈国家的积极交流和推动韩国观光事业的大力发展，将目前完全使用韩国文字的公务文件改为韩、汉两种文字并用，以解决韩文难以清楚地表明汉字含义的历史难题。

为什么韩文难以清楚地表明中国汉字的含义呢?

因为朝鲜拼音文字虽然是象征着朝鲜民族的独立，显示出他们是区别于中华汉民族的朝鲜本土民族，但是，朝鲜拼音文字根本还是脱离不开汉字。它们归根到底是汉语的拼音化文字——除了语法结构不同之外，无论韩文的词汇如何变形，它们的发音却接近于它们曾经的母体——汉语，于是就有了中国人听起来十分熟悉的“大宇”“现代”“三星”等词的韩语发音。他们语音区别并不比中国的广东话、上海话等地方语言与中国标准普通话之间的区别大！除了语法结构不同之外，韩文可以被理解为汉语的旁系，或者是一种遥远的、异化的中华方言，韩文字母中最大的创意大概就是圆圈了，中国汉字里面没有圆圈的写法。

汉语拼音有四声，也不能完全解决中国汉字同音字的问题，而韩语中没有四声，所以用韩文表注汉字的发音就是一件十分费力而且头痛的工作，很难做到准确。一个韩文发（Kang）的字，既表示“姜”字，又表示“康”字、“江”字，到底是什么字？要根据前后文的意思而定，要望前后文才能生义，而且要先理解母体汉字的中文语义才可能得到正确的结论。于是就只能请母体文字——中国汉字出来解决问题了，所以就有了目前汉字占四分之一的大韩民国《宪法》。

中国人几千年的文明是韩国、朝鲜，甚至是日本的母体文明，它们传播融合以后成为东亚的亚文明，子体的亚文明必然与母体形似，但是文化上的“废除”行为，却使它们逐渐失去了母体文明的灵魂！如果不与中国母体文明再次联结，韩文、朝鲜文，甚至日本文，都将成为风干的、没有灵魂的文化“木乃伊”，所以韩国政府全面恢复使用中国汉字是必然和明智的历史抉择。

2005年2月，韩国政府宣布《推动汉字并用方案》，方案指出：凡地名、人名、历史用语等不写汉字就容易发生混乱的语汇，均在韩文后面注明汉字。为了给中国和日本的观光者提供方便，将逐步在道路交通标志上实行汉字和英语双重标记。此外，还将同教育部门协调改善汉字教育体制，前韩国总统金大中说：“韩国的各种历史古典文章和史料仍以中国汉文书写，如果无视中国汉字，将难以理解我们的古典文化和历史传统，有必要实行韩、汉两种文字同时并用。”而且韩国的许多专家、学者和居民都强烈呼吁加强汉字教育，要求全面恢复使用中国汉字。

根据日本人的研究，现代科学技术信息能在日本得到迅速的传播，很受惠于汉字传达语意的准确、清晰的特点。当然这更得力于日本人对于西方文化思想著述、科技文献等的翻译引进的重视，这个传统甚至可以上溯至明治维新以前的“荷兰学派”。我们现在习以为常的“革命”“文明”“经济”等词不都是从日语中“拿来”的吗？

汉字的表意传统，在当代西方拼音文字强势的冲击，并没有出现萎缩的势头。汪德迈写道："即使最西化的、最发达的日本，尽管经历过明治时代的激进浪潮（激进主义在此方面未能成功），它仍然继续持之以恒地信守传统的表意文字，尽管日本文字已发展为迄今所见文字中最为复杂的形式。日本不缺乏精通两三门西方语言的优秀语言学家，他们并不将汉字视作古老陈旧的原始野蛮的文字，而相反认为汉字乃为文字形式之最优者。这就是说汉字必须具有其他表意文字所无法比拟的优点，才能使自己流传经久，光芒远布并如此出色地适应表达现代科学思想的要求。"①

一种延绵不断的古老的文化，必有其丰富而又深刻的思想内涵贯穿其中，成为支撑其生命的坚强支柱。中华文化所以延绵不断，与"独知守其根"的祖先崇拜有关联。以家庭和宗族为基本单位的社会模式，家庭、宗族与国家的同构性、超稳定性，以及宗族作为国与家的中介，都发挥着协调关系、维系国家、延续历史的作用。中华文化中强烈的爱国精神、高尚的民族气节，中华儿女在国家和民族的危难关头，能够发挥巨大的力量，维护国家和民族的生存，并延续了自己的文明。《易经》上写道："天行健，君子以自强不息。""地势坤，君子以厚德载物。"这种"自强不息""厚德载物"精神使这个民族的文明既有刚性又有韧性，能够适应内外条件的变化，海纳百川，兼容各种不同的文化，不断地丰富和发展自己。探讨中华文化延续不断的原因，还要感谢秦始皇统一六国、统一了文字，"车同轨""书同文"，汉字独特的象形、表意等功能，使它可以成为各方言区的人群用来交际的共同工具，也可以成为各民族用来交际的共同工具。汉字把广大地域内的居民拉近，从而增强了中华民族的凝聚力。

（五）21世纪是汉字在世界范围内发挥威力的时代

21世纪情报化时代中疏通速度最快的文字是汉字。中国在有效地利用汉字的高度概括性方面也逐渐摆脱了先前一味倾向于白话文的局面，同时也在利用文言文进行概括，中国社会在推广教育的同时也在接受自然的文

① ［法］汪德迈著，陈彦译：《新汉文化圈》，江西人民出版社2007年版，第96页。

言化现象。

安子介先生说，汉字是沿着“观念化哲学化的进路”而发展起来的，“中国汉字是沿着逻辑的轨迹演变出来的”。汉字的逻辑性，表现在汉字形音义相结合的规律、汉字字型构造规律及其发展演变轨迹中可以显现，从汉字构形系统的一致性可以明察。

所以安子介说：“21世纪是汉字发挥威力的时代。”汉字信息的密集程度大大领先于世界其他各种文字，在一定的信息总量中，汉字只需要较少数的字数就可以负载。同样的联合国档案，中文版总是比其他文字版的薄。国内也有类似的情况，《新疆日报》汉文版四个版面的信息量要大于维吾尔文版六个版面的信息量。英国《新科技杂志》原主编、科技发明报道家麦克·克鲁斯先生在1987年一次讲话时就指出：“汉语将成为声控计算机第一语言。我相信，总有一天，全世界的人们将必修汉语，并以汉语语音来声控电子计算机。因为汉语只有400多个基本音节，而英语则多达10000以上；汉语每个音节都有四声变化，在汉语中，读音可以知义。汉语又有简洁洗练、意义深刻之优点。”1990年4月26日《光明日报》在第一版“要闻简报”载“新华社北京4月25日电：（记者姜在忠）中国计算机汉字键盘输入技术领域已走在世界前列，全国汉字输入方案评测办公室主任魏世全接受记者采访时说，我国计算机汉字键盘输入速度已超过西方拉丁字母文字的输入速度”。

在汉语日益走向世界的今天，世界语言学界已断言：21世纪是汉字发挥威力的时代，汉字是东方人的伟大发明，是对世界文明的一大贡献，汉语有望成为全球最时髦的语言，并将取代英语的霸主地位。目前，世界语言学家发现，汉语的组字规律有章可循，一个人只要掌握4000个左右的汉字基本就够用了，因而易记易学。而英语的词汇，则随着时代发展而不断增添，从莎士比亚时代到丘吉尔时代，英语词汇量翻了几十倍！再从丘吉尔时代到现在，词汇量又翻了几十倍！呈几何级数增添！现在，据称需掌握400万个以上词汇才可算“英语脱盲”！你说这可不可怕？而汉语面对时代的前进和信息量的增添，则只需简单修整变化一下，就应付自如了！如电冰箱、电视机、计算机（电脑）等。再譬如，新发现一个元素，如果它属于金属类，则只需加一个“金”字旁，就可以找到它的准确定位命名了。你说简单不简单？汉语的组词规律，岂不是比英语更容易掌握吗？

1. 汉字具有超越方言和古今语言差别的功能。汉字对于中国的方言和古今语言来说，还有“控制”它们“不致过分变动和分离”的作用，亦即在词汇和语法两方面促使它们保持相对的一致性和稳定性。而西方的拼音文字却随着时间、地域的变化而逐渐变化，所以西方的拼音文字在没有碰到汉字之前会随时间变的词汇增多词义也完全变化。举个例子就是400年前的英语已经在读音和意思上不是今天的英语，而汉字字义的持久性特强，这就是为什么历史上拼音文字遇到汉字会消失的原因，所以拼音文字和汉字在博弈过程中，汉字必将取代拼音文字。

2. 汉字可以引发想象和联想。由于汉字以形表意，使用汉字时观其形而得其意，其中必定有想象和联想产生。并非仅仅由象形字直接演化过来的字，如“日”“月”等是如此。安先生举过“文盲”的“盲”作例子。盲，就是“亡”了“目”。因此，从这字形的拼组关系中便可想象出这字的意义。而“文盲”的“盲”，又是在盲字的本义中引申出新的意义，所以阅读时容易引发联想，而且非有联想不能理解，常多联想。科学发明需要的创造性思维，依赖人的联想力。因此，我们要重视汉字的这种作用。

3. 汉字有利于发展大脑智力。这是神经语言学家提出的观点，此为以神经病理学的临床资料为基础，结合神经心理学分析，取得的最新科研成果。其研究方法，是把拼音文字和汉字两者与大脑活动的关系做对比考察。国外资料来自法国、德国、美国、日本等众多学者的权威研究成果。有关汉字与大脑关系的资料是在上海医科大学华山医院支持下，通过许多脑损伤病例的临床研究取得的，另一部分是对正常成人、小学生和弱智儿童进行实验研究取得的。资料翔实而可靠。其结论是，从神经心理学和神经语言学的观点看，拼音文字是偏向大脑左半球的“单脑文字”，此为西方学者公认的，而汉字是大脑左、右两半球并用的“复脑文字”；拼音文字认知中“语音编码”方式起主要作用，而汉字认知中则是利用“多重编码”方式，语音、字形和语义编码兼用。由于拼音文字偏重开发左脑，西方人因此提出“开发右脑”的理论和方法，这并不完全适合使用汉字的中国人。学习汉字可以开发大脑左、右两半球的潜力，有利于发展大脑智力。

4．21世纪，是电脑繁兴的时代，我们要特别感谢一个人，就是王选，他发明了汉字激光照排。元代王祯又创造了木活字，明代人创造了铜活字、锡活字，清代人创造了磁活字。1840年鸦片战争之后，西方的铅活字才盛行于中国。一百多年来，印刷工人搬动笨重的铅盒，在各种铅字架中走来走去，铅字磨秃了，再放到电火炉里重炼重铸。王选研制的激光照排，使印刷工人远离了铅盘与炉火，进入光与电的时代。毕昇发明活字印刷是公元11世纪，王选成功研制激光照排是20世纪，这中间整整跨越了一千一百年。王选的激光照排，使汉字融入世界文字系列，并且与世界各国文字相比成为含量最高、最快捷的文字。

汉语汉字所以能在全世界的范围内掀起热潮，还有一条就是汉文化的“中和之境”，不走极端的和合精神。中和是中华文明的精髓，《礼记·中庸》以“中和”为天地得以安置、万物得以发育的根本：“喜怒哀乐之未发，谓之中；发而皆中节，谓之和。中也者，天下之大本也；和也者，天下之达道也。致中和，天地位焉，万物育焉。”中和又是执政的准绳。这也就是孔老夫子所说的“君子和而不同”的思想，不是硬要天下都一个声音，而是善于容纳不同的精神力量，拧成一股绳。所以才大力倡导构建和谐社会，构建和谐世界。恩格斯在1890年9月20日致约·布洛赫的信中写道：“历史是这样创造的：最终的结果总是从许多单个意志的相互冲入中产生出来的，而其中每一个意志，又是由于许多特殊的生活条件，才能为它所成为的那样。这样有无数相互交错的力量，有无数个力的平行四边形，由此就产生一种合力，即历史结果，而这个结果又可以看作一个整体地、不自禁地和不自主地起作用的力量的产物。”[①]恩格斯的话的中心意思，是说历史不是用单一的力量构成的，而是靠各种单一的力量构成的种种合力形成的。

（六）掌握汉字将是世界上最广的人群

汉字，如今是世界上使用人口最多，同时也是流传范围最广的一种文字。汉字是汉文化的“根”。汉字一直是中华民族同世界各国、各民族进行交流和传播中华文明的工具。世界上没有任何一种文字像汉字这样饱经沧桑，负载着最悠久的中华文明而青春常在。汉字是我们祖先留给我们的极其珍贵的文化遗产。汉字这一伟大的发明就是中华民族对人类知识和力量的总和所做出的贡献。汉字所产生的影响对推动世界文明的进步所产生的伟大作用不是局部的，而是全面的；不是暂时的，而是永远的。中华民族的灿烂文化主要是通过汉字文献传播到全世界，所以在一定意义上说，中华文明对世界文明的贡献有多伟大，汉字对人类文明的影响就有多伟大！

据新华社武汉2013年3月17日电（记者夏静　通讯员刘小英）：记者日前从“2013年度孔子学院奖学金项目工作会”上获悉，据最新统计数据，目前已有410所“孔子学院”在110个国家“开花结果”，同时，还有74个国家的266个机构在排队申办孔子学院。

当然，这里说的汉文化对于世界的影响，不只是东北汉文化的力量，主要是中华全国汉文化的影响和力量。

① 见《马克思恩格斯选集》第 4 卷，人民出版社 1995 年版，第 696—697 页。

二 给汉语增加情趣和幽默的东北方言

英国语言学家帕默尔说过："语言忠实地反映了一个民族的全部历史、文化，忠实地反映了它的各种游戏和娱乐、各种信仰和偏见。"语言反映民族文化，方言反映地域文化，其中的规律是一致的，前者是整体，后者是局部。就一般情况来说，在一定的地域形成的方言，其中都渗透着地域文化因素，方言俗称地方话并有地域性，作为文化的载体，方言和地域文化相互依存、相互影响、相互推进，各地方的方言也就与地域文化有着密不可分的关系。

方言是变形语言，就是艺术化了的语言。方言是民间的语言方式。

若说东北汉文化有什么独特之处，就在东北方言上。

在东北民间人们说话，只把交流内容说清楚、讲明白，还不满足，要说得生动、俏皮、有情、有趣，才算艺术。东北方言，是一种活泼激动的语言，它的幽默情趣，表现出一种形象动感和力量。我们走到江南各地，一听到东北方言，都感到新颖、亲切、好奇。所以东北方言对于中国汉文化是一种丰富性的贡献，给汉文化增添了新鲜的活力。这是东北汉文化独到的个性。

在东北，你到村住上几天，清晨一觉醒来，就听到老妈妈呼叫女孩起床的叫骂声："老爷晒屁股了，还不起来，贼拉拉的懒，赶明儿个嫁不出去，剩到家里咋整？"

听这番乡土趣味的土话，你会感觉，老妈妈的叫骂声中充满着对女儿强烈的爱抚感情。这就是东北方言的魅力。

东北严寒，冬季漫长，早年大部分东北人生活在农村，冬季农闲时寂寞难挨；夏季在田里劳作，二里长的垄头，半天铲不到地头，人更觉得累。于是便说呀、聊呀、唠呀，天南地北，没边没沿，逗乐闲扯，苦中作乐，以此排遣寂寞，解除疲劳。其中更有很多歇后语、俏皮嗑、疙瘩话，经过游戏化、诗化的处理显示出东北方言的风趣幽默、活泼俏皮、诙谐滑稽，语言里透露着东北特有的冰雪精神。

如为了抗拒严寒冰雪，东北人发明了靰鞡鞋，靰鞡鞋面上净褶子，于是由靰鞡此物便生出许多方言，如说事情没办好，就说“褶子”了。

一方语言，是一方文化的根基。地域方言是全民语言在不同地域上的分支，不同汉语方言的词语，用汉字写下来，差别不算大，各方言区的人大体上能看得懂，如果念出来，语音差别很大，相互之间就很难听懂了。东北方言隶属官话方言的分支，地域上的接壤使得东北人的说话腔调接近现代汉语普通话，其他方言区的人大体上能够听明白，这就为近些年来东北方言在全国范围内广泛传播提供了条件。世界各民族的语言，在它的历史发展过程中，时而分化，时而统一，方言就是在分化和统一的复杂历程中形成的。民族共同语总是有条件、有选择地从方言中吸收一些有生命力的成分来丰富、完善自己。

（一）东北方言是古东北地理构成的三个时期

中国古代虽以汉语言汉字为主体，但汉语言的各地域的发音和称谓也不尽相同。按扬雄所著《方言》划分为十二大方言区，东北属于“燕代方言区”。“燕曰幽州”，燕早在周武王灭殷商之前就起源于东北，号属“东夷”，“秦统一中国后，九夷完全同化于华夏族”。古代“北燕朝鲜方言”是汉语的一种方言。燕人活动区域很广，从燕山以东到辽东半岛到朝鲜半岛北部、松花江南岸，都是燕人活动的区域。1983年，考古队在二龙湖北岸发现一座燕城，从出土的绳纹陶器，确认是燕城址。被考古专家认定为“燕北长城”遗址。又从九台一带发现燕刀币，说明燕已经开发到松花江一带。人是语言的载体，方言的形成在于人的流动。经过两千年的艰苦历程，燕人不断与逐渐流入东北的齐、赵人融和，不同地域的语言既有输出，也有接纳，逐渐形成东北稳固的汉语方言第一时期。

《后汉书·东夷列传》称箕子朝鲜“其后四十余世，至朝鲜侯準，自称王。汉初大乱，燕、齐、赵人往避地者数万口。而燕人卫满击破準而自王朝鲜”。实际早在秦汉时期，从陆上和海上到北燕朝鲜来的汉人相当多，其中燕人、赵人主要从陆路到辽东一带，齐人则乘船从海上前往。而且王氏学人居乐浪山地“八世而不改华风”，这样长期以来形成汉语方言。秦汉、魏晋、唐宋，也不断地有鲁、冀、豫、晋等南方各省人口流入东北。在黑龙江省三江地区近些年发现了多处汉城汉墓；在通化县境内发现秦汉长城的关堡1座、烽燧11处遗址，秦汉长城东端可能在通化；2011年又在通化县境内发现赤柏松汉城遗址，成为古玄菟郡的一个县城，2011年又在大安附近后套木噶发现战国—西汉的墓葬遗址，以上史实也打破吉林省乃秦汉“辽东外徼”的说法，而“是汉中央政权经略东北的重要实证”，说明汉人民居及汉文化的影响已经覆盖整个东北，又经魏晋、隋唐几千年的叠压，形成第二个东北汉语方言时期。

元明清以来的汉民族，及少数民族南北交叉流动，特别是明清以来关内失业的农民大量流入东北，又促成汉满融合的良好局面，形成东北第三个汉语方言历史时期。

语言毕竟是时代的产物，又是地域的宠儿。尤其是近两百年来，东北大地屡遭磨难，侵略者铁蹄的践踏、西方文化的撞击、民族的交错、东西人口的大转变大迁徙，东北方言成为时代的风雨表了。东北方言成为中华汉文化最活跃的区域，方言体现着人的悲喜和辛酸。

东北方言幽默、喜兴、生动、形象，具有苦中作乐、悲剧喜唱，体现了东北人喜剧精神。“走夜道唱唱，给自己壮胆。”

这三次历史构成虽然具体的方言已无可考，从民居构成可以断定其方言体系无疑。

（二）东北方言是东北五千年历史的活化石

东北方言是以四千多年来汉人土著的语言及汉字为基础的语言文化。沿着方言的来路去寻根，可以追溯到上古没有文字的时代。当时只有语言交流，没有文字，到后来虽有文字记载了语言，强化了记忆，由于文字普及得较慢，特别在边远的穷乡僻壤，语言很难与文字相对应。所以在上古时代民间有许多有音无字的语言。“这嘎达”就属于无确切文字的语言，“嘎达”“砢碜（寒碜）”“犄角”“嘎啦（旮旯）”属于只可意会不可以文字言传之类。如“鬼道”，聪明，有智慧，很鲜明地体现古文字的活用。“鬼道”与“神道”可以通用。再如“你起（读qié）这嘎达”，本不识字的农民说这话时的意思是明白的，意思是“你起身离这里远点”，究竟用哪个字对应，“且”，按其动作意思可以和“起”相对应，但与“起”又有所不同，大有“离开”的意味。也有有字元音的，如“毽子”，本是汉代就有的玩具，只是东北方言用以借代，读“犍儿”，含有“犍儿犍儿地‘得搜’”之意。

最说明历史久远的一个方言，就是对小孩的称谓，江浙方言称小女孩为“囡”，小男孩为“囝”，而东北方言对小孩统称“小嘎”，女孩称“小尕”，男孩称“小生”，按象形文字解释，人没留发之前称“小生”，留发之后称“小生”，常叫“秃小子”，而“尕”则正像披一头秀发的女孩。而“尕”“生”恰是古文字，至少在汉代就有了。这个方言正是历史的活化石。

（三）东北方言是东北各民族文化融汇的大熔炉

据历史记载，仅1920年至1930年间，流入东北的移民就达600多万，这些移民多是从山东、河北、河南闯关东的难民，受此影响，大量的东北方言来自东北以南（主要是京、津、冀、鲁）北各地方言。如撒丫子（放开脚步跑）、开瓢儿（指人或动物的头部受到重创）、背兴（倒霉、背时）、地窨子（一种半地下的简陋房屋）原为北京方言，客（qiě，客人）原为山东方言。人的流动与迁徙带来的不仅是文化的发展与融合，与此同时作为文化特殊范畴的语言，语言既是文化本身，又属于文化的一部分，那么人口的迁徙在促进文化发展的同时，也使语言发生很大的变化。东北方言至此已基本形成其自身的体系。

有史以来，东北就是汉人与多民族共同开发、共同争夺生存空间的大舞台，开发与争夺的过程，就是语言交流与融合的过程。民族间的融合，第一是民俗与风俗的融合。随着风俗的融合，必然带来语言的融合。历史上汉人土著民与女真人、契丹人、夫余人、高句丽人，以及蒙古人、满人等的融合，这些融合体现在文化层次叠压的方言。在东北方言这块活化石的层面上，清晰地看到汉满风俗融合的痕迹，婚丧嫁娶习俗，共同生活在一个地理空间，共同着生产生活习俗。如“磨叽”源自满语。“干棒楞子”，意为清一色，吉林九台有其塔木乡，其塔木，满语站杆树，清一色枯干的树，就是干棒楞子。“疙瘩溜秋”，意为不光滑，有结节，大圆包。引申为“疙瘩话”。“嘞果（咕）”，好吃的精美的东西。不只是饽饽或水果，满人过年准备年嘞果。“摘你嘎拉哈”，由玩具引代。“靰鞡”，由达斡尔蒙语引申为鞋的称谓。“扎古”，这是借用蒙古族语，本意是请医生看病，引申为打扮、装饰。

在东北汉人与俄罗斯人、日本人曾长达半个世纪的混合居住中，语言的借用，体现殖民文化的渗透。如“沙咯楞的”，意为加快速度，就是借用俄语的“沙”；“喂哒罗”（装水的小桶）、“布拉吉”（连衣裙）、“骚鞑子”（士兵）就是俄语的译音；“火烈拉”（一种急性肠道传染病），后来采用英语或其他外来语的词“霍乱”，等等。

东北民间仅仅把一件事的意思说得明白，不算高明，民间智慧总想把话说得有情趣、有幽默感、形象生动、富有诗情，好用比兴，创造一种新的语言情趣。在官话中说两个人或者两群人靠得紧密，用“手拉手，肩并肩，心贴心”作比喻，这已经够生动了，但在民间仍不满足。两个人可以手拉手，两群人实际是不可以手拉手的，更不可能“心贴心”的，这些还不过是官式语言的比喻。于是在民间创造出“掏心窝子话”“膘起膀子干”，比“心贴心”更生动更形象，可以有触摸感的语言。方言与官话也在转化中，如“打扫”，本义是清除、扫荡干净的意思，如“你将饭碗子打扫干净”，由方言转为官话，甚至普通话了。

东北方言体现感情浓重的艺术特点：

第一，生动形象性，由静态的语言，转化为动态的语言，将抽象的语言，转化为形象生动的语言。它的生动性来自劳动，将许多非动性的词语都取动性表达。以“扒瞎”“掰扯”“拔犟眼子”为例，三者都是辩解人的精神状态非常抽象的词汇。将人们编排没有根据的谎言、方言称作“扒瞎”，“扒瞎”来自农村秋收劳动扒苞米，扒出来没长粒儿的空棒子，称作“瞎苞米”。用“扒瞎”来指责并替代扯谎，不仅生动准确，而且带有很浓的感情色彩。同样，“掰扯”也是得益于扒苞米的劳动，苞米叶子需要一层一层地剥去，到最后方见分晓，用来形容刨根问底、辨别真伪，也是非常形象的。再如“八竿子拨弄不着”，用来形容关系相当疏远，来自农村的打鸟活动。常在一片空地上撒下少许粮食，装上转动的竹竿拨弄来打鸟。八竿子都打不住一个鸟，可谓过于疏远了。

普通话“贼”，原本是个名词，但在东北方言中却当作程度副词来使用，意思是特别、非常、很，“贼漂亮”“贼带劲儿”，用“贼”这个词连形容，感觉程度加深了，同时也体现出东北方言浓厚的感情色彩；普通话“奸”用作形容词时，是个贬义词（狡诈、邪恶），但在东北方言中形容一个人“特尖”（聪明），贬义色彩转为了褒义色彩，意思为“聪慧”。“老鼻子”一词，由俄国人“大鼻子”得来，并不是“老年人的鼻子”或是“老的鼻子”的意思，而是“非常多、特别多”。

第二，东北方言有着巨大丰富性。顶属“打”“揍”“闹”“搞”“抓”“整”等内涵最丰富。常见的“这嘎达”“那嘎达”。“嘎哈（干啥）”，有一段故事：是说两个东北人在大街上因为不小心撞了另一个人，一“急眼”就吵起来——

这个说：你嘎哈？

那个说：没嘎哈！

这个说：没嘎哈你嘎哈？

那个说：嘎哈也不嘎哈！

这个说：嘎哈也不嘎哈你嘎哈？

那个说：我说我没嘎哈就是没嘎哈，你这是嘎哈？

其实谁都知道是没有结果，两个人都不“嘎哈”，就完了。

东北方言具有极大的丰富性。例如，在东北喝酒可以说“整”“扪”“倒”“抿”“造”“舔”等，运用这些词汇编出的劝酒词也别具一格，“感情深，一口扪；感情浅，舔一舔”；再比如说打你，也说揍你、捶你、揢你，又具体说捅你一指头、碓你一杵子、杵你一拳头、抽你一鞭子、揢你一杠子、销你一扁担；近义词的丰富无论是从轻重、范围的大小还是词义的褒贬，都能通过不同的词语表达细微的差别，比如“逃跑”这个动词，在东北方言有“蹽了”“挣缨子”“撒丫子”，“看”这个动词，在东北方言有“狍”或“瞭”“白（白了她一眼）”“摩耷”，后两个词都有对对方不满或是不尊重的意味。许多方言是有音无字的。

例如“犊子”一词，本意是指“小牛”，在东北方言中有时候带贬义，有时候表中性，有时候可能就代表一种亲昵，在不同的语言环境，视关系远近有着不同的词义和色彩，“扯犊子”不是扯“混蛋”，而是闲扯、不干正事，“滚犊子”意思为从眼前赶紧消失，有点不耐烦、咒骂的语气，作为长者爱护甚至溺爱孩子，那就是“护犊子”，“完犊子”是说人窝囊没用，连牲畜幼仔都比不上；“够呛”一词含义丰富，在不同的语境当中意义不同。1. 难以忍受、难以承受。例：今天跑步，累得够呛。2. 没有把握，很难做到或不容易实现。例：为民除害啊，那我看够呛！3. 过分、不讲究。例：你这人真够呛，那么大的人怎么能和孩子抢东西。4. 生命即将结束。例：我看这个人够呛了。在东北方言中，这个“整”字几乎是万能的“做”“搞”“弄”等意义，也可以在具体的语境中表示很多更加丰富的意义。

第三，幽默感，东北人的语言中饱藏着“苦中作乐”的调侃、幽默、滑稽的歇后语、俏皮嗑、疙瘩话，经过游戏化、诗化处理。所以，二人转文学里，宁用古语，不用官话，宁用土语，不用僵硬的概念话。感情最浓的是乡土乡音，一经二人转艺人嘴里说出来，就感到幽默、滑稽。

陈功范是善于运用方言土语的一个作家。我们从他的单出头《真人假相》中摘出几句：

“愣没辨出谁的语声”——（用“愣”或“硬”来强化）

“你咋就不怕把眼珠子睡捂了呢！”——（是说睡得太多了）

“二两茶叶沏一壶——你瞅那老色！”

“要是陪领导一天，光腮帮子就笑个焦酸哪！”

“让我顶？别他妈臭呼疯狗咬傻子啦！就这小身板儿，放屁要不靠墙都兴许拱个前趴子，顶住了吗？真是站着说话不嫌腰疼呀！”

再从他的《窗前月下》摘一段唱词：

谁不知我拙嘴笨腮说话不记甩，
根劲上吭哧瘪肚嘴还直跑排。
越赶上着急上火那还越添彩，
俩眼睛瞪一般大啥也说不出来。
哪赶上你伶牙俐齿小话来得快，
着紧绷子嘁哧咔嚓真能叫得开。

这段唱词，不用特殊标明出自哪个人物之口，就能鲜亮地见出人物性格，见出地方韵味，那种幽默、诙谐、俏皮的语言风格溢于言表。当然在语言中从来都是精粗美丑并存的。如说“穷得叮当响”“输得腚眼毛光”“急得火燎腚”，还有“吊儿郎当”“水裆尿裤”等，虽属不雅，但为形象生动所致，得以顺畅流传。有人说，东北方言土语有股“高粱花子”味，其实“高粱花子”味，也是感情浓重的关东神韵。比如东北人爱东北虎，东北话中虎也多。说“这人虎”，一个“虎”字，说明这人是勇敢而又鲁莽，后来引申为不精明。东北人不喜欢“熊”，常以貌取人，看谁眼睛上方毛长，便叫人家“熊瞎子”，欺负人叫“熊人”，撂挑子叫“耍熊”，无能又叫“熊货”“熊样”；用“耗子眼”“鸭子嘴”“驴蹄子”“鞋拔子”“猪腰子”等形容人的长相；用猴子的聪明来比喻人，形容一个人心眼多、精明，东北方言称作“猴精”；东北生产的粮食吃不完一般都要储存起来，部分粮食储存时间久了就变成陈货或是变质了，用“陈芝麻烂谷子”来形容积累多年的不好处理的琐碎事情；东北人家里习惯用葫芦来制成盛水的器皿“瓢”，用“摁下葫芦瓢起来”形容忙于应付接二连三出现的事情（一般指不好的事情）。以物喻物的表述方式。比如把抽象的“呆”，就人身说，有“灌铅脑袋”“榆木疙瘩脑袋”“死葫芦脑袋”和灵活转动的“玻璃球”。话说的详细逼真“有鼻子有眼”。

再如：东北农村秋收劳动扒苞米的方言“扒瞎”“掰扯”“黑瞎子掰苞米”。毫无根据地乱说、说谎，东北方言称作“扒瞎”，扒出来没长苞米粒的空棒子，叫作“瞎苞米”，用“扒瞎”来指责并替代说谎；扒苞米的过程需要把苞米叶一层一层地剥去，到最后方见分晓，东北方言用“掰扯”来形容胡说，没有根据的乱说。“黑瞎子掰苞米”指熊一样笨拙，每掰一棒就放到腋下夹着，掰第二棒时，第一棒苞米掉在地上，如此最后只得到一棒苞米，比喻做事只贪求进度和数量，而不求质量和实际效果。东北方言“回楦”，例：“你咋还越活越回楦了呢？小时候那精神头都哪儿去了？”

东北方言是活跃在人们口头上的非物质文化遗产，是最值得珍惜的文化。

东北方言体现了东北人的生活方式。在幽默、豪爽、大气、自由的空间里，苦中作乐、悲剧喜唱的生命精神中，这种方言给人生增添了色彩、情感和动感，也给丰富多彩的汉文化增加了活力，激活了人们的想象力。

东北方言也有许多缺欠，粗俗粗糙，不精确，信口胡说，随意性过强，给语言规范化带来许多麻烦。

三　东北汉文化贡献给全国一个“独特”的民间小戏

都说“一方水土一方民，一方民养一方艺”，东北这个“艺”，就是“宁舍一顿饭，不舍二人转”的东北二人转。东北汉文化孕育出来的东北二人转，是东北原生态的艺术。这是最独特、最完美、最精彩的地方民间“戏剧”形态。

（一）东北二人转的来源

二人转真正是东北农民原创的艺术，是你一句他一句“哼”出来的，是街头乞丐，打着竹板，胡嘞嘞难民苦歌，唱出来的。

300年前，二人转是伴随着农民苦涩、穷困的境遇而产生的……小伙子赶车，抡起大鞭，唱起“大救驾”。老饲养员顶着星星、拿料叉子给牲口添草料，敲着马槽子哼哼“月牙五更”。妇女哭坟送葬流露出〔哭糜子〕旋律。妇女推悠车哄孩子唱出“悠孩子调”。二人转是庄稼人铲地歇气时，有好乐的敲打着锄杠，扭扭唱唱，自己编词唱农民自己的事儿，逗乐子图热闹。后来，每到正月就凑到一起唱起来，人们管这种形式叫蹦蹦。

二人转还有一个来源，就是大秧歌“下清场的小秧歌”。都认同二人转起源于“大秧歌打底，莲花落镶边”。在大秧歌里，“我们看到了这种生命创造的原始冲动。那节奏强烈、铿锵有力的鼓声，那高亢明亮、粗犷豪爽的歌声，那色彩浓烈、对比鲜明的装饰，那力度极强、幅度极大的舞蹈动作，都使人感到一种本之于生命创造的不可遏制的冲动和欢乐”。[①]易中天先生用“生命创造的原始冲动”一语，高度概括了大秧歌的演出风格，是自由的、热烈的、狂欢节式的豪迈、嘹亮。进而由审美冲动，转化为审美动力。

不能忽略的是二人转出自东北民歌、小曲、小调，在此基础上广取博

① 易中天等：《人的确证——人类学艺术原理》，上海文艺出版社2001年版，第122页。

收，吸收了晋冀鲁豫、冀东莲花落、什不闲儿等音乐元素，汇集成“九腔十八调，七十二嗨嗨”的音乐形态，毕竟唱腔决定了剧种。

东北农民首创的多元性，就是二人转的独特性之一。

东北二人转根在民间，也是根在传统。二人转演剧形态中有许多汉百戏、元杂剧的影子，都是“杂”而生趣的玩意。

构成形态多样性，就是二人转独特性之二。

文学艺术是时代的宠儿，不同时代塑造了不同的演剧形态。东北二人转创生300年来经历了三个不同的历史时期，创造了三种不同的演剧形态，具有不同的风格特征。

第一，农民首创型的拓荒期，农村传统的自由散淡形态的二人转，这一阶段大约占250年时间，创造出300多个剧目，演出形式规范成本体。一女一男“二人”跳入跳出，又唱又舞又说又扮，“演人物又不人物扮”地演出叙事兼代言的诗体故事来，出现许多令人怀恋的精品。

第二，专业规范的净化期，城乡皆喜的审美升华的戏剧化的二人转，打造出令人惊喜的人物和剧目，融汇古今的叙事方式，净化了“脏口”，简化了程序，保持“演人物又不人物扮”的风格，构成形式独特的民间小戏，这一阶段从20世纪60年代始至今。

第三，说唱杂耍型的商品期，城市娱乐搞笑模式，只是男女“二人”，已经不“转”，没有人物，失去唱腔，只剩“丑耍丑闹”，丢失二人转本体，以娱乐至上，这个阶段从社会进入市场经济时代开始至今。

这三种形态并不是接续发生发展的，至今仍然三种形态并行，分别占据自己的观众群体和演出空间。

从艺术结构上看，又分“三位一体”，即二人转、单出头、拉场戏三种形态归一，出于“一个”是本体，就是载歌载舞、跳出跳入、说表兼用，叙事兼代言地演绎诗体故事，不人物扮又能创造人物的二人转。

海城老艺人胡振国也说：

我小时候，拉场戏比双玩艺多。大多数尽唱拉场。双玩艺只用来压压场子。乍把唱，不怎么地，才唱双玩艺。最后，我唱得好了，双玩艺唱不着了。那阵海城没有《西厢》，《蓝桥》只有头本。拉场的我都会，不会的少。双玩艺只会十来个，有《卖线》《化缘》《华容道》《长坂坡》《灞桥》《双锁山》《王定保借当》。这几个段子，不离儿说别人还不会。更多的双玩艺，我还是到沈阳以后学的。此外，小帽、小曲，眼目前的我都会。双玩艺最多的，还得说新民、彰武、法库。[①]

拉开场子唱的戏，叫“拉场戏”。无论拉场戏，还是秧歌戏、喇叭戏，农民艺术家称为“戏”的戏，其实单出头、拉场戏，还是二人转，总可以互相变动的。

这样多种源头、多种形态、多种变化，是二人转独特性的概括。

（二）“最精练的一个剧种”

这样一种杂糅兼取，似百戏，似说唱，似曲艺，又似戏曲的艺术形式，弄得专家们也眼花缭乱，一时无法确定它的归属了。

有的说二人转应归于曲艺类，而且是曲艺的走唱类；有的说东北二人转是“戏曲的过渡形式”。半个世纪以来，二人转这种特殊的演剧形态已经引起很多学者的注意。王朝闻先生认为二人转“一替半句”“先接后合”的语言结构形式，就是“符合戏曲要求的形式”。1958年老舍先生在一次会议上说，二人转“我想它应归到戏曲里去，这不是什么结论，不过是我个人意见”，而且“这是我们最精练的一个剧种”。王肯说，二人转是东北民间小戏“独特的戏剧形态”。

当我们判断一种艺术形式的本质归属，而不是皮毛的归属，也不是表象的归属。应当说一切艺术形式都有戏剧性，形式是多样的，但其本质却是一个，都是“演故事，造人物”，通过人物来传达思想感情。因此二人转的说口、舞蹈、才艺、绝活，还都不是本质。其本质还是扮人物。起

---

① 见李微《东北二人转史》，长春出版社1990年版，第22页。

决定作用的还是“演员”与“人物”，即演员与角色的关系。因为在这些不同形态的戏剧中，都不存在演员与角色的分离，无论哪种戏剧形态，都是人物扮、角色化、“演人物，又人物扮”的。而所有曲艺形态都是“不演人物，也不人物扮”的；只有东北二人转（此指纯二人转）却是“演人物，又不人物扮”的。所谓“纯二人转”，就不是当下流行的搞笑的二人转，不是没有情节没有人物的二人转。

在与戏剧、曲艺的比较中，笔者发现二人转是即非戏剧，也非曲艺，似戏非戏“非戏非曲”的“第三体”。也是话剧、戏曲之外的“第三体”。由此笔者提出“演人物又不人物扮”的基本原理。演绎了王肯同志所说的“一女一男两个彩扮的演员，又唱又说又扮又舞，跳进（人物）跳出（人物）地表演一个叙事兼代言的诗体故事”的“独特的戏剧形态”，构成二人转艺术的独特性。

（三）乡土文学的叙事方式

二人转在东北汉文化的语言和思维方式中“沤”出来两个乡土叙事方式。

“以物喻物”的乡土叙事方式。从现实的“物”出发，来隐喻，或者比喻非现实的“物”，根据乡土文化说书讲史的事例，民间艺人将有趣的人物或故事切割成碎片，再由另一个故事的“轴线”（或数字，或民俗）连缀起来。这种超越历史、超越文化、超越现实、超越逻辑的“碎片连缀”整合方式与谐音借义的象征意味，形成独特的叙事风格。

如《梁赛金擀面》描写压面、擀面的一段戏：

柳树筋簸箕拿在手，
周仓大囤撮麦忙。（周仓的“仓”喻粮仓）
……
来到霸王槽头上，
张阁老神驴牵在手，

……

手牵毛驴走进磨坊。

胡敬德钢鞭拿在手，

鞭鞭打在驴脊梁。

东山墙摘下罗士信，（罗，即喻为箩）

西山墙摘下木头阎王。

……

将面和个大面饼，

放在包老爷面板上。

赵匡胤盘龙大棍拿在手，

……

王怀女大刀拿在手，

好像关公斩蔡阳，

汉高祖斩白蛇一刀两断，

两块面和在一块面上。

这些历史人物手使的“仓”“刀”“棍”“鞭”，用在存粮、磨面、擀面、切面上，人物动作神奇，超过了现实，着笔在此，寓意在彼，颇增情趣。

又如，《蓝桥》蓝瑞莲挑起扁担走向井台去挑水，走了十步，“走一步一马逍遥玄阳奔，走二步二主探病在长安，走三步三顾茅庐诸葛亮，走四步四大金刚把路拦，走五步伍子胥打马沙江过，走六步六郎镇守在三关，走七步齐国军师燕孙膑，走八步八郎探母转回还，走九步九里山前名韩信，走十步霸王临危在江边，谁不知霸王乌江归了位，为的是细水长流井台前”。这“十步”颠连用了十个互不关联的历史故事拆解成的“碎片”，硬是牵强附会地用“十个”数字串在一起，浑然一体。每一个历史碎片都隐含着一段历史故事。比如“九里山前名韩信”，是说韩信“在九里山前，设下十面埋伏之计，困住楚霸王”的故事，但这里没有采用故事内容，只用了“九”的数字，其用意在于说明，蓝瑞莲走上井台那十步，并不是平常的“十步”，这十步，跨越了多少个历史空间。一步都夸出一个历史故事一个历史人物，走得何等艰难、何等的雄伟与豪迈，用此衬托蓝瑞莲每当迈出一步，就是迈出一部历史，越过一种艰难，象征她走出黑暗和被压抑的牢笼，回归自然。

第二个叙事方式是“俗化”方式。“以俗化雅”“大吞大吐”的消解能力，也是民间乡土艺术的神奇功能。“俗”是乡土文化之根，俗化是二人转“化他为我”“化古为今”“化雅为俗”大吞大吐的异化精神。如元杂剧里《大西厢》，原为古代戏曲故事，却被二人转消解成东北地道的乡土故事。由此，不论你是上下几千年、江南江北几万里的人物故事，一旦进入东北乡土的文化圈，如同一匹白布投入东北民俗的大染缸一样，立刻发生了魔幻般的变化，连人物身份、性格、思想观念、行为准则，都发生了根本性的变异。成为“东北农民化”“二人转化”了的人物。老艺人们说：

> 不管《蓝桥》在哪儿，包公是哪的人，《蓝桥》《赔情》中娶亲、出殡都是东北的风俗。《打鸟》中的鸟有东北的鸟，《观花》的花有东北的花，《开店》的饭是东北的饭。总之东北人熟悉的生活、风习、花草、树木尽量往里边加。当然有加得合理的，也有不合理的。当时不管那一套反正以老乡听着顺耳为准。同时，艺人也是东北人，想加旁的也真难。因此加了一些具有东北特点的词。[①]

二人转能够吞吐大气，肚囊宽超，全在一个“化”字。二人转文学从中原引进大量的经典文本，但那不是简单的“横移”，而其制作功夫是利用经典文本的传奇故事为“框架”，按东北人的精神气质、道德情操、风俗制度、思维方式加以“俗化”和改造的。这种“俗化”作用，使得民间艺人所创造的人物形象，不必说劳动人民，就是帝王将相、公子小姐，也

① 王肯记录整理《二人转史料》（一），吉林省地方戏曲研究室编印，第135页。

说东北话，也有泥土气。老艺人说得好，同样一个段子，“若书曲艺人唱出来，员外像员外，小姐像小姐，包公像大官，张廷秀像书生；可是二人转艺人一唱，也想往那上面琢磨，但自己熟悉的是农村中人物，用的又是‘庄稼话’，因此唱出来的员外顶多像个土地主，小姐像个东北大姑娘，包公也像扛活的，张廷秀也不过是个农村的小伙子”[①]。

民间讲史也有套路。

“二十八星宿”“二十四史演义”“天干地支”“名贤集”“对百家姓”“对千字文”，以及“观花”“观画”“观对联”“盘道”等，随时都以“套路”的形式，搬演历史文化，穿插在剧目之中，格外有趣多味。如二人转《刘金定观星》：

我哭罢一会儿又一会儿，
把我的香罗帕湿透好几层：
吴祥为密建——
西宫落泪。
二貂蝉为吕布——
夜归曹营。
李三娘为刘高——
井台担过水。
张四姐为文瑞——
跑下天宫。
赵五娘为伯喈——
长街卖发。
六庄金为罗成——
私下北平。
七织女为牛郎——

① 王肯整理：《二人转艺人谈二人转唱词》，《二人转史料》（一），吉林省地方戏曲研究室编印，第 135 页。

天河两岸。

八昭君为刘王——

黑河把命倾。

九梨花为丁山——

唐营送枕。

十孟姜为范郎——

哭倒长城。

崔莺莺为张生——

花园把香降。

小奴我为高琼双锁山立牌招夫等你三冬为的小高琼（甩腔）。[1]

历数由女人关照男人的古人古事来说明泪洒香罗帕“湿透好几层”，而且按正十字锦以序排列，来陈述刘金定关爱高琼的一往情深。要比一般的扒短有感染力，有艺术魅力。

（四）独特的剧诗语言

总体上来看，二人转的故事人物都是现实主义的，但民间艺人在创作过程中，夸张、隐喻，以他人酒杯，浇自己胸中块垒，往往附着一些非现实的色彩。

二人转也是诗，是民间剧诗，民间诗与文人诗的不同点就在于并不是让艺人正经八百地、含蓄曲折地、四六排连地、对偶对仗地去作诗，而是讲究诗意的情怀、诗意的寄托、诗意的谐趣、诗意的比兴，虽不像文人诗那样含蓄简练、委婉曲折，却讲究通俗明白，又不直白浅露。如《王美容观花》以“花”作比，《小王打鸟》便以“鸟”为媒，《锯大缸》便从“缸”兴起。所以，民间诗其实不过是一种感情丰富的比喻和比兴，以及

① 《刘金定观星》，见《二人转传统剧目汇编》（一），吉林省地方戏曲研究室编印，第 218 页。

超现实主义的人物和语言方式。

艺人不只要求确切、合理、干净、新鲜的语言，还要求优美生动的句子。二人转的词应当是诗，但是适于演唱的诗，是东北人民喜欢听的诗，不但要好听好记好懂，还要饱含情感，使人听起来入骨三分。[①]

二人转反对“淡而无味”的唱词，要求优美的句子，贵在通过巧妙的比喻，抒发感情。如《密建游宫》的一段唱：

你的父今年六十花甲子，
奴家二九一十八春，
常言说老夫少妻不般配，
纵然是同床共枕两样心。
这就叫天仙女落在土地庙，
月殿嫦娥配老君，
这就叫珍珠掺着黑豆卖，
一样价钱屈死人，
这就叫马兰花栽在金盆内，
芍药、牡丹落在泥瓦盆……

这是从民间文化的角度而不是从贵族文化的角度写的一段唱词，才觉得这样的动情、亲切，饱含着民间性的纯真。这里有许多比兴、对偶、重复、排比、夸张等诗词常用的写法。虽然说不是严格意义的诗，却意境高阔，含蓄蕴致，含有诗情诗趣，必须当作诗去解读。对此，王肯先生说：

二人转的唱词，过去的长达千句，短的二三十句，一般都有二三百句。今天多半在一二百句之间。一二百句的唱词，要写景、写人、写故事，确实不易，要有技巧。艺人要求好唱词，要有实惠嗑、骨头话、扎心段、喜幸词、活动篇和珍珠句。这是艺

① 王肯整理：《二人转唱词编法》见《二人转史料》（一），吉林省地方戏曲研究室编印，第 147 页。

人多年演唱的经验，从中可以悟出一点道理。[①]

“实惠嗑儿、骨头话、扎心段、喜幸词、活动篇和珍珠句”，就是民间剧诗语言的重要审美标准。这里包括叙事诗、史诗、抒情诗的分量。

二人转说口有响亮的“甩包袱”。甩包袱的语言技巧很丰富，其中主要有这样几种：抬杠型、联想式、夸张式、暗包式等类型，这里仅举两例：

抬杠式。如去年民间艺人八岁红和李向阳在海城演出说了一段“零口”：

你说那喇叭咋那么响呢？

眼多。

眼多就响？那农村的草筛子眼多咋不响呢？

筛子不是扁的吗！

铜锣是扁的一敲咋当当响呢？

那不有齐儿嘛！

那你们家的锅有脐儿咋不响呢？

那不是铁的嘛！

少林寺的大钟也是铁的一敲也咣咣响呢？

悬起来了。

我们家的秤砣悬了这么多年了咋不响呢？

那是个死葫芦的。

手榴弹是死葫芦的，怎么一摔就响呢？

那里有药。

中药铺有药怎么不响呢？

那不纸包着呢吗！

二踢脚用纸包着怎么一点就响呢？

那不有捻嘛！

① 王肯：《土野的美学》，时代文艺出版社，第 39 页。

洋蜡有捻咋不响呢？

洋蜡不是有油嘛！

那你肚脐子有油，怎么放屁当当响呢？

去你的吧！

夸张式。东北人的理想人格追求中，还有一种宁说“玄话”，不说“闲话”（不在背后说他人是非）的习俗，究竟“玄”到什么程度？这有一段“说口”：

丑　南京大柳树，北京沈万山，人有名，树有影。你知道大柳树有多大？

旦　多大？

丑　七十二个失目先生用五尺长的马杆子，排了七十七宿没排到头。就这么粗。

旦　哪有这么粗的树！

丑　这还不够我们家做碾芯子的呢。

旦　这碾子也太大了！

丑　大！三岁毛驴围着碾道没走到头，老死了。

旦　哎呀，这么大的碾子，得推多少米，出多少糠啊？

丑　那糠啊，像泰山那么大一堆。

旦　太多了！

丑　多？这还没够我们家老母猪吃一口呢。

旦　你家老母猪也太大了。

丑　东天边吃食，西天边晃尾巴。

旦　哎呀，这猪可成其大了！

丑　那么大还不够我大哥抓一把呢。

旦　你大哥也成其大了。

丑　他走道上拄天下拄地，把云彩给碰散花了。

旦　你大哥也太高了。

丑　高是高，可有一个地方不“适称（读chen去声）”。

旦　哪儿？

丑　脑袋小。

旦　多小？

丑　像烟袋锅似的。

旦　咋那么大点儿呢？

丑　他竟使大斗小秤，见穷人就钻缝，费脑筋累的。

旦　啊，是这么回事呀。

丑　哼，我大哥才不这样呢，我说的是大门楼里头那个老家伙。[①]

（五）诗意盎然的“篇”

“篇”是二人转民间智慧的审美形式的专用语。

“篇”是对生活的凝固化，对古人形貌观察的程式化，对美感的类型化。“篇”对于二人转，是具有强烈文化感的文化模式。大有非戏剧化延伸的倾向，保留着说唱文学的痕迹，都有固定的套路。

“篇”，有的有情节有故事，有的没故事没情节，只是一些场面、过程，做了近乎“程式化”的概括。大多风趣、幽默，富于哲理，但只是对生活简单、平面的反映。这些“篇”用来抒情状物、描绘人物、刻画心理，具有生动的审美表现力。它是二人转情趣的添加剂，常在剧目结构中被随时“套用”。民间艺人不厌其烦地自我欣赏这些“篇”，体现了艺人们对于传统文化的自恋情绪；但也是自给自足的小农经济大山阻隔的师承关系自我封闭的体现。有时一个本体的制作过程，不是为了审美表达，不是为了商品交换，而是为了净化自己的灵魂。所以，“篇”是民间艺人的智囊袋。

---

① 见王兆一整理《美在关东——李青山口述二人转史料》，长春市政协文史和学习委员会编印，第59页。

“篇”的最大功能是它作用于人们感官的再造性：场上本无景，景用“篇”可以唱出来；场上本无具体扮相的人物，人的外貌用“篇”可以描绘出来。所以篇具有文学性，又有非戏剧性的描写性、叙事性，兼代言性。

老艺人“粉白桃”在《扎花帐》中有一段“梳洗篇”，描绘得非常美，而且颇具文采：

穿一双凤头鞋后高前矮，
气死龙吓死虎战将发畏。
鞋后跟，一抹黑，
鞋前尖，云子堆，
鞋帮绣上花蝴蝶，
又绣蜜蜂一大堆。
当中绣上一棵树，
有个喜鹊来登梅。
走一步，蝴蝶飞，
走两步，颤巍巍，
小姐走了一个连环步，
蜜蜂颤，蝴蝶飞，
捎带喜鹊颤巍巍又来呀
登梅。

这些“篇”虽有丰富之美，充实之美，流畅之美，但美中不足，共性大于个性，主观多于客观。在使用中往往“说话的主体并非控制着语言，语言是一个独立的体系，‘我’只是语言体系的一部分”，客观上不是“我在说话”，而是“话在说我”[①]。这种“符号思维”模式，往往使创作主体进入无自主状态。当然，也有另一种“篇”，突破固有的程式，写得很美、很俏。

① ［美］杰姆逊：《后现代主义与文化理论》，陕西师范大学出版社，第29页。

综上所述，二人转的语言那么丰富多彩，除了用人类学视角去分析，你简直无法理解农民艺术家怎么有那样惊人的创造力！

（六）超现实主义的人物

总体来看，二人转的故事人物都是现实主义的，但民间艺人在创作过程中，夸张、隐喻，往往附着一些非现实的色彩。东北农民艺术家们本不知道“现代派”和“后现代”是什么东西，但在他们传统思维方式里边，却创造出与“现代派”思维极为相近的东西。但东北民间艺术家，却能依着东北人的性格，用东北人的语言，塑造出东北人心中最理想的人物。

如《双锁山》中的刘金定立“招夫牌”，“刀压脖子问亲事”，这一越性行为，足以闪现原始“野性”的光芒；更是大胆地冲破一切传统，回归东北少数民族“抢掠婚”的习俗，只不过那是“男抢女”，而“刀压脖子问亲事”则是“女逼男”、凰求凤。“刀压脖子问亲事”这一闪光情节，是二人转艺人的独创，这在中国几百个戏曲和曲艺剧种中所独有。如果这种传奇仅仅是女性的“刀压脖子问亲事”，用野蛮手段追求婚爱自由，不如说是男性的一种暗示，一种强烈宣泄的代码，成为北方少数民族“抢掠婚”的艺术反转。

《王二姐思夫》，又名《摔镜架》，本有多种版本，多种流派。《摔镜架》没有曲折的连贯的故事，从头到尾只是王二姐一个人在绣楼思念二哥张廷秀。通过人物内心独白，通过有关的物件，见物思情，反反复复地展示其性格、情感。你瞧，王二姐看见蝴蝶想二哥，邀请蝴蝶把信捎；看见母鸡想二哥，自叹命苦不如鸡；看见公猫母猫相恋想二哥，怒打公猫，说是它挑唆心事；看见行人想二哥，埋怨行人不睁眼；一会儿埋怨盲人算卦不准，一会儿又埋怨月下老没给配成好姻缘。思想二哥好闹心，又上镜子里去找二哥，找不着，撒闲气，一怒之下摔了镜架。这个作品，以人物的“思念”为线索，按照人物的内心活动来铺排情节，靠内心独白，自由联想，想到什么描写什么，将人物的连续意识和内心活动，迷狂，率性，不理智，都淋漓尽致地表现出来，是地地道道的意识流手法、梦幻般的情节。而《洪月娥作梦》则是完全写人物的梦境，这一梦虽然有一个有头有尾的事件，但由于梦幻，不受时间限制，情节跳跃性很大，随思维变化而变化，仍不失为意识流的好手法。“自由联想”和“内心独白”以及时序颠倒等，是“意识流”文学的审美特性，具备了这些基本特征，是老艺人们的创作心态与西方现代派作家们的一种暗合。

“王二姐，泪汪汪，拔下金簪画粉墙。二哥你走一天奴家画一道，你走了那个两天奴家画一双，不知二哥你走了多少日，三间楼房画满墙，若不是二老爹娘管得紧，离离啦啦一画画到苏州大街上……

“王二姐，泪涟涟，我给二哥把卦占。小小卦合拿在手，里面装上三个铜钱，摇三摇来晃三晃，倒在桌上仔细观：两字来一个蔓儿，左看右看还是单。卦上出单不吉利，拔下金簪来画圈，大圈画了三十六，小圈画了三十三，三十六，六十三，九十九还是单。画圈也画不着张廷秀，气恼二姐我打圈、骂圈、埋怨圈，搬个梯子要上天。上天抓住月下老，薅着他的胡须就把嘴巴子扇。我们不是婚姻你就别配，为什么我们孤的孤来单的单？

“王二姐，笑嘻嘻，在楼下跑来一群鸡，老公鸡便在前头走，后跟着唧唧唧唧咯咯咯一群母鸡。老公鸡叨来一个高粱粒，咕咕咕哏哏哏叫唤母鸡。哑巴畜生都有恋妻的意，二哥你为啥不恋你的结发的妻……”

《王二姐思夫》很像西方行动派“意识流”，“意识流”文学的最大特色是打破传统文学由作家出面介绍人物，安排情节，评论人物心理活动的惯例，而直接表达人物各种意识过程，特别是潜意识过程。意识流的突出特点，就是用“自由联想”和“内心独白”来刻画人物。

《杨八姐游春》中佘太君要彩礼那段戏具有很丰富的想象色彩，天上难找地下难寻的只有东北农村泼辣厉害老太太才能想象得出偌大的“彩礼单子”，充分体现了农民的智慧，敢于反抗皇命的聪明。乡土文化，天文、地理、历史、风土人情，全部用于这段唱词里：

我要你一两星星二两月，
三两清风四两云。
五两火苗六两气，
七两炭烟八两琴音。
火烧龙须三两六，
天鹅绒毛织手巾。
四棱鸡蛋要八个，
三搂粗牛毛要九根。
雪花晒干要二斗，
冰溜子烧炭要五斤。
井里塌灰要五两，
大海里龙王犄角要三根。
我要你万年龟尾麒麟肉，
我要你蛟龙肝花凤凰心，
我要你苍蝇心来蚊子胆，
兔子犄角蛤蟆鳞。
蚂螂翅膀红大袄，
蝴蝶翅膀绿罗裙。
玉皇大帝纱帽翅，
王母娘娘鞋后跟。
我要你东至东海灵芝草，
西至西海老龙鳞，
南至南海红芍药，
北至北海牡丹根。
天那么大的菱花镜，
地那么大的洗脸盆。
泰山大的一块玉，

黄河长的一锭金。
天波府到金殿四十五里，
金砖铺地三尺深。
一步一棵摇钱树，
两步两个聚宝盆。
摇钱树上拴金马，
聚宝盆里站金人。
金人手托八个字，
犀牛望月海马朝云。
这些礼物还不算，
我要你上方娶亲人。
王母娘娘娶亲客，
玉皇大帝当执宾。
和合二仙铜锣打，
四大金刚抬轿人。
二十八宿对子马，
九天仙女唱曲人。
上八仙的吹鼓手，
中下八仙来送亲。

“彩礼单”上的每一件东西，都体现了关东人的野性智慧和生命意志，远远超出现实的想象力。要彩礼要得有情趣、有力度，怒其不争，恨其萎靡，一种强烈的爱国激情跃然唱词里。

从佘太君要彩礼这段戏可以进一步确认20世纪20—30年代东北民间艺人的伟大之处，他们脚踏着东北大地，竟然创作出超越历史、超越民族、超越现实的可以与西方法国解构主义大师德里达相媲美的“双重阅读”与写作的人物来。

佘太君这个人物可以有三重身份：从文本上看她是百岁挂帅的佘太

君；从艺人口中说出面对皇权敢于“说不”的东北乡土老太婆的叛逆精神；展现在观众（读者）面前的却是自由率意地解构历史、解构神话、解构天文地理的动态形象。一方面我们赞佩民间艺人跨越时代、跨越文明、跨越想象力的创作的冲击力；一方面我们也要敬仰东北汉文化具有超越生命的鲜活的激情，因为它才给我们贡献一个超越平凡的艺术形式，文学形式。

仅举三例，足以说明二人转文学的人物精神，独特的性格特征、深刻的隐喻与象征力度，鲜活、泼辣、有棱角、有开阔力，具有超现实主义的艺术风格。

从18世纪中叶到20世纪中叶这300年间，东北人进行着冷峻的艺术选择，创造了自己的民间乡土戏剧。我们十分惊叹老一代民间艺人，敢于拿黄河流域700多年的曲艺和500多年的戏曲作参照系，并且在那些登峰造极的戏曲剧种面前宣告二人转审美特征的勇气。

这样“二人”以独特的演剧形态，独特的语言方式，独特的叙事方式，独特的戏剧结构，独特的人物张力，这就是东北汉文化对于全国的一份独特的贡献。

参考书目

《四库全书荟要》，吉林人民出版社2002年版。

《二十五史》，山海书店、上海古籍出版社1975年版。

《纲鉴易知录》，清·吴乘权等辑，中华书局1960年版。

《中国东北史》，佟冬主编，吉林人民出版社1998年版。

《三国志》，晋·陈寿撰，中华书局1965年版。

《中国北方民族关系史》，中国社会科学出版社1987年版。

《尚书》，王世舜、王翠叶译注，中华书局2012年版。

《中国思想通史》，侯外庐、赵纪彬、杜国庠著，人民出版社1957年版。

《中国历史》，范文澜著，人民出版社1978年版。

《中国文化概论》，张岱年、方克立主编，北京师范大学出版社1994年版。

《中国传统文化概论》，田广林主编，高等教育出版社2011年版。

《东北通史》，金毓黻著，五十年代出版社1981年翻印。

《渤海国志长编》，金毓黻著，《社会科学战线》杂志社。

《东北地方史》，宁梦辰著，辽宁大学出版社1999年版。

《扬雄〈方言〉与方言地理学研究》，李恕豪著，巴蜀书社2003年版。

《十批判书》，郭沫若著，群艺出版社1950年版。

《民族与古代中国史》，傅斯年著，河北教育出版社2002年版。

《大家国学——傅斯年》，天津人民出版社2009年版。

《汉民族的历史与发展》，何光岳主编，岳麓书社1998年版。

《商史与商代文明》，李学勤主编，上海科技文献出版社2012年版。

《西周史与西周文明》，李学勤主编，上海科技文献出版社2012年版。

《金景芳九五诞辰纪念文集》，吉林文史出版社1996年版。

《金景芳先秦思想史讲义》，天津古籍出版社2006年版。

《商代审美意识研究》，朱志荣著，人民出版社2002年版。

《历史上的中国疆域的变迁》，葛剑雄著，上海文艺出版总社2007年版。

《龚自珍全集》，上海人民出版社1975年版。

《中国高句丽史》，耿铁华著，吉林人民出版社2002年版。

《集安高句丽壁画》，吴广孝著，山东画报出版社2006年版。

《高句丽王陵通考》，张福有、孙仁杰、迟勇著，香港亚洲出版社2007年版。

《高句丽千里长城》，张福有、孙仁杰、迟勇著，吉林人民出版社2010年版。

《龙起辽河源》，郭大顺著，百花文艺出版社2001年版。

《红山文化研究》，张星德著，中国社会科学出版社2005年版。

《箕子与朝鲜论集》，张博泉著，吉林文史出版社1994年版。

《尚书研究要论》，刘起釪著，齐鲁书社2007年版。

《〈洪范〉诠释研究》，张兵著，齐鲁书社2007年版。

《〈易〉与人类思维》，张祥平著，重庆出版社1992年版。

《儒家文化——辽皇朝之魂》，孟广耀著，哈尔滨出版社1994年版。

《东北史地考略》，李建才著，吉林文史出版社2001年版。

《辽金史论集》，张畅耕主编，社会科学文献出版社2001年版。

《新汉文化圈》，法·汪德迈著，江西出版社2007年版。

《箕子评传》，陈蒲清著，岳麓书社2003年版。

《中国古代社会——文字与人类学的透视》，许进雄著，中国人民大学出版社2008年版。

《中国人口通史》，路遇、藤泽之著，山东人民出版社2000年版。

《国语译注》，薛安勤、王连生注译，吉林文史出版社1996年版。

《西周封国考疑》，任伟著，社会科学文献出版社2004年版。

《东夷文化研究》，逄振镐著，齐鲁书社2007年版。

《长白山诗词选》，张福有辑笺，时代文艺出版社1998年版。

读者须知

本书已接入版权链正版图书查证溯源交易平台，“一本一码、一码一证”。扫描上方二维码，您将可以：

1. 查验此书是否为正版图书，完成图书记名，领取正版图书证书。

2. 领取吉林人民出版社赠送的购书券，可用于在版权链书城购买吉林人民出版社其他书籍。

3. 领取数字会员卡，成为吉林人民出版社读者俱乐部会员。

4. 加入本书读者社群，有机会和本书作者、责任编辑进行交流。还有机会受邀参加本社举办的读书活动，以书会友。

5. 享受吉林人民出版社赠予的其他权益（通过读者俱乐部进行公示）。